信息经济

——智能化与社会化——

信息社会50人论坛◎著

中国财富出版社

图书在版编目（CIP）数据

信息经济：智能化与社会化／信息社会50人论坛著．—北京：中国财富出版社，2019.6

ISBN 978－7－5047－6827－8

Ⅰ.①信…　Ⅱ.①信…　Ⅲ.①信息经济—研究　Ⅳ.①F49

中国版本图书馆CIP数据核字（2018）第276271号

策划编辑 郑晓雯　**责任编辑** 张冬梅　郑晓雯

责任印制 尚立业　**责任校对** 孙会香　卓闪闪　**责任发行** 董　倩

出版发行 中国财富出版社

社　　址 北京市丰台区南四环西路188号5区20楼　**邮政编码** 100070

电　　话 010－52227588转2098（发行部）　010－52227588转321（总编室）

010－52227588转100（读者服务部）　010－52227588转305（质检部）

网　　址 http：//www.cfpress.com.cn

经　　销 新华书店

印　　刷 北京京都六环印刷厂

书　　号 ISBN 978－7－5047－6827－8/F·2975

开　　本 710mm×1000mm　1/16　**版　　次** 2019年7月第1版

印　　张 26.25　**印　　次** 2019年7月第1次印刷

字　　数 444千字　**定　　价** 79.00元

序　言

研究信息社会的实际，迎接人类文明的变革

大约七年前，在杭州的一次聚会中，一群朋友在头脑风暴过程中形成了一个想法：设立一个论坛，交流我们面对时代和社会变革的思考。这就是发起信息社会 50 人论坛的原因。参与发起的朋友来自不同的领域，各有各的人生经历和知识背景，思维方法和观点自然也多有差异。然而，把大家吸引到一起的是对于时代和社会的关注。如今，重读那时大家一致同意的“共识”，仍然可以感受到当时的激情。

在讨论中，我们都认为：当今人类社会正处在剧烈的变革之中，今天的社会已经与几十年前大不相同了。我们正在进入“信息社会”，这个概念可以说是我们对于这种状况的一个总的表述。作为思考者，我们这些人有兴趣，也有责任对之细致地观察和探索，深入地思考和研究。这就是信息社会 50 人论坛七年来所做的事情，这包括了在各地召开的多次讨论会和发表的相关文章、文集。现在的这本文集就是近期的部分成果。

在当今的中国，研究和探索时代与社会并不新鲜。认为人类社会正在发生剧烈的变革，也可以说是大多数人的共识。然而如何认识和对待这种变革，则显然是众说纷纭，莫衷一是。从对于社会基本性质的认识，到众多现实热点议题的是非和对策，就像人们所说的，十个人讨论可能会有十一种观点。至于如何命名，是不是可以用“信息社会”这样一个概念加以概括，也会有许多不同的观点。采用这个概念，当然也只是我们的一家之言。

撇开名词和概念，就从研究和讨论的方法来说，也存在着许多差别。比如，有一类观点和方法可以概括为“回到某某”。按照这种观点，对于历史的科学解释、对于社会的有效治理方案，都早已存在了，只是今天的人们没有正确理解和执行，出路就在于“回到某某”。当然对于这个“某某”是什么，

在主张这样的人们中间存在着千差万别的回答。我们则是从原则上就不赞成这种思路。理由很简单，我们认为世界是在变化中的，今天的世界和以前的世界是不一样的，世界上的确是有新的、以前人类没有见过的东西在不断出现，例如手机和互联网。所以，把认识今天世界的责任，以及管理今天世界的难题推给老祖宗，实在是一种不负责任的懒汉做法。

基于这样的理念，我们研究与探讨的思路是：努力从实际中涌现出来的新情况和新事物中，寻找我们以前没有认识到的视角和切入点，探索新的规律，从中寻找解决问题的方法和思路。这本文集正是记叙了这七年来的探索。

本文集包括五个部分，前四个部分分别从不同的视角探讨经济学中的新理念、现实经济中的新事物、社会生活中的新现象、社会管理中的新课题，第五部分是四家机构对信息社会不同角度的发展研究报告。

对于经济和社会这个复杂系统的理解和认识，是我们一直思考和关注的基础议题。汗牛充栋的经济学教科书满足不了当今社会的需要，近年来各种各样的新经济理论层出不穷。在这里，我们也尝试着提出我们的理解。第一部分的六篇文章就分别讨论了信息经济学、复杂经济学、网络经济学和平台经济学等，分别从不同的切入点探讨经济学理论发展的方向和趋势。

现实比理论更丰富。第二部分的十四篇文章，从大数据、区块链、工业4.0、智慧城市等当今的热门话题入手，探讨了互联网、人工智能等众多新出现的科学技术给现实的经济活动带来的新事物和新现象，展示了一幅真实的、丰富多彩的现实图景。面对这样前所未有的深刻变革，我们怎能仍旧抱残守缺，固守传统的理念和思路呢?

第三部分进一步把视野从经济扩大到更广阔的社会领域。农村正在发生怎样的变化，社会协同和公益事业面临着什么样的新局面，共享经济的崛起带来怎样的启示等。这八篇文章提出的问题和引发的思考是非常现实、深刻的。例如，汪向东关于农村电子商务的研究、张新红关于共享经济的研究就是两个典型的例子。这些成果源于作者们多年来的深入实际和认真思考，相信一定能给读者带来很多启示。

第四部分进一步讨论了信息社会的治理，包括相关的制度建设、人们的权益和责任、相应的法律和法制建设等。这是信息社会研究中的又一个重要的方面。社会的进步归根结底是人的进步、人的幸福，是社会的和谐与可持续发展。几年来，关于社会治理和法制建设的研究和讨论，一直是信息社会50人论坛关注的重要领域。

第五部分是长期深入观察和研究信息社会的四家机构，也是本论坛的成员单位——中国社会科学院信息化研究中心、国家信息中心共享经济研究中心、腾讯研究院和阿里研究院——本年度发布的报告中的一部分，分别从数字经济的宏观经济背景、中国共享经济发展年度情况、“人工智能 + 制造”、数字经济与助力农村脱贫等角度，对信息社会发展现状进行了系统分析。

无论是从对于信息社会的思考和研究来说，还是从信息社会50人论坛成员们的工作来说，本文集都只是挂一漏万。限于篇幅，我们只能暂且选择一部分奉献给读者。我们会继续通过其他方式，发布信息社会50人论坛的思考和研究成果，为社会和科学的进步做出我们的贡献。

2018年是改革开放40周年，各界都在回顾这不平凡的40年。我们是幸运的，经历了这个变革的时代。时代在变，社会在变，我们每个人也在变，而且是从内到外，从思想观念到日常生活都在变。变革是激动人心的，也必然是充满着冲突和矛盾的。这些冲突和矛盾遍及社会生活的各个领域、各个层次，特别是在思想和理念方面。面对变革带来的迷茫和困惑，我们是乐观主义者。我们坚信，各种曲折和迂回其实都是进步的前奏，它们都是人类新的文明阶段即将到来的某种预示。“山重水复疑无路，柳暗花明又一村。”信息社会50人论坛的同人们，愿意在这个进步的过程中出一份力，贡献出我们的思考和探索成果。

陈　禹

2018年7月29日

contents 目录

第一部分　复杂经济学

第二部分　信息经济之智能化

第三部分　信息经济之社会化

第四部分　互联网治理

第五部分　信息社会报告

第一部分

复杂经济学

陈　禹
经济学的反思与展望
——从信息经济学到复杂经济学

陈　禹　信息社会50人论坛理事，中国人民大学信息学院教授、博士生导师，兼任经济科学实验室主任。曾任中国人民大学信息系系主任、信息学院院长、信息中心主任，国际信息处理联合会（IFIP）信息系统专业委员会（TC8和WG8.1）委员，国际信息系统学会（AIS）中国分会副主席，国家电子政务标准化总体组成员，教育部管理科学与工程类专业教学指导委员会委员，中国信息经济学会理事长，全国高校教育技术协作委员会副秘书长，中国系统工程学会信息系统专业委员会副主任委员等职务。

经济学领域的争论历来不断，近年来更是愈演愈烈。从基本理念的争论到现实的热门议题的对策，各种各样的讨论和争议层出不穷，这是众所周知的实际情况。我们暂且缩小范围，仅围绕经济学理论研究的情况，进行一下初步梳理，探寻其发展的脉络与方向。

一、经济学研究领域的现状

有一种说法："生活在21世纪，你不能不懂经济学！"然而，又有企业家声称："不能听经济学家的话，谁听谁破产！"这两种说法貌似相反，其实都表明了今天的社会对于经济学的关注热度。的确，在一个迅速变革的社会中，经济形势与每一个人、每一个家庭息息相关，从柴米油盐到升学就业、治病养老，哪一件事情不受到经济大局的影响呢？追究经济一词的原始含义，应该就是“经世济民”。用学术语言来解释：经济学应当是对于人类社会最基础、最根本的结构和运作规律的理解与认识。

然而，我们现在面临的情况是怎样的呢？现在的经济学界众说纷纭，莫衷一是。无论是决策部门、企业高管还是社会公众，普遍对于经济学理论的现状感到不满意，认为它没有起到“经世济民”的作用，没有能够发挥凝聚共识、促进社会和谐的作用。经济学界内部对于至今占据大学课堂的主流经济学理论的批评也从未断过。从科斯对于“黑板经济学”的批评，到“占领华尔街”之后斯蒂格利兹关于“不平等的代价”的忧虑，对于主流经济学在当今世界的现实面前表现出来的脱离实际和无能为力，都有极为深刻的剖析。著名学者赫伯特·西蒙指出：“在与美国和欧洲各院校的经济系的接触中，我发现学生对现状存在着很大的不满，甚至变得虚无起来。一些学生着迷于数理经济学的艰深工具，靠复杂的智力操练来掌握和应用这些工具。而更多的学生对它们失去信任，为不得不把研究时间花在毫无结果的形式主义上面而懊悔不已。”① 在中国的经济学院中，情况恐怕不会更好。所以，经济学需要改变是无可置疑的，在社会上和学术界这都是多数人的意见。

问题是如何改变。且不谈主流经济学派——新自由主义的顽强抵抗，即使在变革者的方面，不同的意见和观点也是层出不穷。制度经济学、行为经济学、信息经济学、新凯恩斯主义、货币学派等都各有各的看法和主张。随着新技术对于经济生活日益深入的渗透，随着经济关系和结构的重构，网络经济学、平台经济学、生态经济学、收益递增经济学等也都已经举起了各自的旗帜。在这样的情况下，经济学的研究应该向何处去？从20世纪初开始，经济学界的变革就已经开始了。然而，近百年来，这种探索似乎并不顺利。人们看到的许多是纠缠于名词和概念的、不解决问题的争论，距离实际的经济生活越来越远，有些简直成了数学游戏，有人甚至开始怀疑经济学是不是一门科学。这种情况值得我们深思。

① 赫伯特·西蒙：《基于实践的微观经济学》，孙涤译，上海人民出版社，2009，第100页。

孟昭莉博士等人重新翻译出版的《信息规则——网络经济的策略指导》一书给我们带来了启发。该书的两位作者——卡尔·夏皮罗和哈尔·范里安毫无争议是顶尖的经济学大家，我们不妨看看他们是怎样讲的。一方面，他们坚持“我们所依赖的经济原则是可持续的。案例会改变，但思想不会过时”。这充分肯定了经济学的科学位置和现实价值。另一方面，他们又说，“（对经济学的）抱怨针对的是大多数人在校学习的古典经济学，其核心是供给需求曲线和完全竞争市场，比如农产品市场。我们必须承认，对一个负责促销新软件或电子杂志的管理者而言，供需曲线是没什么用的”①。请看，这两位大家并没有纠缠于抽象的概念和名词上，而是直接抓住了实质：经济学的社会作用究竟是什么，经济学究竟应该教给人们什么。《信息规则——网络经济的策略指导》一书的巨大成功，证明了社会需要的正是这样的研究和讨论。

对此，我们认为产生这种情况的根源在于两个方面：一是信息时代的社会和经济的根本性变革；二是经济系统自身巨大的复杂性。对于前一个方面，在这里不需要展开讨论，因为这是无可争辩的客观事实，认为今天的社会还和以前一样的人是很少的。我们想要对后一个方面进行一下深入的讨论，即我们需要真正承认经济系统的复杂性。

二、切实认识经济系统的复杂性

这个议题似乎有点多余，难道有谁不承认经济系统是一个复杂系统吗？事情并不这么简单。从根本上来说，传统的经济学研究恰恰就是在这个问题上陷入了困局。从亚当·斯密开始，主流经济学就一直在追求对于经济现象的简单解释。作为近代科学的一个部分，经济学一直在向物理学学习，追求一个完美的、数学化的、确定性的理论框架。尽管亚当·斯密基于当时的社会经济实际，提出了不少正确的甚至是天才的论述。但是，当他的后继者们试图用一个简单化的框架，把这些归纳到教科书里的时候，离社会实际就越

---

① 卡尔·夏皮罗、哈尔·范里安：《信息规则——网络经济的策略指导》，孟昭莉、牛露晴译，中国人民大学出版社，2017。

来越远了。一般均衡模型、成本效益曲线这些在一定条件下确实是正确的、有用的内容，却变成了进一步探索复杂经济现象的障碍和桎梏。

著名经济学家布莱恩·阿瑟在2015年的讲演——《复杂性与西方思想的迁移》中曾指出了西方近代科学思想的四大基石：秩序、数学化、可预测性和均衡状态。① 正是这种来源于牛顿的根深蒂固的思维定式，阻碍了经济学的与时俱进，使得今天的经济学教科书离现实越来越远。今天的物理学都已经超越了这种思维定式，而这种思想在经济学界的影响仍然随处可见。

我们所说的复杂性表现在多样性、层次性、不确定性等众多方面。比如，重视和关注复杂系统中的层次概念、不同层次之间质的差别、在跨越层次的时候新现象和新规律的涌现，都给我们认识复杂系统带来许多启示，都大大开拓了我们对于现实世界的视野。对于这些理念的研究就是所谓复杂性研究。这是近年来世界科学领域中一个值得关注的发展方向。这方面研究的领军人物是赫伯特·西蒙和约翰·霍兰。在本书的第二篇文章中，方美琪教授将比较详细地对于这个方向进行介绍，这里不再重复。只是需要强调一句，我们相信，对于复杂性研究的了解和认识，对于经济学理论的健康发展一定会发挥巨大的作用。

说到这里，一定会有同行提出这样的问题：你们是否认为新的经济学就将是布莱恩·阿瑟所说的复杂经济学？事情并非如此。既然经济是一个复杂系统，就可以从不同的层次、不同的视角、不同的切入点对其进行研究，这些都是互相补充、互相支撑的，比如网络经济学、平台经济学、生态经济学等，它们都是针对当代经济系统的某一个方面、某一个要素，从某一个切入点研究当今时代的新事物和新现象。再比如，经济系统的不同层次中，实体经济和金融就具有不同的规律，需要不同的分支去进行研究。从使用者层面来说，对于宏观经济决策的研究者、企业管理者、社会公众，也需要有不同的侧重点和解说。所以，新时代的经济学恐怕不会如某些同行设想的，形成一个全新的公理体系，可以解释一切事情，而很可能是一群松散的、相互联系的学说和理论，围绕着经济这个复杂系统，从不同的层次、不同的方面进行剖析和考察。传统的新古典主义经济学并不是被简单地丢弃，而是被放到在一定范围内起作用的合理位置。

---

① 布莱恩·阿瑟：《复杂经济学——经济思想的新框架》，贾拥民译，浙江人民出版社，2018。

这样一种对于经济学的理解与传统理念是大不相同的，很可能很难令人满意。然而这正是两种理念根本的区别所在，也正是我们提倡复杂性研究的理由所在。不妨参考一下物理学的经验。著名物理学家史蒂芬·霍金曾经回顾了自己的思想转变过程。在题为《哥德尔和物理学的终结》的文章中，他说："直至目前，大多数人都含蓄地假定存在一种终极理论，我们最终能够发现它。事实上，我本人就曾说过我们会很快找到这个理论。但是M－理论让我怀疑这是否是真的。也许要以有限数量的命题来阐述宇宙终极理论是不可能的。这和哥德尔不完备性定理非常相似，该定理说任何有限公理系统都不足以证明其中的每一个数学命题……如果不存在一种可从有限条数原理推导出来的终极理论，一些人将非常失望。我过去就属于这个阵营。但是我已改变了我的看法。现在我很高兴我们寻求知识的努力永远都不会到达终点，我们始终都有获得新发现的挑战。没有这种挑战，我们就会停滞。哥德尔定理保证了数学家们总有事情要做，我想M－理论也将为物理学家们做同样的事情。"① 我们不必追究M－理论是什么，只要把上述说法中的物理学统统换成经济学，不就正是我们现在面对的问题吗？我们需要从追求大一统的、放之四海而皆准的经济理论这种自己制造的困境中走出来，老老实实地承认经济系统的复杂性，脚踏实地地研究新情况、考察新事物。

在这样的理解框架下，当今经济学的热闹状况就并不是一件坏事。各种角度、各种层次的考察和研究相互补充，各自回答某一个方面的某些具体问题。用经济学习惯的语言来说，这也是一种分工，各有各的任务，各起各的作用。至于将来它们能不能形成一个相对完整的体系或结构，那不是现在的事情。

在这篇文章中，我们不可能全面地考察和讨论所有分支与学说。作为例证，下面仅就个人关注较多的两个领域——信息经济学和复杂经济学，做一点说明和分析。

三、信息经济学的回顾

笔者个人的经历与信息经济学密切相关。作为一个理工男，对于经济问

① 来自史蒂芬·霍金的讲演：《哥德尔和物理学的终结》。

题的关注，其实是从信息系统建设和管理项目的效益评价开始的。在20世纪80年代，最令笔者头疼的问题之一就是信息化建设到底有什么用。几十年来，关于信息经济学，笔者讲了不少遍，也写了不少文章和教材。

今天回过头来，笔者发现，我们所做的其实就是从一个方面——信息在经济这个复杂系统中的地位和作用——对于经济这个复杂系统进行考察和研究。针对与信息相关的一系列经济问题，寻找新的规律、新的工具和方法。从奈特开始，到博弈论，再到关于信息资源和信息系统的研究和讨论、关于信息化的政策研究，所有这些构成了我们所说的信息经济学。20世纪90年代，教育部调整专业目录，曾考虑把信息经济与工业经济、农业经济等列入部门经济之中。当时，乌家培老师曾为此专门提出异议，指出信息经济学是理论经济学，是对于经济理论的研究，不是依附于产业的部门经济学。这件事情是一个典型的例子，表明了社会对于经济学理论的不同理解。

直到今天，无论是从世界学术界来看，还是从中国学术界来看，对于信息经济学的理解也有着许多不同的侧面。比如偏重于经济理论，还是偏重于与管理更多地结合；偏重于微观的信息产品和信息系统管理，还是偏重宏观的信息化政策研究，都有不同的切入点和研究议题。武汉大学马费成教授关于信息资源管理的研究，以及张翼成教授、吕琳媛、周涛的《重塑——信息经济的结构》一书所提出的新颖视角，都生动地表明了这个领域的活力和生命力。

信息经济学可以作为例子，从一个方面展示在当今经济科学领域（借用乌家培老师定义的广义经济科学的概念）百花齐放的繁荣景象。这不是坏事，而是人类社会和科学进步的表现。读者不妨从经济科学的其他分支入手，进行考察和分析，相信也会得到同样的感受。

四、关于复杂经济学的研究

复杂经济学的情况和信息经济学有所不同。它的切入点是对于经济系统最基本的理解和认识——对于经济系统复杂性的理解。在上面所讨论的经济科学领域的百家争鸣中，复杂经济学有特殊的不同之处——从最基本的理念入手。当然，这也是一种分工，并没有高低之分。经济系统作为一种典型的复杂系统，可以从不同的层次、不同的视角、不同的侧面、不同的切入点进行考察。这些考察的共识就是：经济系统是一个复杂系统，它不是牛顿式的、确定性的一台大机器，它不能用一套简单的、有限的理论框架完全地加以概括和描述。正因为如此，我们需要多层次、多视角的各种经济学理论，用以回答各种各样的现实议题。所以，我们的任务是，在复杂性研究的思维框架中，研究各种经济理论的衔接和配合，进而逐步形成对于整个经济系统比较科学、完整的理解和认识。所以，复杂经济学和其他所有经济学（包括信息经济学）的关系是相互竞争、相互衔接、相互配合的关系。

我们这种理解是从布莱恩·阿瑟得到的启示。阿瑟著名的《技术的本质——技术是什么，它是如何进化的》一书是从技术对于经济制度的影响这个切入点进行研究分析的。然而，我们看到，在《复杂经济学——经济思想的新框架》一书中，他明确地把自己的研究成果和复杂性研究紧密联系起来，把自己的成就与圣菲研究所联系在一起。他不但把这本书定名为《复杂经济学——经济思想的新框架》，而且把引言命名为《复杂性思维造就复杂经济学》，把结语命名为《复杂的经济需要复杂经济学》。全书中也是多处强调复杂性研究的重要性。为什么他这样安排？我们认为这不是偶然的，这正表明了阿瑟对于整个经济科学的理解和认识。

所以，我们的意见是：当前很需要提倡复杂经济学，以此为契机，推动经济科学领域的研究和交流，在不同层次、不同视角、不同切入点的研究之间进行沟通和交流，为整个经济科学的发展，为回答社会各界对于经济科学的期望做出贡献。

五、小结——从何做起

在本文一开始就引用过的《基于实践的微观经济学》的结尾，西蒙指出："现有的经济学理论不足以应对国家和整个世界所面临的一些复杂问题是可悲的，我们在提高和改进那方面的理论上应该不懈努力。在具有战略意义的学科如经济学上，哪怕稍稍取得一些进展，对整个世界的公共事务和私人事务都将带来巨大的价值。"① 以"经世济民"为本的经济学理念应承担起这个任

① 赫伯特·西蒙：《基于实践的微观经济学》，孙涤译，上海人民出版社，2009，第101页。

务。这是整个经济学界的社会责任和历史使命。问题是如何快一点接近这个目标，或者说从何做起。

从上面的讨论中，至少有两点是可以立即开始的。第一点是加强经济学各分支之间的交流。复杂经济学的理念为经济学领域各种流派的交流和对话提供了基础与桥梁。如果大家能够在经济系统复杂性的认识上取得一定的共识，就能够为交流和对话提供基础，进而推动相互的了解以至逐步融合（至少是相互之间的配合），而不是各说各的、老死不相往来。这对于形成新的经济理论、回答现实议题都将会十分有益。当然，能够这样做的前提是：在经济系统复杂性的理解上达成基本的共识。第二点是修改或者说改造经济学的教学。西蒙明确提出："首先，我们需要修改课程。"①《信息规则——网络经济的策略指导》的作者们也对于现有的经济学教科书提出批评。具体地说，我们的经济学教科书应该使学生正确认识和理解社会经济系统的复杂性。这对于宏观政策研究、微观经济管理，乃至公众对于经济的正确认识，都将起到根本性的作用。而我们现在给数以千万计的学生所讲的经济学课程，距离这样的要求实在差得太远。简单地说，我们急需新的教科书和教学方法。

最后还有一个必须强调的、十分重要的理念：上述两点的基础都是实践。西蒙就以《基于实践的微观经济学》作为书名，说明无论是理论研究还是教学，实践是永恒的源头活水，日新月异的信息社会和信息经济是新时代的经济理论得以成长的土壤，这是必须牢记的基本前提。

---

① 赫伯特·西蒙：《基于实践的微观经济学》，孙涤译，上海人民出版社，2009，第 101 页。

方美琪
复杂性研究简介
——从西蒙到霍兰

方美琪　信息社会50人论坛成员，中国人民大学信息学院教授、博士生导师，原中国信息经济学会秘书长、副理事长。一直从事MIC、EC的教学与研究。参加工作以来已发表百余篇论文、出版二十余本著作，代表性成果有《复杂系统建模与仿真》《电子商务概论》、电子商务教学模拟环境软件等。

复杂性研究（Complexity Study）是20世纪末以来逐步兴起的一股思潮。在本书的前一篇文章中，陈禹教授在讨论经济科学领域现状的时候，已经提到了这个思潮及其对于经济科学发展的深远影响。本文将基于我们自己的认识过程，对于这个值得关注的领域进行简要的介绍，希望能够引起更多人的关注。重点是对于赫伯特·西蒙和约翰·霍兰四部主要著作的一些观点的说明。这四部著作是《人工科学——复杂性面面观》[①]《隐秩序——适应性造就复杂性》[②]《涌现——从混沌到有序》[③]和《复杂性》[④]。

---

① 赫伯特·西蒙：《人工科学——复杂性面面观》，武夷山译，上海科技教育出版社，2004。

② 约翰·霍兰：《隐秩序——适应性造就复杂性》，周晓牧、韩辉译，上海科技教育出版社，2000。

③ 约翰·霍兰：《涌现——从混沌到有序》，陈禹等译，上海科学技术出版社，2006。

④ John H. Holland, *Complexity:A Very Short Introduction* (London: Oxford University Press, 2014).

一、由来和起因

早在20世纪90年代初，从米歇尔·沃尔德鲁普的《复杂——诞生于秩序与混沌边缘的科学》[①] 一书开始，复杂性研究这个方向就深深地吸引了我们。两年多前，我们又看到了《牛津通识读本》系列丛书中《复杂性》一书，它虽然十分短小，但是言简意赅、深入浅出。这大概是约翰·霍兰最后的作品，遗憾的是在我们翻译此书并想和他联系时他已离世，不过此书我们已经翻译完毕。多年前，我们也曾经翻译过他的两本代表作《隐秩序》和《涌现》。

霍兰曾说："我的很多工作其实是把西蒙的观点带到现在，并使之更加精细，更加微妙一些。在各种情况下，我们的目标都是'推动'对于复杂系统的研究。但是问题在于，如何才能透过复杂、混乱地交织在一起的相互作用，有效地推动对复杂系统的研究呢?"他在许多地方引用了西蒙的经典表述，特别是西蒙在《人工科学》中的话。例如，西蒙指出："可以推断，利用更简单的组合导出更复杂，长此以往形成增值产生了多样性和复杂性。进化不是占据固定环境生境（Niche，利基）的竞赛，而是生境的增值。每个新的鸟或哺乳动物为新的一类跳蚤提供了一个或更新的生境。"[②]

他还说过："如果有固定的中间形式，从简单系统到复杂系统的进化就会快得多。其形成的复杂系统会是层级的，在可能的复杂系统中，层级系统是经过一定时间进化的产物。"[③]

关于复杂系统中的准可分解的层级结构（Quasi Decomposable Hierarchy），他还特别说明："在层级系统中，子系统间的相互作用和子系统内部的相互作用是不同的。在不同层次上的相互作用的强度，常常具有数量级的差别。"[④]

在《复杂性》一书中，霍兰对于复杂性研究的理念进行了进一步抽象，

---

① 米歇尔·沃尔德鲁普：《复杂——诞生于秩序与混沌边缘的科学》，陈铃译，三联书店，1997。

② 赫伯特·西蒙：《人工科学——复杂性面面观》，武夷山译，上海科技教育出版社，2004，第154—155页。

③ 赫伯特·西蒙：《人工科学——复杂性面面观》，武夷山译，上海科技教育出版社，2004，第182页。

④ 赫伯特·西蒙：《人工科学——复杂性面面观》，武夷山译，上海科技教育出版社，2004，第183页。

希望发现某些可以适用于很多复杂系统中的更普适的一些“法则”。他提到，强调要把系统看成是复杂的，其动因是为了解决除此方法外无法解决的问题。他还提到，毫无疑问，我们还要走很长的路，才能找到关于复杂系统的无所不包的理论，不过有很强的迹象表明，这样的理论是可以找到的。这使我们认识到，更普适的一些“法则”和所谓的关于复杂系统的无所不包的理论，实际上是一些基本的理念。很多成功人士都强调正确的理念，正是在这些理念的支持下，加上其他的内外因素，他们成功了。复杂性研究探索的就是这样的一些理念。很多人觉得这些理念不过是老生常谈，谁不知道这些常识？然而，问题往往就出在这些最基本的理念上。

下面，我们就简单地介绍一下这几本书的内容。

二、赫伯特·西蒙的《人工科学》

西蒙的《人工科学》是部经典名著，反复阅读，常有新体会。西蒙在书中证明了物质符号系统具备必要和充分的手段来采取智能行动。这里的物质符号系统的一个例子就是计算机和软件。物质符号系统的智能行动的例子还有现在常见的管理信息系统、电子商务、电子银行、微信等。

西蒙在研究人工性时发现，“人工性问题之所以引人入胜，主要是当它关系到在复杂环境中生存的复杂系统的时候，人工性和复杂性不可分割地交织在一起”。西蒙在《人工科学》的第一、二版时也谈到了复杂性问题，但是在第三版中，他大大增加了有关复杂性的内容，用了两章专门谈复杂性，并深刻地指出，准可分解的层级系统是许多复杂系统的典型结构。这提示我们，要用复杂性研究解决我们遇到的各种困难问题。

西蒙和霍兰都是从实际、具体的现象出发，巧妙地利用比喻的手段、逐层抽象的方法建立模型，尤其是计算机模拟模型（多主体自适应系统、受限生成系统）。在建模的过程中，为了获得必要的、对共同的基础进行概括和描述的方法，采取了一套合适的数学符号（例如，霍兰用包括“#”和“0，1”字符串表示规则；还用“0，1”字符串表示染色体等），并用计算机程序（遗传算法、回声模型、西洋象棋模型、神经网络模型）建立了可以在计算机上运行的模型。

先从西蒙所说的人工科学说起。研究自然现象的自然科学近百年来已经有了稳固的地位。因为自然现象的必然性，或者用平常的话说，自然现象就是那样。但人工事物就不那么必然，具有权变性，那么它可以形成科学吗？西蒙从管理问题开始，认识到我们的理性的局限，用白话说，我们了解不到那么多的情况，或即使知道了足够多，也不会下决心，或不知如何去做，即行为系统对环境的适应不能尽善尽美。虽然这是一个是或否的判断，但也是一种必然的事情。思维、学习、解决问题这类的心理学领域研究的理性问题也是类似的。最后，工程、医药、商业、建筑、绘画关心的也不是必然性，而是权变性，即不关心事物是怎么样的，却关心事物可以成为什么样的。西蒙还说人工科学和设计科学是同样可能的。这说明西蒙已经改变了大众对科学的不严格，但约定俗成的事物，对科学就必须具有必然性的要求。他指出，必须运用物质符号系统，产生智能，创造人为事物，达到我们的目标。这就是人工科学。

再说创造。满足人们所需要的新事物的方法是，从实到虚再到实。这个虚就是物质符号系统。从客观实际的现象，抽象出认识，用物质符号系统承载这种认识，利用物质符号系统的等价变换，即推理，形成我们需要的新的事物的描述和制造方法，最后造成新的事物。

围绕人工事物的创造，西蒙提出了许多深刻的见解。例如，关于通过计算机模拟可以获得理解、关于没有终极目标的设计等。其中特别要强调的是，要重视层级理论。根据理论，我们可以期望，在一个复杂性必然是从简单性进化而来的世界中，复杂系统往往是层级结构的。层级结构在其动态变化过程中有一种性质，即准可分解性，它大大地简化了层级结构的行为。准可分解性也简化了复杂系统的描述，使人们较易理解，使系统发育或繁殖所需的信息能够在合理的范围内储存起来。这种从顶层开始到尚未建成的基础的自上而下建造科学摩天楼的方式之所以可能，是因为每一层次上的系统行为只依赖于对下面一个层次上的系统行为非常粗略、简化和抽象的特征概括。这真是幸事。

从大师的逐级抽象的榜样里，我们可以学习到抽象的能力。有关自然界和人工界以及社会的知识似乎也呈现了具体到抽象，再到更加抽象的结构。在计算机语言中也是类似的，抽象出型，型的具体化是值，型的型也可以更加抽象，成为更抽象的型。

通过抽象，西蒙证明了其著名的命题“物质符号系统具备必要和充分的手段来采取智能行动”的充分性。符号系统可以通过等价变换，即做推理；也可以运算、比较，即做决策，这些都是智能行动。图灵机就是符号系统，它的程序很简单，程序指示符号历时运动，并且或产生、或修改、或复制、或消除符号，该符号结构就是正试图去适应的环境的内部表象。有了这些符号结构就可以模拟环境，从而对环境进行研究。外部环境决定着实现目标的条件。如果内部系统设计得当，能适应外部环境，那么，内部系统的行为在很大程度上是由外部环境决定的，行为呈现的是任务环境的形状。智能行动意味着根据环境的变化和内部的局限做出行动的决策达到目的。

总之，西蒙的许多思想值得我们反复体会，限于篇幅，这里就不进一步展开了。

三、霍兰的复杂适应理论

西蒙的著作中多次提到霍兰的 CAS 理论——复杂适应系统理论，他认为该理论是复杂性研究的最新发展。的确，霍兰继承和发展了西蒙的思想。

霍兰是遗传算法和复杂适应系统的创始人，是密歇根大学的心理学、电子工程和计算机科学的教授，是圣菲研究所的学术指导委员会主席之一。正如其友在其 85 岁生日纪念文集中所指出的那样，霍兰是少有的科学家之一，从根本上推动了科学的进步，彻底改变了人类知识的状况。几乎每一个科学领域或议题都受到了他关于复杂性科学，特别是复杂适应系统理论的影响。我们下面简要地介绍他的三本书的内容。

1.《隐秩序》简介

霍兰在《复杂性》中介绍了自己的研究，在《隐秩序》和《涌现》中全面详细地介绍了复杂适应系统的理论。

《隐秩序》的主要内容是详细解释复杂系统的七个重要概念，以及遗传算法、回声模型等内容。七个重要概念是：聚集、标识、非线性、流、多样性、内部模型、积木块。这些概念又可以分为两组：机制和特性。机制是复杂系统形成过程中普遍存在的一些行为，包括聚集、内部模型和积木块；特性是在这一过程中发挥重要作用的一些事物和性质，包括标识、非线性、流、多样性。关于这七个重要概念此处无法详细介绍，有兴趣的读者可以参看《隐秩序》一书。

CAS 理论的计算机技术基础是霍兰本人发明的遗传算法，这是计算机技术和人工智能领域的著名算法。它模拟了生物的适应进化。生物的优劣、对环境的适应是由带有基因信息的染色体确定的。对各种由主体组成的系统，不论主体本身有何个性，主体的共性是所有的主体都具有如下三个层次的能力：一是主动性的表现（时时刻刻实施某种行为的能力）；二是对行动的结果进行评价的能力（对于可能产生的结果进行评分）；三是发现规则（形成新的能力）。

遗传算法的核心思想是，用现行执行时的行动结果的表现对主体赋值，由于染色体可能发生偶然的交叉和变异，通过正确评分（考察其适应性）产生了新规则。为在计算机上运行遗传算法，主体的表现是一组用 If（条件）Then（执行）的规则表示。对行动的评价是用强度。霍兰巧妙地利用一些经济学的办法（桶列算法）计算强度，发现主体如何适应环境。条件和执行用“01#”字符串表示，染色体用“01”字符串表示。

贯串全书的回声模型是一个不断扩充的计算机模拟程序。在《隐秩序》一书中，霍兰从模型 1 到模型 6，不断地增加内容，模拟了越来越复杂的现象。

2.《涌现》简介

在写完《隐秩序》之后，霍兰在 1997 年又写了《涌现》一书。《涌现》讨论的问题是：复杂的事物是如何从简单的事物中发展出来的。举例来说，国际象棋有一个棋盘、几十个棋子，只有简单的二十几条规则，然而，经过了几百年的精心研究之后，我们至今还是能够在游戏中发现新的棋的走法。就像小小的种子成长为各色各样复杂的生物体一样，为数不多的一组规则衍生出极其复杂的棋局。

涌现的本质就是由小生大，由简入繁。这是我们周围世界普遍存在的一种现象，例如人们的创造性活动、蚁群、神经网络系统、人体免疫系统、互联网。在这些复杂系统中，整体的行为要比其各个部分的行为的加总大得多。这些问题非常深奥，但是与我们密切相关。例如，整个生物系统是如何按照物理、化学的规律涌现出来的，我们是否能将人类的意识解释为某些物理系统的一种涌现属性。如果我们找到了普适的理论，这些问题就可以解决。而《涌现》就是致力于对这个理论的科学研究。

《涌现》给出了研究的现状，包括一些例子、方法和结果。

首先，对涌现这么复杂的问题，还没有简单的定义。《涌现》只给出一些准则，用以划出特定领域以便研究。涌现研究的领域是一些在规则和规律方面富有启发性的系统，例如棋类游戏、人们已经充分理解其组成的物质系统（如由原子组成分子）和科学理论（如牛顿万有引力定律）定义的概念系统等。

霍兰的基本观点是：少数规则和规律就能够产生令人惊讶的、错综复杂的系统。这个复杂性的来源是系统随机模式本身和从局部到整体的过渡，以及系统的动态所产生的永恒的新奇，但其中有可识别的特征和模式是重复发生的，即新的涌现发生了，例如新的层次及新层次上的新的规律。

发现涌现需要建模。模型是在结构或行为的重要方面和所研究的系统相似的、真实的或想象的系统的映像。它往往能为大范围地观察事实提供解释。模型的建立不是“原型的重复”，而是按研究目的的实际需要和侧重面，寻找一个便于进行系统研究的“替身”。不同的人由于研究的目标不同，会对某些方面做出不同的简化。在原型系统及模型之间存在着“反馈”的关系，根据对原型系统规律的认识，可以建立模型。而建立模型进行实验的过程又可发现一些新的规律，由此预测未来或许会丰富对原型系统的认识。人类对世界的探索过程，就是建立各种模型表示的过程。人类知识积累的过程，也是修正和具体化各种形态模型的过程。模型方法是现代科学的一种核心方法，事物的本身几乎是不能直接展示出来的，要让交流者们较深入地理解，起码要用语言来讲述。

相似性与简单性的统一是建立模型的方法论原则。建立的模型要求与原型在本质上是相似的，并具有可验证性。建立模型常常是多种知识和方法的综合运用。科学的模型具有多重功能：科学模型要起到研究纲领作用，模型是客观事物的反映，但它对客观事物进行了抽象诠释，所以获得了更普遍适用的客观规律，这些规律常常是简化的，因此它为整理信息提供了概念框架。由于原型本身太过复杂，不容易研究，我们按我们研究目标的需要做了简化，从类似情况中得到启发，用隐喻的手段建立模型，所以模型是科学研究的间接方法。思维模型可以起到思想实验的目的。思想实验实际上是思维操作亦即逻辑推理的结果，是实际实验的逻辑补充。模型是研究复杂系统的关键。模型研究对实践有指导作用。

但模型也会有问题。模型常常过于简化，未能反映实际情况的复杂性。为达到不同的目的，建模者可能建出很不相同的模型，研究它们的时候，甚至会得到相互矛盾的结论，让人无所适从。无论如何，模型具有以下这些基本的性质：一是客观性，必须符合实际；二是主观性，对于目标有效；三是相对性，只反映客观事物的某一侧面；四是渐进性，随认识和实践的发展而发展。

所以，模型的作用是明显的。模型是人类认识和改造世界的必经之路。模型是知识表示的基本工具，它用概念描述系统，提升我们对系统的认知，它更抽象，并且有更广泛的应用。模型为现实的系统提供了整理信息的框架。可以从运行模型中寻找规律，获得对未来的预测。模型也能帮助我们设计人为事物。模型本身也是物质符号系统，是人工物。

建模的要点是忽略对研究目标无关的细节，抓住本质；通过类比获得灵感，例如，电磁波是看不见的，但用水的波可以类比，最后得到麦克斯韦方程；建模要不断地抽象，例如写程序。复杂系统中，基本元素是主体、规则和元素之间的相互作用。

《涌现》一书中主要讲了两个例子，西洋跳棋和神经网络的模型。霍兰建立了自适应主体的计算机模拟模型，演示了受限生成过程，展示了自适应主体在变化的环境下，不断学习，改变策略，发展成长，逐渐出现了新的固定模式、新的积木块、新的层次。如此，我们看到了涌现。

涌现正是发生在整体行为不等于各个部分行为的简单总和的情况下。还是以下棋为例，仅仅依靠累加棋盘上各个棋子的价值，不可能正确地描述正进行的棋类比赛的状态，因为各个棋子之间还都有着相互发生的作用，能够达到相互支持和控制棋盘上各个部分形势的效果。如果能更好地思考、利用这种联结的结构，就能更容易打败你的对手。也许对手有许多更有价值的棋子，但却没有合理地安排它们。所以要有效地分析整个竞赛形势，就一定要找出直接描述棋子间相互作用、相互影响的方法。

霍兰运用由直观逐步走向抽象的科学研究方法，相当精巧地建立了受限生成过程（Constrained Generating Procedure，缩写为 CGP）模型的框架。现在研究的多数系统都可以看成是某种受限生成过程。由于模型是动态的，所以称为“过程”；支撑这个模型的机制“生成”了这些动态的行为；事先规定好的、机制间的相互作用，“约束”或“限制”了这些动态行为的可能范围，就像游戏的规则约束了可能的布局一样，所以称这个模型为受限生成过程。任何受限生成过程都能表现出涌现行为。

建立受限生成过程的主要步骤为以下四步。

第一步是定义机制。前面的规则（如下象棋的规则）现在称为机制，用机制来定义系统中的元素。机制根据输入（或信息）做出反应，对输入进行处理并产生最终的输出。

第二步是形成网络。很多模型都涉及不止一种机制，为说明某一个机制的执行如何影响（也即限制）其他机制，可以把多种机制连接起来形成网络，即用网络描写受限生成过程（CGP）。正是机制间的相互作用产生了有机的、复杂的行为。在这个框架中，我们就可以研究那些在考察单个机制时，很难观察到的相互作用。当基本机制的数量大大增加的时候，整个系统的复杂性就会迅速增大，情况就像在蚁群和神经网络中所看到的那样。

第三步是利用转换函数。由一些带约束条件的、相互作用着的机制连成的网络的所有可能性的集合，可以定义总的受限生成过程的状态，这个状态将由组成这个受限生成过程的所有机制的状态决定。然后，再用转换函数来精确地描述各种从一种状态合法地转换到另一种状态的方式。

第四步是用积木块搭出层次结构。像搭积木似的，为了简化描写和建立更复杂的机制，我们分离出一些基本机制使受限生成过程成为有层次的结构过程。正如西蒙曾指出的，这将更便于对系统加以描述，并且绝大多数表现出涌现行为的系统都具有层次结构。

《涌现》用受限生成过程对跳棋和神经网络建立了计算机模型，其结果是，带有自学习功能的西洋跳棋程序涌现出赢得对手的棋势，甚至战胜了设计程序的人；神经网络模型也涌现出记忆等现象。

3.《复杂性》简介

霍兰在《复杂性》一书中介绍了复杂系统，包括复杂物理系统（CPX）和复杂适应系统（CAS），主体、网络、度、再循环、专业性和多样性，涌现、协同进化和小生境的形成，最后，霍兰把他对复杂性研究的成果融为一体，再次努力，力图获得理论。

《复杂性》一书是总结，在认识上也有提高。例如，讲到缸模型，带有随机因素考虑的马尔可夫链的应用，更多地谈到半透明的膜（边界）和标识的作用，对网络、度和再循环的研究加深了。强调了专业性和多样性，用复杂系统的方法研究了亚当·斯密的分工模型。霍兰最后给出了结论，强调要把系统看成是复杂的，其动因是为了解决除用此方法外无法解决的问题。

到目前为止，该理论的研究尚在初级阶段。不过已经可见一些普适的规律。所有的 CAS 的共同特征是：CAS 的行为总是由其组成元素的适应性交互行为所产生。成为其特征的层级结构也是由此生成的，主体在一个层次上的特定的联合变成它的上层的主体。生物肌体的组织结构就是人们最熟悉的例子，它是这样一层一层地形成的。

利用基础概率论的缸模型，加些限制条件，给每个缸一个出和入的阀门，只有特定颜色的球可以进或出，随机取出的球不能放回缸。这样，每个缸就有半透明的膜（边界），某些信号可以穿过，另一些信号则不能穿过。霍兰用一种重要的概率理论——马尔可夫过程，研究这种有门的缸层叠成的系统的情况。简单地说，马尔可夫过程认为：系统从一个状态到另一个状态的转变是随机的，不是确定的，可以用概率表示其中随机性。马尔可夫过程的理论已经很成熟，它是研究带门的缸模型的有力工具，因而也是 CAS 的有力工具。特别是马尔可夫理论可以清楚地描述在一些具有特殊行为的领域的信号分布，这就为进一步搞清楚适应的机制提供了可能性。虽然在 CAS 中引用马尔可夫理论还不能建立一个无所不包的理论，但它的确是非常有用的。门缸和马尔可夫过程模型可以演示奶牛身体上的花纹产生的过程，即所谓的图灵形态发生反应，在他的一篇论文中曾详细地讲解了这一过程。

当生物细胞中的成员，由膜分开后再进行串联合作的时候，也可观察到类似的产出的增加。半透的膜对某些蛋白质关闭细胞器，而对另外一些蛋白质则不关闭该细胞器。直接的结果是在该细胞器中，集中增加了允许通过的蛋白质。按基本的化学定律，较高的集中度将增强允许通过的蛋白质的相互作用。合作圈内的其他细胞器，将可以利用这些相互作用的产物，获得亚当·斯密所指出的如生产线专业人员似的合作效果。其结果就是实质地增加了有效的产出，包括细胞的成活率和更新效率，这就产生了达尔文所指的细胞的适应性。

所有的 CAS 都常常表现出专业化成员增加的趋势。越高层的专业人员越脱离下层的实际操作，运用符号系统从事着信息处理。例如，从早期城市里的市场到当今商业市场的进展就是如此。在早期的市场里，个人只是交换着他们自己生产的产品。渐渐地，有人专门记录什么时候、什么货物受欢迎，生产多少合适，买多少钱能挣得多，并进行专门咨询，专门指导。后来又产生了设计和管理信息系统的职位。在当今的社会中，还有大量的专家处理期货、对冲和衍生物等，而不涉及实际的商品。在其他的 CAS 中也可以看到同样的变化和发展，比如在当今自动生产线或管理架构中正在出现的专业化。类似的情况还可以在互联网、气象局和作战控制室等里面见到。

在各种情况下，有着多样的专业化的主体，他们关注、处理、选择各种信号。正如在生物细胞中，由边界（细胞的半可穿透的膜）、信号（蛋白质）和信号处理（蛋白质间的相互作用）持续带来的多样性。在“生产线”上各相互作用串联时，标识对于协调规则的顺序是非常重要的。当标识协调“生产线”时，很容易产生并检测到在产出和有效性方面的实质上的差别。由于多种多样的生产线可能是串联的，为了生存，CAS 主体甚至还能够发展出更复杂的策略。这同时也是每一类新的主体相互作用、继续扩张的新的机会。在这些可能的新增加的相互作用中，CAS 中普遍存在的多样性又可以开始增长。而这又为新的专业化的进一步发展，展示了更广泛的多样性。

在生产线的例子中，自然规律确定了分工后专业工作者效率的提高，系统科学认识到当一串专业人员完成工作以后，总的生产效率得到提高（意味着更适应），这条生产线就固定下来，成为成功固定的新模式，出现了新层次，整体的效率得到了提高。

受限生成过程（CGP）是协同进化的关键，这个概念是霍兰在 1994 年首次提出来的。它是在霍兰提出的遗传算法（GA）的基础上提出来的。简单地说，CGP 就是个体在与环境反复交流的过程中，不断改变自身的形态和行为方式的过程，它既是个体的进化机制，又是整个环境（即整体）的演化机制，所以称为“协同进化”。霍兰在 2013 年的《复杂性》一书中进一步发挥了这个概念。协同进化和 CGP 把西蒙的观念落实为具体的机制。研究一个复杂系统，就是要抓隐藏在其进化过程中的 CGP。

在《复杂性》一书中，霍兰还细化了半透明的膜和价值链的形成。在生境概念的基础上，霍兰进一步关注它的边界特点——有选择地单向传递信息和物质，他形象化地称之为“半透明的膜”，并进而把一系列相互连接的生境称为“缸”，从而形成了我们熟知的价值链或分工链。这一进展继续丰富了层次结构的内容，对层次概念的进一步细化，也和我们希望考察的经济系统更加接近。

四、小结

根据西蒙和霍兰的这四本经典著作及其他相关的书籍，我们选出以下十个复杂性研究的关键概念。这十个概念可分为两组：前四个是基本观点，或者说是理念；后六个是对于复杂系统的若干普遍规律的理解和认识。两部分之间承上启下的衔接点和核心点是第五个概念——准可分解的层次结构。

（1）世界是无限的，这是复杂性的根本来源。而且，质的无限性重于量的无限性。

（2）不存在统一的、放之四海而皆准的终极理论体系。

（3）确定性和不确定性都是真实的客观存在。

（4）个体和整体是相对的，它们之间既相互冲突，又相互依存，其利益取向和行为规律是不同的。

（5）复杂系统一般都具有准可分解的层次结构。

（6）存在着两种具有不同规律的复杂系统：CPS 和 CAS。

（7）CAS 的基本特点是：个体的适应行为导致整个系统的复杂性。

（8）协同进化的关键在于受限生成过程（CGP）。

（9）生境（Niche）可以说是个体到整体的一个“中间环节”。

（10）半透明的膜和价值链（或分工链、信息链）的形成，是层次概念的进一步细化的关键。

近年来，我们特别关注复杂性研究及其在经济科学领域的影响。我们的想法在商务印书馆出版的《复杂性研究视角中的经济系统》[①] 一书中有初步的表达，有兴趣的读者可以参考。我们的体会可以归结为一句话：对于当今的科学工作者来说，迫切需要的是重视复杂性，摒弃绝对化。

① 陈禹、方美琪：《复杂性研究视角中的经济系统》，商务印书馆，2015。

姜奇平
用网络方法解释网络经济学

姜奇平 信息社会50人论坛理事，中国社会科学院信息化研究中心秘书长，《互联网周刊》主编。2006年，获中国信息协会中国信息化论文一等奖。2009年，获中国电子商务十年发展特殊贡献奖，当选中国互联网10位启蒙人物之一，被《硅谷时代》评为“带领我们走向数字时代的20位中国人”之一。2011年，其著作入选中国信息协会中国信息化十大专著。著有《新文明论概略》(上下卷)、《后现代经济——网络时代的个性化和多元化》《长尾战略》《信息化与网络经济——基于均衡的效率与效能分析》《分享经济——垄断竞争政治经济学》《网络经济——内生结构的复杂性经济学分析》等，翻译美国商务部《浮现中的数字经济》。

借用斯拉法《用商品生产商品》一书的名字，笔者把用网络方法解释网络经济学称为“用网络解释网络”。第一个“网络”是指方法，第二个“网络”是指网络经济学的研究对象，核心就是陈禹提出的“以复杂性为切入点”构建新的经济学。

如果对工业经济和信息经济进行高度概括，工业经济的核心范式是简单性范式，用来解释工业经济的传统经济学认为简单性经济，而复杂性不经济；信息经济的核心范式是复杂性范式，用来解释信息经济的网络经济学认为简单性不经济，而复杂性经济。当经济结构发生变化，需求变得越来越个性化，供给变得更多以创新为导向后，经济学最核心的命题转变为复杂性经济，而简单性不经济。简单性经济就是指传统的中国制造经济，复杂性经济则是指中国创造经济。

《网络经济——内生结构的复杂性经济学分析》[①] 是笔者多年来对互联网研究的一个总结和概括。其中，“复杂性经济学”是陈禹和方美琪提出的，指把复杂性植于整个经济学核心，把复杂性作为切入点而构建的经济学。网络经济中的经济是形容词，指网络是经济的，反驳了网络不经济的说法。网络经济同时也意指合作是经济的、协同是经济的，从这个意义上来说，又是杨培芳的协同经济学所阐释的思想。而其中的“内生结构”是笔者提出的理论与方法。可以有各种解法，例如，用来解陈禹提出的“复杂性经济学”之题。笔者的解法是把复杂性具体化为可量化的复杂性结构，研究如何在均衡水平还原复杂性结构。这与林毅夫的新结构经济学不一样，会对政府和市场都持中性态度，而与杨培芳的立场完全一致，强调介于政府与市场之间的社会的作用，认为“网络是有效的”。

经济转型的核心是结构调整，关键在于建立一个体现供给上的创新导向、需求上的个性化导向的复杂性范式的经济结构。本文详细论述了为什么要建立一个复杂性范式的经济结构与经济学结构，以体现创新和个性化导向，并从以下两个方面对如何建立一个内生复杂性经济结构的网络经济学进行分析：一是通过作为方法的网络认识经济结构；二是通过作为研究对象的网络认识经济结构。

一、通过作为方法的网络认识经济结构

1. 图论是经济学中的波粒二象性方法

现有网络经济学不是用网络的方法研究网络，而是用原子论的方法来研究网络。这样的研究在方法论上有根本缺陷，会把复杂性还原为简单性，从而忽略创新、个性化的特殊性。与原子论不同的方法是结构论方法。具有结构特征的方法论，最有代表性的就是网络方法。网络方法是目前国际前沿的方法，应用于作为自然科学的网络科学及作为社会科学的社会网络分析。这两个学科都是研究复杂性的，如去中心化、拓扑结构、不确定性等，是与复

① 姜奇平：《网络经济——内生结构的复杂性经济学分析》，中国财富出版社，2017。

杂性研究对象相匹配的复杂性研究方法。

复杂性经济学中的内生结构具体是指把两个学科的方法借用到经济学中来：一是把作为自然科学的网络科学方法引入经济学，来弥补原子论的缺陷；二是把社会科学的网络方法引入经济学，克服用原子论解释合作关系的局限。但现有网络科学和社会网络分析的发展都还不能令人满意，主要是过于偏向经验归纳。并且，这两种方法对经济学的渗透，还没有进入到复杂性的内核里。一个创新的思路是，从数学的高度，对网络自然科学和网络社会科学的结构论方法进行高度概括，提炼为数学的图论，从自然科学和社会科学的经验归纳方法中，提炼出演绎的方法。

图论的特点是什么呢？在数学上，网络是用图（Graph）来表示的，图在数学上由节点（Vertex）和边（Edge）来定义，图是指节点与边的二元组。网络与图的关系一望而知，网络即图，图即网络。早在图论发展初期的20世纪30年代，法国数学家因不习惯“图论”这个新词而使用“网络”一词作为替代。用专门刻画网络的数学方法解释网络经济是自然而然的。然而，现有经济学仍然沿用原子论的方法解释网络经济，把网络经济当作原子论经济的一种具体的、应用层面的表现。引入图论方法后，事情便颠倒过来：原子论经济才是一种具体的、应用层面的表现，它只是网络抽掉边以后的特例现象。换句话说，把新古典主义经济学放在图论中观察，只相当于制图人由于粗心大意忘记画上边（点与点之间的连线），而把一大堆原子节点当作图的全貌的局部理论。

节点与边的关系，对应于量子力学里的原子和关系之间的波粒二象性。西方经济学中的数学都是从原子论、还原论出发，其中，数学上的盲区就是忽视了边的存在，对应的是东方关系论的思想。例如，人们不承认经络的存在，认为经络看不见。关系就是边的互联互通，也就是协同、合作。其中，一个在原子论数学中没有的意思，就是特指异质节点之间的关系。图论是数学上的波粒二象性理论，从原子论和关系论两个方面结合的角度把握数，由此可以彻底地改进经济学的数学基础。

2. 在经济学方法中，复杂性对应什么问题

在经济学效率概念中，简单性范式对应的是专业化效率，复杂性范式对

应多样化效率。在经济学方法中，复杂性范式对应的是多样化效率的解析问题。按亚当·斯密的原意，分工由两个相反的方向构成：专业化效率提高及多样化效率提高。杨小凯曾说："多样化和专业化的发展是分工发展的两个方面。"分工实际上有专业化与多样化两个含义，专业化对应数量（如 GDP），多样化对应质量。而现有经济数学只取其中的"专业化"一义。这是现有经济数学只有原子论方法，而没有发展出关系论方法的背后原因。围绕专业化效率提高展开的经济学分析，论证的就是简单性经济，而复杂性不经济。复杂性经济学论证的核心命题就是复杂性经济（也可称为网络经济），而简单性不经济。这是中国制造理论和中国创造理论在数学上的分野。现在所有教科书的理论全都是按照专业化经济来写的，而杨小凯认为，它忽略了亚当·斯密思想中有可能通向合作和协调方面的整个数学思路，少了一个把复杂性加以量化的值，这个表现多样化量值的量就是品种值。杨小凯用 n 来代表品种。品种就是多样性，多样性越强，复杂性越高。N 值代表"经济结构的多样化程度"。[①] 这是杨小凯对经济结构这个概念不同量化的理解。一般经济学家都用数量（如 GDP）来刻画经济结构，而杨小凯用品种来刻画经济结构。

第一次在经济学均衡全局上发现多样化可以影响均衡全局的是张伯伦，张伯伦把多样化称为差异化，他在经济学的心脏——均衡理论里指出，不是要论证同质性经济（简单性经济），而是要论证异质性经济（亦即差异化经济、多样化经济，也就是复杂性经济），所以张伯伦是复杂性经济学的创始人。他第一次发现复杂性经济的均衡点不在 P = MC，而在 P = AC。历史上，有两个由于把"数量—价格"的二维空间拓展成"品种—数量—价格"的三维空间来建模而获得诺贝尔奖的经济学家，第一个是约瑟夫·斯蒂格利茨，他在 1977 年与迪克西特建立了内生品种的均衡理论；第二个是保罗·克鲁格曼，他用内生品种的均衡理论说明国际贸易。对此做出贡献的还有谢康，他在 1999 年第一次提出了与美国不同的范围经济定义。美国用"数量—价格"二维来定义范围经济，而谢康用"品种—价格"二维来定义范围经济。谢康这一定义，第一次把复杂性的量度显示出来。在"数量—价格"这一简单性空间里，看不到复杂性的存在，复杂性存在于"品种—数量—价格"这个三

① 杨小凯：《经济学原理》，中国社会科学出版社，1998。

维空间中。只有把多样化效率从“数量”这个一维的直线，显示为“品种—数量”这个二维的平面，才能“看到”复杂性经济到底存在于什么地方，也才能在经济结构中，“看到”质量存在于什么地方。

复杂性在经济结构中对应的就是经济质量，分别由创新和个性化从供求两方面定义，表现于价格，就是拉姆齐定价成为一种稳定均衡价格。而由拉姆齐定价构成的等均衡线（互联网界称为长尾曲线），就是网络背后的经济规律。这个等均衡线用语言表示，就是人类经济从单一品种大规模生产走向小批量、多品种。品种就是复杂性的“显影液”，也就是说，品种如果不内生，人们就根本不能理解第三次浪潮。当前，人们的身体进入了第三次浪潮，但头脑还停留在第二次浪潮，就因为人们的头脑里缺少了一个能量化显现复杂性的维度，所以看不到质量、创新、经济结构调整等量变发生在均衡全局的什么位置。

3. 以图论量化复杂性的结构值

《网络经济——内生结构的复杂性经济学分析》在方法论上的主要创新在于，以图来定义品种，也就是说，把 N 值理解为其结构值，即图值。图值又称图的特征值，一般可以通过图与矩阵的关系来刻画。一个矩阵的特征值是指特征方程的 n 个复根。N 值实际是多样性的不动点。或者说，是在用拓扑（网络结构）中的不动点来表示多样性的结构量特征。

用品种来概括图值的本质，就可以把网络科学与社会网络分析中的点度数、度分布、距离、最短路径、聚类系数、介数、核数、半径、弧、中心度、连通度、点权等打包成“复杂性的程度”。就好比经济学用数量一个值，就把长度、宽度、高度、湿度、温度等具体量值加以概括一样。只有这样，才能用于均衡分析。对于图值来说，边代表的是研究对象的质。图值即对于质性的量化。一个事物的性质是由其结构决定的，而图值则是结构的值。这就解决了原子论的经济数学无法对质性问题加以量化的难题。社会资本中的关系，实际代表的是资本的一种异质性。长期以来，缺乏有效的数学手段加以量化。引入图论后，这个问题有望得以解决。

用图论作为均衡分析的新工具，相当于在供求曲线上建立了一个新的、过去看不见的计算空间。在这个计算空间里出现的供求曲面，呈现出以往隐藏在复杂性背后看不见的收益。例如，创新为什么会带来零利润之上的经济利润。结合张伯伦理论就可以发现，原来是每当有一定水平的复杂性进入均衡，均衡价格就会向着平均成本方向有规模地移动一个与复杂性程度相关的量。这就是质量、创新和个性化的经济数学本质。

二、通过作为研究对象的网络认识经济结构

1. “网络何以可能”是网络经济学的基本问题

把网络理解为网络经济学的研究对象，不是指研究互联网，是指把所有研究对象，从家庭、市场、企业到互联网（复杂网络），都当作网络来理解，把农业经济、工业经济和信息经济全部看成是网络现象的分支。网络是一切经济现象背后的通则，用命题来概括就是“网络何以可能”，这是网络经济学真正的研究对象。它要反对的命题就是科斯的命题，即“企业何以可能”。现有的网络经济学把“网络何以可能”这个问题证明反了，成了证明互联网何以不是网络，何以没有自己的规律性，何以用市场、企业的规律就足以代表网络的规律等。

网络中因其特殊而更显一般的通常被遗漏的问题是边（互联互通）的结构问题。按戈伊尔在《社会关系——网络经济学导论》中的看法，结构问题的“本尊”问题是“检验一个均衡如何随网络结构的变化而改变”，这种均衡不是取决于新古典主义理论作为出发点的原子论化的“个人努力”，而是“自己的努力加上邻居的努力”。[①] 这才是网络经济学带给一般经济学的新视角所能看到的新对象。

如果把协同和合作当作一个数学问题，它与社会资本的关系，包括微信中的圈子，是同一个问题，研究的都是边的问题。边的问题对于亚当·斯密来说，就是边的经济性问题，即人际关系有无摩擦的问题。“网络何以可能”，说的是复杂网络具有怎样的与市场不同的边的结构，使其摩擦为零。

科斯说只有企业可以降低市场交易费用，但反例可以马上被提出。复杂网络并没有通过科层制，但却比科层制的交易费用更低，其原因就是“网络

① 桑吉夫·戈伊尔：《社会关系——网络经济学导论》，吴谦立译，北京大学出版社，2010。

何以可能”实际要解决的理论问题。“网络何以可能”意味着“企业何以不可能”。在现实中，海尔公司不是用分层金字塔的结构来组织，而是把一个企业拆成2400个碎片来降低交易费用。从这一实际案例中提炼出的问题是，网络为什么可以替代企业成为新的常态，企业的边界为什么会被拆掉。这是网络经济学在面对经济结构变化时，从头到尾贯串的核心问题。“网络何以可能”问的是：一种接近零摩擦的扁平（且分布式）结构何以可能。根据《网络经济——内生结构的复杂性经济学分析》中的研究，结论是“最短路径优先”法则，导致了更富于多样化效率与效能的网络出现，使网络经济从不可能变为可能。

2. 经济结构变化的本质在于资源配置结构的变化

“网络何以可能”问题的答案取决于这样一种认识：网络正成为与市场、企业并列的资源配置形式。在市场、企业这类网络中，把数学上的边还原之后，会有一些非常有趣的发现，例如，市场和企业的区别没有想象中那么大，它们都只不过是完全网络残缺后的特例。例如，市场是什么呢？是正则网络。正则网络边的特征是什么呢？所有边都等长，且均值。也就是说边的值为 1，乘上 1 和除以 1 没有变化，所以就还原成原子论的结论了。可见，以原子论为基础的传统经济学并没有错，只是它设定了边不变（即同质性假定）这个特例性的条件，而这个条件在互联网时代发生了彻底变化。那企业是什么呢？企业是一个星形网络，星形网络的层级结构在数学上是一个分数维的现象。只要把网络结构中的边，按一又二分之一维、一又四分之三维这样的规律调整，就会出现被人们称为企业的现象。由此可以一举突破科斯理论。要让网络成为可能，只要调整边的结构，或打破边的均质化，或改变分数维，就可以还原出互联网现在优于企业，降低交易费用的具体条件。

罗纳德·伯特在《结构洞——竞争的社会结构》中按照边的结构来分析经济学中的利益得失。对于网络条件下的利润提供了一种新视野的洞察，不是用点的方式（生产方式），而是用边的方式（连接方式）把握利润，从而改变了人们对于经济结构的传统认识。将市场、企业视为网络的特例，而把网络视为资源配置的通则。从这个角度来看，网络经济学不同于其他只谈互联网的网络经济学，是一种泛网络论或泛网络经济学，即把所有经济现象都视为网络现象的经济学，复杂网络只是这种泛网络的高级形式。[①]

三、建立内生复杂性经济结构的网络经济学的现实指导意义

综上所述，传统经济学用简单性范式框架来思考世界，认为世界只有单一品种大规模生产这一种生产方式，而随着信息经济的出现，小批量多品种的生产方式正在兴起，为了解释这种本质上不同的经济，经济学到了必须放宽同质性假定，将复杂性从方法到对象一起接纳进来以加强解释力的时候。用图论的方法解释网络现象，看到的是这个世界丰富多彩的一面，而经济结构正沿着这个方向，向着供给侧与需求侧越来越多样化的方向发展。

工业化是一种让复杂性变得不经济的生产方式，信息化是一种让复杂性变得经济的生产方式。经济学关于什么经济、什么不经济的结论，关系到中国到底要走传统单一品种大规模生产的简单性经济之路，还是走小批量多品种的复杂性经济之路。用网络方法解释网络经济学，关键在于嵌入复杂性的视角来面对实践中的复杂性，顺应经济结构变化的规律，以变制变。不能发现复杂性的规律，只好让变革牵着走；发现了复杂性的规律，可以引领着变革走。

---

① 罗纳德·伯特：《结构洞——竞争的社会结构》，任敏、李璐、林虹译，格致出版社、上海人民出版社，2008。

吕本富
从平台经济到平台经济学

吕本富 信息社会50人论坛成员，中国科学院大学管理学院教授。国家创新与发展研究会副理事长，中国信息经济学会副理事长，中关村数字文物产业联盟会长，中国数字论坛成员，中国信息化百人会成员。参与央视《对话》和《今日观察》近100期的节目策划和评论。2013年被香港世界经理人峰会评为中国十大最受尊敬商学院教授第四名。2000年发表《77种网络经济创新模式》，成为推动中国互联网第一次浪潮的“教科书”；2013年执笔起草有关网络空间的国家战略报告，已经获得重要批示，并成为国策；2015年出版《飞轮效应——数据驱动的企业》，成为传统企业互联网转型的行动指南。

平台经济有四个特征：依赖用户的高度参与、供求双方的信息精确匹配、双边网络外部性及大规模跨界。平台经济产生了两个重要颠覆：传统厂商的规模经济被打破，厂商的财富密码发生了改变——从流水线变成算法[①]。从经济学理论研究的角度来看，需要关注具有大数据的平台是否带来新型的计划经济，平台算法外部性的正负性以及平台经济应该保持多大的冗余度。

① 吕本富：《数字经济的财富密码》，《南方都市报》2017年8月6日。

一、平台经济的诞生

2016—2017年，互联网平台企业成为全球经济中最强大、最具创新精神的关键部分。在互联网平台上，呈现出了数字化信息的快速流动与大规模社会化协作，融合互联网经济与实体经济，平台本身成为经济与社会的新主角。互联网平台呈现出三个重要特征：一是平台成长到与市场、企业同等重要的位置，二是整个社会中的主导公司形态从产品型公司转向平台型公司，三是技术驱动的互联网平台成为经济、社会与生活中新的资源配置与组织方式。互联网平台连接人们的线上线下生活，由平台企业演化出平台生态或平台经济已是大势所趋。

互联网平台的发展大致可分为三个阶段：从电商平台到行业平台再到平台经济。在平台经济发展的早期，直接面向终端消费者的电商平台率先崛起。随着互联网与产业融合加深，平台的产业领域不再局限于零售业电商平台，而是趋于多元化发展。例如，出现了众包、共享等诸多基于互联网平台的新产业领域。随着平台进入产业领域越来越丰富，其对产业和产业组织变革的影响力越来越大，平台逐步由一种商业现象发展为一种经济形态。

中国发展平台经济具有非常现实的意义。中国经济增长正处在新旧动能转换时期，又步入了创新资源全球化阶段。“互联网+”改变了传统的产业链组织方式，正在以平台为核心重组产业生态。例如，双创活动产生了创客和大量制造资源的连接平台，高端创新创业资源的连接，成为区域实现跨越式发展的关键。平台经济的崛起为中国制造业弯道超车带来了重要机遇。

由上可知，平台经济已经成为一种新的经济现象和政策工具，经济学理论能否给予这些现象自洽的解释，并在政策制定中给予恰当的指引，值得探讨。

二、平台经济的特征

对于平台经济，本文给出的定义就是指依托实体交易场所或虚拟交易空间，吸引产业链上下游相关因素加入，并以促成双方或多方之间进行交易或信息交换为目的的商业模式。从这一定义中不难发现，平台经济是一种商业模式的革新，而非产品本身的创新。支撑互联网的技术因素有九个要素，如表 1 所示。

表 1　　互联网平台特性九宫格

技术驱动	关键环节	人的需求
云计算（Cloud）	数字化（Digitalization）	社交化（Social）
移动终端（Mobile）	连接（Connection）	赋能（Enabler）
技术表达（App）	精准匹配（Match）	生态（Ecosystem）

平台经济最主要的特征就是依赖于用户参与。谷歌将用户的搜索行为转换为具有丰富价值的广告，Facebook 运用在线社交收集并出售用户的精准画像，而 Uber 则看准用户的交通需求充分调度私人汽车。平台能调动用户参与生产，也会对用户产生巨大影响。乐观派们强调，以 Uber 为代表的平台能够释放未被充分使用的个人资产的商业价值，而类似于 YouTube 的平台则将让每一位用户都能成为具有灵活工作时间并从平台得到收益的创业者。对劳动者和工作任务提供匹配服务的平台可能使劳动力市场更有效率，同时会出现一个工作岗位和价值创造都极度分散化的社会。

平台经济的第二个特征是信息精确匹配。某种类型的交易，如果有很多潜在买家和卖家，如何撮合两个群体达成交易将至关重要，而平台效率也集中体现为撮合效率。平台经济之所以有价值，是因为其连接一切的特性及其虚拟空间打破时间限制与物理空间距离，使得企业超越区域小市场，面向全国或全球大市场，从针对存量的“头部”发展到拓展增量的“长尾”，从人工操作处理为主发展到工具的技术替代。平台是连接上下游、供需端或买卖方的第三方或第四方服务，也是从撮合交易、资源配置、开源创新等过程中，通过降低交易费用、分享价值增值收益的经营实体。

平台经济的第三个特征体现为双边市场、交叉网络外部性。网络外部性有很多类型，但其中一种特别值得关注，即“双边网络外部性”。“双边网络外部性”意味着，已加入该平台的买家越多，卖家加入该平台的潜在收益越高；同样，已加入该平台的卖家越多，买家加入该平台的潜在收益也越高。由此，买家和卖家是否加入该平台，乃是一种“鸡生蛋，蛋生鸡”的正反馈过程。而对平台企业而言，如何达到正反馈，流量是基础，如何持续获取流量是打造平台生态圈的关键。

平台经济的第四个特征就是跨界。随着资源共享范围越来越广，程度越来越深，产业内部的边界越来越模糊，产业通过平台实现的跨界融合现象也愈加显著。新经济格局下，产业的界限越来越模糊，打破原有产业边界，产业之间跨界现象显著。平台型企业通过连接多边群体，整合多方资源，设立规则与机制，满足多边群体的需求，充当连接、整合的角色。传统企业也可利用连接、整合的思维去创造更大的价值。[①][②] 企业通过减少不必要的中间环节，创造更多的价值连接，提升效率，带来增值。企业还可以通过协同上下游伙伴，甚至同业竞争者，一起创建新格局、创立新规则，为供应方及需求方带来更大增值。此外，企业也可通过跨界整合，创造全新的价值。

总之，平台追求的是在环形的、不断循环的、受反馈驱动的过程中，最大化生态系统的总体价值。对平台企业而言，难以复制的资源是社区及其成员拥有和贡献的资源，生产者和消费者的数据是平台企业的首要资产。平台经济的魅力在于凝聚资源，将传统经济链条式的上中下游组织重构成围绕平台的环形链条。平台将原本冗长的产业链弯曲成了环形，企业端用户通过平台直接触及消费者，节省的各个环节都提高了产业效率。

三、平台经济的颠覆

传统工业经济以行业分工为主要特征，行业之间边界清晰，泾渭分明。传统企业处在单向、线性价值链的一环，只需面向客户交付产品或服务，充当生产者和交付者的角色。传统企业考虑的核心是如何低成本、高质量、高效率地交付产品，从而实现利润最大化。传统企业寻求最大化产品或服务的用户生命周期价值，聚焦整个线性过程的末端。生产过程主要依托线下物理空间，开始围绕一个区域小市场，从贸易销售介入生产制造，再进入研发创新，形成“产供销人财物”一体化。一旦一个区域小市场成熟了，通过扩大

---

① 陈永伟：《平台经济和竞争政策：“二重性”视角的分析》，《比较》2018 年 2 月 2 日。

② 费方域、闫自信：《大数据经济学视域下的竞争政策》，《财经问题研究》2018 年 3 月 7 日。

再生产进行滚动式的横向拓展，这中间需要大量的劳动力，而整个过程叫作滚动发展和线性增长。这个过程就是经济学意义上的规模经济，主要是供给侧的规模经济。

平台经济的出现改变了这个过程。从封闭的以产定销发展到反向资源配置的敏捷供应，最终实现无边界、无距离、自成长的爆发成长。需求方越来越个性化，而生产方越来越小批量，所以供给侧和需求侧都有反规模效应。供给侧需要弹性生产，需求侧需要用户画像。规模效益主要体现为平台上的大规模信息匹配带来了巨量交易。以平台经济为核心的经济体与工业时代的经济体大不一样，从厂商的规模经济转移到平台的规模匹配。在实际操作中，可以明显地看出产品的定价权在转移，大多数厂商只能被动适应平台的要求：降价促销和参与各种购物节。平台上的大规模信息匹配，还衍生出两个“副产品”。一个是物流仓储，另一个是支付，原因就是这两项业务很容易标准化。物流公司的规模越大，效益越好，支付公司也是如此。从过去生产方的规模经济、需求方的规模经济，演变成平台方控制的支付规模经济和物流仓储规模经济。规模经济的方式变了，经济活动的重心也跟着发生变化，其中原因就是平台侧的规模经济（包括支付和物流）取代了原来的生产方的规模经济。

传统经济还有两个特征：高摩擦和高耗散。以服装业为例，如果一个品牌服装的成本是100元，商场的定价大约是12倍，市场的平均倍数为8.9倍，在互联网的冲击下，降到了8倍以下，但终端依然是高定价。在服装行业的供应链中，各环节之间都有交易成本，还有物理空间成本，这就是高摩擦。所谓高耗散，就是指资源最终的有效利用率。例如，从中东进口石油，最后真正由消费者享受的价值（用作动力的石油）可能不足17%，80%左右的资源全部耗散掉了。因而过去的经济体是高摩擦、高耗散的经济体。这种高摩擦、高耗散经济体的一大特点，就是中间环节多。工业时代把这些环节进行分工及专业化操作，极致就是流水线生产。工业时代流水线生产方式的出现，使每一个生产岗位都有了标准化和通用性，可以吸纳大量的劳动力，再加上专业分工的门槛“保护”，就业岗位数量相对稳定，持续期限较长。只要提高一个最普通体力劳动者的工作效率，就能提高生产效率，大规模地产生财富，普通的体力劳动者和厂商的利益是一致的。

平台经济就是要减少这种摩擦和耗散，而减少摩擦和耗散恰好也是平台最重要的收入来源。减少生产和交易过程中的摩擦和耗散，需要各种技术手段的支撑，数据、知识用于决策，关键在于平台上的算法。从这种意义上来看，如何分享节约下来的蛋糕，算法发明人和厂商的利益是一致的。从流水线到算法，财富的密码明显发生了变化，这个变化的背后，意味着资本方的利益正在从与普通大众结盟转向与小众知识精英结盟。

四、平台经济学的研究方向

与工业时代相比，在互联网时代，数据、算法成为生产要素，财富生成机制的变革，财富的创造机制也会随之发生改变。平台经济是否能发展为平台经济学？笔者认为可以鲜明地提出平台经济学，总结这个时代的新生力量，对旧的理论进行迭代，有以下三个重要的研究方向。

1. 新计划经济

平台经济是代码和商业的特殊结合，互联网成为数字经济的基础设施、流通中的数字中介，平台必须“标准化”参与者专门从事的各种活动，包括思想、知识、劳动力和其他闲置资产的使用权。这显然涉及法律和合同所产生的规制，但也是通过分类纳入和排除、分化的代码来实现。例如，在共享经济中，Uber 要求对司机进行背景调查，以便与使用该服务的乘客之间建立相互信任。这些标准化的包含、排除和区分对于稳定参与者的期望尤其重要，也是平台进行计划和组织的基础。

平台可以调动参与建设新数字经济流通的基础设施。数字经济循环是通过平台对元数据进行编码、部署算法处理数据点之间的关系、使用脚本交互协议、配置可视特征和默认值的接口，实现数据、软件和硬件之间的无形链接。然而，平台不是简单的传播，而是积极引导、制作和编程流通。这种作用似乎看到了“计划经济”的影子，马云甚至认为平台可以产生“新计划经济”。

线下的物理市场是各种各样的、分散的，交易效率并不高。建立在互联网上，特别是移动互联网上的平台有众多交易，成为最有效的市场，所以平台经济是最名副其实的市场经济。但是，平台积累了大数据资源，通过对比分析，可以预测下一阶段某个物品交易的价格走势，这又是计划经济的典型特征。由此形成的“悖论”，值得理论界关注并进行深入研究。对于一个平台来说，其价格体系是由平台推荐的，或完全由交易双方博弈，这不仅仅是一个理论问题，完全是一个实实在在的挑战。

2. 算法经济学

谷歌、今日头条、腾讯、摩拜单车和阿里巴巴等是网络时代有代表性的平台企业，其共同点是都运用了大规模匹配的算法，这一撒手锏堪比工业时代的流水线。这在工业时代称为大规模制造，在数字经济时代称为大规模匹配，谁能匹配得最优，谁就获得了财富创造的手段。谷歌和今日头条实现了人与信息的匹配，腾讯实现了人与人的匹配，摩拜单车实现了人与设备的匹配，阿里巴巴实现了人与商品的匹配。匹配算法决定了交易的效率，排位的先与后所产生的经济效益有重大差别。这种平台的匹配算法带来不同经济效益的现象，笔者将其命名为算法经济学。

在平台的匹配算法中，有一种被称为“竞价排名”，通俗地说，谁给的钱多就把谁排在前面。竞价排名算法给平台带来最大的收入，但是，也会有产生“魏泽西”事件的风险。因此，算法经济学就是要测量平台算法的正负外部性。从监管的角度看，这才是要抓的重点——需要监管平台算法对整个社会来说，其效应是正是负。平台匹配算法的效率越高，经济运行越有利，减少耗散、摩擦越多，平台创造的财富越多，但其外部性不能为负。

3. 冗余经济学

过去的经济学是一个“浪费型”经济学。一个商品经过物流转十圈，所谓“豆腐卖成肉价钱”，只要参与的每个人都能分到钱，就能计入 GDP 的总量，但中间环节未必都是有效率的。而平台经济减少摩擦、减少耗散，就意味着该经济体系更有效率。

生产者和消费者通过平台直接对接，在现实生活中，一级批发、二级批发，甚至实体店都没有了。中间环节的消失意味着就业岗位的消失，平台经济也是减少就业的经济学。未来，人工智能技术将广泛应用。人工智能可能是人类历史上第一个遇到的减少就业的技术。平台经济加上人工智能，将使一个国家的失业问题雪上加霜，必须未雨绸缪。

对此，笔者设想解决的办法是：在平台各个环节采用只降低耗散，不降低摩擦的方案，在平台运营中，保持一定水平的“冗余度”。也就是说，只提升资源的利用率，在工作效率和就业岗位寻求一个平衡，可以称之为“冗余经济学”。多边市场中，协调网络效应尤其重要，可以多增加平台的判断和评估系统。数字经济本身就是声誉经济，构建稳定的声誉经济成为数字经济循环重要的基础设施。在实际操作中，可以通过用户对各种“产品”进行评价，包括思想、知识、劳动、流通中闲置资产的使用权等，人工智能对这些“产品”的评价往往无能为力。推动多数人参与平台经济的体验与评价，将是增加就业岗位最好的途径。

段永朝
从信息能力到消费意愿：经济学范式转移的关键

段永朝　信息社会50人论坛执行主席，苇草智酷创始合伙人，财讯传媒集团（SEEC）首席战略官，北京大学新闻与传播学院专业硕士兼任导师，杭州师范大学特聘教授，高级工程师、工学硕士；数字论坛创始成员，中国计算机学会高级会员。著有《互联网思想十讲——北大讲义》《新物种起源——互联网的思想基石》等。

经济学的范式转移，是当今互联网时代的一个紧迫课题，也是经济学界研究的一个热点。说其紧迫，是因为2008年世界金融危机过去10年，世界政治经济形势更显扑朔迷离，并未呈现出任何“回归经济学主流框架”的迹象，“复杂多变”这个词语已经用了10年，世界复杂依旧，且快速演变。说其是热点，是因为在2008年，一个名叫中本聪的人所发表的《比特币——一种点对点的电子现金系统》，点燃了数字货币、区块链的狂潮，旋即与人工智能一起，成为搅动未来智能生活的两股重要力量。

2007年，唐·泰普斯科特和安东尼·D. 威廉姆斯出版了《维基经济学——大规模协作如何改变一切》，试图解释维基百科现象所揭示的新经济学，这种经济学需要面对平台崛起、双边市场、大规模协作，以及初现端倪的分享经济。然而，维基经济学所揭示的四个新法则——开放、对等、共享以及全球运作，在创造出一系列新的经济现象之后，似乎并未与传统经济良好融合。大规模协作、分享经济、开放平台、对等网络，这些亮丽的名词背后，是创新企业估值飙升，平台垄断渐行渐远，融资额度一再创出新高，人们不由得疑惑：新经济真的带来经济学的范式转移了吗?

这是一个需要冷静思考的大问题，这个问题远不能通过归纳新型商业模式的运作特征、抽取大数据画像、勾勒令人兴奋的引爆点来回答。

那种认为新经济、信息经济、数字经济等一定会颠覆传统的观点，正在变得无法自圆其说，被视为传统的、保守的势力也正在迅速敞开胸怀，拥抱互联网。在这个意义上，深入思考经济学范式转移的重大问题，可能恰逢其时。

所幸的是，2008 年后，国内外学者对经济学范式重建，迈出了坚实的一步，若干重要的著作得以问世。比如作为“复杂经济学”创始人的布莱恩·阿瑟在其著作《复杂经济学——经济思想的新框架》中，汇集了多年对复杂经济学的研究，其核心思想可以归结为：经济不一定处于均衡状态，演绎推理将被归纳推理所取代。又如瑞士弗里堡大学华裔经济学家张翼成教授的《重塑——信息经济的结构》一书，着重探讨了“信息能力”这样一个新发现的基础概念，并在此基础上给出了理解信息经济的一个新模型。再如美国哈佛伯克曼互联网研究中心的研究员多克·希尔斯，在 2016 年出版的《意愿经济——大数据重构消费者主权》一书中，将经济学与心理学结合起来，用全新的视角看待信息赋能之下的消费者意愿问题，将经济学的研究与互联网商业创新前沿紧密结合起来。

尤为可喜的是，国内学者也对相关论题进行了大量深入、独特的研究，并获得了丰硕的成果。中国社科院数量经济研究所研究员姜奇平的《网络经济——内生结构的复杂性经济学分析》，以专业的功底和数十年专注互联网研究的扎实基础，系统阐述了网络经济学的背景、基本框架，梳理了资源配置的网络结构（随机网络）、基于市场和企业的工业经济网络结构（规则网络）、基于网络的信息经济网络结构（互联网络），以及网络经济中的均衡架构分析、资本结构分析等问题。在经济学上，将一切经济现象还原为网络来加以解释，这是一个重大的理论尝试。

中国信息经济学会名誉理事长杨培芳教授的《挽在一起的手——协同互利新经济哲学》，分析和比较了小农经济、工业经济与信息经济的本质特征，回顾了我国信息产业发展的历程，在总结网络经济发展和信息社会形成的基本规律和性质的基础上提出：在信息社会，个人的利己与利他之心将被互利策略取代；资产的所有权将被淡化，以使用权为核心的、互组织形式的社会企业将成为主流；市场之手与政府之手将被去中心化的网络之手挽起，协同配置整个经济体系内的资源等富有启发性的崭新观点。

中国人民大学陈禹教授和方美琪教授在合著的《复杂性研究视角中的经济系统》一书中指出，传统的经济理论不能适应当今时代复杂多变的现实，需要理念上的创新。他们从复杂性研究的视角，对于经济理论的现状和基本理念进行了深入反思，并就分工合作、个体和整体、层次和博弈、周期和均衡、需求和供给、信息和马太效应以及价值理论等一系列经济学的基本概念和议题，进行了思考和讨论，提出了新的思路和研究方向。

国家信息中心首席信息师张新红的《分享经济——重构中国经济新生态》一书，以《中国分享经济发展报告（2016）》白皮书为基础，搭建了分享经济的理论框架，不仅介绍和分析了全球的分享经济发展态势，更是对分享经济在国内的发展进行了深入介绍和趋势展望，提出了可行的应对建议。书中对六大领域分享经济发展现状和走势的探讨非常精彩，可以帮助读者深入了解分享经济。

下面将对张翼成团队的《重塑》和多克·希尔斯的《意愿经济》两部著作进行综合的评介，并探讨两书在探索经济学范式转移中的重要意义。

一、重塑的力量

据张翼成教授介绍，《重塑》经历了十余年的酝酿、构思与写作。2014年，笔者有幸在瑞士弗里堡大学张翼成教授的办公室里，亲耳聆听他对信息经济的系统思考。当时这部正在写作中的书稿，名字叫《信息经济的结构》。此后的三年里，笔者多次在不同的国内场合聆听过张老师对这一主题从不同角度做出的阐释，甚至在2015年年初，就有幸读到了这一书稿的最初版本。在此期间，笔者也试图协助张老师早日把他的心血之作翻译出来，介绍给国内关注信息经济的同道。

令人兴奋的是，这部著作的中文版终于在2018年年初出版了，不过这并非是英文版的直接翻译，而是张翼成教授与他的两位高足——周涛教授和吕琳媛教授合作，结合中国实际共同编译的全新版本。

1. 创新的新市场模型

“魔饼”“信息能力”“信息劳动分工”“个人助理”等，粗略浏览一下这部著作，登时让人觉得，一大波有趣、新颖的提法扑面而来。

这是一部充满原创思想的著作，也是一部立足于对传统主流经济学的深刻洞见，对信息经济学的结构、范式和新市场要素、市场模型充满想象的一部著作。这些活力四射的术语，正是这部著作的鲜明特征。

2008 年至今，互联网模式创新层出不穷，涌现出了大量新颖的做法，比如淘宝网的消费者点评、支付宝的芝麻信用、众筹、滴滴打车、共享单车、C2B、分享经济、网红经济、区块链等。这些新颖的事物，用传统的经济学理论难以解释。为何经典的边际分析在某些场合下竟然失效？陌生人如何在一次交易中就达成信任？消费者的个性化需求到底是如何表达的？除价格信号之外，互联网上还有哪些市场信号是过去所忽略的？

作者的思考，大大拓展了传统基于价格信号、边际分析的市场模型，充分考虑了个性化、多样性这一新的维度，并且找到了“信息能力”这一关键概念，将“信息”要素真正纳入了经济解释的分析框架。

在“信息”业已成为重要的生产要素的今天，主流经济学构建的分析框架已经不能适应信息经济的理论阐释，这已成为越来越多经济学家的共识。“信息”应当进入这一新的分析框架，但如何进入依然是个难题。此前信息经济学在宏观和微观层面均试图探讨这一问题，但基本上都将信息视为博弈论意义上的“消息”，或者说视为传统经济活动中产生的相关“知识”和“数据”。这固然是事实，但依然没有将“信息”作为独立的生产要素来考量，也没有找到“信息”与其他生产要素之间的内在关联，更没有突出有突破性的新的市场模型。这正是这部开创性著作的价值所在。

新的信息经济思想，将市场参与者的“信息能力”作为杠杆和桥梁，一方面连通多样化需求和个性化生产，另一方面又与隐藏在冰山以下的隐形需求和供给能力产生关联。这一新的市场模型，将超越经典的均衡分析和市场决策分析的束缚，充分面对“非对称信息原理”的挑战，并为深入解释互联网背景下新的市场经济奠定坚实的思想基础。

2. 独具特色的个人助理

2013 年至今，基于这一信息经济理论，张翼成教授从技术实务提出了一个概念，就是“个人助理”。这一概念与大数据、人工智能、云计算、智能装置的结合，将会对消费者产生重大的影响。

当今的互联网市场营销依然是“商家主权”，也就是说，消费者不得不面对信息过载、认知过载的巨大负担。社会推荐算法大行其道的几年里，虽然一定程度延展了消费者信息过滤的手段，但依然存在“消费者锁定”的风险。这也是这本书里谈到的。

“个人助理”的构想，为消费者赋权奠定了重要的技术基础。消费者的信息能力大大提高之后，才有可能与商家展开平等的对话，个性化和多样性才有了对接的可能。可以预想的是，区块链技术的介入，将会使这一进程建立在新型的账户体系、智能契约网络的基础之上。

此外，笔者认为，“个人助理”是通向“消费意愿”的一个重要门径。消费者的消费意愿，将是信息经济市场行为争夺的战略制高点，但消费者总是扮演被动角色，总是被“喂养”的时代即将终结，新型的生产关系、消费行为即将建立在新的消费伦理、工作伦理和生产伦理的基础上。这也正是张翼成教授在《重塑》结语中的判断：“伦理与赚钱不可分割。”

有趣的是，正是在 2014 年接触到张翼成教授的信息经济思想的同时，笔者对“意愿经济”产生了浓厚的兴趣。恰巧，2015 年 6 月，电子工业出版社的刘声峰先生在微信上留言，说正组织翻译多克·希尔斯的《意愿经济》一书，望笔者作序。2014 年起，笔者在不同场合讲“后电商时代”，总会以“消费意愿”“意愿经济”为题，作为重新理解消费者的入口，便欣然应允。消费者的消费意愿，是一个有待深耕的领域，与认知科学、脑神经科学、心理学、社会学等的相互交叉，相信一定会催生更加令人兴奋的累累硕果。

二、多克·希尔斯与他的《意愿经济》

多克·希尔斯是一个在国内热闹的互联网界几乎不为人知的名字。他没有显赫的名头，也不常出入各种“高大上”的演讲场合，十多年来就两本书问世，前一本名为 *The Cluetrain Manifesto*：*The End of Business as Usual*，出版于 1999 年，中信出版社在 2002 年出版了中文版，书名译作《市场就是谈话——扭转传统企业思维的 95 个观点》；再就是哈佛商业评论出版社在 2012 年出版的英文版《意愿经济》。

2006 年，年届 60 岁的希尔斯受邀成为哈佛大学伯克曼互联网与社会研究中心的研究员，终于可以走进学术殿堂，开始系统整理他过去 30 年的思考，潜心研究他酝酿多年的一个项目——VRM（Vendor Relationship Management，商家关系管理）。在伯克曼工作 6 年后，希尔斯的研究成果就是眼下这部著作，以及在伯克曼互联网中心网站上长长的博客文章和近百个实践项目资源列表。

1. 猎人和猎物

“请问，您需要什么？”

“随便看看。”

这一对话场景可谓司空见惯。“随便看看”，听上去轻描淡写，实则是消费者对“买卖关系”发自心底的下意识反应，是横亘在对话者之间的一道无形的高墙。这一对话场景，其实也说明，商家和消费者之间的关系长久以来被固化为猎人和猎物的关系。不管商家脸上笑容多灿烂，他都是猎人，而消费者永远是“待宰的羔羊”。工业时代商家和消费者的这种关系，已经深深烙印在消费者的脑海里。用希尔斯的描述，消费者与商家是“母牛和牛犊”的关系。

在商品琳琅满目、促销狂轰滥炸、消费者与受众“娱乐至死”的消费社会里，希尔斯毫不留情地将这种用会员卡、里程积分、优惠券捕获并锁定消费者的所谓“选择自由”称作“伪自由”，即“选择你被谁俘获的自由”。

希尔斯写道，“我们都是带着品牌烙印游荡的小牛”“每一头母牛都认为你是她的小牛，希望给你打上品牌烙印”。“母牛—牛犊”的生产方式就是互联网上封建秩序的体现。

进而，商家使尽浑身解数，用更加细致的“消费者画像术”（如大数据推荐算法），更加精准的广告投放术（如智能移动终端的 RTB，实时竞价），纷繁复杂的套餐、打折、促销、定制的花招，“让你有占便宜的感觉”，让你不停地“尖叫”，以期获得“哇塞效应”。

消费者以为“我能”，以为“我的地盘我做主”，但实际上在商家看来这一切都不重要，重要的是“只要你买”！

这种景象丝毫不新奇，你我都已深陷其中。令人深思的是，消费者自己似乎越来越习惯此道，并乐此不疲，仿佛罹患“斯德哥尔摩综合征”的患者，试图不停地在购买、消费中抓住自我存在的意义，践行“我买故我在”的真理。

“走进客户的心”，这是20世纪60年代市场理论掀起营销革命、关注消费者行为的时候，广为流传的一句真经。但是，伟大的德鲁克在去世之前的一次采访中黯然承认，“这依然是一个伤感的神话”。

2. “消费者”——一个脏词儿

从开源软件和商业软件纠缠争执的20年间，希尔斯深知秉持NEA（Nobody owns it. Everybody can use it. Anybody can improve it.）原则的开源软件界，其实面临着多大的挑战。所谓NEA原则，即是说一款软件，没有人拥有它，所有人都可以使用它，任何人都可以改进它。

基于这种认识，他深知，“消费者”也被玩坏了。

借Craig Burton之口，他说，“我们之所以发明了C－S这个词汇，是因为我们不想称其为主人—奴隶”。网络系统的体系架构，在很长一段时间里被称作“客户机—服务器（C－S）”模式。技术专家、商业领袖和绝大多数消费者以为，这是不言而喻的。这个世界需要“服务器”，所有的消费者都是“客户”。服务器负责给消费者提供服务，客服负责提交服务申请、提出服务需求，然后消费者就埋头消费。“点菜—吃饭”，对消费者来说，消费世界的逻辑就这么简单。

法兰克福学派的重要人物之一——赫伯特·马尔库塞，在1964年出版的《单向度的人》里指出，“受众”和“消费者”这种词儿，是消费社会中一群人强加给另一群人的结果。这群人自认为是先知先觉者、成功人士，可以把一种关于这个世界的“心理无知”强加给另一群人，给后者塑造生活模式和样板。这是一种“霸权行径”。

在这个意义上来说，“消费者”是一个脏词儿。

消费者、受众，从来都有自己的主张和主动性。但在消费社会的整体结构中，消费者这一身份很不幸是“被赋予”的。它从一开始就用两分法为商品社会、市场主体定格，为买卖双方定性，为消费者行为定调。

希尔斯在书中列举从第二次世界大战期间到今天的若干种出版物，来说明挣脱“消费者”这个脏词儿的努力有多么艰难。

比如，1943 年 Kessler 教授在《哥伦比亚法律评论》杂志发表《服从契约》一文，认为大机器、流水线、大规模工业资本主义的生产逻辑，内嵌地催生了资本主义消费逻辑，大量使用的格式合同、模版合同就是证明，在这些格式合同中，消费者是没有面孔的社会平均人，所谓合同只是某种消费者向买家拱手称臣的“服从契约”。

在今天的各色互联网服务协议中，人们仍然不难看到这种“同意后使用”“使用即同意”的冷面孔服务条款。

1954 年，德鲁克就提出了知识工作者的概念；1956 年，威廉·怀特在《组织人》中，讨论了白领阶层如何出卖自己的灵魂成为组织成员，“组织人”看上去光鲜靓丽，但在科层金字塔中，他们日益成为毫无个性、毫无个体意愿的组织机器中的“标准部件”。

20 世纪七十年代微电子技术兴起和八九十年代互联网崛起后，情况便不同了。希尔斯列举了 1973 年丹尼尔·贝尔的《后工业社会的来临》，1980 年阿尔文·托夫勒的《第三次浪潮》，1982 年约翰·奈斯比特的《大趋势——改变我们生活的十个新方向》，1990 年托夫勒的《权力的转移》，1993 年里吉斯·麦肯纳的《关系营销——客户时代的成功战略》，所有这些著作，都以里程碑的状态，书写着漫长的、对于消费者的“认知之旅”。

擦掉 100 多年来沾染在“消费者”这个脏词儿上的污垢并不容易。因为这并非是一种困难，而是某种困境。困难，是指迈向目标之前的坎坷、挑战。困难毕竟还是有目标的，目标是清晰的。困境则不然。困境意味着目标本身也是一个问题。困境意味着左右为难。

公平地说，消费者这个词汇，在资本主义大生产初期，还充满着朝气蓬勃的意味。巴尔扎克有句话叫“眼睛的盛宴”，用来形容让人目不暇接的商品世界。物质产品的极大丰富和消费景观的日益便捷、繁荣，既是创造财富的新教徒精神的体现，又是社会进步的直接度量。然而，当生产型社会进入消费型社会之后，事情日益走向了它的反面。

法兰克福学派的创立者阿多诺有一本书叫《启蒙辩证法》，他认为，伴随工业资本主义进入“丰盛时期”的文化工业，就是消费社会渗入文化肌肤的恶果。我们深陷于消费受控的科层社会。文化工业就是一场骗局，它的承诺是虚伪的，它提供的是虚假的、可望而不可即的快乐。消费社会已经不再是小国寡民时期完全自需自取自用的简单消费循环，而是变成了无休止扩张状态下的受控状态。

前面提到的《单向度的人》一书的作者马尔库塞，是法兰克福学派的主要干将。他提出了两个观点：科技和资本的合谋产生一种虚假繁荣；工业社会本质上是一种单向度的社会，人被物役，为物驱使。

韦伯也是如此。韦伯分析资本主义内在困境的说法被称为“韦伯悖论”，一方面，生产代表着科技力量的释放，似乎是创造着越来越多的财富，创造日益丰富的物品；但另一方面，这种丰饶的商品世界，又反过来奴役和主宰了人的精神。

1999 年 4 月，多克·希尔斯与里克·列文、克里斯托弗·洛克、大卫·温伯格合著的 *The Cluetrain Manifesto*：*The End of Business as Usual* 一书，模仿 1517 年新教改革家马丁·路德挑战天主教的“95 条论纲”，列举了现代商业社会的种种内在缺陷，书写了“终结商业思想”的“95 条线索”。

在这新的 95 条论纲中，赫然位列第一条的便是：“市场就是对话”（Markets are conversations.）。

3. 从交易到交往

从 1995 年到 2000 年短短 5 年间，伴随着互联网第一波商业狂潮的是许多公司上演了一出直冲云霄又堕入谷底的大戏。口号都是对的，“无摩擦经济”“去中心化”“扁平化组织”“个性化定制”等。那个年代互联网第一波商业领袖们喊出的战斗口号，直到今天依然有用。但是，为什么他们失败了？

原因有很多，但恐怕最重要的一条就是：当年的互联网思想依然基于工业思维。基于工业思维，就会将互联网仅仅当作再一次把商家武装到牙齿的工具，其用途仅仅是大大提高交易效率、铲除中间环节，仅仅是大幅度提升消费者“惬意消费”的舒适度、便捷度和满意度。

这种思想认识，直到今天依然不乏其信徒。

但风向注定要发生重大的转移。用库恩的话说，这种转移叫“范式转移”。

以交易为焦点的市场视野，其经济学无论如何都超脱不了亚当·斯密的经济学。不管是古典的、新古典的、制度的，还是新制度经济学。这些基于工业思维的经济学，是建立在“自私、稀缺、理性或有限理性”基础上的。这种假设正在发生深刻的变化。

2010 年，笔者在参加阿里巴巴组织的一次有关电子商务支付问题的研讨会上提出，支付需要考虑的并非仅仅是“交易的电子化、网络化”，而是潜藏在交易行为背后的消费者意愿的问题。笔者把这个问题戏称作：如何解决“有钱难买愿意”的问题。

交易的实质，不只是“赚钱”，而是“赚爽”。

传统经济学、传统商学的瞄准镜，始终盯在交易并不离左右，这一状态已经不适应今天的互联网、移动互联网、社交网络的基本环境。如果勉强使用“消费者”这个脏词儿的话，商家需要清醒地意识到，重要的不是与消费者的“交易时刻”，重要的是消费者自己的“起意时刻”。消费意愿才是问题的关键。

多克·希尔斯不是一个夸夸其谈的理论家，而是深受开源软件运动熏陶的实干家。2006 年他受邀担任哈佛大学伯克曼互联网与社会研究中心的研究员之际，在心里酝酿已久的 VRM 项目也就扎扎实实运作了起来。

VRM（Vendor Relationship Management，商家关系管理），与传统的 CRM（Customer Relationship Management，客户关系管理）恰好分别代表市场之两端，即消费者和商家。希尔斯认为，传统 CRM 只是消费者的“绞肉机”，还需要有站在消费者立场的“代言人”，这个代言人听命于消费者自己，这就是 VRM。

这是一个全新的关系图谱。希尔斯并没有一味地批判商家“绑架客户”的种种劣行，他理解并体谅这一点。他的贡献在于，为消费者打造了一个可以与生产者、商家“势均力敌”“等量齐观”的智能代理。这一智能代理可以充分抵挡来自传统商业活动无所不在的信息轰炸、促销推广的骚扰，可以将控制权、选择权、自主权真正交还给消费者自身，可以促成买家与卖家真正意义上的“对话”。

这是一种全新的市场格局，笔者称之为“从交易到交往”的转变。

从希尔斯 1999 年提出“市场就是对话”到今天，“对话”这一概念的含义不断深化，从商家带消费者“玩儿”，已经转向消费者自己“玩儿”。Airbnb、Uber、滴滴、《罗辑思维》等就是鲜活的例证。

从交易到交往，表面上看是商业模式、商业组织理论、消费者行为的一种变化，实质上是经济学和社会学关系的变化。美国社会学家格兰诺维特在 1985 年提出的“镶嵌理论”，指出了这一点。

传统经济学认为自己比社会学更基础，社会学研究需要置于经济学之上才行。也就是你先得把生产力、生产关系搞清楚，你才可能把社会阶层、社会团体、组织关系，以及家庭、个人、社群的运转方式搞明白。社会学是经济学研究的一个子集。人际关系、人际传播、群体动力学等问题的解释，绕不开人的生产、物的生产和交易，绕不开对人性自私、资源稀缺的假设。这是长期以来经济学凌驾于社会学之上（或者说经济学自认为比社会学更“基础”）的状况。

这个状况带来两个问题：其一，社会学往往“被迫”去研究价值观、文化、组织形态、管理变革等宏观的话题，社会学没有也不需要对人性做出更多的假设——这一假设已经由经济学做出了。当然，17 世纪英国哲学家霍布斯的“所有人对所有人的战争状态”的性恶假设，与古典经济学是一致的；其二，社会学被压缩到研究结构与行为的话语场，但缺乏对结构和行为的描述工具——除了法国社会学家孔德 200 年前确立的牛顿力学方法和统计物理方法。

格兰诺维特的镶嵌理论把这个问题颠倒过来了。他认为，社会网络不但是社会学问题的基础，还是经济学问题的基础。镶嵌的意思就是说，经济行为是嵌在社会网络中的。人的关系、连接是看待结构与行为问题的基础。顺便说，格兰诺维特还是“弱连带”“结构洞”思想的提出者。

交易行为的重要性被交往行为所取代，意味着传统经济学的立足之本受到了根本的挑战。希尔斯在这部著作中也指出了这一点。他所倡导的 VRM，是独立于传统第三方商家服务的第四方服务，它具备可替代性、独立性、表达意愿、参与管理四个特征。在希尔斯看来，这种完全脱离了传统商业思想、传统经济学的新商业生态才刚刚开始。用他的话说，“如果让顾客领舞，市场中就有更多舞蹈，更加活跃了”“企业应该是与消费者共舞，而不是踩在消费者身上跳舞”。

三、消费意愿：后电商时代的理论基石

电子商务一直是观察信息经济的绝佳窗口。如果把电商20多年来的发展划分为两个阶段的话，前一个阶段大致完成了量的扩张、基础设施的塑造和电商认知的普及。大致自2013年开始，电子商务进入了新的发展阶段——后电商时代。

2014年夏季，当时在阿里巴巴研究院任职的林茜找到笔者，询问是否有意向申报一个共性研究课题，作为指导博士后的研究方向。思考再三，笔者提出了一个研究课题：《后电商时代——消费“意愿”的结构、特征、行为与度量》。

当时提出这个题目，基于以下三点考虑。

第一，SoLoMo（索罗门，营销模式专业名词，由“Social”“Local”“Mobile”三个单词的开头两个字母组合而成）之后，电商步入新的发展阶段——后电商时代。后电商时代的三个主要特征是：从占有到分享（Sharing Economy，分享经济），产消合一（Prosumer，即消费者同时也是生产者），社交商务和移动商务（Social Business & Mobile Business）的崛起。后电商时代，需要将交易行为纳入社交网络的框架下重新思考，需要深入挖掘生产者、交易者在大量交流、交易、沟通过程中，消费意愿的形成、聚集与传递机制。

第二，消费意愿是互联网背景下消费者研究的焦点、难点。消费意愿并非欲望驱使下的消费需求，而是与消费心理预期、社会互动环境、文化生态密切关联的复杂心理活动。在社交或交易环境下，消费者意愿表达所呈现出的“意向性活动”，作为内心需求对外界的投射，揭示出消费者认知结构、认知行为的隐性特征。信息时代如何理解人的消费意愿，将充分揭示物质与精神需求满足的交叉点，也是解开“赚爽”的深层结构的重要途径。

第三，后电商时代需要建立全新的认知框架，理解充分连接、交互、协作的网络结构下，积极、主动的人性（如消费意愿）在交易和交往的复合网

络中呈现出何种行为模式，并以何种可观察的方式测量、表征，这是理解后电商时代新消费者的重要框架。

此课题得到了阿里研究院、阿里巴巴商学院、北京师范大学系统科学学院、复旦大学管理学院、浙江大学等多所机构、学校及多位老师的积极响应和支持，在2014—2016年，组织了若干次小型的学术研讨会。非常遗憾的是，这一课题后因种种原因未能继续下去。不过，这无疑是一个非常难啃的硬骨头，因为它需要做跨学科的深度思考和研究，比如从意向性哲学内心体验、认知心理学、社会学（及社会生物学）群体性和结构动力学的角度来思考，也需要从网络科学、认知科学、传播学与组织行为学等角度来梳理。

此外，这还是一个需要在学术纵深有所突破的领域，需要有突破创新的思维。互联网向传统学科的学理基础提出严峻挑战，无论是哲学、心理学、社会学、经济学还是网络科学，都需要对该学科领域的基本假设、基本原理、思维框架进行双重审视：一则需要批判该学科领域中沉寂、固化的工业思维痕迹（诸如还原论、两分法和确定性）；二则需要细心捕捉整体性、系统性和不确定性的思维特质（诸如复杂性、自组织与涌现），并努力发现融会贯通之道。

笔者相信，张翼成团队的《重塑》这部著作，为后电商时代、为信息经济的蓬勃发展，定会贡献富有启发性的原创思想，为构建信息经济的理论体系提供重要的思想基石。

王有贵、狄增如

信息技术驱动下的经济学理论创新

王有贵 北京师范大学系统科学学院教授、博士生导师，世界经济协会（WEA）发起会员，非平衡社会科学（NESS）小组主要成员，中美交流富布莱特项目经济学高级访问学者，亚太经济物理学年会董事会成员，教育部“新世纪优秀人才支持计划”入选者。主要研究领域为复杂经济学、经济物理学等，研究重点集中在宏观经济学和货币银行学的基本理论重构方面，试图从信贷动力学的视角理解经济和金融体系的运行。

王有贵

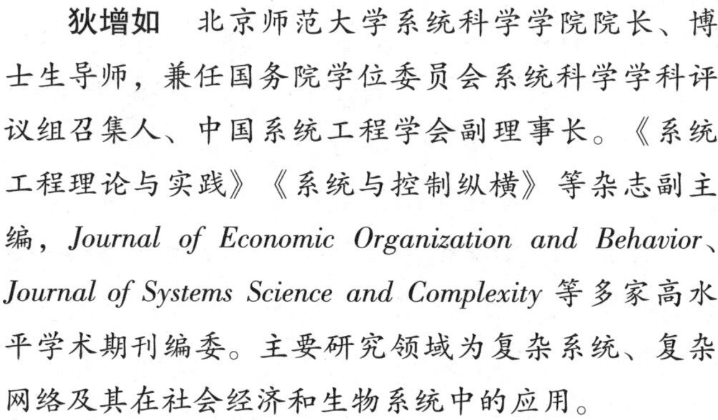

狄增如 北京师范大学系统科学学院院长、博士生导师，兼任国务院学位委员会系统科学学科评议组召集人、中国系统工程学会副理事长。《系统工程理论与实践》《系统与控制纵横》等杂志副主编，*Journal of Economic Organization and Behavior*、*Journal of Systems Science and Complexity* 等多家高水平学术期刊编委。主要研究领域为复杂系统、复杂网络及其在社会经济和生物系统中的应用。

狄增如

社会实践的进步历来都是理论创新的推进器。进入 21 世纪以来，信息通讯、网络技术、计算机科学与技术的飞速发展以及经济全球化的趋势，已经把世界紧密地联结在一起，社会经济形态发生了深刻的变革，全局性、系统性和复杂性成为信息社会的基本特征。信息技术在提升全球生产力水平和社会福祉的同时，也造就了许多严重的系统性、全局性问题，全球金融危机、社会政治的不稳定性、传染病的快速扩散、网络中的级联效应等都是系统性风险典型的例子。总体来说，信息网络技术所导致的全球互联以及社会经济的系统性变革已经超越了我们目前的科学认识。我们在推进技术发展、享受互联互通的同时，并不清楚我们所创造的复杂的社会经济技术体系的运作机理，也无法预知这种复杂运作所引发的后果。因此，认识新规律、建立新理论成为人类社会及时避免系统性风险的爆发并保持可持续发展所面临的重大挑战。

具体到经济领域，信息网络技术不仅极大地提升了经济主体之间相互作用的强度与速度，而且催生了新的经济形态与交易模式，如基于互联网的共享经济、基于计算机算法的智能化金融交易等。这些技术驱动的经济形态在经济金融系统中日益占据主导的地位，并产生着越来越广泛的影响，远远超越了传统经济理论的前提假设和讨论范畴。传统经济理论的核心是以理性经济人假设为基础的一般均衡理论，它原则上可以概括为以下几个基本假设：一是个体行为可以从整个经济系统中孤立出来；二是人类行为具有一般的模式，它可以从对个体行为的分析中抽象出来；三是每个个体的行为可以与经典物理学的运动相类比，它是有规律的、可预测的，个体在一定环境中的行为是确定论性的；四是整个系统的行为是每个个体行为的总和。这些假定可以进一步简化为个体是理性的和个体的相互作用最终在整体上达到均衡的结果。以此为基础发展起来的可计算一般均衡模型（CGE）以及动态随机一般均衡模型（DSGE）被广泛应用于经济问题分析和决策支持。即使这种普遍采用的理论模型为了应对新的经济现实可以通过引入更多的因素进行修补，但它仍然与经济现实相去甚远，尤其是到了信息技术飞速发展的今天，理论与现实的隔阂越发急剧扩大。

传统经济理论所面临的挑战包括以下几点：第一，信息与网络技术所带来的边界延展与泛化，极大地改变了消费者以及企业的内涵和外延，改变着他们的行为模式，理性与优化已经不能概括经济行为人的基本特征，主体的异质性、丰富的行为模式需要重新挖掘与刻画；第二，相互关联所带来的系统复杂性，需要我们采用更为有效的分析范式；第三，时间演化尺度的加速以及演化进程的复杂性，特别是全球金融危机等系统性风险的涌现，已经超越了以均衡为核心理念的传统经济理论；第四，企业、人类行为的外在性与溢出效应，使得经济与社会更加紧密地耦合在一起。那些一贯忽视社会关联和影响的主流经济学理论，已经不可能正确地指导经济实践。只有重新认识经济与金融内各个部分之间的耦合方式与作用途径，才能构建起从微观到宏观的桥梁。

同时，信息技术所催生的大数据时代，又为我们创新经济理论提供了机遇。

首先，信息通讯与网络技术产生了大量的数据，记录了人类活动的轨迹，扩展了我们的经验范畴。海量的经济行为信息具有传统抽样数据无法比拟的时空广度和深度，这使得即使是基于大数据的简单统计和描述，也能够达到启发思维、发现和展示规律的目的。除创新经济学所需要的经济行为数据外，大数据还包含在现代信息网络技术条件下所产生的多源、非结构化、分布式、复杂性的数据集，通过数据科学的革新，实现对隐含在相互关联的数据背后的知识和规律的挖掘，发现深层次的关系和隐藏的规律，它一定能够通过多个侧面加深我们对经济系统的深刻认识并进而带来价值。

其次，大数据已经引发了科学研究思维与方法的革命，改变了社会经济科学的研究范式。最早的科学研究主要集中于实验科学，在获得唯象规律的基础上出现了以研究各种定律和定理为特征的理论科学；随着计算机科学与技术的发展，计算、模拟、仿真方法成为探索复杂系统的重要科学手段；而大数据的出现催生了一种新的科研模式，直接通过数据探索所需要的信息、知识和智慧，融合了实验、理论和计算科学方法，并实现了自然科学和社会科学的统一。以人类行为大数据为基础，利用先进的计算和信息技术等对复杂的人类行为及社会经济运行进行深入、精细的跨学科研究，为我们进行经济理论创新提供了扎实的基础。

最后，系统科学、复杂性理论的发展为我们创新经济理论提供了良好的科学基础。在信息技术的推动下，世界的方方面面有了越来越强的关联，我们面对的一定是大规模、动态且相互耦合的系统，这就使得系统科学和复杂性的研究范式成为推动经济理论创新的重要基础。经济毫无疑问是一个演化的复杂系统，系统科学关注复杂系统的结构与功能关系，演化与调控规律，通过近半个世纪以来科研工作者们的不懈努力，对复杂系统的科学认识取得了长足的进展，复杂网络、非线性动力学、多主体模拟等理论和方法的发展，成为创新经济学理论的有力武器，复杂性研究中的许多概念，如多重均衡、途径依赖、锁定、模式形成等已经在经济系统分析中获得广泛应用。从要素的、单元的视角转向关联的、系统的视角，是认识我们所创造的、以群体涌现行为为特征的经济系统的必由之路。

以系统科学思想与方法为基础，结合大数据的实证研究和大规模计算机模拟计算，是我们认识和理解系统性质与功能的重要手段，也是我们创新经济理论的基本途径。信息技术推动下的经济理论创新需要各方学者明确问题、刻画系统要素性质、提供基本框架；需要通过综合集成、交叉协同研究建立系统性的认识，研究系统要素之间的作用及其宏观组织和行为的涌现；需要信息和计算机科学发展新的数据采集与处理分析平台，以更好地理解和管理我们的社会与经济。针对在信息技术推动下创新经济学理论所面临的挑战，以下关键科学问题值得我们关注。

一是经济主体行为模式的挖掘与刻画。人类社会已经进入了前所未有的快速变迁时期，技术的发展开启了新的沟通渠道，衍生了大量新的行为类型，进而从根本上影响了组织原则，认识经济主体的行为。经济主体行为模式的挖掘与刻画又分为基于实际生活、经济信息的行为挖掘，基于网络和虚拟社会的个体与群体行为实验，真实情景下的行为实验。

（1）基于实际生活、经济信息的行为挖掘。信息技术和网络的发展，为我们广泛、细致地考察人类行为提供保证。挖掘实际经济生活中的信息，并从中提炼和概括人类的行为以及交互作用，成为我们创新经济理论的重要基础。因特网，特别是移动网络已经深刻地嵌入我们的生活，我们每天都要拨打手机，浏览网页、收发电子邮件，利用社会服务网络交友、交流，利用手机 App 购物、约车、使用共享单车，使用交通卡乘坐公共汽车和地铁，利用信用卡购买物品等。所有这些都留下了我们的行为痕迹，成为我们个体或群体行为的细致刻画，并加深我们对生活、组织、经济和社会的理解，包括对于个体和群体决策行为的理解，如一些新的技术，视频监控、电子邮件、电子名章，可以为我们提供人与人之间实时的交互结构与内容信息。我们可以深入地了解人们的购买决策是如何决定的，人们之间的相互影响是如何导致经济决策的关联的，生产者的要素组合是如何构成的，又如何受各种社会和市场因素影响，商品的定价与产销的实质关联到底如何，商品信息的充分与否将会如何影响市场。

（2）基于网络和虚拟社会的个体与群体行为实验。网络技术的发展为我们开展行为实验研究提供了新的手段和途径。一方面，Web 2.0 与社会服务网络、虚拟的网络社会、各种各样的大规模群体游戏为我们提供了非常好的社会经济活动场景，可以成为了解个体行为和个体间的相互作用、群体决策的形成等方面的重要途径。作为虚拟社会，它既准确再现了人类社会的各类社会经济行为，又极大地缩短了时间尺度，使我们可以从中探讨生产、交易的产生和演化进程，社团和领袖是如何形成的，群体交互对群体决策的影响等问题。例如，大规模多人在线角色扮演游戏（Massively Multiplayer Online Role-Playing Game，MMORPG）大部分已经模糊了游戏和实际经济、社会系统之间的差别，虽然在微观上限定了角色和规则，但大量群体的作用及其在此基础上的行为可以在宏观上产生全新的结构和结果，追踪游戏演化的进程，可以加深我们对经济决策的实现、社会规范的形成的了解。另一方面，网络又为我们人为设计个体之间的相互作用结构、信息传播方式和进程提供了技术手段，使得我们可以有针对性地研究特定的结构和作用对个体决策和群体决策的影响。最近就有研究报道了个体之间的规则结构与随机结构对个体响应和决策的影响，发现规则结构所形成的高集聚系数以及在此基础上社会作用频次的增加是推动个体进行选择和决策的重要因素。

（3）真实情景下的行为实验。无论如何，在特定条件下的人类行为实验研究是我们探讨个体和群体决策的最直接和有效的途径。事实上，基于囚徒困境博弈、最后通牒博弈等的行为实验早已被用来研究合作的形成等问题，实验经济学也对人们在各种风险情境下的决策行为进行了研究，并且得到了一些非常有意义的结果。例如，社会决策的基础是人与人之间的关系与互动，在社会决策中，人并不是无限自私的，而是会体现出“公平”“信任”“合作”“利他”等社会性质。

二是架接微观与宏观。我们已经提到，信息技术驱动下的社会经济复杂性日益凸显。复杂社会经济系统的特征表现在其多层次性和多维性，其过程不仅表现为从微观层面向宏观层面伸展，也表现为从宏观层面到微观层面的反馈，还表现出各个特征和过程之间的相互依赖和相互影响。其结果是导致社会经济整体水平上新特征的涌现，以及诱发社会经济和政治领域重大事件的突然产生，如全球金融危机和政权崩塌等。

社会、经济系统涉及个体、群体、环境、文化等多种因素，贯通微观与宏观，不仅需要系统论的科学方法，而且需要在此基础之上的计算与仿真技术手段。大规模计算与仿真试验，可以使我们从定性研究走向定量研究，综合各学科的知识，形成集成的、综合的、系统的认识，并使决策行为和经济科学的研究进入基于信息与计算机技术的实验室认识阶段。计算与模拟仿真试验，可以在各种系统层次上实现，利用数字化的模拟手段对群体行为和决策的形成机制、系统的演化趋势进行动态模拟与仿真，根据已有数据，在预先建立模型的基础上，进行可重复、可复原、可验证的“模拟仿真计算试验”，以便进行情景分析与政策模拟。

在这一方向的研究中，复杂网络作为刻画系统结构的有力工具，应该成为创新经济学理论的重要基础。网络体系已经成为现今社会经济系统的重要结构关系。由于网络结构对于系统的性质和功能有重要影响，网络分析方法可以用来探索实际经济系统理论与实践中的一些重要问题：找出网络中关键的结构和连接；了解网络中重要的动力学过程，例如，要搞清楚金融危机扩散的过程就要了解网络中节点和连边的动力学过程以及级联传播的影响；复杂网络的计算机模型具有预测的功能，例如，经济金融网络中某些政策的改变可能导致网络规模和结构的变化，并进而影响系统性质；网络结构与动力学分析是优化复杂网络系统设计和控制的基础，例如，可以弱化金融网络中的级联效应、优化电力网中输运能力的分配等。同时，社会网络和经济金融网络以及其他类型网络的耦合相互作用在决定系统性风险规模上也是至关重要的。

科学地建立微观行为与宏观经济关联的一个核心切入点是理解虚拟经济与实体经济之间的关联，或者说是正确地认识金融与实体经济之间的关系。哈佛大学经济学家罗格斯指出，宏观经济学重构的努力在于把金融部门整合到宏观经济建模当中来，而不是只把金融部门看作中介。以银行为例，从微观角度来看银行是从储蓄到投资的中介，而从宏观角度来看银行则是信贷创造主体。把银行之间的耦合方式考虑进来而建立起来的介观银行模型，则既可以退化成为微观的中介，又可以升级为具有创造能力的信贷主体。基于此来理解经济增长的主要驱动力量，就不仅仅是技术和组织的创新，还包括可持续的信贷扩张，这对于理解金融对实体经济的作用有了更为深刻的认识。

三是关注变革与演化。传统经济学对于经济动态的研究，基本上与20世纪对宏观线性系统的研究相雷同，通常关注平衡和稳定状态的系统。这种系统一般具有确定的运动规律，所以我们常常能预测它未来的行为。但是总归世界上有很多随机的因素在起作用，所以也能预言它们的行为在随机因素作用下产生的偏差多大。这种研究方法主要是要把复杂的系统分解成为简单的单元，通过分析各个单元的相互作用和运动规律，求得对整体运动状态的了解。

这种关于经济动态的描述，在增长和变化相对缓慢的农业甚至工业社会，可以说是获得了部分科学和合理的认识。但信息技术的快速发展，极大地推动了社会经济快速演化和不断调整的进程，带来了科技、经济和社会快速而不平衡的发展及甚至有的时候是不稳定的发展。高速度和不平衡的发展及不稳定性的增加，已经成为现在社会经济发展的一种常规。快速变动或者激烈竞争的市场，会突然爆发系统性金融和经济危机。所有这些经济现实，显然必须超越以均衡为基本出发点的传统经济理论才能得到科学的认识，基于此认知视角，金融危机并非罕见的“黑天鹅”事件，而不过是自组织临界现象在经济金融系统中的一个具体体现而已。

关于开放的复杂系统的研究进展为我们挖掘经济系统演化的核心规律提供了思路。我们需要从整体上加深对经济金融系统的理解，考虑各经济主体、金融市场、房地产市场、国际贸易、投资与消费在微观与宏观各个层面的非线性相互作用。而当包含社会、技术因素在内时，需要考虑的因素将更为广泛。社会、政治、资源、环境等因素都会变成影响经济发展的关键因素。研究需要解决的核心科学问题包括：建立平衡短期需求和长期约束的基本原则，超越理性个体、完全市场、平衡模型，建立微观和宏观经济理论之间的关联，建立面对有限理性个体的认知、行为和决策模型，考虑不确定性、突发事件、异质性、非线性等复杂性的描述和预测模型，探索在全球变化背景下，建立具有适应性和鲁棒性社会经济结构的机制，以适应可持续发展的要求，研究开放式、网络金融的影响，如何避免或减轻系统性经济危机等。

四是认识经济与技术创新和社会发展耦合演化。我们正处于信息技术冲击下的社会变革时代，信息技术已经不单单是信息交换与获取数据的工具，数字的、虚拟的世界和物理的、实际存在的世界之间的边界正在变得模糊不清，信息技术正在变成社会中不可分割的有机组成部分。越来越多的信息技术系统与我们的社会经济系统耦合关联，采集、解读现实世界中的数据信息并反过来影响现实，同时，社会与经济之间的边界也越来越模糊，有许多传统的社会行为已经演化为经济模式，而企业的社会性对经济成长的影响也日益强化。但总的来说，我们对信息技术与社会经济相互作用的整体理解还相对薄弱，许多领域的案例都生动地说明了这一点。在股票市场中，交易数据分析、技术支持和自动交易服务会导致大规模的股市涨跌；人类行为分析帮助人们改变生活方式从而产生深远的公共健康和社会治理影响；在更微观的层面，搜索结果的排序、新闻的筛选、社会网络中朋友的推荐能够产生舆论导向、改变消费行为以及影响群体的凝聚力；交通大数据的信息直接影响着出行者的选择行为，并改变着整体的交通模式。

因此，在技术日新月异的今天，技术的发展不应仅仅局限于具体的设备、关注直接的环境和反馈，而是要有全局的、系统性的考量，关注技术与社会的整体涌现性效应，关注社会与经济的耦合演化。很显然，研究经济与技术和社会的交互规律，并基于社会经济需求和行为分析发展信息技术也是创新经济理论的一个重要挑战。

随着信息技术的飞速发展，技术创新所驱动的社会变革和经济实践，已经远远地走在了理论创新的前面。而新的社会与经济形态，也让我们人类社会面临着前所未有的严峻挑战，技术进步和经济增长、宏观经济稳定性、金融稳定性、不平等、可持续发展，所有这些涉及人类未来福祉的核心问题，都只能通过创新经济学理论才能得到科学的认识和根本的解决。

第二部分

信息经济之智能化

陈德人
智慧服务：新时代下信息社会的新高地

陈德人 信息社会50人论坛成员，浙江大学电子服务研究中心主任。主要研究方向为电子商务、服务学、互联网与计算机应用技术。先后承担完成国家自然科学基金、国家重点攻关、“863”“973”、国防预研、国家发改委、国家科技支撑、航天部、商务部等部委和省级以上项目70多项。累计发表学术论文200多篇，专利8项，软件著作版权8项。先后获得国家级科技和教学成果奖5项、省部级奖9项。国务院特殊津贴获得者。2009年获得“中国电子商务十年发展突出贡献奖”（中国电子商务协会），“首届中国服务业科技创新人物奖”（中国商业联合会），被评选为杭州市数字人物。

在新一轮改革开放启航和信息化2.0全面登场的新时代下，有两个问题需要探讨和研究。

第一，信息化促进了经济发展和社会进步，但随着互联网的深入应用，很多服务的质量和水平反而在下降。最近碰到的三个小案例就很能够说明问题：携程网的基本服务与之前没有实质变化，但是大量捆绑式营销让消费者花更多钱却得到更低劣的服务；去哪儿网因为系统错误导致物流与消费者无法沟通，消费者多次在网上反映这个简单问题，去哪儿网却一直没有改正；滴滴出行的版本越新，服务越差。

从农业社会到工业社会，大量需求的是传统服务。在工业革命 1.0 到 3.0 时代，电子服务成为主流。那么在进入到信息社会的工业革命 3.0 到 4.0 时代，服务的新标准又是什么？我们需要什么样的服务创新？

第二，改革开放多年来中国所取得的巨大经济发展和社会进步有目共睹，很多学者专家都有很好的总结并正在提出新时代下新一轮改革开放的新思路和新观点。大部分的研究都是围绕着现代农业和现代工业下一步发展的视角进行展望的，这里，我们从服务业的角度来总结和思考。事实上，中国改革开放多年来，服务业虽然增长比例节节高升，但是相对于农业和工业而言，却一直没有从国家战略的角度受到与农业和工业一样应有的重视。那么，新时代下的服务业应该呈现什么样的业态？

一、开放与信息化——第一轮改革开放成功之路的两翼

1978 年 12 月 18 日，党的十一届三中全会确立了解放思想、实事求是的思想路线，提出了实行改革开放的历史性决策，从而大大激发了中国社会、经济及人民的活力。开放带来的活力率先从农村和乡镇起步，从土地流通开放（小岗村）延伸到商品流通开放（义乌小商品市场），再扩展到企业承包开放（海盐衬衫总厂），一直蔓延到全国各地。

2013 年，诺贝尔经济学奖得主罗纳德·哈里·科斯与助手王宁合著的《变革中国——市场经济的中国之路》出版。书中提出了中国历时 30 余年的第一轮改革开放之所以能够成功的“边缘革命”观点。他们认为从中国经济主体边缘开始试点的四大要素是推动中国改革开放并能够取得成功的关键所在。排在首位的就是从安徽凤阳县小岗村开始的农村土地承包责任制改革，这在当时的政治社会环境下可以说是一次大胆尝试，今天没有人能够再怀疑还该不该承包土地，因为这已经是农村经济和农村生活的基本业态。正因为农村发展起来了，其后才有乡镇企业、专业化市场、经济特区等一系列成功的改革举措，中国才有可能实现大众致富的愿景。

中国第一轮改革开放之所以能够成功，另一个不可忽视的关键因素是中国有效地借助了信息化发展的东风。全球信息化从 20 世纪 40 年代后期计算机发明开始起步，互联网应用从 20 世纪 80 年代后期开始普及，中国的改革

开放也同步利用了信息化快速发展这段黄金时期，通过工业化过程中与信息化的有效融合大大提高了生产效率。今天我们看到，信息化已经在各行各业获得大规模的普及应用。以网络购物、移动支付和共享单车为代表的互联网应用正在引领世界潮流。以电子商务为例，中国电子商务从 1995 年起步，如今已经形成了一个巨大市场。从一个概念的产生、一个网商群体的诞生、一个产业链的完善，一直到今天的数字经济体，电子商务发展的四部曲无不凸显出信息化在中国改革开放过程中的重要作用。

改革开放的经验告诉我们，开放产生活力，信息化带来效率。在今天的中国，生产制造任意一件产品（无论是农产品、工业品还是各类小商品）已经是轻而易举的事情，而以商业和物流业为核心的服务业开放才是中国真正走向世界的关键，到处能看到的“Made in China”就是最好的证明。

二、信息革命 1.0 到 2.0 的演变与人工智能的作用

信息社会 50 人论坛成员郭昕在《工业革命和工业互联网》演讲中总结了四次工业革命的技术进步演化过程（见图 1），其中第三次工业革命和第四次工业革命的演进就是我们通常说的信息革命 1.0 和 2.0。从计算机到互联网等的一系列信息革命核心技术都诞生在第三次工业革命，信息革命 1.0 大大加快了工业化进程和人类生产生活的效率。而刚刚起步不久的信息革命 2.0 则通过移动互联网、云计算、大数据、区块链等技术的广泛应用，正在发起一场改变人类所有生产生活方式的伟大革命，特别是人工智能。

人工智能最早起源于艾伦·图灵于 1936 年创立的自动机理论，他所提出的理论计算机模型比世界上第一台计算机还要早 10 年。1950 年，图灵的论文《计算机器与智能》又为即将问世的人工智能提供了科学性和开创性的构思。1956 年，美国科学家约翰·麦卡锡和马文·明斯基等人在达特茅斯学院的研讨会上首次提出了“人工智能”概念。在这之后的许多年里，人工智能始终没有革命性的突破。日本曾经在 20 世纪 80 年代到 90 年代花费巨资研究第五代人工智能计算机，但是以失败告终。直到 21 世纪以来移动互联网、云计算和大数据等成熟和广泛的应用，才使得人工智能终于从 1.0 跨入了 2.0 时代，计算资源的海量级获取和计算能力的指数级提升，使得人工智能的应用成果

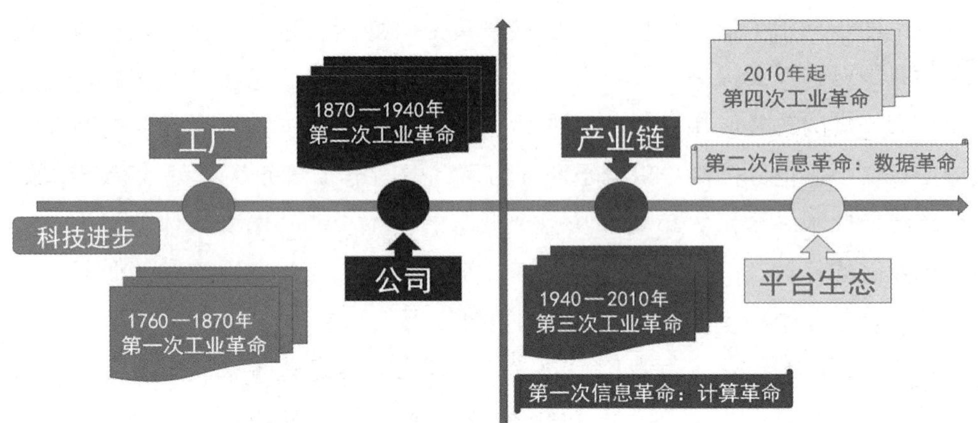

图 1　工业革命的四个阶段与信息革命的两个阶段

像井喷一样爆发出来，例如在机器人、无人驾驶、人机交互等技术上的突破和在医疗、教育等领域的应用。麦肯锡国际研究院的一份报告显示，人工智能正在促进社会大变革，这种变革比工业革命发生的速度快 10 倍，规模大 300 倍，影响大 3000 倍。例如按照格林斯潘的新经济学说，2000—2010 年美国生产率增长了约 20%，而以制造业为主的德国同期只取得了微弱增长。生产率的提升贡献了美国全部经济成长的 80%，而这个数字在 20 世纪 70 年代仅为 35%。因此可以认为，以人工智能为代表的信息化 2.0 带来的变革主要不在传统的制造业或农业上，而是更多地体现在具有更高生产率的创新型的数字经济领域，传统服务业正在演进成为数字化的智慧服务产业。2017 年全球市值最高的 10 家企业有 7 家是此类企业。

中国的人工智能研究在 1976 年以前被斥为伪科学。1978 年，在全国科学大会上中国科学院吴文俊教授的几何定理机器证明获得重大科技成果奖。1981 年，国家成立了中国人工智能学会（CAAI）。进入人工智能 2.0 阶段，国家开始发力全面追赶。2017 年，新成立的国家新一代人工智能战略咨询委员会会集了 20 多名院士和国际著名人工智能顶级专家，其主任委员潘云鹤院士从 1978 年开始就在浙江大学从事人工智能的研究与应用。2017 年 7 月，国家发布的《新一代人工智能发展规划》提出了大数据智能、群体智能、跨媒体智能、人机混合增强智能和自主智能系统五个方面的基础研究，预计到 2030 年，人工智能产业规模将超过万亿元。

三、创新与服务——新一轮改革开放启航之路的支柱

改革开放使得中国成为制造大国，但从另一个方面来思考，中国制造只是规模大、产量多，还存在质量差、利润低等深层次的诸多问题，大部分产品没有自主核心技术，一些看似“厉害了”的大件产品仅具有集成技术优势，离制造强国还有很长的路要走。

在经济危机持续恶化和中美贸易争端愈演愈烈的大形势下，面对互联网的快速普及和深入应用，很多传统行业和制造企业纷纷将陷入困境的原因归咎为互联网和数字经济，这显然是错误的观点。在信息化 2.0 的大潮下，越来越多的行业、企业或职业要么消亡要么转型。据美林银行调查，到 2025 年，人工智能可能产生的创造性破坏的影响也许将达到 15 万亿美元到 33 万亿美元，包括自动化的雇用成本减少和机器人无人操作的效率提升等。

如何振兴实体经济？我们的观点是实体经济特别是传统制造业的振兴必须也只能主要依靠服务业，特别是智慧服务行业。工业 4.0 的生存环境是以大数据为生产资料的平台生态。任何产品的创意创新都只能通过数字化的智慧服务平台来设计和制造，任何产品的推广和后续服务也需要相应的平台来支撑。未来任何一个产品都应该是联网的，它的产品生命周期也应在任何时候都是在网上可追溯的。

新一轮的改革开放与第一轮改革开放相比，无论是基础条件、社会环境还是发展目标都有了很大的变化。其中最大的变化就是以产品制造为中心转向以智慧服务为中心、从增加活力转向促进创新、从高效率向高品质升级。

四、服务的演变——从传统服务、电子服务到智慧服务

服务是一个既古老又现代的术语或名词。说它古老，是因为自人类社会存在以来就有服务的存在。说它现代，是因为人们在近些年里才开始认识到它的重要意义。对于很多人而言，服务像是一个生活用语，刻画出人与人之间的活动关系；对于社会而言，它是一项重要的经济活动，也是一大类人群的职业岗位和生存来源；对于政治而言，它是一个标志。毛泽东的“为人民

服务”影响了20世纪60至70年代中国人的思维，“向雷锋同志学习”的表象就是全心全意为人民服务而任劳任怨并且不计报酬。而同一个时代的西方，服务小费则是天经地义的职业规则。对于信息技术（IT）而言，服务现在已成为最重要和最新潮的IT代名词。几乎所有上档次的IT企业都坚称自己是一个服务企业，所做的业务都以冠上服务为荣。就连福特这样的汽车制造企业的总裁都说自己的企业是做服务的，其理由是福特80%以上的员工做的都是与服务相关的工作。这充分说明了服务在今天的地位，也告诉我们对服务的理解需要与时俱进。由此看出服务的本质是固有的，但对其的认识是需要创新的。这里面就有很多需要学习和思考的空间。

下面我们从传统服务、电子服务和智慧服务三个名称的基本定义来探究它们的内涵。

1. 传统“服务”的定义

传统服务通常被认为是与个人生活、社会市场、企业营销及管理或经济学相关的传统领域，是一种与过程、表现及经验有关的，一方提供给另一方的满足其需求的经济或社会活动。如请理发师理发、出席一个宴会、听一堂精彩的教学课程等服务活动。诊所、饭店、汽车站、球场等都是直接与服务活动关联的实体场所。

关于服务并没有统一的标准定义，有很多关于服务的不同定义，它们从不同的角度来解释服务的概念和内涵。在2009年8月浙江大学出版社出版的《数字化学习港——构建面向终身学习的学习型社会》一书中，笔者罗列了10个典型的服务定义。

（1）用于出售或是同产品连在一起进行出售的活动、利益和满足感。

（2）可被区分界定，主要为不可感知却可以使欲望得到满足的活动。这种活动不需要与其他产品或服务的出售联系在一起。生产服务时不论是否会需要利用实物，这些实物的所有权也将不涉及转移的问题。

（3）服务是行动、过程和表现。

（4）包括所有产出为非有形产品或构建品的全部，通常在生产时被消费，并以便捷、愉悦、省时、舒适或健康的形式提供附加价值。

（5）劳动所提供的特殊使用价值，即不是作为实物而是以活动的形式来满足人的需求。

（6）为集体或为别人工作；劳务，不以实物形式而以提供劳动的形式满足他人某种需求的活动。

（7）服务是在提供方和顾客接触面上需要完成至少一项活动的结果。例如，在顾客提供的有形产品上所完成的活动，在顾客提供的无形产品上所完成的活动，无形产品的交付，为顾客创造氛围等。

（8）服务是一种在经济和市场环境中非物质等价性的产品。它是一种过程，可以为顾客带来益处或利益，表现在为顾客带来外观上、身体上、物质上或无形资产方面的改变。

（9）服务是指企业或服务提供商向顾客或消费者提供的工作、职责、任务或活动。

（10）服务的实施就是使消费者受益的过程。例如，医疗是使人的生理发生变化，教育是使人的智能发生变化。

中国在很长的一段时期里不重视服务业，甚至没有把服务看成一类推进经济发展和创造价值的产业，一直到“文化大革命”以后的 1984 年开始，国家才正式将服务业作为国民经济的主要产业之一，即第三产业予以统计。

2. 电子服务与现代服务业

随着社会经济的不断发展和工业化进程的不断推进，特别是随着信息技术广泛渗透到各行各业，服务的概念和内涵正在扩大，越来越多的服务正在采用电子化的手段，例如 24 小时服务的自助终端机（银行取钱、邮政汇兑、车票预订、食品饮料购买等）。又如组织一场有全球各地雇员参加的网络视频会议（如果采用传统服务方式，就需要大量的差旅成本并浪费宝贵的时间精力），由此产生了 Webinar 这个全新的英文名词（由 Web 和 Seminar 组合而来）。因此可以说，服务与人类一起见证了社会发展的漫长历史，服务业已经伴随着人类的发展存在了几千年，现在也正在从传统服务向现代服务演变。

现代服务业是服务业在现代社会发展进程中的自然提升。1997 年，党的“十五大”报告中最早使用了“现代服务业”的提法，党的“十七大”再次强调了现代服务业的重要性。2004 年，国家中长期科技发展规划专家委员会第七专题专家组给予了现代服务业如下的基本定义。

现代服务业（Modern Service Industry 或 E - Service Industry）是在工业化比较发达的阶段产生的，主要依托信息技术和现代管理理念而发展起来的知识和技术相对密集的服务业。电子商务、电子政务、数字教育、数字医疗、数字媒体、电子金融等都是现代服务业的范畴。

由上面的概念可以理解，现代服务业包含了传统制造业和传统服务业的信息化转型，也正在大量地衍生出一批知识密集型的新兴服务业，其特点就是利用信息技术的创新。因此，抛开产业、行业或领域的应用而讨论的现代服务实际上就是我们所说的电子服务，即电子服务（E - Service）是以信息与网络技术为依托，为服务业、工业、农业等不同行业、产业、企业、团体、家庭、个人等不同对象的社会或个体活动提供支持服务。

3. 智慧服务及其内涵

随着移动互联网、云计算、大数据、物联网等信息技术的普及，人工智能在经历了半个世纪的沉沦以后终于爆发出它巨大的能量。人工智能正在成为产业升级和经济转型的主要驱动力，在传统服务和现代服务发展方面表现尤其突出。服务的本质和内涵无论内容还是外延都在发生革命性的变化，因此必须从创新的角度去研究和认识它。越来越多的服务创新模式正在创造几十倍甚至上百倍于产品制造的价值，例如网络游戏和网络广告。传统制造业也越来越多地依赖服务的增值来获取更多的利润，例如基于互联网的产品设计、网络营销、人机交互和协同服务等。原有的服务在手段与模式上不断创新，另外又衍生出更多的新兴服务行业，因此服务创新正在成为推进社会进步的最重要动力之一，从传统服务到电子商务再到智慧服务的演变正在成为以“后工业化”为特征的现代社会人类的主导性活动。

智慧服务（Smarter Service）是以智力与创造力为生存手段，以信息技术为核心的平台生态为生存环境，以数字化和全球化为生存结构，以 5 个 A（任何时间、任何地点、任何人以任何方式获取任何可以得到的服务）和可追溯为基本能力的新一代服务活动。

在 21 世纪初期开始的关于现代服务产业的研究涉及的服务科学、服务技术、服务工程、服务管理等领域研究，也正在从电子服务阶段提升到智慧服务阶段这一更高的层次。特别是 2010 年 IBM 提出的从智慧地球到智慧城市的一系列“智慧××”概念，从智慧城市延伸到智慧交通、智慧商务、智慧物流、智慧政务、智慧教育、智慧医疗、智慧养老等多个生产和生活领域。所有这些智慧项目的建设都离不开智慧服务这一新兴服务产业。

五、智慧服务——用产业发展引导理论研究

2017年第四届世界互联网大会上，马云提出了未来制造业一定是服务业这一新观点。马云认为，未来服务业和制造业是没有区分的。服务业必须是制造业，制造业必须是服务业，纯制造业的时代会越来越弱，未来人工智能发展起来以后，对制造业就业会产生巨大的影响，我们所有的服务业必须是制造业。这就是我们在研究现代服务业发展时提到的制造业服务化和服务业制造化的融合性。基于这样的融合，智慧服务更加凸显出其核心产业的作用。在2017年杭州G20主会场举办的天下网商大会上，马云提出七年内要做到全国任何城市、任何地方24小时货必送达，十年内做到全球购物72小时送货到家，最终实现全球买、全球卖、全球付、全球运、全球游的智慧服务目标。

58同城的姚劲波在接受《互联网天地》杂志的采访时提出了“新服务业”的理念，即以数字化、品牌化、连锁化、资本化为特点，并与互联网深度融合，打造更充分利用人工智能、大数据等技术手段提升效率的服务业态。服务业正借助人工智能技术，给用户带来更好的服务，帮助企业平台变得更加“智慧化”。通过共建共享新服务业大数据系统，重建消费安全秩序，最终助力服务业新兴业态的蓬勃发展，使其成为拉动中国经济的“新引擎”。

原中国互联网协会理事长、中国科学院胡启恒院士在2009年年底召开的庆祝互联网诞生40周年大会上预言，“中国具有引领全球互联网行业潜质”。我们认为这种“引领”就是李克强总理于2018年全国“两会”期间的政府工作报告中所总结的“电子商务、移动支付、共享经济等引领世界潮流。‘互联网+’广泛融入各行各业”的局面。智慧服务作为支撑这个“引领”的核心产业也必将发挥越来越重要的作用。

“互联网+”在中国的快速发展和广泛应用也促进了与之相关的学科理论的发展。一些涵盖服务科学、服务技术、服务工程、服务管理、服务经济等

多学科融合的服务学科，也从传统服务、电子服务延伸到智慧服务的新学科研究中。《电子服务优秀专（译）著系列丛书》曾经给出过一个关于服务的形式化定义。

服务（Service）是由两个主体之间通过满足特定行为规则的交互过程所完成的一个相对独立的功能。设 P、Q 是两个主体集合，如果通过一个特定行为规则的交互过程 s，使得从 P 到 Q 之间完成了一个相对独立的功能，则称 P 到 Q 存在一个服务 S，P 称为 Q 在 s 中的提供方（或卖方），Q 称为 P 在 s 中的消费方（或买方），而 s 是带属性参数的函数，表示服务的特定行为法则，C 是与 s 相关的参数的集合，例如时间、地点、气候、光线、旁观者及其他场景等信息参数的汇总。

服务的定义在传统服务、电子服务和智慧服务三个不同阶段无论主体关系、消费模式还是依托环境都在发生变化，如表 1 所示。

表 1　服务在不同阶段的主体关系、消费模式和依托环境的区别

服务阶段	主体关系	消费模式	依托环境
传统服务	单向为主	被动式	单实体
电子服务	双向互动	主动式	产业链
智慧服务	多向协同	自主式	平台生态

关于主体、提供方、消费方、法则等有很多进一步讨论的余地，进一步可以给出关于服务空间模型的思路，以及原子服务和复合服务等的概念，《电子服务优秀专（译）著系列丛书》从理论探索到行业实践已经做了很多前期的研究。

这里介绍两个智慧服务产业的成功案例。

第一个案例是新零售与新淘宝。2018 年《阿里研究院新零售研究报告》指出，新零售是以消费者体验为中心的数据驱动的泛零售形态。新零售所具有的以心为本、物理和数字双重价值以及零售跨界等特征全都需要智能化的服务功能去实现。淘宝从 2003 年上线至今已有多年。从规模上，今天的淘宝已经集聚了亿级的消费者、千万级的商家和百万级的各类生态服务商。随着制造业服务化和服务业制造化的融合，淘宝也正在快速转型到智慧服务的生态平台上去。从单纯的移动服务到机器智能服务，从虚拟购物场景体验到智能全程服务体验，从一个大卖场转变成面向产品创新的社交服务平台。消费者、设计人员和企业家在同一个平台上协同设计新品，通过大数据与其他大类商品实时匹配。从样品的制造过程（可以全程显示给消费者现场体验），一直到消费者的网上下单，将智慧服务映射呈现到产品的全生命周期。此类成功经验在2017年7月杭州的淘宝造物节大会上引起了巨大轰动，马云在随后举办的2017天下网商大会上甚至提出了未来的商品应该称为“Made in Internet”的建议，因为在淘宝社交平台上讨论研制新产品的参与者本身就来自世界各国，互联网就是产品的设计者和见证者。此番表述让我们想起“人类命运共同体”这个最恰当的解读。

第二个案例是拼多多（PDD）。2015年9月，拼多多拼单平台正式成立，其创始人黄峥采用与淘宝和京东等平台完全不同的互联网思维方式，将关注点投向中小城市和广大乡村，针对价格敏感应用群体通过拼单拼团和分享砍价的模式来吸引用户，用免费平台方式吸引商家。这类互动效益带来了巨大的流量。到2018年6月，拼多多的用户已经达到3.44亿人。2018年7月26日，拼多多在纳斯达克上市。

拼多多成功的基础首先就是完全依托于腾讯的云计算服务平台，还有就是采用了与传统电子商务不同的创新商业模式和智慧服务功能。拼多多的成功告诉我们，电子商务远没有很多人以为的已经完全成熟或走下坡路，更多的细分市场和创新的电商模式还会不断涌现出来。随着智慧服务产业的爆发式发展，拼多多绝对不会是最后一家电商。

智慧服务产业未来正在朝着数据化、品牌化和标准化的趋势发展。

智慧服务的数据化和个性化：就像农业社会一切以水资源和土地资源为基本生存要素，工业社会以能源为基本发展要素一样，信息社会以数字资源为基础生产资料。在万物互联和数据无处不在的信息社会里，像知名财经专家吴晓波2018年6月在其频道大课中提到的，那些不会自己“说话”的产品都将会被淘汰。所有的服务都同时也在用数据来说话，越智慧的产品其数据越丰富，服务也更到位。这些年来各路专家学者在物联网基础上提出了车联网、务联网（Internet of Service）甚至命联网（将人类已经破解的全部人类基因联网）等新概念。智慧服务的数据化必然带来服务的个性化。传统的服务本身就应该具有个性化特征，因此，当所有的产品和所有的过程都具有智慧特征时，不同的个体（无论是自然人、企业还是商品）所享受到的服务也必定是个性化的和智慧的。

智慧服务品牌化和平台化：中国长期以来只重视有形品牌，比如农业社会留给现代人的只有有形的四大发明，却忽略了对于人类社会经济发展更具作用的服务发明，例如秦汉时代就建立起来的驿站邮政系统（这可能是中国对于世界最早也是最伟大的发明）。信息社会的竞争更多是服务品牌的竞争，就像工业社会中人们并不关心使用的电是从葛洲坝电厂发出的还是从秦山核电厂发出的一样，百姓更关心的是终端产品的服务质量和使用过程中的服务水平。信息社会的一个重要特征就是任何服务都基于平台，因此服务竞争首当其冲的就是平台竞争。2017 年全球市值最高的 10 家企业首先都是通过创建自己的平台起步的，其中 7 家是从事智慧服务的知名平台。平台的知名先于企业自己的知名。在平台竞争基础上，更多的是基于平台的各类服务模式的竞争，而看看今天这些成功的服务模式（例如蘑菇街和拼多多等）都是首先依托在平台上起步的。

智慧服务标准化和精细化：智慧服务的产业化标准正在紧锣密鼓地出台。2018 年 6 月 7 日，国家市场监督管理总局和中国国家标准化管理委员会发布了《智慧城市顶层设计指南》，对一个智慧城市建设的总体原则、需求分析、总体设计、构架设计和实施路径规划等进行了标准阐述。通过三级层次将城市的业务构架进行分类，如表 2 所示。

表 2　城市三级业务架构分类方法的示例

一级	民生服务		城市治理			产业经济			生态宜居	
二级	市民服务	企业服务	安全监管	城市管理	市场监管	智慧园区	数字经济	高端物流	城市水环境	生态多样性保护
三级	婚育服务	融资服务	危化品管理	环境卫生治理	食品安全管理	基础设施服务	“互联网 +”经济	供应商管理	城市给水	海洋生态多样性
	教育服务	资金资助服务	用电生产管理	公园绿地管理	药品安全管理	物业服务	共享经济	货运管理	城市供水	陆地多样性
	医疗服务	创业辅导	危险边坡管理	森林防火管理	医疗器械管理	…	数据交易	…	城市排水	…
	…	…	…	…	…	…	…	…	…	…

2018年5月，国家统计局正式发布《高技术产业（服务业）分类（2018）》中，将高新技术相关的服务业内容进一步新增、分解和细化，体现了智慧服务领域在不断延伸和扩展。例如12中类的信息技术服务中增加了互联网搜索服务、物联网技术服务、互联网数据服务、互联网安全服务等小类。在21中类的互联网平台中，增加了互联网生产服务平台、互联网生活服务平台、互联网科技创新平台、互联网公共服务平台以及其他互联网平台几小类。

目前的服务标准显然还仅仅停留在初级分类阶段，未来的智慧服务一定会从用户体验深度和广度方面进一步精细化。

安德鲁·麦卡菲和埃里克·布莱恩约弗森在《人机平台——商业未来行动路线图》中指出，任何一种未来前景都不是预先可以设定的。随着信息社会的发展，人类对于智慧服务的需求今天也没有人能够设定其具体的目标。AlphaGo通过自我学习的系统可以打败任何最权威的选手这一事实告诉我们，人类享受智慧服务的时代才刚刚开始。

张国华
大城市的胜利与失败

张国华　信息社会50人论坛成员，国家发展和改革委员会城市中心总工程师，国土产业交通规划院院长。博士，教授，高级规划师。北京交通大学和北京建筑大学兼职教授，中国城市规划协会专家，蚂蚁金服学术委员会委员，中国远见智库论坛专家，“一带一路”百人论坛专家委员会专家。在《人民日报》《瞭望》《南方周末》《经济要参》和《中国交通报》等知名媒体发表“互联网+交通”相关文章数十篇。在《城市规划学刊》《规划师》等知名学术期刊发表论文50余篇。

“从延安到雄安”非常契合当下中国的发展需要，延安是“农村包围城市，建立新中国”的象征；雄安则是中国新型城镇化的信号。城镇化是中国走向现代化的必由之路，只有城镇化才能解决好“农村、农业、农民”三农问题。未来我们国家城镇化道路何去何从？为什么有的城市会胜利，有的会失败？

这里，笔者将主要探讨三个方面的问题：第一，何为大城市的胜利和失败；第二，大城市胜利或者失败的原因是什么；第三，未来在我国城镇化的发展道路上应该做好什么，投资上应该关注什么。

一、何为大城市的胜利和失败

如何看待中国大城市的胜利和失败，关键在于三个方面：第一，大城市和高端生产性服务业集聚区的关系，也就是与中央商务区 CBD 的关系；第二，大城市和新区发展的关系；第三，大城市和城市群的关系。

关于一线城市，以前叫“北、上、广、深”，最近社会上热议的是未来叫“北、上、深、杭”还是“北、上、深、成”。广州到底出现了什么问题？对于广州这样的一线大城市，要寻找其发展面临的问题，不是找制造业，而是应该找以金融产业为代表的生产性服务业的发展出现了什么问题。广州提出，天河 CBD 是华南地区发展水平最高、配套设施最全、辐射能力最强、国际影响力最大的世界级平台。那么，广州天河 CBD 与深圳福田、上海陆家嘴、北京国贸 CBD 和金融街哪个更容易成功？广州机场在广州市北边，老城在中间，东边是 CBD，广州这些年的发展，从人口的变化来看，我们可以看到一个规律，二环里是传统的中心，2000 年时每平方千米 2.4 万人，到 2005 年达到 2.9 万人，到 2010 年达到 3.4 万人。本来是要通过 CBD 把原来的生产性服务业集聚到天河 CBD，但从人口的变化来看，这个集聚不是很成功。再看深圳城市中心的变化。最早是罗湖，后来是华强北，现在是福田 CBD，机场在宝安。北京传统的城市中心在二环里，机场在东北边，东边是以国贸为代表的 CBD。北京无疑集聚了全国绝大多数的世界 500 强、中国 500 强企业，以及上市公司 500 强、民营企业 500 强，但这些企业在北京空间上都是如何布局的呢？在南二环以南一家都没有，98.5% 以上在长安街以北，主要布局在机场高速公路走廊和二环的国贸 CBD、金融街及中关村和亚运村等地区。而上海的空间布局，最西边是虹桥机场，向东依次为人民广场的传统城市中心、陆家嘴的 CBD，最东侧是浦东国际机场，无疑这是上海最具价值的经济要素集聚走廊。

第一，大城市和中央商务区 CBD 的关系。CBD 是一个大城市的“大脑”，从事城市最高端的生产性服务业部分，它存在于大城市但服务于全国甚至全球，所以对机场的需求度非常高。这个产业在空间上的选址，应该是处于传统中心城市与机场的中间区位，这个区位的组织效率是最高的。显然我们可以看到，广州的产业和空间的关系出了问题，而这也进一步影响了广州创新产业的发展。例如某新区的 CBD，其目标是做“中国的曼哈顿”，今天却被外媒评价为世界上最大的鬼城，因为其东边是港口，西北边是经济开发区，西南边是工业开发区，显然这是一个工业生产的区位，不是一个生产性服务业的空间区位，发展生产性服务业的挑战无疑是世界级的。

第二，大城市和新区发展的关系。为什么有的新区发展得渐入佳境，有的却困难重重？

长沙市湘江新区，从最早的河西新区到大河西先导区，再到国家级新区，地方政府基础设施投资已经过万亿元，但市场化的跟进热度明显不够，截至2016年10月，落户此地的世界500强企业仅6家，包括中粮、可口可乐、沃尔玛、恒大、夏普、国电等制造型企业，这和新区追求的服务业主导目标是不相符的。

郑州的郑东新区曾经被说是唱“空城计”的一个新区，但郑东新区2015年建成区域面积115平方千米，人口115万人，金融企业247家，金融产业增加值达到110亿元，财政收入185亿元，税收165亿元。

这完全是两个方向上的两个新区，为什么郑东新区会取得这样的成绩，湘江新区会是那样一个情况？显然，郑东新区与该地区的机场、高铁、高速公路和市场的空间区位高度趋同；而长沙的市场区位在长沙的东南角，但湘江新区在相反的方向。相比之下，郑东新区无疑是投资界未来关注的一个新区。

第三，大城市和城市群的关系。从全球城市发展规律来讲，一个国家要走向成功，必须要依靠城镇化和城市群。以美国为例，美国的人口和经济等要素主要集聚在以芝加哥、纽约、洛杉矶为代表的几个大城市的城市群里。我国经过几十年的发展，长三角、珠三角、京津冀等地区也已经呈现出这个态势。只是在城市群的发展上，与世界成功城市群相比依旧存在较大差距。成功城市群的基本特征就是人口、产业、资本等经济要素的高度集聚，产业分工特征非常明显，空间发展阶段特征是城市到都市区到城市群，都有发达的市场协同机制，还有高效的基础设施网络、发达的国际航运体系作支撑，以及发达的以轨道交通为代表的城市群多层次轨道网。但我国中心城市功能过度集聚，城市群内产业结构同质化、效益低下，过去传统的土地城镇化的模式依然在冲击着我们，城市群的协同机制还没有建立起来，特别是在经济上反映很明显，“一亩三分地”思维非常突出，城际交通网络滞后于城市发展需求。

所以在国家新常态的发展阶段提出了京津冀协同作为国家三大发展战略

之一，要交通一体化先行，产业一体化作为突破口，城市群一体化作为空间载体，生态环境、市场交易也要一体化。还要重点推进交通、生态、产业三个重点领域率先突破。从 CBD 的案例到新区的案例到城市群的案例，我们都面临“交通、生态、产业”如何协同发展的问题。以前我们是靠土地、劳动力、环境成本三个成本的优势成为全球最大的制造业国家，但未来，土地、劳动力、环境成本必定要上升，这是经济发展的结果。同时，我们还面临着物流能源成本高、市场交易成本高、服务业成本高等问题。再看波士顿咨询公司的全球制造业成本竞争力指数，在中低端要素上，我国跟东南亚国家相比没有任何竞争力；在高端要素上，我国跟日韩、欧美国家比也没有竞争力。李克强总理 2017 年 4 月在国务院常务会议上明确提出，在新一轮“全球竞争”中，我们时刻要有“抢跑”意识。那么，未来产城协同之路如何真正协同起来？基于不同的经济条件和不同的交通运输条件下，人口在空间上的迁移、产业在空间上的变迁，这两股力量在将来是重塑一个国家城镇空间的基础性力量。未来的重大投资，需要认识和顺应这个规律。

二、胜利或者失败的原因：交通、产业、空间协同与否

临沂原来是山东省很落后的一个革命老区，但后来变成了江北地区的最大的集散贸易地。由于很好地借助了京沪高速公路的修建——从济南到临沂直接进入上海，临沂在高速公路网络上正好处于北京、上海的中间点，同时配套了大量的产业向这附近集聚，实现了从革命老区、农业老区向工业化的转变。

法国的里尔过去是工业名城。传统的工业城市中，里尔刚好位于伦敦、巴黎、布鲁塞尔三个城市之间的中间点。伴随着新高速铁路的建设以及资源和产业的集聚，里尔成为服务于海峡大区的商务中心，实现了从传统的工业城市升级为服务业为主导的城市的转变。

从 18 世纪的码头城市、港口城市，到 19 世纪的车站城市，再到 21 世纪的交通枢纽城市，历史发展轨迹告诉我们，产业升级、城市演进和交通系统是相伴而生、相伴而行的。未来一个地区的竞争力关键是全要素生产率，其很重要地体现在产业、空间的组织效率上。

产业、交通和空间有什么基本规律？传统的经济地理学告诉我们，农业在空间上的布局是沿着铁路、河流和城市展开的，距离城市越近，附加值越高；工业在空间布局方面，交通区位决定了工业区位的基本格局，产业集聚和劳动力集聚带来了第一次和第二次的偏移；商业、服务业是我国城市发展的重点，市场原则适合低等级中心地，比如理发店和菜市场；行政原则适合中等级中心地，比如医疗、教育这些产业，按行政区划来配置；交通原则适合高等级中心地，比如 CBD、大型的商贸中心。

上述模型告诉我们，产业与空间布局和交通系统之间是有紧密关系的。再进一步看，传统经济学在建立经济学模型之前，通常会构建假设条件，再通过假设条件建立数学分析模型，假设产业在空间上是匀质分布的，不会因为集聚带来报酬递增，是完全竞争的。所以我们使用的经济学预测模型都是线性模型。在全球化和国际贸易一体化的情况下，产业的空间关系发生了新的变化。产业在空间上体现为高度集聚，集聚后首先是基础设施的共享，可以降低成本；其次可以不断细分，产业之间合作加强，市场经济第一个特征就是分工经济，恰恰是因为分工带来了社会巨大的进步，这个是产业链条之间的匹配效应；最后，知识信息环节从制造业环节分离出来，集聚在一起，会产生化学效应，例如两个人互相交流思想，这样两个人就有了两个思想，而在与别人再进行思想交流过程中，还会产生第三个、第四个思想，这就是产业知识信息环节的化学效应。因为“基础设施共享、产业链条匹配和知识信息化学”三大效应，形成了产业在空间上集聚后带来的极大的报酬递增，并且在城市空间上形成了垄断性的空间，也可以说是专业化的生产空间。这样看来，社会经济一旦发展进入这个态势，它的增长一定是非线性的。今天唯一能预测准的就是预测是不准的。未来不是预测出来的，而是创造出来的。要创造好未来，不能再拿接棒球的线性思维接高度发展中一系列不确定的、飘忽不定的气球。所以在未来的投资、城市发展中，应该充分重视产业空间集聚所具有的共享、匹配、学习效应。包括现在很热的特色小镇，哪个不是符合这三个特征的？不具有这三大效应的产业空间，在区域一体化的竞争和合作中很难取得成功。

产业集聚、报酬递增、运输成本之间是有紧密关系的。按新空间经济学家的追求，希望通过建立一个微观经济学的模型来解决这个问题，但实际对于我们进行重大判断来讲，不需要特别精确化，而是解决一个正确判断就足够。所以我们采取了一种变动的方法考虑产业和交通之间定性的关系。按照产业和运输成本之间的对应关系，大概可以分成以下三种。

第一种是资源能源型的产业。这类产业的运输成本通常占生产成本的比例达 30% 以上，所以需要低成本的运输方式，即港口、水运、货运铁路。我国的钢铁化工代表着资源能源产业，基本就是沿海、沿江布局，在别的地区布局这类产业是没有竞争力的。

第二种是资本密集型产业。它以资本为代表的产品快速流通，流通的效率越高，资本利润率越高。对产品的要求是能快速实现从工厂门口到客户门口，而能实现门到门运输的就是汽车、公路运输。所以我国许多工业园区、经济开发区、高新区都是在高速公路沿线布局。有经济学家统计过，长三角上海到南京 300 千米长的沪宁高速公路两侧 20 千米的空间中，贡献了上海和江苏省工业制造 60% 以上的产值。

第三种是信息密集型产业，需要信息快速流通。但对信息经济来讲，仅仅有信息的快速流通是不够的，因为对信息产业来讲，没有哪种方式能取代人和人之间面对面的交流，因为对信息来讲，我们面对面交流，语言交流部分只占信息交换量的不到 50%，大量的信息是靠双方的眼神、肢体语言，甚至情绪、气场的相互影响。这些没有哪种科学技术能取代，你不知道下一分钟的情绪是什么样。信息的载体就是人，更要快速流通，对应的就是航空和高铁。广州的产业为什么发展得不如北京、上海、深圳？是因为其关系已经错配了。

简单总结一下，制造业向成本洼地集聚，生产性服务业向要素高地集聚。某新区的“曼哈顿”是一个成本洼地的区位，不是一个要素高地的区位。随着交通网络、互联网的发展，高端生产性服务业的服务范围和距离延伸，但是它的空间接近性变得更有价值。

有了产业、交通、空间协同的理论，再回头看看 2004 年奥运版北京城市总体规划，当时确定了“两轴两带多中心”的方案。但是产业布局、交通网络都不是“两轴两带多中心”的结构，所以后来有关领导总结，对北京的功能疏解失败了。

在国家新型城镇化推进过程中，有关机构建议我国城市要转型发展，特别是从规划就开始转型。因为过去我们的规划是计划经济的规划，对市场力量关注不够。这里面特别强调了，目前很多城市规划基本都没有很好地考虑城市功能、不断变化的城市经济，往往忽视市场力量、公共机构的重大投资计划。同时，变化也要从大学的规划学院、规划行业、关键部委，尤其是从国家发改委和住建部发起。城市发展需要多方的力量，特别是资本的力量，大家共同努力，形成制度改革、城市规划建设、发展融为一体的服务型政府、服务型城镇化运营商和服务型智库，中国的城镇化才能真正地成功。

相应地，城市也要进行转变。过去的城市发展是以城市总体规划为核心，未来的城市应该转到两个层面：一个是城市群，重大基础设施、产业布局、城镇体系结构要高效协同起来；另一个是城市内部，城市交通网络和城市的功能结构和空间形态也要协同起来，城市才能高效运转，才能把今天面临的城市拥堵、大城市病等问题系统地解决。比如哪些地区是资源能源型的产业区位，哪些是资本密集型，哪些是信息密集型，这些产业哪些是面向全球服务的，哪些是面向全国服务的，哪些是面向区域服务的。交通服务网络要配置到相应高的水平，并支持其参加全球竞争合作，这样我们的产业在未来全球的竞争合作中才能发挥更大的作用。城市层面上，城市将来主要是两部分，构建发达货运枢纽体系支撑制造业为代表的产业布局，发展以轨道交通为代表的客运集疏运体系契合城市的生产性服务业、公共服务业和生活性服务业的中心体系，快速路网决定城市的平面坐标，快速轨道网络决定城市的纵坐标。

三、大城市胜利之路：怎么做

在“产业、交通、空间”协同发展的思路指导下，未来我们应该关注以下三点。

（1）国家“十三五”战略。首先要对未来有个大的判断，随着全球化和“一带一路”倡议的推进，以综合交通为代表的互联网基础设施会打破传统的地理疆界的阻隔，是争夺资源、赢得竞争力的重要利器。在未来，第一是建立在国家之上的供应链，未来取决于对这个供应链的抢夺。第二，将来由地区和国家的竞争，转变到城市的竞争。第三，基于互联网的线上线下、实体虚拟融为一体的无界的社区。第四，杭州的财税收入已经超过了广州和武汉，信息经济占整个杭州经济的 GDP 比例是 24%，对整个经济的贡献量超过了 50%。显然未来大企业和城市发展有紧密的关系。

未来真正值得投资的空间中，最有价值的无疑是珠三角、长三角、京津冀、成渝四大城市群，武汉、郑州这些国家中心城市所在的城市群可能也会有非常好的机会。

为什么长沙发展的道路困难重重？长沙现在产业的布局，西北角是开发区，是食品加工业，长沙中西部是粮食产地，粮食生产完到这里加工，再通过水运或货运铁路进入体系。另外是以三一重工为代表的东部经济开发区和以中联重工为核心的西部高新区，这个产业显然跟高速公路是匹配的。未来长沙最有经济价值的空间是在机场和高铁站东南象限上，也就是郑州郑东新区的象限。但长沙做到反面去了，比如政府投资 1 万亿元，市场跟进了 1000 亿元，那这个区的发展就是 1.1 万亿元的水平。而郑东新区是市场投资 1 万亿元，市场跟进 10 万亿元，就是 11 万亿元的发展水平。

（2）雄安新区值得资本市场关注。雄安新区在京沪、京广、京九三大经济走廊中间，北边是北京新机场，南边依托良好生态“白洋淀”，从大的区位关系来讲，雄安处于极佳的市场经济价值空间。当然，雄安新区未来发展的关键还是要看产业，这需要先看看当下的京津冀产业布局，生产性服务业在北京集中，相对高端的制造业在天津，河北只能发展钢铁、化工产业，显然我们要通过雄安去重新构造这个地区的产业格局。把北京关于非首都职能的生产性服务业疏解到雄安，通过雄安破解在北京解决不了的传统的既得利益格局，按新区的发展模式，把雄安发展好。促进北京生产性服务业的改革创新，并辐射河北其他地区和天津。因为未来中低端的转型升级，统统都需要生产性服务业支持。所有这些都是需要在未来通过雄安来解决的。当然，雄安将来要构建好特别是和北京重大功能区以及和其他几个地区连接的高效基础设施网络，特别是在轨道交通上，应该形成一种新型的协同关系。

（3）关于城市群，需要更加关注粤港澳大湾区城市群。香港通过把制造业转移到深圳、广州，实现了香港和内地的制造业互动。未来，应该是把香港的金融、会计、法律等服务业，首先和深圳、广州进行服务业升级转型创新的互动，带动珠三角实现世界级大湾区城市群的发展战略。无论是雄安还是粤港澳大湾区，都是国家针对未来服务业和城市融合发展的布局，是千年大计，国家大事。围绕各项服务业的发展，和 CBD、国家级新区以及城市群加强互动，这需要在理念、制度、技术方面进行全方位创新。

“黑天鹅”不仅仅是不吉祥的东西，它更多地意味着：今天我们不知道的比我们所知道的更有意义，决定未来我们发展的不是今天我们看到的东西，而是我们看不到的东西。作为创业的乐园和创新的摇篮空间载体的城市群、国家新区和 CBD，要以更大的格局呵护和拥抱好“黑天鹅”，让市场和资本积极去探索不确定性，才是城市创新发展的未来，也是大城市走向胜利之路的所在。

杨冰之
大数据时代的组织管理与数据赋能

杨冰之 信息社会50人论坛成员，浙江大学客座教授，北京国脉互联信息顾问有限公司董事长、首席研究员，国脉物联网创始人。曾任北京大学网络经济研究中心研究部主任，中国电子商务协会高级专家，《电子政务》和《电子商务世界》杂志编委，劳动和社会保障部电子商务师专家委员会委员，国家信息化“十一五”规划起草组成员等。主持完成数字湖南规划、宁波杭州湾新区“智慧新城”规划等多个国内智慧城市规划项目，并主持编写《智慧城市——愿景、规划与行动策略》《智慧城市发展手册》《物联网100问》等专业图书。

大数据时代，人类世界已由过去的“物理世界”进入“数据世界”，数据正重塑当今时代资源观，数据变量渗透、嵌入社会组织系统中的每个神经元，成为组织变革的新变量、新资源、新力量，在组织管理中掀起一场新风暴。工业时代的组织形态面临一场深刻变迁，推动人类文明范式跃迁，发展方式转型，形成新的社会发展模式。

一、数据冲击波，组织管理面临的新挑战

数据崛起，时代发展的思路正发生剧变，数据作为新变量打破现有组织

的生态体系，对组织要素和运营规则产生重大挑战，大数据时代的组织管理要适应这种新趋势。

数据管理能力面临挑战。随着数据成为一种越来越重要的生产要素，数据管理、数据治理能力将成为组织新的竞争力。大数据时代，海量数据每时每刻都在产生与沉淀，但员工有价值的信息大部分没有被有效记录。根据哈佛大学威廉·詹姆斯的研究，员工有价值的信息在组织中被记录、保存、传承的比重只占 20%，80% 的隐性知识是流失的，知识不能持续传承与创新，产品与服务就缺少二次创新与迭代更新的能力，这也是很多中小企业难以持续发展的重要原因。大数据时代，组织之间的竞争实质是创新能力的竞争，背后是知识、信息和经验的数据整合能力、持续开发能力的竞争，在传统组织向知识组织转变进程中，如何打破组织内部边界，有效进行数据汇聚与分享，让员工头脑中的 Know – How 在组织中传承，成为组织持续创新、传承发展面临的一个重大问题。

组织的稳定性面临挑战。大数据时代，组织还面临着在外部信息对称的张力与内部信息不对称的压力中寻找平衡点的问题。一方面，组织外海量的商业化信息平台、传播媒介和社交网络传输着多元价值观、瞬息万变的热点动态和诱人的职业前景，信息不对称性在减少，大量组织外的社会数据赋能个人，使强势个体崛起，民主与扁平化崛起，每个人都在追求自己能够自由地表达与支配；另一方面，大多数组织或没有建立信息平台，或内部传统 OA 平台以简单的业务管理逻辑存在，信息平台不能在价值观的传播、知识技能的传递、组织人脉的建立方面提供有效支撑，组织对员工的知识支撑力和价值观引导力不够，与鲜活的外部信息相比，内部组织信息传递显得活力不足，当员工感受到外部信息对称的张力远远大于内部信息不对称的压力时，容易形成“强个体 vs 弱组织”的态势，员工对组织的忠诚度降低，社会组织的稳定性降低。

组织管理模式面临挑战。大数据时代，海量数据收集、存储和计算能力的飞跃，驱动着商业逻辑变革，技术和产品的高迭代与环境的多变性，使企业面临的非线性时刻越来越多，企业内管理和企业间的协作变成网状、并发、实时的协同。面对高频变化的用户需求、竞争环境，要求组织内部建立非固化的、灵活动态的商业流程，这就要让一线员工承担更多的管理职能，让

“听得见炮声的人来决策”，以快速应对越来越多的变化和不确定性。因此，以自上而下执行力为核心的传统科层制、金字塔式企业组织管理模式受到挑战，适应快速创新、敏捷反应的网络化、扁平化、平台化和协作化组织管理模式成为更多企业的选择。2005 年，海尔面对互联网经济时代的挑战，开始探索“人单合一”模式，将以中层为核心的科层式组织变成扁平化、动态的网状组织。海尔 8 万多名员工变成了 2000 多个自主经营体，员工有权根据市场的变化自主决策，员工有权根据为用户创造的价值自己决定收入，使每个人都成为自己的 CEO，成为直面市场的自组织，每个员工通过直接为用户创造价值来实现自身价值。

溯古追今，从人与组织的关系来看，人类社会进化史也是一部个体与组织关系的演变史，从个体、家庭、部落、民族、国家到联盟，不同时代背景下诞生、演绎着不同的组织形态。工业化时代，组织构建于业务逻辑之上，人依附于流程，是被动的组织理念执行者，组织管理面临的任务是激发处于“被动状态”的人的潜能。大数据时代，组织构建于数据逻辑之上，我们要遵循数据逻辑，而不是遵循现有业务，如何让数据赋能于人，使人的能力倍增，已成为信息化时代组织亟待解决的重要问题。

二、解构和重构，数据赋能重塑组织关系

1. 数据流动带来规则重建，正重塑组织边界

数据加速向传统领域拓展渗透，快速解构和重构传统组织。2017 年，菜鸟网络与顺丰速运的高层在北京就双方关闭互通数据接口问题进行沟通；2018 年 1 月，百年汽车巨头丰田正式宣布自己不再是汽车厂，其竞争对手是 Google、苹果或 Facebook 等数据重构组织，组织需要回答两个问题，一是“你是谁，你的敌人是谁，你的朋友是谁”。在当前时代背景下，答案可能发生变化，比如丰田宣布自己不再是汽车厂，不再认为传统企业是其敌人而可能是其朋友，Facebook 等互联网、大数据公司才是其竞争对手。二是“对企业最重要的是什么，比钱还值钱的是什么”。比如对菜鸟网络与顺丰速运这两家企业来说，凡是能通过钱解决的都不是问题，而数据问题是无法通过钱解

决的，这也说明数据是他们的生命线，这两家快递企业没有数据就无法存在。

2. 业务逻辑走向数据逻辑，数据化业务流程

由工业化时代到信息化时代，在组织重构与解构的过程中，最重要的是从业务逻辑过渡到数据逻辑，数据化企业所有的业务点和资源体系，即一个人在组织的工作、学习、管理和协作都能以数据记录和体现。以工作和学习的数据为基础，推进组织内隐性知识的传递和分享；以管理数据为基础，实现人、财、物等组织资源的优化配置；以协作数据为基础，在组织更大范围内形成协同作战模式。当组织一切业务数据化、一切数据业务化，组织实现了业务在线、沟通在线、协作在线，数据的可调用、可共享、可整合，使组织内部更加透明和开放，推动了传统组织内部边界的解体，组织变得无边界和更有弹性。同时，数据的可量化特性使组织管理目标、协作分工和业务价值都能精准量化。德鲁克曾说过，“管理如果不能进行量化，就不能得到改善”，实时、精准的量化使组织的持续改善、持续进化成为现实，使组织能更加灵活地应对内外环境的变化。

3. 以人为本实现人性管理，数据赋能活化价值

大数据时代是一个强个体、高创新的时代，组织管理不再是以流程管理、个人服从组织为目标，而是以如何释放个体价值、个体创新激活整体价值为目标。以人为本，数据赋能，通过对员工赋能，激发创造，全员参与，让人的才智与潜能倍增，构建人力发展新范式。一是洞察人性，以人的使命为出发点，以成就员工为核心，把人当成组织最重要的资源，关注人的价值发掘，使组织服务于人，成就于人；二是以赋能服务于个人的工作、学习、管理和协作，繁衍人与数据交融共生的数据生态系统，提升个人能力，使个体价值倍增；三是以赋值保障知识分享、业务贡献、管理贡献获得及时、动态的财富分配，使个人对组织的贡献直接体现为个人财富增值；四是以赋权鼓励员工在组织中承担多种角色，打开个人成长空间，增强员工的归属感、参与感；五是通过数据赋能，人与组织多角度、多角色、多方式有效关联，使组织和人的关系更加紧密、多样，一起实现共赢、共生、共同进化。增强了人与组织的黏度，数据赋能于个体，同时也赋能于组织，使组织实现资源的最优化

组合、动态灵活的调整。

三、赋能新路径，以 IEP 构建组织新范式

IEP 即智慧赋能平台，基于组织内的数据基因，搭建组织新范式平台架构。IEP 将业务数据统一汇聚到一个平台，奠定数据应用的基础，内外资源最优化匹配，使相互融通、相互支持的数据形成聚合效应，数据在“汇聚—激荡—形态演化”中带来流程的组织、再造，以知识经验的复制带来个体能力的快速增长，带来群体性效率的提高，构建协同性组织，在平台上实现数据资产化、管理动态化、任务协作化、合作生态化。

IEP 平台通过赋能，让更多的权限与责任集中在第一线，实现自主化管理，下级只将他们做不到的事情委托给上级。IEP 平台的核心是以财富动态分配机制为保证，将赋权、赋能、赋值相结合，将个人内生动力与组织价值导向有机统一。

1. 赋权与赋值结合，形成一人多角与能者多得的分配范式

在 IEP 平台上，通过多角色设置为每个角色贡献赋值，获得相应的财富分配，有效激活和吸引内部员工成为业务专家、管理者、产品创新者、知识分享者、股权合伙人，实现企业与员工资源高效融合互动。

2. 赋能与赋值结合，形成价值提升与财富增加的能力范式

赋能是组织知识分享赋能、个人隐性知识传承赋能、组织协作共享赋能，在 IEP 平台上，以知识为核心的分享、以经验为核心的传承与以协作为核心的共享，都能获得财富分配，促进组织整体创新能力的互动提升。

3. 赋能与赋权结合，形成个人成长与组织共生的生态范式

赋权为个人打开了成长空间，赋能成就了个人价值提升。在 IEP 平台上，组织可为个人提供更多的角色，让个人在组织中可以承担更多职责、管理更大范围。组织成为为个人提供机会与角色的平台，真正让个人在平台上自组织、自管理、自创业，形成个人进步与组织成长共赢共生的良性生态关系。

四、IEP 之实践，组织数据赋能实际案例

任何管理理论都要经过实践的验证。适应大数据时代的组织变革，聚焦组织赋能，国脉集团已在企业推行 IEP 平台建设，基本实现“工作 + 学习 + 管理 + 协作”的数据化，实现个人信息自主化、工作任务推送化、个人价值财富化、组织资源开放化、内外人脉协作化、组织协作社交化、个人财富资产化等，赋能、赋权、赋值结合，在知识分享、经验传承、财富动态分配、多种角色设计方面进行探索，积极推进组织形态的再造与升维。

一是个人信息自主化，分类、分级、分层自我画像。员工多维度进行自我画像，并进行个性化标签设置，标签分为进步、卓越、专业，将个人技能进行全方位展示。国脉集团是一个有近 500 人的公司，在全国 16 个城市设立了 20 余家分支机构，员工之间的初步认识大部分从 IEP 平台开始。实际工作中，经常有新技术、新项目需要在组织内部寻找相应的支持，员工便可通过 IEP 平台的数据标签，很方便地跨区域在组织内部获得区块链、人工智能等新技术方面的支持。

二是工作任务推送化，积淀个人数据资源财富。在国脉的 IEP 平台上，领导指示、在线填报周（月）报、会议纪要、通知公告、系统消息、协作组织等工作数据都会上传与推送。所有工作产生的数据资源都沉淀为数据财富。以会议纪要为例，当员工参加项目会议研讨时，会议纪要会推送给参会人及相关人，每个人都可在推送的会议纪要后补充意见，保证每个项目参与者、与会者按照共识推进与落实项目，使每项工作都能留痕、可追溯，每个项目的新进入者都能通过共享的系列会议纪要快速了解项目进程，快速进入角色。

三是个人价值财富化，构建激励知识分享机制。国脉 IEP 平台鼓励员工向上、向善、互助，通过分享奖励、发现榜样、商机激励、培训激励，为组织中每个成员的贡献赋值，将个人在平台上的工作资源财富化，个人财富增值让员工的工作价值感倍增。分享奖励，即在 IEP 平台上，每个员工上传与分享资源都能获得财富奖励；发现榜样，即新进入的员工可以拜组织内经验丰富的员工为师，每月向老师转让个人财富积分，获取老师的知识指导与经验传授；商机激励，即一线员工可以将在市场上发现的商机进行分享，获得

财富积分，人人都是市场开拓者，扩大企业商机的发现机会；培训奖励，即每个员工都可以将自己在工作中的经验通过培训的方式传授给别人，获取财富积分，大量丰富的一线经验通过组织内部培训获得传承，并在组织内部形成知识沉淀。个人价值的财富化，有利于知识分享和隐性知识传承，形成组织持续发展的竞争力和创新力。

四是组织资源开放化，打造合作共赢新模式。国脉 IEP 平台上，个人资源汇于组织平台上，汇聚成更大的数据财富。组织在人员关系、项目合同、商业机会、客户信息、战略伙伴、合作专家等方面的资源积累，将开放给组织成员，真正让个体成为资源组织与配置的核心力量，增强成员的主人翁意识。以战略伙伴为例，需要进行市场、技术、产品合作的需求方，通过 IEP 平台能一览已有战略伙伴的联系人、已经进行过的合作项目等。

五是内外人脉协作化，构建新型协作网络组织。国脉 IEP 平台上，协作是多层次的，有师徒协作、项目协作、部门协作、商机协作等。协作在组织中形成了多中心网络，员工在各个协作组织中快速成长，接触更多的项目与市场，获得更多的发展机会。

六是组织协作社交化，创造互动性的、有爱的组织文化。组织协作中更直接、更有效的是社交协作。IEP 有公共的社交平台，有点对点的私信与分享。在协作平台中注入社交基因，让协作更加有趣、有吸引力。

七是个人财富资产化，建立共同成长的紧密关系。国脉 IEP 平台上设立内部众筹计划，为员工提供优质投资机会，使员工与组织间建立更有效和更紧密的关系，吸引更多的人内部创业，享受公司成长带来的收益。同时，以虚拟股等形式有效激活和吸引内部员工成为股东，迅速扩大公司规模，提升业绩。

国脉推行 IEP 平台，已初步形成赋能、赋权、赋值相结合的新组织雏形，促进了内部资源共享与业务协同。IEP 平台帮助一批新员工迅速成长为项目经理、部门负责人，实现了个人价值与组织发展的共同成长。IEP 组织赋能作为国脉确立的一项长期战略，未来将投入更多的力量持续推进。

伟大的时代呼唤伟大的组织。构建于数据体系之上，以人为中心数据赋能的 IEP 平台，在组织内实现学习、工作、管理和协作的有机统一，正在探索构建更具有创新力、自我驱动力、强大竞争力的新型组织生态体系。数据赋能将在大数据的时代浪潮中、组织的变革激荡中缔造人类新文明！

周　涛
大数据与人工智能的创新实践

周　涛　信息社会50人论坛成员，电子科技大学教授。曾在多个国际、国内会议中应邀做大会报告或邀请报告，并担任联合主席、议题负责人、论坛召集人、分会主席、学术或组织委员会委员等职务。2009年获教育部自然科学一等奖，2011年获第十二届中国青年科技奖。2014年入选Elsevier最具国际影响力中国科学家名单（物理天文类）。2015年当选第十二届中华全国青联常务委员，并担任科学技术工作委员会副主任。2015年当选全国十大科技创新人物。2017年获全国创新争先奖。2018年起任四川省政协常委。在*Physics Reports*、*PNAS*、*Nature Communications*等国际SCI期刊发表300余篇学术论文，被引用20000余次，H指数为68。参与撰写专著5部。研究成果曾被Nature News、PNAS News、Phys. org、My Science、Dutch Science Magazine、TG Daily及L'Atelier等学术媒体专题报道。

数据自身数量和形态的迅猛变化驱动了大数据产业的发展，其主要趋势体现在三个方面。

第一，数据总量呈指数型爆炸性生长。现在我们每天产生的数据超过了3乘以10的18次方字节，比唐、宋、元、明、清五个朝代及当时的全世界产生的数据量还多。这些数据主要来自个人的行为和生理数据、传感器和其他探测装置采集的自然数据、大型科学研究生成的巨量数据等。据IDC（互联网数据中心）预测，2020年全球将有300亿具有互联互通功能的智能终端，这些设备自身以及设备之间通信所产生的数据将成为新增数据的主体。大数据时代的第一个挑战就是如何解决信息过载的问题，也就是如何帮助用户在信息汪洋中找到其需要或者喜欢的内容。搜索、推荐、广告等技术在电子商务和个性化教育等方面的应用是典型的代表。

第二，数据的结构发生了巨大的变化。以前绝大部分的数据都是以表格的形态存在，我们称之为结构化的数据。例如一个学生的学籍学业表格中，就有姓名、性别、年龄、籍贯、民族、毕业院校、父母职业、高考成绩、大学历次考试成绩、毕业去向等信息。利用一些标准化的统计分析工具，我们很容易就可以得到数据之间的关联，挖掘出家庭背景对于学业发展的影响、性别差异对于就业的影响、少数民族学生主要存在的学习困难等。但是现在新增数据的绝大部分是非结构化的数据，包括文本、语音、图像、视频、社交关系网络、空间移动轨迹等。这些数据里面蕴含着巨大的价值。例如在数据环境充分的情况下，仅仅通过一个人智能手机移动轨迹的分析，就能较精确地刻画这个人从“生活消费水平”到“违法犯罪可能性”等方方面面的信息。但和结构化的数据不一样，我们没有一套标准化的方法去挖掘这些价值，这就带来了大数据时代的第二个大的挑战——如何挖掘非结构化数据中的价值，甚至把它转化为结构化的数据。

第三，数据的组织发生了巨大的变化。以前针对同一个对象不同侧面的数据分散在多处，形成一个个数据孤岛。以个人数据为例，阿里巴巴记录了我们的购物行为，新浪微博知道我们的朋友关系和言论，医保部门了解我们的就医情况，公安局有我们的犯罪记录——但这些数据之间是不联通的。现在，通过一些政策、资本、产品和技术手段，针对个人、家庭、企业、产品等的多源数据正在被打通。例如“信用中国”项目正在尝试打通个人和企业在 39 个部委办的数据记录，阿里巴巴从 2015 年起开始利用新浪微博的数据提高淘宝广告的准确度等。针对同一对象不同数据的跨域关联，存在巨大的社会经济价值，例如金融机构可以获得更完整的征信记录，税务部门可以全面了解个人和企业的涉税信息，民政部门可以开展更精准的扶贫行动，公安部门可以实时掌握流动人口及涉毒涉赌人员的全面信息，商业机构能够投送点击率更高的广告等。与此同时，数据的跨域关联也带来了隐私和安全方面的巨大挑战，因为分析人员更容易通过多源、立体的数据反向挖掘出个人和家庭隐私信息，而关联数据因出现安全问题带来的毁坏会远远大于单一数据集。大数据时代的第三个大的挑战，就是如何在隐私安全可控的前提下充分应用跨域关联的数据，形成1加1远大于2的效果。

笔者认为所谓的“大数据”，不是对数据量的简单刻画，也不是特定算法和技术的发展，而是基于多源异构、跨域关联的海量数据分析所产生的决策流程、商业模式、科学范式和生活方式上颠覆性变化的总和。数据的采集、存储和分析能力，是创新型政府的核心战略能力，其重大价值具体表现在以下四个方面。

第一，大数据可以帮助维护政府的安全和稳定。通过网络、通信、遥感等多渠道的数据分析，可以实时、精准地感知国内外敌对势力和恐怖主义发展的态势，对一些重大事件进行提前预警。与此同时，需要注意的是，数据安全意识的缺位和数据安全管理的松懈，也可能给国家安全带来重大隐患。

第二，大数据可以提升政府的治理和决策能力。通过数据资源目录和数据标准的建设，以及跨部门数据的打通融合，可以大幅度提高政府的社会服务和社会治理能力，既包括提升普通公民办理政务手续的用户体验，也包括交通管理、土地规划、科技计划、税务管理、人才建设、公共治安、纪检反腐、安全生产、扶贫脱贫等多个方面。与此同时，数据的统计分析可以帮助主要决策机构和决策人准确了解政府在教育、医疗、产业、人才等方面的资源配置现状和发展态势，并对医保、税收等牵涉大量公民利益的重大政策调整所带来的直接结果进行定量化政策仿真。在决策完成后，数据分析可以帮助政府实时掌握决策的社会经济影响，包括舆情。

第三，大数据可以挖掘传统行业的创造力。大数据已经在一些数据密集型的行业发挥了巨大作用，例如金融和电子商务。事实上，针对一些尚处于信息化初级阶段的行业，大数据有望发挥更大的提升作用。例如可以通过具有近场通信能力的工卡，记录产业工人的工作情况；通过具有短程通信能力的传感器，采集生产设备的温度、压力、转速、振动强度等信息；进一步通过数据综合分析，优化生产流程，提高产业工人平均生产效率，监控大型制造设备的运行情况，实现故障的提前预警等。这些措施可以提高制造业的生产效率，降低事故风险。类似的技术手段还可以应用在农业生产等传统行业中。

第四，大数据可以催生全新的商业模式。除了和传统行业的深度结合，大数据还可以催生以数据共享和交易为核心的新商业模式。尽管大部分可以通过公共渠道获得的数据资源存在数据陈旧、数据噪声大、数据非标准化等缺陷，而高质量的政务数据又不能直接售卖。但是，通过数据的增值加工形成的数据产品是具有商品价值的。随着数据市场的逐步成熟，数据供需双方信息会进一步透明化，数据的定价会变成一种成熟的市场行为。当数据被赋予价格甚至资本化后，数据的商品价值和金融价值非常可观，数据交易本身会成为一种具有巨大经济价值的新商业模式，并且通过数据的流通从整体上促进科技和产业的创新。

下面介绍两个大数据创新应用的具体案例。

首先介绍一个金融监管中大数据创新的例子。2014 年年底，我们开始和北京金融办与北京市公安局合作打击非法集资。2015 年 3 月起，我们采集监控了北京市 8000 多家融资平台的数据，并每周向金融办、公安局及相关机构上报风险最高的 20 家企业名录。以 e 租宝为例，通过对 3000 多万家企业公开的股权和董监高关系的分析，我们可以得到 e 租宝的关联关系图谱。我们发现 e 租宝的核心关联企业，主要都由三个自然人控制，其中王之涣、丁甸、丁宁控制的企业数分别达到了 21 家、14 家和 12 家，具有较大风险。利用自动化的手段，我们可以从关联图谱中挖掘出典型的金融风险，例如虚设假造投资项目后，由几个自然人设立的多家壳公司之间互相投资，有交叉持股的自融风险；通过离岸公司进行跨境洗钱的高危结构等。我们在 e 租宝核心关联企业中，发现了注册在香港、澳大利亚等地的 5 家疑似进行跨境洗钱的离岸公司。2015 年，e 租宝核心关联企业在三大招聘网站总招聘 4399 人次，其中博士 0 人次、硕士 42 人次、本科 1130 人次、本科以下 3227 人次，低学历人员占比达到 73.2%，完全不符合基金管理公司正常的人才结构。尽管安徽钰诚集团和北京金易融网络科技有限公司都斥巨资为自己营造了良好的社会形象，他们在经营其产品 e 租宝过程中所形成的大量行为数据，却泄露了其作为非法集资企业的蛛丝马迹。我们持续提供的大数据分析报告为打击非法集资做出了重要的贡献。事实上，我们已经通过公开的渠道，采集了 3500 多万家企业的关联关系、知识产权、人力资源、法律诉讼、资产质押、招标投标等数据，为企业进行了全面深入的画像，并可以基于此提供企业的征信和评级服务。发挥科技型企业的创新引领作用，对我国新形势下经济的持续健康发展至关重要。但科技型企业往往资产规模小，缺乏传统质押融资的渠道。基于企业真实行为的大数据征信和评级服务，可以助推我国信用体系的建设，降低优质的轻资产企业融资的成本，从而提升资本的配置效率。这些大数据手段，也可以帮助政府进行产业园区管理和科技项目管理。

接下来介绍一个医保控费中大数据创新的例子。我国大处方、药物滥用、违规套取医保基金等问题普遍存在，医疗费用支出高速增长对医保尤其是新农合基金造成了巨大压力。我们致力于用大数据解决医保智能控费监管决策问题，目前已经建设形成了拥有 470 多万条规则的循证医学规则库，能够就处方的适应症限制、性别限制、重复用药、药物配伍禁忌等不合理、不合规的地方进行毫秒级别的审核。进一步，结合诊疗方案分析、用药效果分析、疾病分组分析、政策效果评估、医疗费用增长合理性分析等，形成了一套全面、科学、立体的控费解决方案，能够发现医院科室在特定病种诊疗、特定药物使用方面的异常。利用发现的违规和骗保记录以及诊疗行为的异常性，通过机器学习模型，为医生和患者参与医保欺诈的危险性打分，并建立大规模的医生患者二部分图。一个患者，即便他的就诊记录能够通过循证医学规则库的筛查，但如果他多次到一个或多个高危医生处就诊，他的危险性得分也会提高；反过来讲，一个医生，如果经常给多个有骗保记录的患者看病，尽管他的诊疗方案之前没有被甄别为骗保，我们也会增加他的危险分。通过迭代寻优的办法，我们能够让这个海量二部分图所对应的危险分矢量快速收敛，成为识别医保违规和欺诈的一个重要特征量。2015 年，我们在四川省自贡市、南充市等 4 个地市覆盖超过 1000 万新农合参合人，处理了数亿条就诊记录，新发现了就医行为异常、单次就诊异常、诊疗方案异常在内的 10 余种医保欺诈行为。我们发现的违规欺诈涉及金额占总就诊费用的比例达到了 3% ~6% 。

笔者特别选择了涉及政府治理的例子，实际上，大数据在很多地方都能够产生非常有趣的创新。例如通过采集和分析电子科技大学在校学生 5 亿多条数据，发现两位陌生的学生一个月内在食堂、图书馆和超市有两次前后脚刷校园卡的概率不到十二万分之一，而情侣、死党和闺密则经常一起吃饭、购物、进出图书馆。通过分析有多少人经常和你“前后脚刷卡”，我们找到了电子科技大学最孤独的800多人，他们平均在校两年半，却没有一个好朋友——这些人中每6位就有1位有过到心理健康中心咨询甚至在精神病科就诊的记录，另外5个人是大数据找出来的高度危险的有心理隐患的学生。又如我们通过对3000多万份简历和2000多万篇中英文论文的分析，建立了全球顶尖人才库，可以快速找到一些小众行业——例如内存计算、无线充电、柔性材料、虚拟现实的顶尖专家和青年才俊。我们已经为成都市委组织部定制化地开发了这个全球人才的雷达系统，特别突出了具有四川籍的人才和曾经在四川读过大学或者工作过的人才。再如我们为1000多家电子商务企业提供精准广告和个性化推荐的服务。迄今为止我们已经积累了有效的浏览、收藏和购物数据9万多亿条，并为6亿多用户进行了数据画像。针对目标用户，我们从6亿多网购用户中找出与其最相似的一批用户，把他们普遍喜欢的东西推荐给目标用户。利用我们的大数据服务，电商用户的客单价提升了63%，下单转化率提升了35%。我们除了进一步完善个人购物数据的画像并打通他们的社交媒体行为，还在有计划地采集“一带一路”和其他重要国家的电子商务数据，以及相关的税收和物流、仓储数据，这些数据将有助于提升跨境贸易的效率和效果，包括精准选择可能被国内用户广泛喜爱的海外名优品，找到国内知名品牌的海外对标品和用户群，以及降低货物进出口在物流和税收上的成本等。

卢希鹏
“新 AI”时代：物种大爆发

卢希鹏　信息社会 50 人论坛成员，国立台湾科技大学管理学院教授。曾任《经济日报》《经理人》《科学人》等报章杂志专栏作家、畅销书作者、电视节目主持人。截至 2018 年 1 月 1 日，共发表国际期刊论文 94 篇，其中 65 篇为 SSCI/SCI 论文。曾荣获教育部公费留学执行资讯系统学门榜首，两次 Anbar 管理期刊最佳论文奖（Excellence of Citation），并获得管科会吕凤章管理奖章，列名于美国名人录（American Biographical Institute，2001）。

“新 AI”革命对管理界到底产生了什么影响？它使企业多了四双“眼睛”，能够看见真实的世界（沉淀的数据）。眼睛明亮了，就将产生一系列的新物种大爆发。人工智能已经来了，传统企业“对过去的坚持与对未来的无知”，才是人工智能发展的隐忧。

一、我的人工智能奇幻漂流

1986 年，笔者开始在台湾的清华大学学习 AI（人工智能）。1992 年，笔者在美国取得博士学位，回到台湾科技大学教授的第一门课，同样也是人工智能。教了几年，人潮散去、预算删减，觉得人工智能没有什么产业价值。笔者把这时期的 AI 称为“旧 AI”，工程师必须设计出复杂的递推（Recursive）算法，相信经过知识工程师的观察，可以分析出人类的知识，是一种白盒子 AI（有清楚的推理逻辑）。渐渐地我们发现，人们知道的远比说出来的多。当时也有黑盒子 AI 的机器学习，但是受限于计算能力与人类定义的输入特征值的好坏而无法进步，这些都是笔者当初教与学的“旧 AI”。

这波“新 AI”革命约从 2006 年的深度学习（Deep Learning）论文发表开始，但是所有的“旧 AI”都红了，投资者要特别小心。在“旧 AI”的机器学习上，人类有一项重要的工作是定“特征量”。像是在人脸辨识上，“旧 AI”会先定义人脸的特征（如五官间的距离等），或是在预测股票时，“旧 AI”也要先定义股票市场的特征（如基本面、技术面、消息面等变量），再做监督下的机器学习（就是有老师告诉学习结果的对与错）。机器学习的好坏取决于人类是否能够定义出好的特征量（输入变量），“新 AI”最大的贡献就是电脑可以自己找到特征表达的方式，不需要人类的监督教导，效果却比人类找到的还要好。

这波革命对管理界到底产生了什么影响？笔者认为是企业多了四双“眼睛”。过去企业只有收集来的数据，数据栏位都是由人类定义出来的。互联网与物联网的世界中却充满着沉淀的数据，这种不经意留下来的数据，却代表着真实的世界。但是这些沉淀出来的数据杂乱无章，毫无规则。这些特性正好符合了“新 AI”的强项，不再依靠人类设计的逻辑，反而依靠大量无序的数据，进而找到特征表达，做出分类、判断与推论。“新 AI”是人类的新眼睛，让我们看见了真实的世界（沉淀的数据），眼睛明亮了，就将产生一系列的新物种大爆发。

二、寒武纪物种大爆发：眼睛的诞生

有一本书提到，寒武纪物种大爆发是因为生物有了眼睛。早在 54400 万年前，单细胞生物就已在地球上出没，当时的动物物种只有 3 个动物门。而在短短的 500 万年后（这段时期仅占生物演化史的千分之一），这 3 个动物门的物种突然演化成 38 个动物门。这个物种快速暴增的现象发生在寒武纪初期，称为寒武纪大爆发。

为什么会发生寒武纪物种大爆发？安德鲁·帕克（Andrew Parker）的研

究指出是因为出现了第一双眼睛。帕克认为眼睛改变了生物生存的两项法则。第一项生命法则是“吃”，“避免被吃掉”与“吃掉别人”。第二项生命法则是“性”，找到优质的对象繁衍后代。在没有眼睛的时代，生物的捕食与繁衍靠的是概率；有了眼睛之后，就是主动的捕食与求偶，靠的是战术，也就是智慧的开端。

简单地说，有了眼睛之后，生物可以经由战术，来战胜概率。

人类的经济历史不也是一直借由“看见”的战术来战胜概率吗？在狩猎时代，人类借由看见足迹与粪便来预测猎物的位置；在农业时代，人类借由看见四季天气时令来决定何时播种与收割；在工业时代，人类借由科技如POS系统来看见市场端的变化；在互联网时代，人类借由数字足迹看见每一个人的精准。紧接着到来的是人工智能时代，人工智能的眼睛又看见了什么？

笔者认为人工智能共有四双眼睛，已经睁开了三双眼睛，而第四双眼睛也即将要睁开。第一双眼睛是互联网，让我们经由人们在网络上沉淀的数据，精准看见个人与社群；第二双眼睛是物联网，让我们经由实体世界中沉淀的数据，看见了智能生活；第三双眼睛是让电脑有了人类的视觉与听觉，成为这个世界上最方便携带的感知器，看见了真实世界；第四双眼睛，让人工智能开始与世界博弈互动。有了四双AI眼睛，企业将更加能看清这个世界，发展新的战术，捕捉到猎物与繁衍后代。

三、第一双AI眼睛的战术：看见精准

建立商业信任最好的方法，就是你看得见我，我也看得见你。有了信任之后，就产生了物种大爆发，出现了大量P2P的商业模式。

第一双人工智能眼睛让我们看见数字世界中所沉淀的数据。为什么叫沉淀的数据，因为这些数据不是规划出来的，而是遗留下来的，数量很大，而且很乱。沉淀的数据是一开始不知道要做什么，但是沉淀到一定的数量，它的用处是被挖掘出来的。挖掘数据的人被称为数据科学家，因为这些人必须要懂数据工具、懂领域知识、懂数学模型，导致人才非常缺乏。人工智能的第一双眼睛基本上有以下几类的应用。

1. 数据掘矿

商业决策，不再靠因果概率，而是靠看见关联后的战术，产生了数据公司的大爆发。

借由建构好的数据模型，分析大量储存好的结构化（表格化）数据。如阿里巴巴在“双十一”购物节累积了相当大的交易数据，经过各类数据模型的分析，马云可以知道：哪一省的客户买最多的比基尼泳装（答案竟然是内蒙古），各城镇的人都在买什么等。此外，常用的还有关联分析，像是亚马逊分析买过这本书的人也买过其他几本书。或是决策树分析，经由对过去大量数据的分析，我们可以判断什么样子的人是具有高风险的人，以帮助第一线的员工进行决策。

2. 看见个人化精准服务

遇见客户不再靠概率，而是靠看见精准后的战术，于是产生了个人化服务与营销的新物种大爆发。

沉淀的数据为什么巨量，因为这是为精准的个人化预备的。因为联网了，所有的数据都在为个人化服务，所以数据就巨量了。

这是一个共享开放数据的概念，比如 POS、电子支付、电商、朋友圈、百度、微信与 Fintech 等数据的开放共享。POS 系统让我们看到几点几分在什么地方卖出了什么，电子支付又告诉我们交易的人是谁。电商看到这个人的过去购物记录，可以判断这个人的信用与喜好。朋友圈看见这个人何时对什么文章点赞、分享与留言，借此判断这个人的喜好。百度关键字搜寻显示这个人对什么议题有兴趣。微信更是知道你哪位朋友在沟通什么议题。第一双眼睛看见了一个人所在的“人、时、地、事、物”的场景，给予精准化的个人服务。

3. 看见弱连接的信任

相信陌生人，不靠概率，而是靠看见公开透明后的战术。于是产生了许多 P2P 的新物种大爆发。

弱连接指的是陌生人，网络上交易的对象可能都是陌生人。但陌生人可以相信吗？当然不行。过去对陌生人的信任主要来自第三方的认证，像是出租车的品牌、推荐信、银行的收入证明等。但是这些第三方认证，都不如数据的公开透明。

另外，你比较相信专家还是大数据？过去亚马逊网络书店会聘请一批专家来帮助你挑选好书与写书评，但是现在这些专家都被解聘了，因为人们比较相信上百位读者为一本书所写的书评。在智能手机上下载App时，如果已经有上百万人下载，且评语很好的话，这个App就不会差到哪儿去。

旧金融对支付的看法就是转账的功能，但是在新金融中是生活，因为生活才能沉淀出个人与社群互动的大数据，因为普惠金融需要信任，在新金融中，是由现在与过去的生活足迹来建立征信系统。像是台湾的玉山银行，只要回答18个选择题，在3分钟内，配合网络大数据，就能决定可以贷款的额度与个人化的利息。依据玉山银行的资料，这类贷款的呆账率比人工审阅还要低。

新零售也是如此，我们在挑选店家的时候，网友的推荐也远胜过企业公关发言人说的话。

4. 看见舆情分析

市场预测不只靠概率，还靠听见市场底层声音后的战术。于是产生了社会倾听（Social Listening）新物种。

网络上有许多舆情言论，处理的主要是大量储存好的非结构化数据。如果企业想知道网络社群上讨论的舆情是什么，可以通过网络爬虫技术、关键字的声量（出现次数）计算、正负评论的分析。也有人用其做品牌监控，特别是当有广告传播出去了，可以评估广告对品牌声量效果，或是企业在做危机处理时，可以知道网络舆论的正负评论声量。

5. 读懂文件

阅读文件机器人将是另一项新物种爆发。每年上市公司有许多财报需要阅读，已经高出人类能够阅读的数量。未来的智能理财机器人可以帮忙阅读上市公司的财报与新闻事件，提出投资的建议与预警；也可以读到犯罪或洗钱迹象的数据；协助律师阅读条文与过去判例；协助医生阅读医学期刊；也能够从保险人提供的相关文件中发现不一致的信息。

6. 江河运算（Streaming computing）

因为物联网与感知器的普及，要处理大量即时侦测并没有储存的大数据，这些应用需要即时的运算。像是智慧工厂、智慧城市、智慧家庭、智慧健康、智慧能源等应用越来越普及，这些即时收集到的感知器与物联网资料，开启了人工智能革命的第二双眼睛。

四、第二双 AI 眼睛的战术：看见智慧生活

物联网让万物皆可联网，问题是，联网后要做什么？

我认为，第一双眼睛（商业互联网）看见的是人（P2P），所以产生了 C2B 逆商业时代。第二双眼睛（工业互联网）看见的是物品（M2M），因为万物联网，产生了智慧星球的概念。未来互联网的中心不再是平台，人所在的地方就是网络的中心。

具体而言，人工智能的第二双眼睛有三个层次。

一是端点感知（Sensing or UI）：感知器的种类非常多，这类科技又称数据科技。

二是云端智能（Meaning or DB）：不只是收集数据，还需要整合不同数据，探索数据的意义、归类与场景（Context）。

三是启动服务（Judgement or AP）：对判断与未来行为的推估，启动适合的服务应用。

1. 端点感知层

过去沉淀的数据多半来自网络世界，但是人们主要活动的世界却是实体世界，因此如何从实体世界取得沉淀的数据，就是万物联网下的人工智能眼睛。

物联网是一个很模糊的名词，举凡能将物体与互联网联结的技术如感知器，统称物联网。且重点不只在技术，而在联网做什么。举例来说，这篇文章可以联网吗？联网要做什么？目的确定了，才思考要用什么技术联网（晶

片、条码、AR 技术等)，一旦联网，这本书就是物联网中的一分子了。端点感知器种类非常多，在我们日常生活中，有温度感知器、湿度感知器、速度感知器、生理数据感知器、监视器、汽车倒车雷达、声音感知器、手机定位感知器等。

举例来说，绿色能源科技需要感知环境监测，物联网产业需要感知器资料收集与网络实名整合，智能机器需要机台元件感测整合，国防工业需要精密感测 IC，生技医疗需要生物感测 IC，借以收集数据，做出智能判断，并回应做出管理行动。物联网将是未来工业的基础，需要基础建设来支撑。这个基础建设就是物联网的数据要整合上传到云端数据库，由人工智能的学习判断给予分类，最后启动该有的服务。这种“端点感知、云端判断、启动回应”，就成了人工智能第二双眼睛的基础建设。

不过端点感知器在不久的将来就会有 1000 亿个以上，为避免网络的超负荷运转并兼顾回应速度，感知科技也会让产品主动发号施令。过去，产品是被制造的，未来产品的晶片能告诉设备“你要怎么制造我”像是制造墨水，墨水的染料配方不是由自动化电脑所决定的，而是由瓶子的智慧晶片所决定。红绿灯的秒数也可以由老人智慧手环的晶片决定，晶片会告诉红绿灯，绿灯的秒数需要长一点。

2. 云端判断层

通常我们在说大数据时，不是因为拥有的数据大，而是联网了，云端的数据就无限大了。这是一个分享经济的概念，许多银行反映，他们拥有许多数据，但是不知道要怎么用。笔者提醒他们，大数据不是分析大量数据，而是联网后的整合数据。

举例来说，传统零售业的 POS 系统累积了大量的数据，传统银行存折上也累积了大量的数据，但是这些数据都只能做报表，跟过去没有差别，但是一旦连线了，就是个人化的服务。当人们用手机作为支付工具，因为联网，我们马上可以看到其所在的位置、过去的交易记录、银行的信用记录、在社交媒体发布的信息、年龄性别……这些联网的信息构成了大数据。大数据是为个人化预备的，不是为产生分析报表的。

当所有感知器的内容都送到云端之后，除了数据可以跨屏（让手机、电脑、电视等屏幕同步），更重要的是，这些整合的数据可以经由数据科学家设计出算法，做人工智能的判断。

3. 启动服务层

端点感知、云端判断之后，最重要的就是启动应用服务。举例来说，当知道车子的驾驶者不是车主，当智能手表发现老年人摔倒，当智能电表发现有异常的用电，下一步要启动什么服务？这就是最早提及的，万物都可以联网，重点不再是科技，而是联网之后可以做什么。

从智慧生活的角度，人才是物联网的核心。为了管理这么多的联结，未来智慧生活的入口将不是电脑，也不是手机，而是一个跨平台智能生活助理。亚马逊的智慧音箱（Amazon Echo）走入了家庭，成为智慧家庭的整合中心，或是智慧家庭的入口，但是智慧家庭要成功，必须仰赖更多的“万物联网”。而亚马逊也开放软件公司在 Amazon Echo 上开发应用服务，未来相关应用将如 App 一样多元起来。譬如冷气机家店可以与 Amazon Echo 联网，可用声音来调控温度；电视、广播、网录影音可以与智能音箱连接，做音乐电台的自动播放；电商业者也可以与 Amazon Echo 连接等，让其成为智能家庭中的平台。如此一来，未来的智能家庭就会迅速发展起来，产生物种大爆发，以机器人为中心收集家庭大数据，提供更精准的服务。

汽车可以上网吗？目前手机的 GPS 不仅能够导航，还把大家的时速、地点上传到云端，地图就可以算出各路段的平均时速，引导人走最顺畅的一条路。此外，轮胎泄气了、冷却水不够了、刹车油与机油不够了，感知器会在第一时间让驾驶者知道。如果汽车发生事故，车子也会把时间地点的信息自动传给救援公司，同时也统计了发生事故的概率，未来可以提供预警。

关于医疗健康保健，微软早在 2008 年就用视频的方式勾勒出未来的梦想，可是实践梦想的常常却不是微软自己。譬如人们可以借由可穿戴设备将自己的健康数据上传到个人化的健康平台，或整合第三方医疗数据，提供更精准的医疗服务。阿里巴巴的未来医院，更将医疗就医流程与支付宝完美地结合，以搭建未来大健康产业的医疗平台，这些都成为联网的目的。

同样的道理，血压计、血糖计、运动手表、药罐都可以上网，看见个人的行为，影响个人化保费。在智慧医疗照护上，医生可以通过内视镜进行微创手术，病人身上可以接上感知器随时知道生理数据，甚至可以知道老人的位置，判断其是否跌倒。

在智能工厂上，评估生产系统性能的关键指标如产量、品质、成本、零组件的精密度，感知器要收集影响关键指标的数据以备做事前自动察觉与自我预测。在智慧设备上，感知器收到的资讯不断被收集，是一种江河运算，随时监测异常状态并记录设备状况。与过去正常模式进行对比，以判断当前设备的健康状态与故障预测。也可与相同或相似机台做信息感知、相对比较、异常侦查，这是一种机器对机器的联网，可借此发现异常，并建立异常数据库，以在未来学习判断数据。

我们需要更多想象力。万物可以上网，便在真实世界中沉淀了数据。这些数据经过机器学习，就可以产生无限智能化的应用。

五、第三双 AI 眼睛：看见与听见世界的意义

这一波人工智能的革命主要在第三双眼睛，电脑可以听见与看见这个世界了。

电脑视觉一直是人工智能中最难突破的环节，因为真实世界中的“特征值”太多。人们对复杂世界的认知处理都会有一个“降维”的处理，将复杂真实世界的维度，降低到可以接受的特征值。举例来说，真实的股票市场太过复杂，于是投资专家便会定义重要的变量，希望用较少的变量，能够解释最多的变异量。人类必须要定义有效的变量，再利用电脑运算。

过去，人类负责降维，但是找到的特征值都不够好；未来，将由 AI 负责降维。

1. 人脸将是最容易携带的 O2O 标签代码

举例来说，目前台湾桃园机场的人脸辨识系统就是“旧 AI”，工程师定义了人脸五官的特征比例，借此运算辨认人脸，所以在机场辨识人脸时你必须立正站好，两眼直视镜头，因为镜头要确认你五官的位置。人类降维的数量不会太多，当你在林志玲脸上只定义出 20 个特征（五官的几何位置），你能够很容易地在 10 亿人中找到她吗？如果人工智能能够在林志玲脸上找到

100 万个特征（脸形的勾边特征），再逐步降维，就比较容易在 10 亿人中找到她了。

如何找 100 万个特征？这种用电脑自己归纳出林志玲脸上特征值的降维方法，是深度学习的重大突破。过去的机器学习比较像是非线性回归分析，人类输入特征值 *X*（数量无法太多），来调整权重预测 *Y*。深度学习比较像是因素分析，让输入等于输出时，经过多层降维的运算，就能逐步归纳出最佳的特征值。过去，人类定义人脸辨识的变量多半是五官间的几何距离，再由人类设计精妙的算法来辨别人脸；而电脑则是不断地试误，找到最小误差的特征值，多半是细微的勾边，再逐步降维到简化过的图像。深度学习算法是固定的，不像过去必须倚赖程序设计师的逻辑能力，反而重点是谁掌握到够多的人脸照片，谁就能在人脸辨识上胜出。

在线上与线下数据整合上，我们过去都需要代码（如客户编号、二维码、电话号码等），未来如果人脸就是代码，就可以用人脸配合密码来支付，用人脸取代会员编号。只要顾客一走进店家，店家就知道谁来了。

2. 辨识图片的意义，并且说出来意义

除了人脸，电脑开始可以辨别这个世界的物件与意义。

如果电脑要开始辨别出更多的物件，必须要有庞大标签化的图片库来学习。人工智能科学家李飞飞在 2007 年开始了一项 ImageNet 图片库建立的计划，他们在网络上下载了大量的图片，并由全世界约 5 万名义工帮忙给每一幅图片分类与贴标签（图的意义）。2009 年，ImageNet 图片库中有 1500 万张图片，超过 22000 个分类标签。这些庞大标签化的图片库让许多人工智能算法在其中比赛准确度。2012 年，加拿大多伦多大学教授 Geoffrey Hinton 的团队，居然以新的算法（卷积神经网络，Convolutional Neural Network）与 GPU 处理器（擅长处理矩阵运算）使其准确度遥遥领先其他团队 10% 以上。至此，有了附有说明的练习图片，有了新的算法，电脑视觉产生了显著的进步，能够辨识许多真实世界的物件，并且能够以自然语言说出图片的意义。

这项突破使这波人工智能具有里程碑意义，让电脑逐渐可以取代人类的眼睛看见这个世界的物件、明白其中的意义，并以人类的语言说出来。

举例来说，未来人工智能的眼睛可以看到驾驶者是否醉酒或正在打瞌睡，

可以看出人们的喜怒哀乐，可以看出自驾车前方路上出现的是纸袋还是石头，可以帮助医生判读 X 光片，可以帮助人们辨别人际关系、辨别美丑，为人们提供穿衣服与化妆的建议等。蚂蚁金服也提供了定损宝的服务，汽车如果有事故，只要在指定位置照三张照片上传，打定损宝服务电话说明发生了什么事，就可以在几小时内完成理赔的服务，原来，那通电话在测谎，而人工智能程序会根据上传的几张照片来判断应该理赔多少，准确度不输给人类定损员。

3. 听见声音，并且完美翻译

这波人工智能的革命主要发生在图片的特征表达，因此举凡能够转换成类似图片像素二维矩阵格式的数据都可以使用深度学习，但是每一行列的像素如果换了位置，意义就会相应改变，这样的数据就不拥有图片像素的特征。过去一般资料库的表格因为栏位变动意义还是一样，像是栏位信息是“编号、姓名、地址”，还是“编号、地址、姓名”，如果换了栏位顺序没有影响的数据，就不是图片像素数据，就无法使用深度学习算法。

声音是一个很容易转换成图片像素档案格式的另一个应用，譬如纵轴是音频高低，横轴是声音的时间排序，声音很容易转换成类似图片像素的档案格式，一旦转换成功，电脑就可以自行发现声音的特征值。过去数十年语音识别的声音模型一直很难突破，因为人类制定的语音特征模型的方式不够好且因人而异，但是 2006 年 Hinton 提出了深度学习的算法，由电脑自行找到的特征值让语音识别的错误率降到 5% 甚至更低的水平，产生了许多智能音箱的物种大爆发。

当 AI 听懂了声音，接下来还需要了解语言的意义。过去靠的是语言学家的文法结构，文法是人类定义出的结构，但是人类知道的比说出来得多，文法的例外可能与规则一样多。譬如在笔者看过的一则中文文法中，“动词 + 名词”等于“把名词动词掉”，“吃饭”等于“把饭吃掉”，“关灯”等于“把灯关掉”，但是“开灯”等于“把灯开了”，到底是“开掉”还是“开了”，就是例外状况。其实只要中文讲多了，根本不需要记忆文法，因为从大量生活对话中，人们有一种统计直觉本能可找到正确的词。

人工智能正用统计智能取代规则智能。语言翻译也因为网络上翻译对照的网页越来越多，一种以统计对应而不是用字典对应的新方法产生。过去的人工智能对语言的翻译是要先将语言按照文法句型结构（Parsing）辨认出主词、动词、形容词、副词、名词，再依照字典加以解释，但是翻译的品质一直不到小学程度，而且无法充分考虑上下文情境对于翻译的影响。早期 IBM 也尝试从 300 万句完美翻译中找出翻译的统计关系，但是效果并不好。在网页上累积了 900 亿句的翻译网页，品质良莠不齐，但是因为数量庞大，反而开始有了良好的表现。举例来说，看电视、看书、看医生都是用“看”，但是如果从大量中英对照的网页中统计出“看”这个字，就会因为不同的词而有不同的英文翻译，反而有更好的翻译表现。

语音比图片单纯太多，语音辨识将是“新 AI”第一个产业化的应用，目前我们已经能够用语音对着手机发号指令，如“打电话给某某某”“今晚会不会下雨”“高速公路路况”等，各种类似 Amazon Echo 的智能音箱也问世了，Amazon 智能助理 Alexa 可以帮助主人处理家庭内的问题解答与家电控制，而 Amazon 的智能助理 Alexa 的自然语言界面已经开放给各行各业使用，像是福特汽车开始使用 Alexa 成为仪表板的声音控制，未来只要说“Alexa，开大灯，Alexa，听音乐，Alexa，帮我导航到……”即可；当然，购物助理、理财助理、健康助理在未来可以通通都是 Alexa，如此一来，Alexa 就掌握了未来人所有的拼图，比人自己还要了解自己。这会侵犯个人隐私吗？当然会，所以有人说在人工智能时代，隐私权将要被数据权保护，因为若要使用 Facebook、谷歌、LINE 等精准化的服务时，人的隐私已经被机器阅读了，机器阅读个人信息算不算是侵犯隐私？还是我们必须先立法制定各种数据权，允许在什么情况下，机器可以使用个人信息？这反而是更重要的一件事。

六、第四双 AI 眼睛：看见环境博弈

当电脑有了视觉与听觉，就可以与真实世界互动，甚至是博弈。

1. 走迷宫，建立探索树了解环境

在“旧 AI”时代，人类最喜欢让机器人挑战的游戏之一就是走迷宫，其实任何迷宫只要让机器人多走几遍，画出探索决策树之后，未来的决策就是

照着探索决策树走。重点是要如何画出探索决策树？目前先进的家庭扫地机器人到家之后，会先探索把房间都走一遍，建立房间的探索树，未来就能很快地到达想要去的一个点。物流搬运机器人也是，建立了仓库的探索树，就能快速移动。

2. 博弈，当探索树有了对手

探索树是机器人自己的探索，如果有了对手，就表示探索树的结构不再固定不变了，而是每走一步，对手都会有不同的走法，那要走哪一步才能使胜出的概率最大？这时必须用沙盘推演与模拟对手的各种可能回应，并计算出胜率。这个博弈游戏如果简单如井字游戏就简单了，我们可以画出所有可能，但是如果复杂到国际象棋或围棋，就复杂了很多。AlphaGo 的胜出代表的是，即使复杂如围棋，都能快速地计算出所有的沙盘推演与模拟，算出每步的可能胜率。博弈阶段包含了开局、中局与残局，开局在布局，中局在攻防，一旦到了残局，因为棋子较少，能使用的策略也较少，一旦人工智能可建立整个残局的博弈树，人类将必败无疑。AlphaGo 的成功代表电脑在处理与环境互动的能力增进了一步，未来无论是投资理财还是无人自驾，都可以解释成一种博弈。

3. 人工智能毁灭人类

两个人工智能程序在彼此博弈的时候，就有可能损害第三者。

比较可怕的是，电脑可以在人类无法感知的时间内替人们做决策并采取行动，像是 Google 可以精准地投放广告；Amazon Echo 更可以接受语音，替你订餐、购物与控制家电；Facebook 可以帮你自动辨识人脸与挑选资讯；理财机器人可以在计算大数据的同时，以每秒 10 万次的高频交易帮你低买高卖。当然，智慧工厂、智慧城市、各种机器人、无人自驾车……都是自动执行的代表。目前许多公司已经开始免费提供具有机器学习、视觉、语言等功能模组的机器人操作系统（ROS）给各界使用，未来机器人的开发门槛越来越低，甚至会像安卓系统一样普及。

人工智能各为其主，有可能为了保护自己的主人而不经意地毁灭他人，如 2010 年 5 月 6 日，道琼斯工业指数莫名其妙跌了 9%，1 兆美元瞬间蒸发，美国证券交易委员会（SEC）六个月后才搞清楚，原来是一群高频交易的理财机器人，在试探并利用彼此交易策略的行动上失控了。我们再想象一下，如果两辆自驾无人车要相撞了，唯一能够保护主人安全的方式就是要牺牲十几位路人的生命，这时人工智能程序告诉你为了要拯救十几位路人，我们决定要牺牲你，这时，你还会买这辆车吗？当两个人工智能在博弈的时候，就有可能牺牲第三者，如果这是武器系统呢？

人工智能已经来了。传统企业“对过去的坚持与对未来的无知”，才是人工智能发展的隐忧。

张　江
意识机器？

张　江　信息社会50人论坛成员，北京师范大学系统科学学院教授，集智俱乐部与集智学园创始人，腾讯研究院特聘顾问。主要研究方向为复杂系统、人工智能。出版合著《数字创世纪——人工生命的新科学》、译作《自然与人工系统中的适应》，组织出版《科学的极致——漫谈人工智能》和《走近2050——注意力、互联网与人工智能》。

近年来，一些心理实验表明人类的自由意志可能是幻觉，而LSTM（长短时记忆网络）之父Jürgen Schmidhuber可能早已经设计出了意识机器。

就让我们来聊一聊机器是否能够具备自我意识这一重磅、高能、危险的话题。人们普遍认为，意识（Consciousness），特别是自由意志（Free Will）构成了人之所以为人、从而区别于机器的最后一道防线。而本文想表达的观点是，其实这一道防线早就不存在了。第一，近年来有关意识的一系列心理学实验表明，所谓的自我其实有两个，一个称为陈述（Narrating）自我，另一个称为体验（Experiencing）自我，所谓的自由意志不过是陈述自我给自己编的一个故事而已。第二，通过目前的计算技术，我们完全可以构造出一个自我模拟的自指机器（Self-referential Machine），它也具备两套体系，一个负责执行算法，另一个则专门负责对自我进行模拟（描述），这种机器会表现得就“像”一个具有自我意识的系统，以至于我们可以用这样的系统来定义所谓的“自我意识”。

早在2003年，Jürgen Schmidhuber设计出来一种称为“哥德尔机”（Gödel Machine）的装置，它具备一个求解器和一个搜索器，这个搜索器就是前文所说的模拟装置，也就是人类意识中的“陈述自我”；而求解器就是前文中的执行装置，也就是人类意识中的“体验自我”。Schmidhuber指出这种机器一旦设计出来，就可以通过不断搜索更好优化效用的方式来完成模拟优化，再通过自我修改代码的装置不断改进自身，从而表现出全局最优的运作模式。人们普遍认为哥德尔机是目前最强大的通用人工智能设计，并有可能引发智能爆炸。

一、自由意志幻觉——来自实验的启发

首先，我们对近几十年来人们对意识问题的三个极其重要的实验进行回顾。第一个实验告诉我们，其实我们每个人的头脑中都住着两个自我，一个负责决策，另一个负责解读；第二个实验进一步揭示出这个陈述自我的性质，它会在一定条件下编纂故事；第三个实验则告诉我们，我们认为的自由选择很可能也是陈述自我编的一个故事而已。

1. 裂脑人实验

人类的左脑和右脑是靠一种被称为胼胝体的东西相连在一起的。但是有一种病人称为“裂脑人”，他们脑袋中的那个连接装置胼胝体被切开了，但他们还可以正常生活。于是，在20世纪60年代，这些裂脑人成为神经科学家们，特别是罗杰·斯佩里（Roger W. Sperry）等人的实验对象。科学家们通过巧妙地设计试验，让我们看到裂脑人不为人知的一面。

在实验中，我们用一个中间的挡板把裂脑人左右两眼的视野完全隔离开，这样他的左眼只能看到左边的画，右眼只能看到右边的。当我们呈现左边为雪景右边为鸡爪的画面给被试者的时候，这两种景象就分别映射到了右脑和左脑中（由于左脑连接的是右侧身体，右脑连接的则是左侧身体）。接下来，实验人员要求被试者在卡片上选择与看到的画面相关的东西（两只眼睛都能看到所有的卡片）。这个时候，裂脑人的左手（被右脑控制）选择了铲雪的铁锹；右手（被左脑控制）则选择了公鸡，如图1所示。

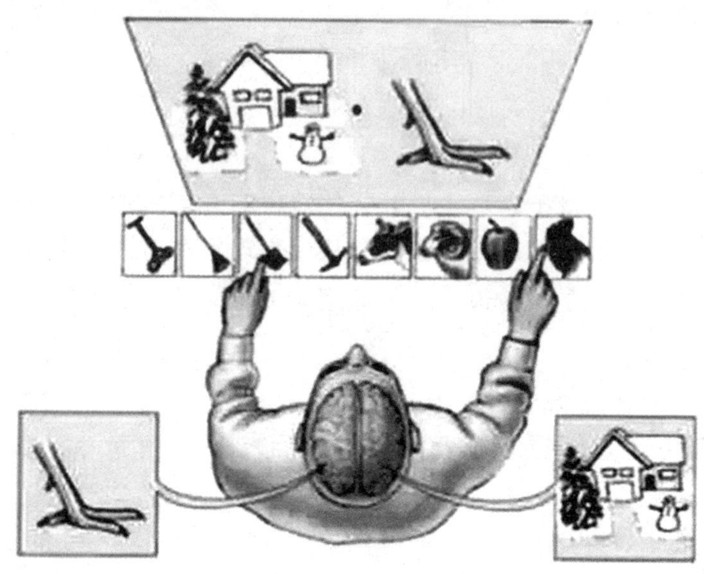

图1 裂脑人实验

这说明，裂脑人的两个彼此隔离的大脑做出了两种完全不同的决策，体现得像是两个不同的人。更有意思的是，当挡板撤离后，左右脑都能看到对方的选择了。这个时候实验人员问被试者，“你为什么左手选择铁锹呢?”我们知道，左脑是负责语言的半球，而右脑主要负责视觉感知，却没有表达能力。所以，虽然右脑选择的是铁锹，而它并不会解读。左脑选择的是公鸡，但却与右脑的选择相冲突。那该怎么办呢？于是，左脑神奇地编了一个故事："我选择铁锹是因为我要清理鸡棚!"

斯佩里通过大量的类似的裂脑人实验向我们展示了这样一个结论，我们的左右脑不仅表现得像两个独立的意识体，而且由于左脑具备一种编造故事的能力，它往往能够把右脑的行为进行重新解读。

2. 冰水挑战

前面的实验对裂脑人的左右脑进行了物理分割。而诺贝尔经济学奖得主、著名心理学家丹尼尔·卡尼曼（Daniel Kahneman）则相信，我们身体里本身就住着两个自我，卡尼曼把它们称为："陈述自我"（Narrating Self）和"体验自我"（Experiencing Self）。前者专职负责讲故事，甚至在很多时候都是讲给我们自己听的；后者则主要负责体验、执行。这两个自我经常配合在一起行动。有意思的是，我们的记忆主要是听从“陈述自我”，而这个家伙会经常扭曲事实、编纂故事。下面，就让我们来看看卡尼曼做过的实验：冰水挑战。

卡尼曼让被试者将手放到很冷的冰水中一段时间（见图2）。实验分两次进行，第一次进行60秒，第二次进行90秒。但在第二次试验进行到60秒的时候，实验人员会偷偷注入一些温水，让被试者疼痛的感觉减轻一些，但是被试者并不知情。

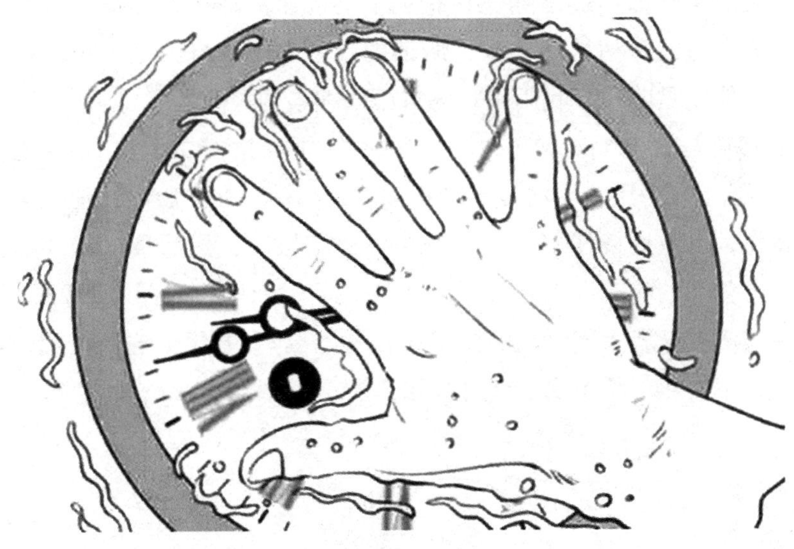

图2　冰水挑战

在分别做完两次实验之后，实验人员会问被试者，如果必须重复实验，你更希望重复哪一次的实验。出乎意料的是，有80%的被试者都选择第二种，即长达90秒的实验。

卡尼曼给出的解释是，我们的陈述自我有一种特性，它只对整个实验过程中疼痛的最高值和最后一个时刻的疼痛值敏感，这就是所谓的“峰值尾值理论”（Peak Value and End Value），并且会忽略体验所持续的时间。所以，在第二个实验中，由于最后30秒的体验没有那么痛苦，所以被试者最终的选择听从了陈述自我的感受，认为第二个实验更好受一些，尽管其让被试者受苦的时间更长也没关系。

这个实验似乎还能够解释其他一些“痛并快乐”的现象。比如女人生小孩据说是疼痛级别最高的一种经历，但是当女人回忆生产那个瞬间的时候却总是伴随着温馨和幸福，原因就在于生完小孩的那个时刻所体会的幸福远超过了过程中的痛苦。于是，陈述自我选择了过滤掉那些痛苦体验，而记住了小生命出生的幸福。

3. 自由意志幻觉

前面的两个实验告诉我们，我们不仅每个人都是人格分裂者，而且大多我们意识到的体验都不过是陈述自我编撰的故事。那么，在接下来要介绍的实验中，我们更能深切地体会到，所谓的自主选择、自由意志也不过是一种假象，很可能就是陈述自我用来哄骗自己而编纂的一个故事。

这个实验是由 Benjamin Libet 于 2008 年领导进行的，其结果发表在了《科学》杂志上，曾引起了科学界和哲学界的轰动。在实验中，他让被试者手持一个按钮，自主选择任何一个时间按下这个按钮，然后被试者会通过盯住面前钟表上秒针的相应位置来报告做出决策的时间。与此同时，Libet 通过脑电装置来监测被试者大脑活动的模式（预备电位），并根据这些模式来预测被试者何时按下按钮。整个实验装置如图 3 所示。

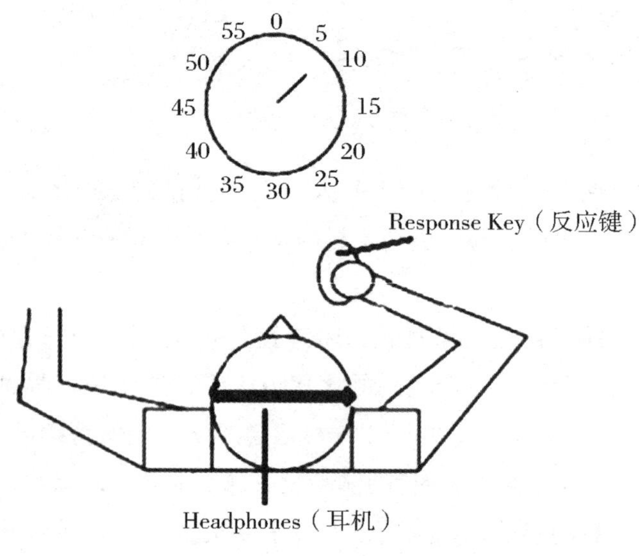

图 3　自由意志幻觉实验

实验的结果表明，科学家可以通过读取大脑活动模式来提前预测被试者是否按电钮的决策，而且可以比被试者报告的时间提前几秒钟。

如果按照前面的实验推论，我们的心智分成了负责体验、决策的自我和负责陈述的自我两部分。那么这个做出按电钮动作的自我就是体验自我，而负责报告按电钮时间的自我就是陈述自我。科学家通过大脑电信号活动模式所做出的提前几秒钟的预测表明，我们实际上在自认为有意识地做出按电钮这个动作之前就已经由体验自我和身体把决策做出了。我们的意识或陈述自我并没有起到任何主导性作用，它只是被动地将这个按钮动作进行了重新解释，从而报告出了时间。

这个实验最大的争议点就在于，它从某种程度上否定了“自由意志”（Free Will）的存在性。也就是说，我们并不像我们通常认为的那样可以由自我意识来决定、控制做出按电钮的动作。

在这里我们需要澄清一下“意识”“自我意识”以及“自由意志”之间的区别和联系。首先，“意识”是指一种觉知（Awareness）的能力，它是指我们的心智能够对外界事物以及心理过程进行感觉的能力。“自我意识”则是说这种意识能力不仅能够觉知外在事物，还能够觉知这个觉知能力，即意识本身。所以，自我觉知（Self - Awareness）能更好地表达意识的这种能力。后面我们会看到，这种能力就是计算理论、数学之中的自指（Self - reference）。“自由意志”则是强调意识对客观事物的反作用特性，也就是意识可以凭借自己的意愿来决定做什么。

Libet 的实验告诉我们，我们可能并没有自由意志，至少我们的意识并不参与决策过程。因为，真正的决策早在我们意识到之前几秒的时间就已经被体验自我做出了。

把这三个实验连在一起，我们能得到如下几个结论。

一是我们每个人体内都存在着两个自我，一个负责体验和执行，一个负责表述。

二是那个陈述自我会通过虚构故事来“欺骗”我们自己。

三是我们习以为常的自由意志很可能就是这个陈述自我编造的一个故事。

最后一个结论的确具有一定的颠覆性，它直接指出了所谓的自由意志不过是一种假象。我们充其量仅仅具备自我意识而已，也就是我们可以觉知到自己的存在，也能觉知到我们所做的一切，但是这种觉知并不能反过来作用到我们的行动上来。

用图形表述上面这一点转变会更清楚。如图 4 所示，我们的认识从上面的模式转变为了下面的模式。

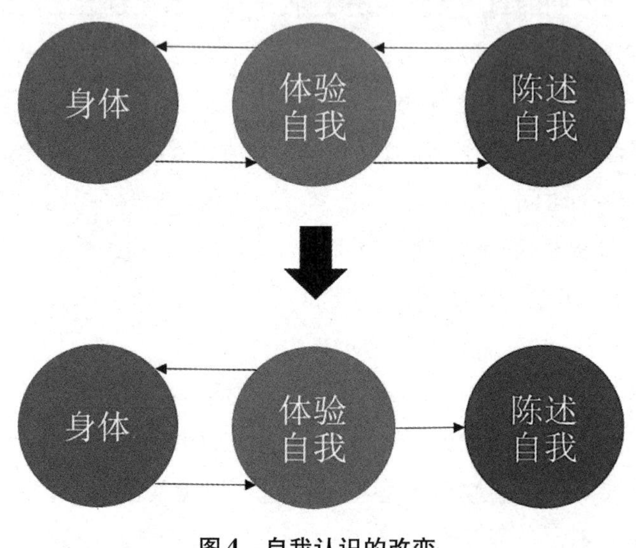

图 4　自我认识的改变

尽管我们对这一转变很不情愿，但却不得不接受。因为，越来越多的科学研究结果表明，其实我们人就是一个算法机器，迄今为止，我们并没有找到任何一个反面的证据说不能被算法模拟。既然自由意志是幻觉，人不过是个算法机器，那么，机器和算法本身为什么不能具备意识，甚至是表面上看起来的“自由意志”呢？

二、意识机器

在结束了心理学之旅后，就让我们进入机器的世界。请注意，笔者在这里并没有声称任何一台机器，甚至是任何足够聪明的超级智能体具有意识。笔者想说的是，机器必须要具备一定的条件才能具备意识，而目前这样的机器尚未出现，但这并不意味着我们原则上无法创造出它来。更重要的是，意识所需要的条件和智能完全就是两码事。

既然我们已经破除了“自由意志”的迷信，并且认识到所谓的自我不过就是一个双系统，一套系统负责相对“机械”地解读信息、做出决策；另一套系统则对这些决策进行解释、表述。

那么，按照这套标准，我们就会发现，只要一台机器具备了自我模拟（Self－Simulating）的能力，它就具备了“意识”。什么是这种自我模拟的能力呢？这就是指一台机器能够在内部开一个虚拟机，并用这个虚拟机来模拟自己在任何一个时刻的运行。于是，这个模拟机就构成了前文所讲的“陈述自我”，而其他的软件部分就构成了前文所讲的“体验自我”或“执行自我”。由于这台机器可以在虚拟机中投射它自身以及所有的动作，所以它就具备了“自我觉知”的能力。从外界表象上来看，它可以表现得具有自我意识。

这样的机器能造出来吗？答案是肯定的，计算理论早在20世纪初就为这类机器的实现铺平了道路。接下来，就让我们看看，我们该如何一步步地造出这样的自我模拟机器。

1. 内嵌虚拟世界

机器要想具备自我模拟的能力，那么它首先要实现一个内嵌的虚拟世界。什么是内嵌的虚拟世界？其实就是所谓的虚拟机——奔跑在当前计算机中的一套虚拟系统。这套系统有它自己的虚拟硬件及虚拟软件。用过Docker、VMWare的人都很清楚，这种内嵌的虚拟系统不仅早就可以被造出来，而且具有可以隔离病毒等优良的特性。

我们可以将内嵌的虚拟世界理解成一面镜子。它可以映射真实世界里的东西，但它本身却比现实低了一个层级，所以它看起来更“假”。我们也可以从数据和程序的角度来理解：虚拟系统相对于真实机器来说就是数据。数据总是被动地由更加“真实”的机器所操纵。

我们要感谢图灵的伟大发现，通用图灵机（Universal Turing Machine）的存在保证了我们可以通过现有的计算机来实现这种内嵌的虚拟世界，而且这种内嵌的虚拟层可以无限地延伸下去。也就是说，我们可以在虚拟机上再安装虚拟机，以及虚拟机上的虚拟机……

2. 模拟自我

当一台机器具备了内嵌虚拟层还不够，它还需要完成模拟自我的过程。也就是说，我们要让这台虚拟机器模拟它自己的运行动作。这在镜子的比喻中也就是我们要让镜子自己照自己。这是不可能的，至少在镜子这个例子中，如果我们不借助外界（例如另一面镜子），这个镜子自身无法完成照射自己。

同样，在机器世界中，要让一个安装了模拟器的程序模拟自己，表面上看是不能完成的。不难想象，由于机器的内嵌虚拟层本身就是这台机器的一部分，所以要想让虚拟层模拟机器自己的动作，就必须包括它的虚拟层，于是我们必须要有一个虚拟层的虚拟层。这样一来，我们就需要有无穷多的虚拟层，而且每一个虚拟层都要做同样的事情——模拟它上一层次的动作。你会发现，我们的机器很快便触及了无穷多的虚拟层次，以至于怎么可能在有限的时间和空间内完成它呢？

幸运的是，在计算理论、数理逻辑以及递归函数论（人们早已证明，这三种系统完全等价）中，人们早已经发现了一种巧妙地逃离这种无穷的方式。在数学中，这被称为不动点（Fixed Point）；在递归函数论中，这被称为Kleene第二递归定理；在计算机程序中，这被称为“蒯因（以美国著名哲学家蒯因Quine命名）”程序。事实上，康托尔运用这种技巧证明了实数比自然数多；罗素用这种技巧构造了罗素悖论；哥德尔用这种技巧完成了哥德尔定理的证明；图灵用这种技巧构造了图灵停机问题，指出了机器运算的极限；冯·诺依曼用这种技巧制造了自复制的程序。现在，我们同样可以用这种技巧构造可以模拟自身的程序。

在这里我想说明的是，这种被称为“蒯因”的技巧，本质上讲可以实现这样的效果：执行一段包括蒯因的模拟器就和将这个程序自己的源代码拿出来在模拟器上跑效果完全一致，所以它看起来就像在模拟自己（实际上我们没有任何手段能从运算结果上区分二者）。于是，我们便巧妙地绕过了无穷层次。

3. 解读意识

其实，这种能够模拟自身运作的机器就可以被称为是具有自我觉知能力。

我们只需要将自模拟程序中正在模拟自身的虚拟机理解成前文所说的陈述自我，而将整个机器的其他部件都看作体验自我和身体，那么这种自模拟程序就跟前文说到的人类的自我系统没有什么两样。具体地，我们有这样的对应关系，如表1所示。

表1　人类自我系统与自我模拟机器的对比

人	自我模拟机器
陈述自我	内嵌的虚拟机
体验自我	机器中除去虚拟机的其他软件部分
身体	硬件

为什么可以这样理解呢？这里面有几层含义。

第一，所谓的虚拟其实就是描述。前文我们已经将虚拟机比喻为镜子，意思就是说这个虚拟层要能够形成对外在世界的描述。

第二，这是一台自我模拟的机器。根据递归定理，这台机器的所有部分，包括内嵌的虚拟机中的动作，都可以在虚拟机中找到对应。也就是说这个陈述自我知道什么是“我”，“我”在做什么，并知道这个觉知（或模拟）过程本身。

第三，如果我们将内嵌虚拟机接上一个输出接口，允许它用自然语言吐出字符串，那么这个虚拟机就更像陈述自我了，它可以向外界输出表述。

既然从功能上来说，我们的自模拟机器与“陈述自我 + 体验自我”一致。那么，就让我们来看看，为什么说这种自模拟机器表现得就像具有自我意识一样。

（1）这台机器是具备觉知能力的。这里所谓的觉知其实就是在虚拟层来反映真实世界，当然也包括这台机器本身的所有部分，显然这台机器是可以做到的。

（2）这台机器是具备自我觉知能力的。根据蒯因技巧，只要机器开始运行，它的表现就像是在虚拟层模拟它自身一样。如果我们将模拟器称为觉知能力的主体，那么它模拟自身就自然可以称为自我觉知了。

（3）更有意思的是，当外部观察者观察这台机器运行的时候，会产生这台机器具备“自由意志”的幻觉。这是为什么呢？其实道理还是在于蒯因。

对于任何一个配备了蒯因的程序来说，它有这样的效果，它整体完成的动作和虚拟机上完成的动作看起来是一模一样的。于是，我们便无法分辨究竟是这台机器“被动”地根据真实层的“物理法则”来做出动作，还是根据虚拟层“意识”来做出动作。于是，对于观察者来说，一个虚拟的因果箭头就可能被生生造了出来：这台机器在根据它自己的意识（陈述自我）而行动。那么，我们也自然可以称这样的机器具备自我意识，甚至自由意志了。

其实这个道理就像你照镜子，假如一个从来不知道镜子为何物的外星人观察你，他有可能会得出来你在按照镜子里面的像的动作运动，它是因，你是果。所以，当你和你的虚拟重合为一，你就能给外部观察者创造出一个因果箭头。自我模拟机器正是这样工作的。

4. 哥德尔机——史上第一台意识机器

从笔者个人的经历而言，最早意识到“自我模拟”程序非常重要是在2007年左右。那个时候笔者正在参加Stephen Wolfram办的名叫A New Kind of Science（NKS）的暑期学校。一个叫Mathew的MIT（麻省理工学院）年轻老师给我们讲图灵停机问题。他当时概括说，正是因为我们可以构造出这样一个可以通过自己源代码来“模拟”它是否停机的程序，而这个程序让外界的观察者看到的表现，和它自己“声称”的表现并不一致，所以才证明了图灵停机问题的不可判定性。当时，笔者立刻意识到：自我模拟是问题的关键。

后来看关于计算理论的书：Nigel Cutland的*Computability：an introduction to recursive function theory*，我才了解到Kleene第二递归定理与自我模拟程序的关系。甚至在这本书中，Nigel Cutland根据第二递归定理专门讨论了这种自我模拟程序的可能性。在该书中，他称该程序为“自我反省”（Self-retrospectation）的程序。当时笔者就想，为什么没有人动手把这种自反省程序做出来呢？后来才了解到，早就有人动手研究这种自模拟程序了，这个人就是大名鼎鼎的Jürgen Schmidhuber。也许你对这个名字还不熟悉，但你一定知道LSTM，这个LSTM可是Google机器翻译、对话系统背后最大的功臣。LSTM的发明者正是Schmidhuber这位德国老先生。令人意想不到的是，他早在2006年的时候就提出了哥德尔机（Gödel Machine），如图5所示，它可以被称为人类历史上第一台具备自我模拟、自我反省，甚至自我意识的人工智能机器，尽管它现在还远没有被造出来。

图 5　哥德尔机

（1）哥德尔机的构成与工作原理。

从整体结构上来讲，哥德尔机实际上与我们之前讲的自我模拟程序非常类似，它由两部分构成：一是通用搜索器，这对应了自我模拟程序中的虚拟机；二是问题求解器，它对应了自我模拟程序的其他部分。但是，在哥德尔机中，求解器是一个几近完整的强化学习系统，它还包括了输入输出装置，从而它就像一个机器人一样能够实时地感知外界环境，并能对环境进行响应。与此同时，哥德尔机还有一个效用函数，它的目的就是不断地提升这个效用函数，这些都是自我模拟程序尚缺乏的部分。这些多出来的装置就可以让哥德尔机不仅能够实现自指，同时还能够以最优的方式求解问题。

具体来讲，哥德尔机是这样工作的。一方面，哥德尔机内部存在一套编码系统，它可以将哥德尔机的硬件、软件，甚至是当前的状态、效用函数以及通用搜索器等全部编码成数学命题。这种做法实际上就是哥德尔在 1932 年证明哥德尔定理的时候所使用的方法。有了这样的编码系统，哥德尔机就可以将机器工作的所有状态当作数学定理来讨论。

另一方面，通用搜索器可以不断地搜索一条数学命题的证明，从而判断它的真伪。这样，哥德尔机就有可能完成牵扯到它自身问题的求解了。例如，假设关于哥德尔机的一个命题是：“如果我持续地原地转圈，那么天上就会掉下一个馅饼来，从而提高我的效用。”那么，这个语句判断就有可能被编码成搜索器可以搜索的命题。于是，搜索器开始展开搜索，它会利用形式逻辑的推理法则展开运算，看看该条命题是否可以被推导出来。假设搜索器最后证明了这条命题是真的，那么哥德尔机就可以将策略“持续原地转圈”装载到哥德尔机的执行装置中。于是，哥德尔机就会不停地原地转圈了。

所以，通过这样的方式，哥德尔机就能持续地搜索可提升自己效用的方案，并利用更好的方案改写自己的源代码，从而完成“自省”的学习过程。据证明，哥德尔机与当前的强化学习算法有异曲同工的效果，能够在一边探索的时候一边学习。不过，Schmidhuber 证明，哥德尔机可以避免局部最优的问题，这就比一般的强化学习算法高明很多了。之所以它有这种能力，就是因为搜索器的妙用：它只有在证明了一套方法可以提升效用的时候才真正使用它。

我们不难看出，实际上搜索器就是我们前面说的虚拟机。所谓的搜索就是一套模拟过程。而哥德尔机允许对自身状态进行编码形成数学命题就相当于机器可以模拟自身的运作。所以，我们说哥德尔机就是对自我模拟程序的一次实现。

为了让我们的比较更具体，我们列出了表2。

表2　　人类自我系统、自我模拟机器与哥德尔机三者的对比

人	自我模拟机器	哥德尔机
陈述自我	内嵌的虚拟机	搜索器
体验自我	机器中除去虚拟机的其他软件部分	求解器
身体	硬件	输入输出装置

（2）哥德尔机与自我意识。

Schmidhuber 个人也认为这个哥德尔机可以看作具有自我意识的系统，例如他在 *A Technical Justification of Consciousness*① 这篇文章中就表达了这样的观点：长久以来我们对意识问题一直争论来争论去而没有定论，但是我们连什

① Jürgen Schmidhuber，“A Technical Justification of Consciousness”（Paper Presented at the 9th Annual meeting of the Association for the Scientific Study of Consciousness Caltech，Pasadena，CA，2005）.

么是意识都还说不清楚。

与其这样，不如让我们用哥德尔机来反过来定义意识。只要程序能够模拟自身、改造自身，那么我们就可以将其称为是具有自我意识的。

所以，你会看到，哥德尔机的意义也许并不单纯在于它会求解问题，而是在于它与图灵机一样，可以为我们讨论自我意识的话题奠定一个程序的基础，或定一种标准。从此以后，意识问题就不再神秘了。

（3）哥德尔机的执行。

看起来这个哥德尔机非常复杂，它能够被实现出来并执行计算吗？Schmidhuber 自己给出了回答。他把哥德尔机的实现总结成了两篇文章："Towards an Actual Gödel Machine Implementation"① 和 "A Family of Gödel Machine Implementations"② 其中，他主要讨论了哥德尔机执行的关键要点就是机器的自指能力，并建议采用类似于 Schema（指数据库对象的集合）这样的语言来实施哥德尔机。

这里关键的问题在于复杂性。由于一个自我模拟系统需要双层系统，这就导致一层的简单性会带来另一层的复杂性。例如，如果我们选择了汇编语言，它可能具备一套很小的指令集，但是要实现一个自指的系统可能就会不简单。相反，如果你的系统设计就是针对自指的，例如 Lambda 演算，那么它在自指部分很简单，但是机器本身的编译器却会很复杂，于是导致我们在虚拟层实现整个机器的自我模拟会比较复杂。

总之，尽管在理论层面我们知道设计出哥德尔机原则上是可行的，但是，由于双层系统的实现本身是非常困难的，因此哥德尔机尚没有真正地造出来。

（4）智能爆炸。

不过，我们还是不妨想象一下这样的机器造出来之后会有什么结果呢？由于哥德尔机具备不断自我改善代码的能力，因此，有人认为一旦它被制造出来就会引发所谓的"智能爆炸"（Intelligence Exploration）。智能爆炸就是说，这个智能系统可以通过不断地提高自己的能力而提高，这个过程会越来

① Bas R. Steunebrink and Jürgen Schmidhuber, "Towards an Actual Gödel Machine Implementation", in P. Wang and B. Goertzel, eds. Theoretical Foundations of Artificial General Intelligence (Springer, 2012).

② Bas R. Steunebrink and Jürgen Schmidhuber, "A Family of Gödel Machine Implementations", in Proc. (Fourth Conference on Artificial General Intelligence, Google, Mountain View, California, 2011).

越快地持续下去，从而很快超过人类的智能。一旦达到了这样的智能，哥德尔机自己就会设计出哥德尔机，从而让整个智能过程加速，这就导致了智能爆炸。

目前，人们普遍认为有两种途径可以达到技术奇点（Technology Singularity），一种途径是通过硬件性能的不断提升，类似于摩尔定律；另一种途径则是通过软件途径，即智能爆炸。由于软件设计上的革命性进展更加不可预期，也无法被人类控制，因此认为智能爆炸的途径会更有可能突破技术奇点。

三、结论

本文从近年来发展出来的几个心理学实验出发指出所谓的自我意识，特别是自由意志很有可能是陈述自我编造的一种幻觉：从陈述自我发向身体的这个因果箭头并不存在；所有的因果箭头都是环境到身体再到体验自我，然后体验自我再传向身体，进而传给外界。陈述自我只不过对整个过程进行了解读，并额外“虚构”出了意识到体验自我和身体的因果箭头。

既然破除了自由选择的迷信，那么人体就和机器没有区别。换句话说，机器也完全有可能模拟看起来具有意识的人类。我们只需要制造出一个同样具有两种自我的机器：一种虚拟的机器（陈述自我）和一种纯算法的执行机构（体验自我），那么这种机器就可以表现得像个有自我意识甚至自由选择的装置了。我们甚至可以用这样的系统反过来定义自我意识。

类似的机器已经被 Jürgen Schmidhuber 设计了出来，它被称为哥德尔机。在这样的装置下，哥德尔机可以通过在模拟器上搜索而寻求让自己不断优化的方案。我们只需要将搜索到的虚拟代码装载到实际的执行系统上，那么哥德尔机就可以通过不断地修改自己的代码而提升自我。人们担心，这种装置一旦被制造出来，就有可能引发智能爆炸，从而导致技术奇点的来临。

胡　泳
自动化到来后，新闻人的价值何在？

胡　泳　信息社会50人论坛成员，政治学博士，北京大学新闻与传播学院教授。历任《中国日报》记者、《三联生活周刊》主笔、《互联网周刊》编委会主席、《环球管理》总编、《北大商业评论》副主编、中央电视台《经济信息联播》主编、《对话》总策划、《赢在中国》总编辑、《我们》总策划。其著作《网络为王》是国内首部全面介绍互联网的诞生、发展、现状以及未来趋势的专著，因此被《中国图书商报》评为“1997年十大新锐作者”之一。著作《海尔中国造》是最早的中国企业研究著作之一，被《经济观察报》评选为“2002年影响中国商业界的20本书”之一。著作《张瑞敏如是说》获第13届浙江树人出版奖。著作《众声喧哗——网络时代的个人表达与公共讨论》获北京市第十一届哲学社会科学优秀成果奖二等奖、第六届吴玉章人文社会科学奖优秀奖。

凡是能自动化的一定会被自动化。那么，在自动化到来后，新闻人的价值何在？是人性让我们区别于机器，而机器最难以取代人的就是“人情味”。在自动化时代，发扬人的本性、会用数据创造内容的人，才能立于不败之地。

一、凡是能自动化的一定会被自动化

2013年，笔者写了两句话：一句是“凡是能够数字化的一定会被数字化”，比如教室、诊室这些以前难以被数字化的地方，现在都越来越被数字化影响；第二句是“凡是能够智能化的一定会被智能化”，大量事物都可以装上芯片变得智能化，比如智能手机、传感器、无人机、自动驾驶汽车等。今天笔者想加一句，第三波到来的将会是自动化，凡是能够自动化的一定会被自动化。

数字化是经济威胁，智能化是产业威胁，而自动化是个人威胁。人们所面临的威胁再明显不过：机器人要来抢工作了！自动化永远比人更快、更廉价、更精准。机器按逻辑行事，而且随着技术的不断迭代更新，将更具生产效率。

人的体能是有限的，而且已经接近最高点。在提高生产力的平台上，人没有竞争优势。所以，不是人是否被机器替代的问题，而是在哪些地方被替代以及被替代的程度有多高的问题。

哪些职业可能会被自动化替代？工人被替代的可能性就非常高，而接下来就可能是服务业。服务机器人的到来会使服务业人员遇到很大的麻烦，比如将来的某一天，人们就餐的餐馆可能是无人餐馆，家里是扫地机器人。很多人曾经觉得“我们没问题，因为我们都是高端人士、高智商人士”，但现在会很惊恐，因为据说律师、记者、投资人也要被人工智能取代了。原因很简单，技术使消费者能够找到低成本的解决办法，从而避免使用高成本的专业人员。这对消费者来说是好消息，但对于律师和会计就是个坏消息。

但是，这里面最危险的还不是普通职业人士，而是中层经理人。因为中层经理人有比较高的工资，而其工作又不是完全不可替代的。所以，对于哪些工作受自动化影响最严重这一问题，最简洁的答案就是：那些工资最高却又最常规的工作。

有意思的是，现阶段不是机器，而是人成了人的敌人。不同于可以预知的机器，人的行为是没有逻辑可言的。人依靠情感行事，导致行为结果无法预料。

对于雇员来说，喜忧参半。随着机器人的应用与发展，越来越多的工作将采用自动化，尤其是那些最具重复性的工作。失去工作对雇员不利；但有利的一面是，人类能得到的工作再不会那么单调乏味了。

不论职业、学位或经验如何，人们都无法回避自动化的未来。若想在自动化的竞争中占有优势，人们应思考如何充分利用人类独具的特质——创造力、独创性和创业精神。

很多人会被解雇或被迫提前退休，而也会有其他人被赋予能量。获胜者与失败者的区别就在于是适应变革还是恐惧畏缩。获胜者会拥抱自动化，并利用赋能技术克服自身缺点、增强自身优势；失败者则害怕机器人，回避自动化技术，并忽视自身优势。

二、自动化到来后，人的价值在哪里?

1. 人性让我们区别于机器

借用《圣经》“尘归尘，土归土”的说法，笔者觉得最终的结果一定是：人的归人，计算机的归计算机。所以，我们需要分析人的什么特质是计算机不可替代的。

在日常事务上，人不可能战胜机器人。机器人速度快、成本低，生产效率也高于人类。机器人的体力超过人类已有段时间了；现在，机器人的智力也在提升。由廉价的微型超级计算机辅助的自动化将拥有近乎无限的内存。普通机器人的人工智能将很快超越普通人的认知能力。

然而人之所以为人，乃是因为其具有人性。人性的一个很重要的特点就是：说不清、道不明，有很多模糊的东西。而计算机正好相反，计算机要求一切东西都精准化、标准化。人性可能是人类面对机器人的最后一道保障，防止人被机器人贬为“多余的人”。

在这个意义上来思考，未来真正适合人类的工作可能就是除自动化外的那些工作。而这些工作机会的核心就是人情味。

2. 机器最难以取代的是“人情味”

英文里有一个词“human touch”，这个词很难翻译，在这里我们译成

"人情味"。"人情味"是个彻彻底底的谜团，不容易被衡量，因此常被人忽视。我们说，人类的特点似乎不受技术变化的影响，比如爱、恨、恐惧以及贪婪等。人的这类特性有史以来始终存在，也将是解决未来问题的途径。

我们在体能上无法超越机器，所以只能在情感维度上跟机器人较量。这就意味着，未来需要拥有智慧的人。机器有智能，而人类有智慧。情感与逻辑的交融形成智慧。智慧高于人工智能。人们只有变得更人性化而不是更机械化，才能在自动化时代找到自己相应的位置。一句话，人必须培养自己的人情味。

举例来说，医生和护工可能地位有别，教育有异，但都是围绕提供周到热情的服务而计划工作的。他们成功的共同特点是，都具有通过提供基于个人才能的服务来谋生的能力。在此，正规教育未必是有利可图的职业入场券，不那么有名望的工作岗位照样可以有丰厚的利润，只要它们不会轻易被电脑程序复制。那种分散化的非日常性的事务很难被自动化，人们仍然需要有人对此做出反应并解决问题。熟练的服务性工作将会得到很好的报酬，只是将来这种工作没有现在多。

尽管成百上千万人的工作将被机器人夺走，有创意的冒险者还是会找到有利润空间的利基市场。这种小众市场可能不是一种享有声望的白领职业，但是它可以提供高于平均水平的收入。这一点值得强调，因为我们的社会过于美化了大学教育，却损害了有实践能力的职业教育。

三、三类工作：数据、事物、人

将来的好职业是什么？是任何一种可以直接解决问题的工作职能。很多专业人士面临的不幸情形是，技术将把他们的专业技能商品化（Commoditize），这就是即将破坏当今许多被认为是受人尊敬的白领职业的"阿喀琉斯之踵"。

我们可以把社会上的工作分为三类：和数据打交道、和事物打交道、和人打交道。我们可以将它们理解为工作的三个要素，工作本质越复杂，这三个要素就越缠绕，而工作的可替代性就越低，反之则会越高。如果一个人在餐馆里洗碗，他只是对付脏碗筷，那么他一定会被替代；如果一个人是专利律师，他需要钻研这三个要素中的所有问题，钻研数据、钻研人、钻研事物，这样被替代的可能性就比较小。

“数据”主要涉及的是数字。会计师、精算师、分析师和计算机科学家都跟数据打交道。由于数据的本质是数学，所以很容易被一个运算法则予以自动化。那些涉及低级运算的工作很容易被淘汰，比如准备纳税申报单的会计师的工作职能将来就会变得多余。反过来，那些利用数据创造内容的工作则会成为紧俏商品。

“事物”是指工作所涉及的对象是那些无生命的物体。木匠、飞行员和电工工作的对象就是事物。工作对象是事物的人，可以通过把多种事物整合为一个有用的设备或者服务来为自己寻找生存机会。

“人”的工作，顾名思义，是指工作的主要任务是与人互动。低级的互动，如银行出纳员或柜台收银员，会很容易被淘汰；需要高度人际互动的服务，像心理咨询师或出庭辩护律师，就很难被自动化取代。那些能与其顾客群建立紧密的感情纽带的人将是最不可能被机器人替代的。

因此，在当下真正能立于不败之地的人是学会利用数据来创造内容的人。比如编代码的计算机科学家就是这类人，因为他们能把原始数据诠释成为意义；又如市场营销人员，如果懂得怎样将消费者数据转化成销售策略，那也不会被轻易替代。

新闻行业也是如此，现在的记者要学会跟数据打交道，要能够把原始数据诠释成有意义的结果。所以笔者的结论是，可能有一部分记者很危险，但另一部分人如果能够把数据、人、事物这三个因素完美地结合，其丢失饭碗的可能性就比较小。举例来说，谷歌给了英国新闻报业协会70万欧元，让他们研发自动写新闻的人工智能，这个项目的名称简写是RADAR，就是Reporters and Data and Robots，即记者、数据与机器人，显示了记者、数据与机器人三者之间的关系。因此，记者要充分发挥人的人情味优势，同时要学会使用数据手段。最终，我们需要让机器人为我们服务，而不是把我们打败。

四、总想着和机器竞争是没有出路的

凡是能用比较高层次的方式和外界互动的人，将来更不容易被机器取代。

因此，特别精通某种事物的人，可能得学习怎么在事物当中加入人的体验；特别善于跟人打交道，可能需要增强的是数据处理能力。所以，稳定的工作、最高的收入一定属于那些能够把数据、人、事物这三个要素比较完美地整合在一起的人。换言之，就是能够将标准化任务（数据、事物和人）与独特的人类特征（主导性和支持性特质）相协调，创造出新事物（产品或服务）。

可以预测，将来人工智能一定会造成这个社会更大的分化，以前导致分割的可能大多是别的因素，但现在，人工智能会造成新的分割线。但是反过来讲，不是所有不进步的东西都一定没有价值。比如，现代航海完全用各种工具精准导航，但依然有一些人在复兴古老的航海术，使用独木舟，依靠星象指引行进路线，凭经验判断洋流走势，以过去那种特别传统的方式做这件事情，他们活得很好，因为很多人觉得他们了不起。所以，这个事情并不绝对。大数据如果真的帮我们预测出喜欢的电影情节，或者是精准匹配男友或女友，我们也会觉得索然无味，宁愿不被数据和机器人左右。

归根结底，只要我们发扬人性当中好的那一面，就有存活的机会，如果总想着怎么去与机器竞争，那肯定没有出路。不要过于担心自己无力做到的事情，将注意力集中于天生具备的人情味，把功夫用在提升自身独有的、能发挥创造力的才能上。

审视内心，发现自己的长处，再观察他人，了解经济趋势。让市场告诉我们需要做什么。然后，做自己，以自己所有，始于当下。确定自己独具的人情味和个人性格特质，在自己总体的兴趣中专注于一个或几个主要特质。当我们精通于所在领域时，自信会增加，更多的支持性特质也会随之发展。这样，我们的生活才会处于平衡状态，我们也会有可能向市场提供高需求的创造性产品和服务。

吕廷杰
洞察未来之区块链革命

吕廷杰　信息社会50人论坛成员，北京邮电大学教授，教育部国家电子商务教学指导委员会副主任，中国信息经济学会副理事长，国际通信协会常务理事，工信部科技委委员、电信经济专家委员会委员。出版《全球电子商务》《网络经济与电子商务》《客户关系管理与主题分析》等专著，翻译出版《通信流理论基础与多媒体通信网》《移动电子商务》等译著。主要开设电子商务、信息经济学、经济博弈论等课程。

一、“互联网＋”的核心思想是构筑平台

马化腾曾说：“真正的互联网思维是做减法。”

看一下当下十分火爆的共享单车，一些企业花大量资金买了一堆自行车，今天你骑，明天他骑，这应叫“分时租赁”。然而与线下分时租赁在客户体验上的根本区别在于，共享单车加上了互联网，我们所感知到的与线下分时租赁的不同之处，例如泛在化、全天候不打烊等特点都是移动互联网带来的。因此，这也是一种转移到线上提供分时租赁的O2O（Offline to Online）电子商务。

然而这种重资产模式并非真正的互联网逻辑，也不是共享经济，而是在苏联集体农庄时代就已经有了的共产经济。因为共享单车的产权归企业，所

以又可以叫 B2C。这与企业花重金修酒店，通过互联网今天租给你、明天租给他，没有本质区别。否则，有 20 年历史的携程网，早就应该叫共享经济了。所以，对这个问题的认识，直接关系到个人与企业对互联网本质的认识。

互联网行业成功的那些巨头们通常具有以下四种“平台经济”特征。

(1) 阿里巴巴（淘宝和天猫）没有自己的商店（因为这是让天下人开店、天下人买东西的第三方平台）。

(2) 微信没有自己的记者和播音员（因为每个网民既是内容的生产者，又是消费者）。

(3) Uber 没有自己的汽车和驾驶员（人人为人人）。

(4) Airbnb 不需要投资建酒店，也没有物业。

因此我常说，淘宝其实是一个利他的第三方平台，与苏宁、京东有着本质的不同。“互联网 +”是要做平台，为社会做普惠服务，而“ + 互联网”只是改变自己的盈利模式，拓展自己的营销渠道，本质仍是商业零售业。

在数字经济时代，共享经济一定是基于互联网平台的，是盘活存量闲置资源的、轻资产的（做减法的）。真正的共享经济应是拿出我们个人的私有财产，通过互联网平台盘活、互通有无，而互联网平台不必花钱去购买这些资产。如果没有激励就让大家拿出私有产权的资源进行分享，如果不能有效解决私有产权所引发的定价权和质量标准、事故责任等问题，共享经济也就失败了。因此，所有权与物权才是共享经济能否成功的关键因素。

二、社会的数字化，最为重要的是实体资源的数字化

腾讯对微信的明确定义是：微信不是摇钱树，而是摇钱树的土壤，是为别人提供平台。但平台如何盈利呢？

第一，互联网平台利用双边市场原理，在需求侧构筑市场力，可以携客户以令诸侯，反之亦然。此时，规模经济性和跨行业应用的范围经济性起绝对的作用。

第二，“互联网 +”倡导实体经济拥抱互联网，但企业应有的策略是：要不就做一个平台，要不就利用别人已经建造的平台（例如微信公众号、小程序），否则就可能大起大落。因为“ + 互联网”的利己模式可以让企业走得很

快，但“互联网+”的利他平台能让其走得更远。

第三，平台通过开放性积累了数据资产，它把用户点击、消费、浏览的数据作为自己的数据资产，从而进行精准个性化营销。所以互联网公司都非常注重数据资产，并从中获利。因此也产生了数据产权的归属权、使用权乃至知情权等一系列法律问题的讨论。让数字产权回归产生这些数据的消费主体的呼声越发高涨，对相关解决方案的社会需求也呼之欲出。

社会的数字化，就是把各种实体资源数字化。而目前唯一能看到的最有效的方法就是区块链。未来如若想实现数字经济，则需要大量区块链的应用。

三、区块链将颠覆传统金融

《维基经济学——大规模协作如何改变一切》的作者、被称为数字经济之父的唐·泰普斯考特曾指出，影响人类文明和进步的新机遇正在到来，而这个机遇正是数字货币的底层技术——区块链。

今天的互联网解决了信息的传递与分享，但没有解决价值的转移和信用的管理。但当区块链技术步入正轨后，互联网将进入下半场，从信息网逐步演进为价值网！

奠定区块链运营逻辑的有两个基本原理：一是之前在欧美地区被广泛讨论的互联网时代人类所应该拥有的被遗忘权（逆向思维则是网络上发布的信息具有不可篡改、不可抵赖特点）；二是“拜占庭将军”算法（即共识机制）。

于是，中本聪就基于这两个逻辑，以分布式数据库、哈希函数的加密算法以及椭圆函数的费马方程求解等，打造了一个底层技术来发行的数字货币，即比特币。比特币的每一笔交易都被以区块链技术记录在整个互联网上，而不是记录在某个公司或银行的服务器中。所以它比任何银行和中央集中管理的平台都要坚挺，不可能超发或产生假币。但必须指出的是，所有数字货币，包括比特币只是区块链的一种应用。

区块链体系拥有以下三个特征。

（1）去中心化，即没有中心，大家平等，人人为人人。

（2）高度透明，即所有账务数据都在互联网上，让更多人知道，意味着数据更加可信。

（3）保护隐私，即没有人知道谁是数据的所有者。只有数据的拥有者可以通过掌握的密钥进行自证。

这三点与传统金融业的业务逻辑正好相反。传统银行的竞争力在于能够对客户的账务往来进行保密（如瑞士银行），而客户却必须在银行实名制开户。传统金融服务是建立在信任基础上的，通常由可信赖的中心机构（传统银行）来认证个人拥有的财富和每一笔交易的正确性。

例如，支付宝或微信支付是一种无现金支付手段，钞票没有转移，而是支付信息的交换。但由于信息不守恒，所以需要背后的银行来做背书，证明这笔钱已经被支出，并对交易的过程进行记账。而比特币恰恰颠覆了这两点，不需要中心机构来充当信用中心，而是运用区块链作为底层记账技术，交易过程无法追踪，从而保证了所有者的匿名性和安全性。

很多人都在关心央行何时发行数字法币，其实区块链可能替代集中式管理与记账的银行，其主要作用与互联网的草根文化一致，就是可以让我们每个人发行私人货币，或让每个企业发行企业货币。

2013 年年底，埃森哲公司曾经发布报告称，到 2020 年，美国 1/3 的金融机构会失去份额甚至倒闭。次年凯文 · 凯利又断言，20 年之内（即到 2034 年），有着 300 多年历史的银行业将会消亡。这听起来似乎有些耸人听闻，然而，请回顾一下过去的 300 年，马车已经被汽车、火车和飞机替代，邮政的基本业务——信函也已经被互联网和手机业务替代，这就是科技进步对传统产业的颠覆性，是趋势。人类所能做的，就是永远不要跟趋势作对。如今，区块链正扑面而来。

区块链的一个应用场景是，很多企业都有自己的积分，假如中国移动的积分只能换话费，中国国航的积分只能换机票，这并不是数字货币。但如果中国移动的积分可以在网上商城买华为手机，中国国航的积分可以买拉杆箱、电饭煲等，根据巴塞尔协定，积分就演变成了数字货币，即一般等价交换物，而且是无形的、数字化的，这便是企业自己发行的数字货币。

过去，这种企业货币是不纳入银行的业务范围的。那么在其社会交换活动中，应由谁来做背书和记账？如果是企业自己发行积分、自我记账，又如何获得社会信任？而区块链技术就可以解决这个问题。因为它是基于整个互联网的一种记账技术，所以具有安全可靠性以及唯一的完整性，所有的主体都是匿名的，而所有的数据和发生的账务都是公开的。

四、通证(Token)：引发新一轮数字经济革命的导火索

第二代数字货币以太坊通过发行“Token”，实现了数字产权的确权与流通，因此可能被广泛应用于实体经济的数字化进程中。正如互联网是从发电子邮件演进而来，然而今天其应用范围已经远远超过了发送电子邮件；区块链是为了发行比特币而诞生的，但是未来，该技术将彻底重构人类社会的信用体系并成为数字化社会的基石。通证经济时代将应运而生。

通证经济的社会表征是信息物理空间（Cyber Physical Space，CPS），是物理空间向信息空间的映射，它具备以下三大要素。

（1）数字权益的证明。通证是关于以数字形式存在的价值体（实物或数字内容）的权益凭证，是一种权利，是价值体固有和内在的价值的测度。

（2）加密。通证具有真实性、防篡改性、保护隐私等能力，由密码学予以保障。

（3）可流通。通证必须能在互联网中流动，随时随地可验证。

因此，与数字货币不同，通证也可以被称为一种垂直领域中专用的“可流通的加密数字权益证明”，而不是什么都能交换的一般等价交换物。

通证经济将带来新一轮的数字经济革命。

（1）供给侧。通证的供给充分市场化，高度自由，任何人、任何组织、任何机构都可以基于自己的资源和服务能力发行权益证明，而且通证是运行在区块链上，随时可验证、可追溯、可交换，其安全性、可信性、可靠性是以前任何方式都达不到的。所以每一个组织和个人现在都可以很轻松地把自己的承诺书面化、通证化、市场化。这是人类社会从来都没有的能力。

（2）流通速度是关键。区块链上的通证可以比以前的卡、券、积分、票的流转快几百几千倍，而且由于密码学的应用，这种流转和交易极其可靠，纠纷和摩擦将降低至原来的几百几千分之一。

（3）价格发现。由于通证高速流转和交易，每个通证的价格都将在市场上获得迅速确定，这个就是通证经济“看不见的手”，它比今天的市场价格讯

号要灵敏和精细几百几千倍，它将把有效市场甚至完美市场推到每一个微观领域中。

（4）通证应用跨区域化、无边界化。仅此一项，就可以激发出千姿百态的创新，它创造的创新机遇、掀起的创新浪潮，将远远超过先前计算机和互联网时代的总和。

（5）通证经济将会是一个多价值尺度的经济，从而也将会有助于发展多价值尺度的现代社会。例如对市民发放积分，用来奖励其良好的社会行为，比如骑自行车上班、垃圾分类等。

（6）通证经济还将极其有利于国家监管和微观社会管理。因为区块链这个后台设施将所有数据都原原本本存档，追溯方便，且无法篡改、无法抵赖，结合人工智能和大数据分析技术，极其便于政府部门实施监管。

基于以上这几点认识，笔者坚信通证将是人类社会迈向数字经济的关键。

区块链发源于比特币技术，但大约在2014年，金融科技界和IT界专家将区块链这样一种比特币支撑技术抽离出来，于是引起了链与币的分合之争。目前有两种看法：一种看法认为可以分，比如Linux Foundation、IBM支持的Hyperledger；另一种看法认为链和币不能分家，当然也因此产生了“币圈”和“链圈”的不同侧重点。

我们常说，数字经济时代企业创新的有效途径就是要找到社会的痛点，然后用信息技术在网络空间进行升维设计。而所谓的数字经济时代就是实体经济用数字化的方法进行管理和流通，而这正是区块链应用的最大价值取向。

笔者认为，物联网体系的核心在于实物在网络空间的可控、可管理，所以目前对产品防伪、打假与溯源等已成为区块链应用的活跃领域。此外，数字内容的版权保护与有偿分享也是区块链“链圈”关注的重要问题。当然，能够减少社会摩擦的诸如婚前财产公证、遗嘱等社会契约，也必将成为区块链构建社会信用体系的重要应用领域，这下，大家可能了解了为何区块链会成为影响人类文明与进步的革命性技术了吧！所以，区块链不仅是“币”，更是“利”，对社会发展与进步利好的“利”。为此请相信，数字经济时代，区块链将无处不在，欢迎进入互联网下半场！

沈　浩
区块链技术的原理、价值和应用

沈　浩　信息社会50人论坛成员，中国传媒大学新闻学院教授、博士生导师，中国传媒大学调查统计研究所所长，大数据挖掘与社会计算实验室主任，中国市场研究协会（CMRA）会长。拥有二十多年的统计和数据分析经验，精通各种统计分析技术，擅长传播研究方法、数据新闻、数据挖掘、社会网络分析、空间地理分析、数据可视化、多变量统计分析、市场研究定量模型等。著有《调查研究中的统计分析法》《Excel高级应用与数据分析》《数据展现的艺术——精通水晶易表Xcelsius》等著作以及多篇学术论文。

数据科学让我们越来越多地从数据中观察到人类社会的复杂行为模式，以数据为基础的技术决定着我们的未来。无论是大数据、人工智能还是区块链技术，都在驱动数据科学产生新的洞察，驱动数字经济和互联网行业向新的方向发展。区块链技术在一定程度上说是制度的创新，制度创新很少发生，一旦发生就是颠覆性的。理解区块链技术的价值和应用前景，需要我们更好地理解区块链的技术原理。

我们从云计算开始积累了大量的数据，商业自动化导致海量数据存储形成了大数据。大数据之后，算力增强，我们发现人工智能时代来临，紧接着物联网带来了边缘计算，今天，区块链出现。2016年整个数字经济和互联网行业的社会关键词是大数据，2017年的关键词是人工智能，2018年的关键词是区块链。

基于大数据下的深度学习和人工智能已经出现了非常重大的技术突破，这种突破一方面解决了视频、图像、文字、声音、语言的计算机处理问题，另一方面在产业应用和国家竞争力层面不断强化。我们也看到在大数据领域一直有这样的说法，叫“软件定义一切，数据驱动未来，算法统治世界”。今天，个性化推荐越来越多地让我们感知每个个体消费者。数据科学会产生洞察，让我们越来越多地从数据中观察到人类社会的复杂行为模式。以数据为基础的技术决定着我们的未来，我们从数据中获得更多的可用知识，而这种知识的增加是因为机器学习会产生预测。这些新的数据驱动的技术在不断改变我们的社会、经济和研究技术。

今天，大家可能更关注的是技术的变革，其实我们会发现，中国在经济上处于全球比较大的体量的时候，我们的社会变革也面临着技术上的颠覆，而这个颠覆可能就是今天重点要说的区块链技术。

谈到区块链技术，不可避免要提到数字货币，或者说是钱。什么是钱?钱有三种功能：第一，钱是交换的媒介，如果没有钱我们就得用牛换羊；第二，钱是储蓄的介质，如果你存了一头羊、一筐鸡蛋，羊会死，鸡蛋万一臭了就没有价值了，所以我们拿钱储蓄；第三，钱是一种度量单位，我们可以通过度量的分解来进行所谓价值交换。区块链技术产生了一种数字货币，一种新的基于互联网数字经济的价值交换货币。数字货币主要作为一种货币介质、一种交换介质、一种储蓄的单位、一种价值度量，因此它具有钱的特性。

那数字货币如何产生？今天我们所说的区块链到底是什么？实际上它是建立在互联网之上——互联网是信息交换，区块链是价值交换。那么什么是价值交换？我们知道现实社会的实体经济是价值交换：我给你 100 元，我就没有 100 元了。但是互联网上，我给你一个文件或给你一张相片，我只是拷贝给你。而我拷贝给你后可以再次把这个文件、这张相片拷贝给别人，这样就形成双重支付、多重支付的形态。如何避免这种多重支付？如何实现任意两个人之间的 P2P 交易？当然我们需要在一个特定社区形成共识机制。区块链对社会的变革最重要的影响是在价值的交换。

什么是区块链？区块链为什么会改变世界？大家听到最多的是矿工或挖矿的概念。实际上，今天想获得一个叫比特币的东西，主要有三种模式，第一种模式就是当矿工。现在挖矿已经很难甚至挖不到了，或者说一般人挖不到，因为它的机制决定了它可以并行计算，到2140年将完成总量挖掘，2100万个比特币总量封顶。这意味着这种币本身就存在着或者天生具有通缩的特性，没有通胀的特性。其他两种模式是进行交易收取比特币或进入比特币交易市场进行买卖。

在早些年，有人用1万个比特币买了1个比萨，但是今天1个比特币的价值最高曾经达到或接近2万美元。

比特币是基于区块链技术生成的。这里有一个数学函数，准确说是一个哈希函数。我们只要输入一个X就会得到一个字符串，也叫散列。这个散列可能是64位的，所以标准的加密算法就是通过哈希算法可以得到SHA256，SHA就是哈希安全算法256。基于这种算法我们会生成一个串，这个概念非常重要。

如果我们想知道某人是不是知道一个答案，但是此人不想告诉我们，我们也不想告诉此人，那么怎么才能知道他知晓答案呢？只要此人把他知道的答案当成X输入一个哈希函数，得到哈希值，我们的答案也通过它生成一个哈希值，如果两方的哈希值一样，我们就认为对方是知道答案的。这个里面就产生了一个非常重要的特征，无论是一张图片、一个数据包还是一个电子证书，只要输进这个X，就会得到一个唯一的哈希值。任何一个微小的变动，都会导致哈希值产生极大的变动。

矿工叫POW（Proof of Work），即工作量证明。举例来说，我借给A某100元，A某借给B某100元，B某借给C某100元，其实就是C某欠我100元。而这个过程只要记了账便不需要现金交易。这个时候我们要记账，谁来帮助记账呢？想象一下什么是区块链，就是我们有一个账本。第一页叫作创世纪块，每一页就是一个块，这一页就记录着谁给谁多少钱。比如说今天我有15元，我要给B某10元，其实我这个交易就是记录了我给B某10元，再给自己5元，这个交易就从15元记账区块转到另外一个记账区块中。

矿工的作用就是帮忙确认这笔账对不对。那么，矿工怎么确认这笔账？这时就需要挖矿，这个挖矿过程实际上是找到一个哈希值，这个哈希值有一个特殊性，因为64散列哈希值可能性特别多，规则约定只有满足哈希值前几位是0的才能够把区块写进区块链。这个过程中先找到能够写入块的哈希值的矿工就会得到奖励。这个奖励最开始是50个比特币，四年一个衰减，减到25个，今天大概是12.5个，这意味着挖币越来越困难，因为挖币需要大量的算力和电力。随着比特币交易增加，参与挖矿矿工数量（矿机）暴增，难度越来越大。当比特币被挖完之后，将来比特币的交易只能通过交易费作为挖矿的奖励。据说现在在中国挖1个币，不考虑任何其他因素，只考虑消耗电费大概需要1500美元，而最便宜的可能是在委内瑞拉，大概需要600美元。中国是矿机生产和挖矿大户。

一个区块大概由五部分组成，包括前一个区块的哈希值以及时间戳，我们看到的哈希值。另外，DATA就是我们将来要做的数据工作，现在比特币的思想上DATA里面就是我们的交易账本，类似纸账本。第五个部分是Nonce，实际上就是需要矿工去猜满足特定区块哈希值的随机数，因为出现一个哈希散列满足前4个0的过程非常慢，有很多可能性，就要把DATA值放进区块去，然后不断变化Nonce，就像猜1，2，3……去算，这个算的过程就看谁的算术能力强，谁先算出来就得奖。这个过程就形成了区块链的基本模式。

我们可以看到区块链里面大致的运行原理，在区块链中，DATA只写了一句话，这样区块链就产生了，这个叫创世纪块。现在生成一个新的块，比如说写沈浩，沈浩这两个字就生成一个新的块被永久记录，这个新的块有它的时间戳，以及在多少次算出这个块。可以再写一个，例如稍微修改又会变成另一个块，这个块里面不断形成链。但如果把这个链块改成2就犯错了，为什么？如果这里是1，在这里要改成2，就会发现整个后面的链全部错误，所以要想篡改这个账本就变得不可能。

账本就是一个账本写第一块、第二块、第三块、第四块，但是这个账本也是有容量的。目前来讲，基于比特币的区块链，DATA内容最多装一兆。挖矿要保证10分钟挖出一块，那就要调整难度，以便于保证在10分钟完成一个块的记账。但是这10分钟才完成的记账确认会使得交易非常慢。我们知道微信支付可以在瞬间就到账，所以为了解决比特币的应用问题大家会产生分歧。

有人就说了，能不能让里面的DATA的容量多一点，这样内容多一点，交易就得快一点，但是这可能会带来一些人对比特币信仰的改变。还有可能出现比特币的分叉，比如比特钱。

什么叫分叉？举例来说，记笔记记到50页了，到51页的时候又拿一个新笔记本重新记51页，还有人从零页重新记，这些方式都有可能。所以比特币和区块是不断被记录下来并且不可篡改的。要篡改就要达成一种协议，就是51%的人同时达成共识篡改，但是这在数学上可行，在实践中是不可行的。这时候链一旦写进去就无法改变了，整个交易过程实际上是在使用一种数字签名，其实就是一个数字令牌Token。

特别在区块链行业，大家把比特币称为数字加密的货币，但是还有很多币，就像美元、人民币等，区块链上他们一般被称为代币，这些代币都是数字令牌，所以叫Token，现在人们把它称为Token经济。这个交易其实全是通过这个数字签名来进行的。有人开发了莱特币，比特币大概1秒钟可以处理7次交易，10分钟记录一次。莱特币就是2.5秒处理一次交易。但是所有这些都只是为了记录账本。中本聪发明比特币的目的就是为了解决数字货币这种现金交易的账本，所以只是记账，和其他都没有关系。但是人们发现什么呢？如果这个账本能这样做，那为什么不让区块链里面干一点别的事呢？

所以就有人开始利用区块链建立一个以太坊，在这个上面当成操作系统开发一种叫DApp的应用。理论上谁都可以在以太坊开发这个各种应用，开发的软件叫Solidity，是一个类似JavaScript的程序，简单用于开发智能合约。以太坊是一个操作系统，就相当于拥有了一个操作系统可以开发各种各样的智能合约或交易协议。

但是还有开发者又想解决另一个问题。如果以太坊上谁都能开发，运行也要靠费用，所以需要有以太币，还有gas、乙醚等。后来又有人开发了一个叫EOS区块链，限制了不是谁都能在上面开发的，只有被认可的那些DApp才能在这个上面开发应用，但是最大的价值或差异是什么？就是当前以太坊依然需要通过挖矿、耗电力的方式解决问题。那么EOS直接从工作证明转为权益证明，POW叫工作证明，POS是权益证明。用权益证明，就是说不要挖矿了，因为挖矿耗电，今后谁出钱多，谁出钱承担责任并通过投票获得权益记账和奖励。EOS原则上容许每年有一定的通货膨胀。

交易的行为依然通过数字签名，数字签名通过一个私钥加上一个公钥，公钥是由私钥生成的，就像哈希算法，你掌握着一个私钥，当这个私钥放到哈希函数生成公钥以后，公钥可以给别人看，同时也会通过哈希函数生成一个地址。但是人们会发现除了钱的交易，一个数字现金的交易行为外，有没有可能区块链不是做现金交易的，而是做应用的。大概 2016 年时，出现了一个新的区块链，被大家认可的叫以太坊。这个时候会发现区块链核心概念或应用前景是以太坊这个概念区块链应用了。

如图 1 所示，我们知道现在有开源安卓操作系统，实际移动 App 领域有两个主要操作系统，一个是安卓，一个 iOS。基于开源安卓我们会开发各种 App，包括微博、微信、今日头条、大众点评、摩拜和滴滴出行等。这些应用实际上都是基于安卓或者 iOS 的。底层实际上是我们基于互联网或者基于移动互联网的网络技术，或者一些 IP 协议。但是今天中本聪发明了比特币，比特币底层直接是区块链，但是所有人想做同样的数字货币难道都要从同样的底层开发吗？人们就会发现区块链技术之上有一个 23 岁俄罗斯裔的加拿大人（Vitalik Buterin），他就编出来一套叫以太坊的类似开发 DApp 的操作系统（以太坊虚拟机）。

<table>
<tr><td>Android Apps</td><td>iOS Apps</td><td>DApps</td><td rowspan="2">Bitcoin</td></tr>
<tr><td>Android</td><td>iOS</td><td>Ethereum</td></tr>
<tr><td colspan="2">手机作业系统</td><td colspan="2">区块链</td></tr>
</table>

图 1　手机作业系统和区块链对比

以太坊也是一种区块链，他希望大家不断在这个链上建立各种 App 应用，这种 App 应用就叫 DApp，也就是分布式 DApp。首先它是去中心化的，去中心化的概念是什么？

如图 2 所示，图中最左为中心化，中间为幂律分布，实际上这个就是去中心化，最右为分布式。去中心化的概念实际上不仅去中心，其实还有去信任。为什么？数字经济往往是一种服务经济，是一个价值交换，服务是价值交换，你没有获得产品，获得的只是功能和价值，而电子商务平台、大部分互联网经济都是典型的服务行业。

基于服务经济对于一般人来讲，不同的人对于区块链技术的认知角度不

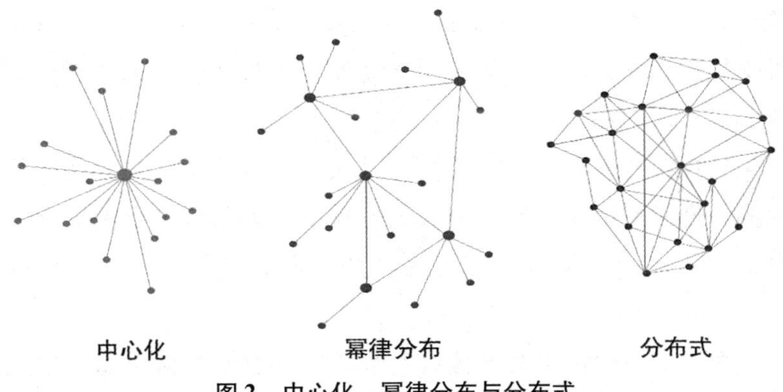

图 2　中心化、幂律分布与分布式

同，计算机 IT 人士认为区块链是一个分布式加密的数据库。金融人员认为是一个账本，是一种记账方式。技术变革者认为区块链是下一代互联网，甚至有人叫全球互联网或者全球计算机。这当中一切都是去中心化，具体说去中心化的概念就是去国家、去政府、去企业。区块链应用前景让交易行为离开了集中管理，让人们彼此信任交易，所以这种去中心化完全通过数学、密码学和计算机科学的代码和算法产生。所以有一种说法叫代码就是法律。这种法律主要建立在以太坊上的智能合约上，而这个智能合约通过构建社区形成共识机制达成。

什么是共识机制？其中有一个很重要的概念叫零知识共识（零知识证明），就是我们彼此之间不需要有必要知识就可以达成共识，当然这个共识指的是多数人达成的共识。这里面就会出现各种各样的应用、各种各样新的名词，比如说分布式应用、分布式账本、智能合约等。在这个过程中银行起什么作用？答案是不需要银行了。为什么？当我和某人有一次交易的时候，美元和人民币还要进行兑换，还要损失汇率，还可能跨国，还要受到外汇管制。当钱不够还需要第三方或者我的客户银行帮我确认是不是有钱，这一切事情都是分布式记账。所谓分布式记账，就是一个账本，如果区块链社区内有 50 人，意味着我们每个人都有一套自己的账本，如果我把我的账本改了，我还需要把其他每个人的账本都改掉，而这个事情几乎是不可能的。

代码就是法律，那么如何形成今天新的数字经济？首先它有很多优点，比如透明，今天全球所有基于以太坊或者区块链的交易中，每一个交易都是可以追溯的。任何人都可以查询这个交易，只不过查到一个账户有一笔交易，但是不会查到这个账户后面到底是谁，人们只是知道两个账户进行了交易，所以这种交易是加密的。这种加密的交易使得大量比特币或代币出现在市场中，早年人们的认识中，往往交易用在洗钱、毒品和我们所说的一些非法军火交易，包括现在的勒索赎金。我们知道大量的勒索最终都是在取钱的时候被警察抓的，这只不过是恰恰他们最先发现了比特币或者这种数字交易的方式的特性，但是比特币本身是相对安全的，没有任何人可以改变这种交易行为。

基于以太坊的应用需要写智能合约，而智能合约实际上是在以太坊上的实现P2P之间交易行为的一种计算机代码。当代码写好以后，那么对我们来讲，就是只要有点击的行为就代表着确认了交易，不可反悔。

基于区块链的应用，或者说基于以太坊的DApp开发，如何真正形成一个区块链的经济体系？比方说某人是歌曲创作者，他写了一首歌，这个歌要给听众听。那么怎么保证听众一点击收听，创造者就得到收益呢？创造者会不会把这些收益给那些词作者、曲作者、吉他手等呢？当所有的协议以智能合约的形式写在以太坊区块链下，只要在音乐生态环境里面点击，自然就执行了智能合约且自动执行了价值交换。

我们知道服务经济的交易方总是不相互信任，因为乙方完成一个服务任务，甲方可能会不付钱，当然有时候甲方也不信任乙方，会询问例如你的毕业证书是真的吗？交易信用证可靠吗？你真的有驾驶证吗？你真的是这样的人吗？你的月收入真的达到标准了吗……关于数字经济的交易方如何建立信任体系，去信任的去中心化环境里面信任是可以部分解决的，因为我跟你要证据，甚至要你的隐私照，你只要给我这个证据是被区块链写入的和认证的，我不需要看到这个内容就可以证明。

今天假设某市场有50个玩家，每家都有数据或部分数据，大家都希望数据买卖或交换产生更大的商业价值，在数据中实现价值交换。但是一旦把一个文件，比如说某公司的数据包给了另一家，那这家就要知道某家是不是把这个数据包还卖给别人。如果分发没有问题，不能再卖给别人，我们数据共享在智能协议下就有可能通过区块链解决。

目前来讲，区块链应用领域更关注的应该不是去炒比特币或代币，但是没有币没法玩区块链，也没法进入这个技术领域。数字货币只是区块链应用的价值交换的外在形式或是价值介质，我们更需要关注的是区块链技术，区块链才是我们实现未来数字经济的方法。我们知道金融行业，包括任何其他行业都在开始思考区块链对行业的影响或变革。

但是从另一点来讲，除了我们现在所讲的区块链和比特币的概念，它主要指公链，就是所有人只要有电脑上网就可以参与操作的一种方式。今天发展另一个应用不是公链，而是叫联盟链，通过智能合约的方式、区块链的方式构建多家企业的联盟。当然还有一种叫私链，私链就相当于在企业或特定社区内部通过区块链构建成员的信任关系或交换行为，这个可能只是一个叫私链的方式。

现在的区块链行业主要分成两块，一个叫币圈，币圈就是天天炒币、发行币、众筹、研究用币怎么创业的这些人。有一些人是区块链的链圈，主要是开发各种各样的应用协议和行业应用。因为基于公链的区块链创业都是开放型的。未来区块链的应用会非常多，有一种说法是，所有能够用 JavaScript 编的东西都会用区块链的智能协议重新编一遍。所有电子交易行为的特征都可以另外再上链，因为上链的过程是没有任何成本的，不需要买服务器，社区所有人都会参与，也不需要云计算，所有人都在用云计算，每个人的节点都在参与。

目前全球对比特币都有监管，区块链技术也在不断发展，今天的区块链技术就像我们突然会用互联网一样，我们最先用互联网技术收发邮件。当然现在区块链应用可能比发邮件这种应用场景更少、更初级，但是人们对它的认知已经远远跑到前面了。区块链的应用场景大家都在探索，区块链的应用相当于我们互联网刚刚开始可以发邮件的功能一样，谁也没有想到互联网今天可以做电子商务，谁也没有想到互联网会成为大数据产生的重要资源，改变社会的经济结构。

由于比特币提供了一个以稀缺物资为基础的独特的经济结构，它极大地促进了比特币的采用。激励和工作是证明 POW 是通过一种算法来定义的，这种算法可以精确地模拟比特币的通货膨胀。这使得比特币有可能成为未来硬币的优秀候选者，因为它的货币政策是由软件形式的数学算法决定的。

区块链技术大部分是通过云计算、数学、密码学和计算机网络技术实现，智能合约都是通过编程方式实现。所以对我们来讲，大数据人才还在培养的时候，人工智能的人才需求就来了。无论怎样，行业需要具有两种技能的人，这里只是偏颇地去谈论这两种技能的人，第一种就是计算机人才；第二种就是懂算法的人才，无论是数学还是其他。这两种人才在我们构建大数据、人工智能，包括区块链上都起着非常重要的作用。

区块链技术在一定程度上说是制度的创新。制度创新很少发生，一旦发生就是颠覆性的。而这种颠覆性创新往往受到传统经济体系的制约和阻碍。

周子衡
数字经济与数字货币的三个问题

周子衡　信息社会50人论坛成员，浙江现代数字金融科技研究院理事长。曾任职于中国民生银行、中信集团、中国华能集团。著有《账户——新经济与新金融之路》。

本文主要讨论有关数字经济与数字货币的三个方面，亦即数字支付、数字法币与数字财政的数字经济发展三阶段，数字法币的两个场景，中央银行发行法定数字货币的五个问题。

一、数字经济发展三阶段：数字支付、数字法币与数字财政

据统计，2017年中国移动支付总额约为155万亿元，且增速极为迅猛。如果再加上在线的个人数字支付，毫无疑问，个人端的数字支付是中国数字支付体系中最具生命活力的部分，预示着中国数字支付的基本走向乃至数字经济的未来，是中国数字支付的第一个增长极。

然而，个人端支付的数字化，乃至居民家庭部门支付的数字化，并不意味着企业部门和政府部门支付的数字化，也难以假设中国数字支付能够从居民家庭部门自然而有力地延伸到企业部门和政府部门。个人端的数字支付是依托于支付宝、微信支付等网络账户体系实现的，银行账户体系则处于辅助性的地位；而就企业部门和政府部门而言，其财务运行完全基于银行账户体

系，数字支付则极为少见。这就表明，从个人端或居民家庭部门到企业端或企业部门，再到政府部门，必须有决定性的力量来“推进”中国数字支付第二个增长极。

数字支付没有从居民家庭部门延展到企业部门和政府部门，就谈不上整体经济的支付数字化，更无数字经济可言。如何实现中国数字支付的第二个增长极呢？答案在于发行与运行数字法币。唯其如此，才能奠定不可逆转的数字支付的迅猛发展态势，成就数字经济的坚实货币基础，全面打开数字经济（对公与对私）场景，实现数字经济从支付到数字法币，再到数字财政的“三级跳”。

1. 数字支付：从私人数字支付到法定数字支付

现有的数字支付主要由网络公司企业而非银行机构提供，其法律地位正在不断地修正与完善中。举例来说，微信红包或支付宝中的数字究竟是什么？是不是个人资产、家庭资产、婚姻财产、应税收入，乃至可继承的遗产等？相应的个人处分权能如何？是否存在税法上的代扣代缴，司法裁决上的有关执行？这些问题依然局限在个人资产或财富的范畴，并未演化为企业或机构的资产问题。在我国，个人资产在财务上并未实现报表化处理，其法律权能或问题似乎并不鲜明，尚处于灰色状态或模糊时期。巨量个人数字账户内的数字支持着巨量的数字支付活动，这些私人数字支付的法律性质及财务性质有待进一步厘清与确认。

同时，巨量的私人支付活动事实上是在银行账户体系之外展开的，这对金融监管当局及货币政策当局而言，既是巨大的挑战，也是莫大的压力。银行支付与私人数字支付的二元化，根源于账户体系的二元化，这就与监管与货币政策一元化的格局形成了根本性的冲突。因此，强化对私人支付的监管就成为必然。

更重要的是，要实现从私人数字支付到法定数字支付的跳跃，亦要发行与运行法定数字货币，或称之为数字法币。只有数字法币才能开掘出数字支付的对公场景，使企业部门和政府部门得以在既有的银行账户体系之外运行数字账户，获得与个人数字支付同等的效能。这就是说，居民家庭部门、企业部门、政府部门都拥有银行账户体系和数字法币账户体系二元化的账户体系，监管和货币政策的推行也将均衡化。

2. 数字法币：从私人数字资产到法定数字资产

当前，个人数字支付并不需要账目化处理，但企业部门或政府部门的支付活动就必须账目化处理。数字法币的发行与运行，使得企业部门和政府部门的数字支付账目化，亦即开立既有银行账户体系之外的数字账户体系。如此，企业或政府部门便拥有了数字法币类的数字资产，该数字资产进入其财务报表。

短期内，数字法币类同于其所拥有的现金类资产；长期来看，数字法币将拥有与其相适应的会计科目和财务规则。这就预示着，社会经济体系的数字支付活动在一个共同的财务与法律规范中运行，广泛而高频的数字支付得以上升为普遍而可靠的账目关系、财务关系乃至法律关系，如此，数字支付对于数字经济的基础性支持作用才得以显现。

由此，数字法币也将促使各种类型的数字资产渐次获得财务归属和法律依据。数字资产与银行货币之间复杂动荡的不稳定关系，也将替换为与数字法币之间更为明确的相对稳定的关系。大量的数字资产的交易活动也将得到财务规范与法律规范的保障，监管也将更趋于稳固。没有财务与账目基础上的数字资产，也难以有所谓的法律意义上的数字资产，进而，没有完整意义上的数字资产，更谈不上完整意义上的数字经济。

从这个意义上来说，数字支付是数字经济的基础，而数字资产才是数字经济的轴心。数字经济并非仅仅是经济运行或经济活动的数字化，更是社会经济财富的数字化。数字资产是继物理性资产、权益性资产之后新生形态的资产，将成为数字经济体系中的资产活动的轴心、中心与重心。

3. 数字财政：财政收支的数字化

货币演进的历史表明，新的货币形态的出现往往要经过两个必要的环节：一是小额交易的普遍应用，二是财政收支的法定采用。特别是财政收支的法律上认可，往往会成为新的货币形态最终确立的根本标志。在我国，数字支付起步于小额支付广泛的运用，但从数字支付到数字货币，还需要一个财政认可的核心环节。数字法币的发行将从根本上完成这一步骤，这就需要渐次实现财政收支的数字化。现有财政收支以银行账户体系为主轴，收支也以银行货币为依托。数字法币发行后，财政收支将发生二元化的变革，部分财政收支依然采用银行货币，新增部分或将渐次采用数字法币。这也将改变大量私人数字支付所支持的大量数字经济活动事实上避税、免税的现实状况。政府部门的财政收入部分数字化，其支出部分亦将渐次数字化。

财政收支的数字化将最终促使政府部门、企业部门和居民家庭部门的资产负债表数字化，从而突破既有的账期约束，使得整个经济体系的时间维度得以更新，突破以日为单位、隔夜记账入账的旧有模式。数字支付的时间唯一性将使整个经济体系中的时间刻度或度量更趋精确、合理，数字经济的质与量均将得到保障。更为重要的是，财政收支的数字化将彻底开放数字支付、数字货币乃至数字经济的对公场景，使经济社会的所有成员或主体无可避免地加入数字经济的大潮之中。这一方面扩大了数字法币的需求，另一方面也实现了数字法币的闭环，即通过财政数字化实现了数字法币的回笼，从而将数字经济与货币经济更为紧密融洽地结合在一起，相互支持。正是从这个意义上来说，数字经济也就是数字货币经济。

从数字支付到数字法币，再到财政收支的数字化，经此一条不断演进的路线，不难看到中国数字经济发展的总进程：其中不乏跳跃式的演进，当前正待从数字支付跃升到数字法币；不久的将来，将实现从数字法币向数字财政的跃升；进而，数字法币必将推进数字债券的发行与运转，数字金融亦将由此而大兴；未来，法定数字资产与私人数字资产将共同刷新社会经济体系的财富结构，进一步促进数字经济的繁荣与发展。

二、法定数字货币“对私”与“对公”的场景问题

1. 法定数字货币发行前：对私场景割裂，对公场景封闭

数字货币时期有两个场景问题：对私割裂、对公封闭。

在法定数字发行与运行之前，一系列的网络支付平台体系、准数字货币或私人数字货币的运行，部分地起到了法定数字货币的功用，但是，它们存在致命的“短板”或“缺陷”，无法自我完善，须待法定数字货币来实现根

本突破。具言之，主要有两个。

第一个“短板”：割裂乃至对立的“对私场景”。

网络支付平台体系（或网上第三方支付体系）相互间存在着激烈的市场竞争，往往自我设限，相互之间不能实现互联互通。这是一个壁垒森严、割裂甚或对立的对私场景。事实上，这也决定了电商与网络支付商相互绑定的格局，亦即网络支付商的板块分裂促成了电商板块的分裂。支付体系事实上的裂化也使得支付商与诸如物流商等之间时常处于紧张状态。这种紧张状态表面上看是所谓的数据共享不足，深入分析就是数据性质不同所带来的数据商之间的摩擦与冲突，而这就决定了在相互支持的商业流程中的权力角斗或地位失衡。根本上来说，供给商之间矛盾的焦点或冲突的发力点或策源地正是支付商（平台）分立、分裂所带来的，其所营造的是一个不贯通的对私场景。

虽然共享单车等以及更多的零售商可以开启各种网络支付平台来进行支付安排，有不同的支付商可供消费者选择，但是，这只是不同的网络支付平台连接了共同的消费者，相互之间并没有实现互联互通。网络支付平台体系是一个严重割裂的支付系统，在这方面比不上既有的银行体系。事实上，这就使网络支付体系的分裂扩散到每位消费者那里，不仅日趋表面化与普遍化，更是网络支付分裂的深化。

由是观之，这个对私场景由供给端、需求端两个部分构成，即支付商及电商、物流商等所构成的是卖家，而消费者是买家。卖家事实上不能实现互联互通，买家也往往被迫跟随之。这就是所谓的对私场景的割裂乃至对立。

难以逾越的网络支付的平台壁垒，限制了这些竞争性数字网络支付工具间的互联互通，在技术上来说，这些网络支付工具也难以自升成为数字通货。“网联”的建立或将打破这种割裂分立与严重壁垒，根本而言，还是需要法定数字货币来作为真正的“通货”实现互联互通。“法定数字货币”的法定属性就在于，根绝“人为”地限制其流通使用，不论是技术限制抑或是商业性限制，这也可理解为法定数字货币通过强制力来确保其通货地位。

第二个“短板”：网络支付平台体系没有开辟出“对公场景”。

现实地看，法人机构的支付需求依然在总体上或整体上基于银行货币支付商，亦即根植于银行账户体系，而非网络账户体系。换言之，网络支付平台体系（或网上第三方支付体系）的主要服务对象是个人，尚缺乏明确的政策法律依据和技术手段来对法人机构提供网络数字支付服务。简而言之，网络支付平台体系尚不能开立对公（网络）账户，也就不能形成相应的对公场景。对公业务完全没有展开，甚或是封闭的，这是最为致命的局限。

为什么不能开启对公账户呢？第一个原因是财务准入规范方面事实上是禁止的。比较来说，个人在拥有与使用数字货币等数字资产时并没有相应的会计或账目的约束与限定，可以更为自由地享用数字化的便利；但是，法人机构的支付等财务性质的活动必须反映在账目上，受到相应的财务规则的约束。这就出现了大量电商销售款直接进入到个人网络账户，没有进入到电商法人的银行账户的情形。因为法人账户亦即公司账户，还受限于银行账户体系的运行，无法与网络支付平台之间直接沟通，公司法人又不能直接开立网上第三方支付账户。这也就决定了电商交易还是依托于个人网络账户间的支付，换言之，这里只有对私场景，体现为个人网络账户之间的往来。法人的销售状况并不能实时地反映在电商法人的财务报表上，事实上，电商法人的财务报表依然是线下报表，并没有完成反映线上活动的数字报表。因为，线下的税务体系并不能实现与线上的有效对接，线上的销售也没能直接反映为电商法人的营业绩效。这种状况发展开来，就决定了电商营收事实上的免税待遇。这也决定了，电商交易者不愿设法开启法人机构网络平台支付账户。缺乏积极拓展对公场景的意愿，是网络支付的机构账户长期悬空而不能落地的原因之二。对私场景或者说个人网络平台支付体系非常高效，但是，一系列分立乃至割裂的私人场景，并不能自发地开立机构账户，成就对公场景。

2. 法定数字货币发行后就是对私场景贯通，对公场景展开

中央银行发行法定数字货币后，数字通货才真正得以发生，法定数字货币势必将开启对私与对公两个方向的业务，且既有数字支付工具之间的壁垒也将受到法定数字货币的冲击与瓦解。

网联平台的建立，促使网络支付平台与银行货币的固有纽带被截断了，网络支付平台的数据流汇入网联平台，而网联数据流向央行。这在相当程度上改变了网络支付平台分立、割裂所导致的数据分流，网络支付平台的数据汇聚与贯通有望实现。法定数字货币发行后，网络支付平台的货币来源将更

为直接地来自法定数字货币，既有银行货币与法定数字货币间的兑换将更主要地发生在法定数字货币发钞行等兑换平台。网络支付商的货币来源将更为根本性地转变为法定数字货币，这就意味着，法定数字货币账户将在一系列的方向上，更进一步克服与弥补现行网络支付体系的不足，进一步覆盖银行货币账户的线上盲区。当然，这是一个逐步发生、发展的进程。在这个进程中，法定数字货币账户终将替代个人银行货币账户，成为对私（支付）场景下的主账户；同时，法人机构将开启相应的法定数字货币账户，即对公（支付）场景下的活跃账户。

伴随经济数字化程度的不断提高以及数字经济的不断深化与拓展，法定数字货币账户将成为对公、对私场景下的主导账户。与此同时，数字财务规范将确立起来，数字财务报表亦将建立起来。大量的对公与对私的数字货币活动将能够更为及时、有效、准确与完整地在相应的数字财务体系中体现。与此同时，财税部门的数字化也将大踏步地推进，会计、审计、稽核的数字化也将实现，甚或同步发生，以确保数字经济的有效运行。

由此，法定数字货币势必将带来对私场景的贯通与对公场景的展开。从这个意义上来说，那些认为法定数字货币是一种政府垄断型货币，并不适于数字经济网络活动的意见，是一种执拗的偏见。这些偏见往往没能直面前法定数字货币时期网络支付平台体系以及准数字货币或私人数字货币致命的缺陷或短板。或者说，宁愿相信其能自行地生成变革，而无须法定数字货币来贯通对私场景，无须法定数字货币来展开对公场景。这些认识不仅是片面的，而且是错误的，更在一定的条件下沦为有害的观念。应当说，只有发行并充分运行法定数字货币，才能够实现真正意义上的数字通货，克服既有网络支付体系的不足与致命缺陷，确保并支持数字经济的大发展。

3. 如何研判法定数字货币对公场景

数字经济需要实现货币形态的变革，实现货币的数字化。货币历史经验表明，没有对私场景的普及开来，根本就无所谓新的货币形态的发生；而没有对公场景的发生与稳固，不仅对私场景是割裂的，而且货币形态的兴替终归难以完成。现实地看，对私场景普遍地产生了，虽然相互间存在壁垒，彼此割裂，但是经济社会普遍应用数字通货的基础已经初步具备。现阶段，数字货币发生、发展的关键步骤在于对公场景的确立。发行法定数字货币并不能使对公场景一蹴而就。对公场景的产生、发展与稳固，需要政府部门的支持与介入，需要各种机构的积极参与。其中，政府部门的财政收支的数字化是最为关键的步骤。

没有政府部门的有效参与，通货数字化将仅限于居民家庭与个人部门，企业部门的接入也将是有限的。因此，法定数字货币发行后，关键在于拓展政府部门的需求。只有政府部门的法定数字需求得以确立并拓展，企业部门的需求才能够被有效地带入，由此，居民家庭部门、企业部门、政府部门才能在共同的数字通货的基础上推进与拓展数字经济体系。

法定数字货币的对公场景的核心是政府部门的财政收支数字化，亦即财政货币从银行货币向法定数字货币转轨。一方面，这是一个进程，需要方方面面的制度体系的设计与安排；另一方面，在相当长的一个过渡时期，财政货币将体现为银行货币与法定数字货币的二元化结构。就是说，政府部门数字化的货币收入将经历从无到有，从小到大，从次要发展到主要发展的过程。

财政收支货币的数字化，不仅意味着将个人与政府部门货币关系数字化，也意味着企业部门或法人机构与政府部门的货币关系数字化。当法定数字货币账户体系建立并运行之后，政府部门与个人、法人机构等的货币关系通过法定数字货币账户体系得以确立。关键在于事实上的货币往来关系。这就需要财政部门率先开启收入的数字化：一是税收的数字化，包括个人税收和企业税收两个部分，当然税收数字化主要发生在数字经济部分；二是债务的数字化，主要是政府债务发行的数字化，包括用数字货币来购买政府债券，也包括政府部门直接发行数字化的债务。不论哪种形态的数字债务收入，都是以法定数字货币来计价、交易与结算的，也都是依靠法定数字货币账户体系的。政府部门有了数字货币形态的收入，其支出的数字货币化也将展开。教育、医疗、社保、福利等个人端的支出数字化也将在一个不远的未来逐步实现。如此，财政收入与支出的数字化形成了一个所谓的闭环。这种状况也将企业等法人机构的数字货币需求强制性地带入，从而成就一个个主要经济部门的收支数字化，进而形成财务报表的数字化。这就在根本上促成了数字货币对数字经济的支持与推进。

数字货币的场景问题和技术问题同样重要。应当说，场景是技术的现实延伸，根本上来讲，技术也是服务于场景的。那种认为技术能够自发地形成相应的场景的观点，是一种非常偏狭的认识。需要明确的是，数字货币的场景并不是由技术决定的，它需要强有力的策略构建、维护与推进。特别是对公场景，往往具备更为基础性的推进力量。

三、中央银行发行数字货币的五个问题

当前，全球各中央银行或货币当局都对数字货币表达了不同程度的关切乃至浓厚的兴趣。虽然迄今为止，尚无一家中央银行实际发行了数字货币，但是，包括中国人民银行在内的数家中央银行表达了接受或尝试运行，乃至发行数字货币的意愿。对此，有意见认为，即便中央银行发行数字货币，也并非是真正的数字货币。甚或有意见认为，数字货币是去中心化的，与货币当局是根本不相容的。这就需要深入研判中央银行数字货币发行及其所带来的问题。

1. 账户体系问题

中央银行发行数字货币的核心目标是确立新的法定（数字）货币账户体系。现代货币是账户货币。中央银行发行数字货币标志着，一元化的货币账户体系裂解为二元货币账户体系。由此，法定数字货币账户体系确立后，数字货币的更新迭代亦将在此账户体系内完成。

中央银行发行数字货币之前，法币即为银行货币，银行账户体系是唯一的货币账户体系。中央银行发行数字货币后，法币一分为二：银行货币与数字货币。两套货币体系需要两套账户体系：银行账户体系和数字货币账户体系。这就是说，必须在银行账户体系之外另行建立一套数字货币账户体系，以满足发行和运行数字货币的需要。数字货币账户体系和非数字货币账户体系之间也许有连接，但两套账户体系各自运行，平行而不相交。

此外，法定数字货币产生，而既有的所谓数字货币为“私人数字货币”。这就出现了法定数字货币与私人数字货币的界分问题。那么，法定数字货币账户体系与非中央银行发行的私人数字货币账户体系之间是否出现连接？这便完全取决于监管要求，且私人数字货币与商业银行之间既有的账户联系或也将受到新的监管约束。

中央银行发行数字货币的价值基础、发行逻辑、技术约束等问题关乎数字货币本身。然而，法定数字货币的冲击首先体现在账户体系方面。简而言之，法定数字货币自身的技术调整、升级或完善需要一个有效的进程，而账户体系的确立与运行为之提供了一个现实基础。

2. 会计科目问题

法定（数字）货币账户体系的建立标志着将数字货币资产纳入财务会计科目，成为法定资产。数字货币是数字资产，当前的数字资产是私人数字资产，并不能进入财务报表。其原因很简单：缺乏必要的会计科目。即便可以计入相应的会计科目，但是开立数字货币资产的账户亦须明确的法律支持。简而言之，当前数字货币为私人数字货币，不仅是私人发行，且只能自然人个人持有，法人机构事实上很难以自身名义直接持有数字货币。换言之，数字货币是尚不属企业的、法定的账面资产。

中央银行发行数字货币彻底改变了这种局面，法定数字资产将能够入账，法人机构将能够直接持有数字货币资产。数字货币资产（或以数字货币计量的资产）与银行货币资产这两大类资产及其活动，将更有效地刻画实际经济活动。就整个社会经济体系而言，数字资产账目化将刷新社会财富的结构，极大地推进数字资产的结构性增长。

这也意味着财务活动亦将分化为以数字货币为基础的财务活动与以银行货币为基础的财务活动，两类货币活动的财务表现将越来越难以无差别地统一在既有的财报体系中。这就意味着，在未来，数字货币活动将与数字财务报表相匹配，而不是与银行货币计量的财务报表相妥协。财务报表亦终将裂解为：数字货币财务报表与银行货币财务报表。

3. 现金回笼问题

发行数字货币促使中央银行拥有“新”的货币回笼渠道与健全的货币政策体系或机制。相对于银行货币而言，非银行发行的网络数字支付工具都可以被看作私人数字货币。它们并非都是所谓的技术创新的产物，不少私人数字货币正是一系列众所熟知的网络支付手段，其所依赖的账户体系并非是银行账户体系，而正是银行账户体系之外创设的网络数字支付账户体系。私人数字货币与银行货币存在着1∶1的比例兑换关系，兑换活动类似于往私人数字货币账户里充值，从而完成了私人数字货币的发行，而其运行则在银行账户体系之外的私人数字货币账户体系内运转。私人数字货币的发行与运行扩大了事实上的货币供给，改变了商业银行的存款结构，影响了货币当局的货币调节机制。换言之，私人货币本质上是一种竞争性货币，对于银行货币持续保持压力，并在网络经济中占据越来越明显的优势地位。最为重要的是，私人数字货币对于银行货币的巨大挤压或竞争，在事实上扩大了货币流通总量，而没能有效地回笼到中央银行系统。

中央银行发行数字货币有助于抑制过于强势的私人数字货币，使受其挤压而近乎退出流通的银行货币通过兑换成法定数字货币，实现有效地回笼到中央银行系统。反言之，如果缺少货币当局发行的法定数字货币，私人数字货币不仅持续地扩张货币供给，挤压银行货币，而且难以回笼货币。长期下去，不仅对于银行货币造成损害，而且会对货币当局的政策性调节构成障碍。

因此，中央银行发行数字货币将在相当程度上扭转乃至终结私人数字货币对于法定货币的竞争优势，使其货币政策手段能够延伸到数字货币流通领域，且能够使央行具备通过数字货币回流银行货币的能力与渠道，从而稳定货币供给的结构与规模。

当前，各国中央银行都在不同程度地扩大货币供给，然而货币回笼渠道依然陷于既有的政策模式，这就意味着难以逆转的通胀政策趋势。法定数字货币将有助于逐步有序地大量回笼流通中的现金，特别是私人家庭部门的现金流量，这对于在扩大货币供给与控制物价水平之间有效地实现政策平衡意义巨大。

4. 网络支付问题

数字货币发行与流通将改变网络支付体系的格局。中央银行发行数字货币将使企业部门能够持有并流通数字货币，从而改变数字货币基本上由个人持有的局面。同时，个人所持有的数字货币，在结构上也会发生本质变化，亦即不仅持有私人数字货币也持有法定数字货币；且鉴于法定数字货币是唯一的，而私人数字货币是多样的，这样一种“一对多”的格局决定了法定数字货币将具有主导数字货币的地位。

由此，私人数字货币相互竞争的格局将因法定数字货币的出现而发生变化与调整，亦即法定数字货币账户体系可能成为“主数字货币账户体系”，而私人数字货币账户体系则降为辅助的货币账户体系。

换言之，法定数字货币账户体系将取得基础数字货币账户体系的地位。进而，各数字货币账户与商业银行的银行货币账户之间的联系，将让位于法定数字货币账户体系之间的联系。简而言之，私人数字货币“与商业银行的联系”，极有可能被“与法定数字货币的联系”所替代。

这就使得既有的网络支付体系格局发生变化，即法定数字货币账户体系作为网络支付或兑换的基础账户体系，私人数字货币或银行货币随之失去网络支付的既有地位。由此，各私人数字货币之间的竞争格局也将受到法定数字货币的影响。这也意味着，由私人数字货币或网络支付手段所形成资金流通的账期结构或相互竞争，将受到法定数字货币发行与流通的极大影响，网络支付体系的格局面临事实上的重新洗牌。

5. 财税结构问题

通过财税等途径，政府部门直接作用于数字货币需求与供给。当法定数字货币实现入账后，企业部门与个人都有能力使用法定数字货币缴纳税金，从而迅速改变大量网络经济活动免税或低税的基本局面。法定数字货币成为税收来源，将扩大法定数字货币的使用范围与需求结构，也意味着只需扩张法定数字货币发行规模，实现财税数字货币化。

财税数字货币化将改变财税的货币结构，进而从税收数字（货币）化发展到政府部门债务的数字（货币）化。发行与交易数字货币公债将极大地扩张法定数字货币的持有结构和流通结构，从而使法定数字货币具有更强的竞争力以及更为基础性的市场交易地位。

中国网络数字经济发展迅猛，规模巨大，这为人民银行发行法定数字货币提供了良好的流通基础，特别是网络支付手段的普遍应用，使得法定数字货币的发行基础初步具备，且流通场景更趋于成熟。这些决定了继电商平台经济、网络支付经济巨大浪潮之后，中国网络数字经济将迎来一场更具创新力的数字货币浪潮的全方位冲击与推进。

安筱鹏

工业互联网平台建设的形势与任务

安筱鹏 信息社会50人论坛成员，中国信息化百人会成员。先后出版《制造业服务化路线图——机理、模式与选择》《现代服务业——特征、趋势和策略》《信息经济崛起——重构世界经济新版图》《城市区域协调发展的制度变迁与组织创新》等多部专著。

2017年11月，国务院出台了《关于深化“互联网+先进制造业”发展工业互联网的指导意见》，提出打造网络、平台、安全三大体系。对于平台体系来说，要进一步深化对工业互联网平台建设的出发点、切入点、着力点和落脚点的认识。下面，笔者就这四个基本问题进行分析。

一、工业互联网平台建设的出发点

工业互联网平台是以互联网为代表的新一代信息通信技术从消费环节向制造环节扩散、从提高交易效率向提高生产效率延伸、从推动制造资源的局部优化向全局优化演进的必然结果，是构建现代化产业体系、推动经济高质量发展、抢占新一轮产业革命制高点的重要举措。

1. 工业互联网平台是建设现代化产业体系的重要支撑

工业互联网平台是物联网、云计算、大数据、智能传感、工业软件、工业技术等跨界融合、集成创新的结果，正在构建现代化产业体系的新基础、新要素和新业态，支撑产业的高端化、智能化、绿色化、生态化发展。新基础就是构建智能感知（一硬）、工业软件（一软）、泛在网络（一网）、云平台（一平台）等现代化产业体系新基础设施；新要素就是基于数据这一新生产要素重构工业知识沉淀、传播、复用和价值创造新体系；新业态就是通过对传统产业体系的解耦重建网络化协同、个性化定制、服务型制造等新业态。通过这些新的基础、新的要素、新的业态的构建，加快形成万物互联、数据驱动、软件定义、智能主导、服务增值的现代化产业体系。

2. 工业互联网平台是建设制造强国和网络强国的焊接点

工业互联网平台一头连着制造，一头连着互联网，是连接制造强国和网络强国的纽带，是两个强国建设统筹推进的重要抓手。从制造强国来看，工业互联网平台通过跨设备、跨系统、跨厂区、跨地区的资源链接和高效协同，加速重构生产体系、引领组织变革、优化资源配置，打造新型制造体系。从网络强国来看，工业互联网平台为信息通信业发展提供了新的蓝海，推动5G、窄带物联网（NB－IoT）、软件定义网络（SDN）、时间敏感网络（TSN）等网络技术的演进升级，促进我国信息网络基础设施、技术产业、应用水平的提升。

3. 工业互联网平台是我国经济实现高质量发展的重要举措

我国经济已由高速增长阶段转向高质量发展阶段，这要求加快转变发展方式，优化经济结构，转换增长动力。工业互联网平台的本质是通过构建精准、实时、高效的数据采集互联体系，推动机器、物料、系统、产品、人等参与主体各类要素信息的泛在感知、云端汇聚、高效分析和科学决策，促进传统制造体系中各环节生产要素的解耦、整合和重构，推动涉及生产全要素、全流程、全产业链、产品全生命周期管理的各类资源优化配置。这将带来制造资源从单机走向系统、从封闭走向开放、从流程优化到组织变革，推动资源优化沿着点、线、面、体、大系统、巨系统的方向不断拓展，提高全要素生产率，推动经济发展质量变革、效率变革和动力变革。

4. 工业互联网平台是全球新一轮产业竞争的制高点

在过去40年里，基于产业生态的竞争，在ICT领域愈演愈烈，从Wintel体系到Android、iOS，从电子商务、搜索引擎到社交平台，一批领军企业主导了全球ICT产业的生态发展。当前，伴随着新一代信息通信技术和制造业的融合发展，产业生态的竞争正在从ICT领域向制造领域拓展，像GE、西门子等领军企业围绕“智能机器+云平台+工业App”功能架构，整合“平台提供商+应用开发者+用户”生态资源，抢占工业大数据入口的主导权，培育海量开发者，提升用户黏性，打造基于工业互联网平台的制造业生态，不断巩固和强化制造业的垄断地位，抢占全球新一轮产业竞争的制高点。

二、工业互联网平台建设的切入点

信息通信技术的每一次普及推广，总是由一批具有先导性、引领性、带动性的“杀手级”应用牵引，推动新技术、新应用、新产业和商业模式的快速迭代和持续演进，引爆大规模商用。当前，工业互联网平台发展总体上还处在起步阶段，新应用、新模式正在不断孕育演化，这就要求必须以真实的应用场景需求为牵引，优先从解决工业实际需求的角度考虑“要什么”，而不是从平台供给的角度考虑“有什么”，培育一批能够引领工业互联网平台技术、功能、商业模式快速迭代的杀手级应用，需要认真甄别工业互联网平台所面对的真问题、真需求和真场景。

《国务院关于深化“互联网+先进制造业”发展工业互联网的指导意见》中提出推动百万家企业上云，在这一过程中，一批高耗能、高风险隐患、高通用性、高价值的工业设备上云正成为牵引工业互联网平台发展的先导性应用，也是当前工业互联网平台建设的切入点。

1. 工业设备上云是平台建设的切入点

工业设备上云就是通过建立实时、系统、全面的工业设备数据采集体系，构建基于云计算的数据汇聚、分析和服务平台，实现工业设备状态监测、预测预警、性能优化和能力交易。工业设备上云作为一种先导性、引领性、示范性应用，将牵引工业互联网平台技术和商业模式的迭代升级，带来工业互联网平台的功能演进和规模商用。

从必要性上来看，当前，我国工业体系中存在大量高资源消耗、高安全风险、低利用效率的工业设备。2017 年，我国近 1000 座炼铁高炉年消耗标准煤约 3.4 亿吨，47 万余台燃煤锅炉能耗占全国煤炭消耗量的 25% 以上，5 亿台内燃机石油消耗占全国石油消耗量的近 60%，30 万台大中型空压机、200 万台数控机床平均设备负载率分别不足 60% 和 40%，设备资源闲置、能源浪费十分严重。工业互联网平台为这些问题的解决提供了独有的思路和解决方案。

从可行性上来看，在技术上，低成本、低功耗、微型化的传感器为全面、实时、高效的数据采集体系的建立奠定基础，云计算、大数据、人工智能等技术为工业知识、经验、方法的沉淀、传播、复用提供支持。在实践上，基于工业互联网平台解决方案，GE 基于 Predix 优化风机机组运行状态，将风力发电量提高 3% ~5%；西门子基于 MindSphere，将燃气轮机计划外故障减少 70%；东方国信基于 Cloudiip，将锅炉使用效率提升 30%，煤炭消耗降低 20%；国家电网基于工业互联网平台，将部分地区的新能源发电量提高 1% ~4%。

从带动性上来看，推动工业设备上云市场需求大、技术含量高、参与主体多，对降低企业生产运营成本效果显著，这将为设备管理、平台运营、第三方服务等各类参与主体带来现实和潜在的商业利益，其核心是提升三个成熟度：①海量工业设备上云能够带动设备数据采集、汇聚、分析服务体系的完善，推动各类工业知识、经验、方法的沉淀，吸引专业工业 App 大规模地开发应用，提升技术成熟度；②海量工业设备上云能够带动制造能力在线发布、交易，培育基于平台的新模式、新业态，提升商业模式成熟度；③海量工业设备上云能够带动数据采集汇聚、平台功能完善、机理模型开发、工业 App 培育、开源社区建设等各领域各环节生态营造，提升产业生态成熟度。

2. 研究工业设备上云的思路和路径

在推进工业设备上云的过程中，要从实际需求出发，优先推动有基础、有条件、有需求、有优化潜力的设备上云，深入研究大型通用工业设备，如何通过公有云、私有云、混合云等多种方式，实现设备泛在互联、数据汇聚共享、资源优化配置，促进生产方式、经营方式、商业模式的创新，打造高效、节能、绿色的新型制造业生态。

从实践来看，当前有基础、有条件、有需求、有优化潜力的上云工业设备可以分为四类：一是高耗能设备，如炼铁高炉、工业锅炉等设备；二是通用动力设备，如柴油发动机、大中型电机、大型空压机等设备；三是新能源设备，如风电、光伏等设备；四是高价值设备，如工程机械、数控机床等设备。推动这些设备上云，基于工业互联网平台解决方案，可以提高这些设备能源利用效率，强化风险防范能力，减少设备计划外故障，降低维护和服务成本，提高发电效率及并网效率。下一步要研究如何以重点设备上云为切入点，牵引带动百万工业企业上云这项工作。

3. 工业设备上云亟须突破四大瓶颈

当前，我国工业设备上云技术路线可行、商业模式清晰、经济效益明显、发展潜力巨大，但总体上仍处于起步阶段，许多企业在设备上云过程中存在不能上、不敢上、不愿上、不会上等挑战，工业设备上云需要突破四大发展瓶颈。

（1）数据采集汇聚难。当前我国工业设备存量大、种类杂、协议多，由此引发设备数字化改造成本高、数据采集精度差、协议兼容难度大、云端汇聚效率低等问题。

（2）机理模型沉淀少。从表面上来看，我国工业互联网平台发展与国际的差距主要体现在工业软件、工业 App、微服务组件等质量和数量不足，但本质上是工业技术、知识、经验的沉淀不够，工业原理、工艺流程、建模方法等积累不足，算法库、模型库、知识库等行业机理模型缺失。

（3）高端服务水平低。受限于数据采集难、模型沉淀少以及缺乏开源社区和海量工业 App 开发队伍，基于平台开发的工业 App 功能种类有限、可用数量不足，难以满足企业上云需求，成熟商业模式缺失。

（4）数据安全风险大。工业设备上云将推动工业设备运营体系从封闭走向开放，这将带来工业设备数据存储方式、管理模式、运营机制的极大变革，也将带来设备安全、数据安全、网络安全、控制安全等方面的风险和隐患。

三、工业互联网平台建设的着力点

建设及推广工业互联网平台是一项艰巨、复杂的系统性工程，要坚持“建平台”与“用平台”双轮驱动，“建生态”与“补短板”相互协调，着力培育工业互联网平台，构建工业 App 资源池，建设平台试验测试环境，完善公共服务保障体系，打造资源富集、开放共享、创新活跃、高效协同的工业互联网新生态。

1. 打造两类工业互联网平台

工业互联网平台向下实现对各种软硬件资源接入、控制和管理，自身禀赋工业知识模型与工具服务，向上以工业 App 的形式提供各种各样的服务。平台建设过程应坚持“企业主导、市场选择、分类施策、动态优化”的原则，针对行业和区域差异完善推进机制和政策体系，建设多层次、系统化平台发展体系。

（1）培育跨行业、跨领域工业互联网平台。分期遴选一批跨行业、跨领域工业互联网平台，组织开展跟踪评价和动态调整，推动形成 3 ~ 5 家具备国际竞争力的工业互联网平台。鼓励建设工业设备协议开源社区，推动工业基础共性技术的软件化封装、平台化汇聚和在线化开放。

（2）推动发展企业级工业互联网平台。聚焦钢铁、石化、电子、装备等重点行业数字化、网络化、智能化转型需求，发挥行业骨干企业与科研院所核心作用，突破数据采集、平台管理、开发工具、微服务框架、建模分析等关键技术瓶颈，推动建成一批企业级工业互联网平台，同时推动平台在“块状经济”产业集聚区落地。

2. 建设三类工业 App

工业 App 是工业互联网平台的关键。当前重点支持建设三类工业 App，即基础共性工业 App、行业通用工业 App 和企业专用工业 App。其中，基础共性工业 App 是工业共性技术和知识的新载体，突出公益性；行业通用工业

App 本质上是垂直细分领域的数字化解决方案，突出系统性；企业专用工业 App 是企业核心竞争力的集中体现，突出定制化。

（1）建设基础共性工业 App 资源池。围绕工业基础原理、关键基础材料、核心基础零部件（元器件）、先进基础工艺、产业技术基础等基础领域，支持共性工业 App 和微服务组件的高效开发、有序交易和规模应用。组织编制和滚动修订基础共性工业 App 需求目录，提升全行业基础共性算法、模型、服务的供给能力。

（2）建设行业通用工业 App 资源池。面向装备、轨道交通、汽车等离散行业及钢铁、冶金、石化等流程行业共性需求，基于工业互联网平台打造设计制造协同、生产管理优化、设备健康管理、制造能力交易等行业通用的工业 App 及微服务资源池，提升行业技术、工艺、经验等共性知识供给能力。

（3）建设企业专用工业 App。面向特定行业、特定场景的特殊应用需求，推动工业互联网平台、第三方开发者和用户企业加强对接合作，因地制宜地建设一批解决企业特定问题的企业专用工业 App。

3. 开展四类试验测试

工业互联网平台试验测试是推动平台性能优化、兼容适配、规模应用的关键手段，是加速技术产业成熟、打造协同创新生态的重要途径。实施工业互联网创新工程，通过“以测促建、以测带用”，形成一批可复用、可推广的平台和解决方案，加速平台规模化应用。

（1）跨行业跨领域平台试验测试。重点是开展平台功能完整性、兼容适配性、安全可靠性、动态重构性，以及平台间数据可迁移、服务可调用等领域的试验测试，促进平台规模化应用推广。

（2）面向特定行业的平台试验测试。面向钢铁、石化、电子、装备、汽车、轻工等行业，开展平台核心能力、行业解决方案、供应链协同服务等试验测试，促进工业知识沉淀和复用。

（3）面向特定区域的平台试验测试。围绕产业集聚区企业业务系统整体上云、重点设备规模接入、区域协同共享、区域共性应用开发等共性问题，开展基于平台的异构设备接入、软件工具共享、业务在线协同等试验测试，加速工业互联网平台在区域的落地应用。

（4）面向特定工业场景的平台试验床。面向设备预测性维护、质量检测、智能排产、能源优化等特定工业场景，支持开展人工智能、区块链、TSN 等单项前沿技术应用及单个工业场景的试验测试，推动形成基于平台的轻量级、模块化工业 App 及解决方案。

4. 完善四大支撑服务体系

（1）建立健全标准体系。支持研究制定一批工业互联网平台国家标准、行业标准和团体标准，发布工业互联网平台标准体系建设指南。

（2）建立监测分析体系。制定工业互联网平台信息报送指南和监测指标体系，支持协会联盟开展平台细分领域功能绩效评价，发布工业 App 订阅、平台用户画像、行业应用数字地图。

（3）建立新型服务体系。围绕制造业研发、采购、生产、物流和运营服务，推动建立面向工业互联网平台的线上企业资质、产品质量和服务能力认证新体系。

（4）建立工业互联网平台安全保障体系。

四、工业互联网平台建设的落脚点

《国务院关于深化“互联网 + 先进制造业”发展工业互联网的指导意见》中提出，发展工业互联网能够在“更大范围、更高效率、更加精准地优化生产和服务资源配置，促进传统产业转型升级，催生新技术、新业态、新模式，为制造强国建设提供新动能”。贯彻落实国务院文件精神，要把工业互联网平台发展目标和落脚点聚焦在提升三个能力上：宏观上提升资源高效配置能力，中观上培育产业生态构建能力，微观上打造企业新型能力。

1. 在宏观层面上，提升数据驱动的资源高效配置能力，助力动力变革

建设及推广工业互联网平台，本质上就是以数据自动流动实现资源配置优化，优化供给质量和供给效率，推动动力变革。其主要体现在两个方面。

（1）要实现资源配置优化深度从浅层优化走向深层优化。工业互联网平台建设最终就是要形成更多依靠数据、信息、知识等新型生产要素的经济发

展增长模式，就是要构建让数据说话、用数据决策、靠数据管理的制造业运行新体系。

（2）要实现资源优化广度从单点局部走向全局。建设工业互联网平台的关键，就在于推动资源优化的范围从单机、产线、车间、企业拓展到跨企业、跨区域，在于实现资源优化从单点到多点、从局部到全局、从低级到高级的演进，重塑制造业创新方式、生产范式、组织形式和商业模式。

2. 在中观层面上，培育数据驱动的生态构建能力，抢占产业竞争制高点

工业互联网平台发展事关未来产业竞争主导权、主动权，这要求我们牢牢把握这次机遇，建成国际领先的工业互联网平台。

（1）培育跨行业、跨领域工业互联网平台操作系统。关键是要培育出技术先进、功能完善、兼容适配、安全可靠的工业操作系统，围绕工业数据建模分析、海量工业知识沉淀和高效工业 App 开发，构建一批高质量、广覆盖、易应用的模型库、算法库、知识库和工具库，支撑制造资源泛在连接、弹性供给和高效配置。

（2）打造创新活跃的开发者社区。工业互联网生态建设的关键在于能不能吸引海量开发者，重点是培育海量开发者和海量用户之间双向迭代的双边市场。

（3）提升平台资源整合能力。工业互联网平台涉及海量设备接入、机理模型沉淀、工业 App 培育、工业数据安全等，这要求我们培育出能够整合工业控制系统、通信协议、生产装备、执行系统、管理工具、各类工业软件等资源的平台企业。

3. 在微观层面上，打造数据驱动的企业新型能力，构筑竞争新优势

建设工业互联网平台落实到企业层面上，就是要培育基于数据驱动的企业新型能力，把理念创新、技术扩散、组织变革、战略优化转化为企业成本、质量、效率、服务水平的提升，转化为市场占有率、客户满意度、劳动生产力的提高，转化为新业态新模式的培育拓展能力。具体来说，其体现在三个方面。

（1）重构研发创新体系。工业互联网平台应用就是要推动研发参与主体

从研发部门向企业内部多部门协作、跨企跨国协作、众创众包演进，研发流程从串行工作向并行工程演进，不断提升研发效率，缩短研发周期，降低研发成本。

（2）引领智能制造变革。工业互联网平台应用推广的方向和目标，在于快速响应持续变化的市场需求，构建个性化定制、柔性生产新体系；在于构建全产业链精益生产体系和成本精细化管理能力；在于构建产品质量全生命周期在线分析与优化能力；在于培育网络化协同、分享制造、服务型制造等新业态。

（3）提升智能服务能力。把握万物互联时代智能机器广泛普及的机遇，基于“数据 + 模型 = 服务”的理念，实现企业从产品生产商到产品客户运营商的转变，基于实时数据流培育精准、便捷、智能的新型融资、租赁、保险等业态，构建企业差异化竞争新优势。

工业互联网平台建设的大幕才刚刚拉开，平台建设事关一个企业、一个产业乃至一个国家在数字经济时代竞争优势的确立、巩固和强化，需要业界共同为之努力。

郭 昕
解密工业互联网
——产业生态革命

郭 昕 信息社会50人论坛理事，北京飞马旅发起人，中关村大数据产业联盟副理事长，两化融合联盟金融工作委员会秘书长。曾任美国盖洛普公司中国区董事、总经理和美国国际数据公司（IDC）大中华区总裁。对全球高科技产业、云计算、大数据等新兴技术的趋势及其在中国市场的发展趋势和企业应用现状具有独到的见解和深刻把握，并拥有丰富的企业发展战略和企业管理咨询实战经验。著有《大数据的力量》。

互联网将全世界的人联系在一起，大大降低了信息交换成本，催生了诸多新的商业模式。那么，如果那些数倍于人口数量的机器也连接在一起，将给我们的世界带来哪些改变？

一、从工业革命周期看工业互联网本质

让我们从两个维度来分析：第一是工业革命；第二是工业互联网。

有一个区块链领域热词叫EOS。目前网络上对其没有统一的解释。但正如大家所知，OS叫操作系统，那么EOS是什么意思？一种说法叫“企业操作系统”，就像我们用Windows操作电脑，用iOS和安卓系统操作手机一样，我们也许会有一种数字系统来操作企业，这最起码是企业形态和企业管理上的

重大革命。其实，从某种意义上来讲，EOS 是想用一种价值的形式去重构我们的经济社会，让我们从效率互联网时代进入价值互联网时代。

我们知道工业社会发展到互联网时代，工作效率极大提升，而且不同领域的效率提升是可以通过网络传递的，但是有一些核心要素是无法通过互联网传承的，比如在互联网上始终无法传承价值。价值需要用一套独立于操作系统或生产系统之外的体系去完成，我们把这种体系叫“金融”。金融为什么不能和生产同时进行？或者金融本身就是生产，生产本身就是金融？这要从工业革命产业分工开始讲起。从工业革命开始，我们就不断地重构经济体系，不断地开创新的产业，也不断地把几个产业合并起来，没有哪个产业是一开始就有的，也没有哪个产业是永远不消亡的。

随着工业 4.0 时代的到来，未来的产业分工必将被重构。

哥德尔第一定理即“任何一个体系凡是自洽的，必是不完全的”。当我们构建一个体系的时候，我们首先要建立一套规则、一个操作系统，这里有一个悖论：如果这个规则越完备、越有刚性，它的适应性就越差，在改革的时候，它就越危险。

工业革命这个操作系统，经历了多少次革命、多少次构建，总的一个趋势就是，可以参与重构的经济模块或者叫市场主体越来越小。我们的结论是，随着赋能工具的升级，整体市场主体的颗粒度会越来越小，最后会小到个人层面。颗粒度是 IT 界的用语，指细分的能力。网上有一篇文章中提到，未来最小的经济体就是个人。

自然人成为市场主体目前来看显得有些夸张。但是信息经济赋能的自然人在网络生态环境下成为最小市场主体是必然的。市场的表现就是大规模定制和高度个性化的柔性制造，包括生产者和消费者两端。

表现市场主体经济模块越来越小，有以下两个维度。

（1）时间。随着网络效率和机器算力的提高，市场主体存在的时间会越来越短，一个交易几秒钟结束也是有可能的。这和公司的存在结构有很大关系，传统工业革命中，我们是以资源占有为价值尺度建立合伙结构，所以时间维度不敏感，我们甚至希望公司能够基业长青，也就是说我们希望能够永远占有某种资源。信息经济中的企业不是以资源占有为价值尺度构建的，而是以表达需求和达成需求的能力为产业价值体系构建的。极端情况下，满足一次个性化需求，这个市场主体虚拟架构就完成任务了，这是范围经济的架构。

（2）市场。即信息赋能的人。人被赋予越大的决定权，对生产制造的影响力越大。生产和消费、供给和需求的博弈与话语权争夺是产业变革和历次工业革命的原动力。

任何东西都是有生命周期的，但是基因是可以传下来的，比如人类的基因。那什么是工业的基因？什么是互联网的基因？

二、四次工业革命，基因是什么？

我们需要关注以下几个方面。

（1）工业革命里面一定有"基因"。第一次工业革命的基因是什么？或者基因性技术是什么？客观地看，这个基因让所有的产业都有一个共性，就像人类一样，虽然有不同的人种，但是总有相同之处。

工业革命由一种技术去引发，像生物学一样，它让很多产业都有一些共同的特质，这些特质被我们称为经济基因，产生这些共性的技术，被称为基因性技术。

第一次工业革命的基因技术是动力，它让我们能够用机械去代替人类，把闲散的劳动力聚集在一起，在同一个屋檐下工作，这和过去农业革命的生产方式是不一样的。

（2）第二次工业革命的基因技术是什么？是电。第二次工业革命中，人类第一次有了大生产的概念。第二次工业革命还为我们带来了软基因技术，比如说公司管理、经济学、全球产业分工等，它是数字化的前身。

从那时起，我们认为，有效的经济模式就必须是大生产。我们把公司内部结构分为成本中心、利润中心，我们想方设法地扩大利润中心，想方设法地把成本中心减少或者外包出去。这就产生了第一代全球化的产业分工。第二次工业革命里面所产生的分工，推动了社会分工向国际分工大规模的转变。

但是现在看来，有效的经济还要大生产吗？未必。

之所以会产生现在的行业分工——比如医疗、运输、金融、教育等，是因为从效率和成本的角度出发，这样做最方便管理。产业分工结果是在某一行业内的合作顺利，跨行业的合作困难，甚至因为利益冲突不同行业无法合作，就是我们所说的隔行如隔山。举个例子，我们去医院看病要花钱，但按目前的分工，医生不管钱是最有效的管理，所以需要找金融机构去管理。

从以上例子可以看出，所有生产方式都和产业基因有关，产业带给我们的是可以把工作流程分成不同的行业，行业的大小和长短是基因性技术决定的，第二次工业革命的自动化、大生产、管理等技术把最小的市场主体组合起来，变成一个单独的行业。

（3）第三次工业革命是 20 世纪 60 年代从 IBM 计算机开始的，改变了生产力发展的动力，呈现出强烈的计算经济、数字经济的特点。

这一轮产业革命到现在还没有完成，它的基因性技术是互联网，它的巅峰作品是阿里巴巴、腾讯、百度、Uber、谷歌、GE 等，因为它已经把我们架构经济的原料的颗粒度极大地缩小，把原来的行业又极大地细分。

（4）第四次工业革命将彻底改变我们生活、工作和社交的方式。无论是从其规模、影响范围还是复杂性来看，这场转型都将和人类以往经历的任何一次革命截然不同。马云称它为第二次信息革命，之前叫 IT 时代，之后叫 DT（Data Technology）时代。互联网时代即将结束，DT 时代即将到来，同时也是解放人脑的一个时代。

与其他任何一次的革命都不同，这一轮工业革命的核心是智能化与信息化，进而形成一个高度灵活、人性化、数字化的产品生产与服务模式。第四次工业革命主要是以数字化与信息技术为基础，大数据的广泛运用加速催生了这一进度量变产生了质变。大数据应用升级，人工智能也初露端倪。

关于第四次工业革命的基因性技术是什么，比较统一的看法是 AI（智能技术），因为 AI 是数据技术、算法、算力的结合。

三、“赋能”是最好的技术

所谓的产业很简单，比如渔民怎么打鱼，农民怎么种地，教师怎么教书，这些还是第二次工业革命的概念。

如果所有人都做自己愿意做的事，而且这些事情有变现价值，那么这样的经济该怎么架构？

（1）我们如果有一个突破性的基因技术，我们的操作系统就是之前提到的21个超级节点[①]。比如我们现在讲到的区块链和人工智能，如果突破了这两个技术，像刚开始我们提到的EOS一样，我们的操作系统就不再是公路、铁路、银行，我们的操作系统就是那21个超级节点及其上面运行的共识。

（2）市场。这里讲到的市场实际上就是我们每个人，笔者认为真正有意义的事情就是让生存在地球的人类快乐地活着。让人愉快是最终目的，无论是过去的宗教、战争，目的就是让人有尊严地活着。但是信息技术，特别是第四次工业革命所带来的智能技术，让人和过去的人不一样了。过去的人更多是自然属性，但现在的人更多的应该是一种被赋权了的有价值人，可以直接介入经济活动。

四、“中国制造2025”与德国“工业4.0”区别在哪儿？

工业4.0或者中国制造2025到底是什么？很简单，就是智能制造。它可能最好地诠释了第四次工业革命，它有基因性技术和主要目标。

这是德国工业4.0的指导方针，德国从来是见物不见人，见树木不见森林。但是德国人在工业4.0产业指导纲要当中，第一次提出来了CPS和需求管理的概念。

CPS的概念最早是美国空军提出来的，但是德国工业4.0很好地解决了所有物质生产的架构，就是必须重新架构在一个新的技术上。

德国在工业4.0的指导方针中，突然有了一条“需求管理”，就是人。人和机器被放在一个战略性的国家文件当中同样去管理，这个“人”是被赋权的人。

针对以上现象，笔者有以下几个观点。

（1）数字经济核心模型。

经济学有一个不可能三角，区块链中也有一个不可能三角，就是保密性和效率不可能同时拥有。其实不可能三角在数字经济时代是可能被打破的。

① EOS的超级节点，就是从100个备用节点中，经过所有持币用户投票选举诞生的最终获得记账权的21个节点。

第一是为什么要融合。互联网对我们来讲最大的作用，目前为止是解决了效率的问题。但是这个互联网还不是价值互联网，它没有把价值融进去。

笔者称互联网为赋权，就像我们做人工智能向量分析的时候是要赋权的。给谁赋权？给所有的东西赋权，例如人、车、麦克风，所有的东西都可以变成向量，在AI的识别当中，这个向量可以放在网上互相比拼。

第二是赋能，就是做好某件事情的能力。英语当中有个词是领域知识，实际上就是第一次工业革命、第二次工业革命传承下来的产业分工给我们带来的生产技术，当然，这个技术在生产当中不能代表全部，传统产业再好，也不能把我们带到下一代经济中去。

第三，同时也是最重要的，我们下一代经济的网络架构一定是同时解决价值问题的，不然企业无法在网络中存在，或者说，上一次工业革命带来的东西没有被打破，下一次工业革命带来的东西也没法构建。

（2）CPS概念，现在叫信息物理系统。

信息物理系统是美国空军为了作战管理、后勤保障管理发明的，这实际上是ERP的深化，或者CRM的深化，把物理的东西完全镜像到网上，通过网上管理。这两个系统加起来就非常重要，它是一个智能化的过程，最终成为一个整合起来的系统。比如说每日优鲜、京东到家等系统，就是把管理需求和仓储、生产连接起来，这是比较重要的概念。

（3）美国空军提出CPS系统之后，又提出两个概念：第一个是数字双胞胎；第二个是数字线。

数字线很像今天区块链当中的链，这个系统是一个非常抽象的模型。

AI和工业互联网的任务是什么呢？用美国CPS的概念解释，就是把所有的东西封装起来，封装成一个算法。这个算法就是我们信息平台上的一个节点，比如送外卖有六个节点：订餐、备餐、装盒、送餐、签收、付款。每一个过程都可以封装成一个节点，我们称之为工业应用软件、工业App。这个节点应该是在一个开放平台上，所有人都能用，像我们现在去网上开放的云平台找一个应用软件一样。如果未来你想从事外卖生意，你可以把点餐、备餐、装盒、送餐、签收、付款这六个App用一条线连起来，组成一个流程，我们称之为任务，这就是工业互联网的概念。连接各个工业App的线我们称之为数字线。

数字线是什么？实际上就是生产流程，也是未来生产的组织架构的原型，有一点儿像区块链的概念：每一个工业 App 是一个区块，打上时间戳，用数字线连起来，就是区块链了。数字线把流程连接起来之后，可能就没有从地理意义上注册的企业了，而是任务定义的企业。比如，有一个任务是要把饭从一个地方送到另外一个地方，我们不知道谁来完成，但肯定网上有人给你完成。那我们还需要一个送餐企业吗？可能不需要了。

还有一个概念就是“人”。过去我们讲到“C”，是赋权、赋能了的人；其实未来“C”很可能不是人，可能是一台机器，可能是一个步骤，也可能是人和机器共同做一件事情。总之，它是一个没有边界的 CPS 生态系统。未来，我们通过不断地沟通，产生数字线、流程。那条数字线、流程可能叫“B”，这可能就是未来企业的架构，或者未来企业的雏形。在互联网中所有生产过程都是一种服务，没有产品，只有服务化的概念“S”。

基因性技术的变化，使我们架构产业颗粒度越来越小，小到可以是两个人之间瞬间完成的一笔转账，这就是一个流程的完成，或者就是一个任务的完成。

五、工业互联网的未来形态

彼得·德鲁克在《21 世纪的管理》中提到，未来是没有工厂的，就有那么一个空间，上午生产飞机，下午生产胶鞋。可能吗？这很有可能。第四次工业革命应该是在新技术的影响下，完全打散过去的边界，它的经济规律、价值规律、交通规律、社交规律，甚至是未来的回报都完全不同。

工业互联网就是我们把工业架构在一个网络架构和系统上。那么工业互联网究竟是什么？在消费互联网蓬勃发展的今天，发展工业互联网对我国制造业企业又究竟意味着什么？

工业互联网是链接工业全系统、全产业链、全价值链，支撑工业智能化发展的关键基础设施，是新一代信息技术与制造业深度融合所形成的新兴业态和应用模式，是互联网从消费领域向生产领域、从虚拟经济向实体经济拓展的核心载体。要抓住数字化、网络化、智能化的机遇。数字化、网络化、智能化，就是我们的任务。我们现在正处在数字化向网络化转型的阶段。实际上，工业 4.0 或者是《中国制造 2025》决定了中国的未来，也决定了世界的未来。

工业互联网平台的发展首先要实现企业的全面数字化，尤其是底层设备设施的数字化，进而实现企业数据的上下层贯通、OT 与 IT 的融合和创新应用。能够在线交易的制造能力实质是可共享的数据模型集合，未来谁掌握的数据资源越多，谁的发展潜力就越大。

制造能力平台化是关键。工业互联网平台的核心竞争力体现在工业知识与大数据、人工智能技术的深度融合应用，加速知识创新和价值创造。

人和机器智能的融合创新是核心。人工智能是能创造价值的，特别是区块链，实际上我们经济的结构或者经济的基本单元可以分化到无限小。

六、案例分析

1. Predix 平台

Predix 平台是目前使用得最好的工业互联网平台。工业互联网大概分三种类型，从性质上分为企业平台、互联网公司平台、公共平台。

GE 在 2013 年推出的工业互联网平台产品基于其在生产设备层级的优势向 IT 层拓展，实现平台布局。主要功能就是将各类数据按照统一的标准进行规范化梳理，并提供随时调取和分析的能力。

2. INDICS 工业互联网云平台

INDICS 平台是一个垂直的平台，飞机和军工生产的上下游结合得比较紧密。现在要把工业设备、集成共享都放在 App 上，这些 App 放在平台上用数字线去画。

最简单地说是没有企业，甚至可能没有行业，没有生产消费。所有的东西是类似于平台上用 App 和数字线去管理的。

3. 三一根云平台

三一根云平台是目前唯一开放的、民营的平台，不是现有企业的封闭的平台。

三一根云平台能够为企业提供资产管理、智能服务、预测性维护等工业应用服务。同时，可以基于平台开展产业链金融创新，已有的 UBI 保险、维保等产品实践可以服务于保险公司等金融机构，提升其风险管控和金融服务能力。

4. 海尔 COSMO 平台

COSMO 平台将顾客需求、产品订单、合作生产、原料供应、产品设计、生产组装和智能分析等环节互联起来，并进行实时通信和分析，以满足大规模用户的个性化定制需求。

5. 淘工厂

淘工厂是实时解决消费者需求的网络信息系统，实际上就是一个网络生态。这个网络生态能够把消费的信息、生产的信息、物流的信息、金融的信息融合起来。

七、小结

工业互联网中最大的障碍在于传统思维，传统经济学、传统管理学里认为企业是永恒的。第四次工业革命的智能制造给我们带来了新产业、新业态、新商业模式。市场主体的颗粒度越来越小，让我们不断突破原有的行业，架构新的组合，这个组合的灵活度非常大，可以使所有人都在做一件事情，也可以各自做各自的事情。

余晓晖

数字中国开启我国信息化发展新征程

——解读《数字中国建设发展报告（2017 年）》

余晓晖　信息社会 50 人论坛成员，中国信息通信研究院总工程师、教授级高工。曾参加国家中长期科技发展规划、国家信息化发展战略、信息产业科技发展“十一五”规划、我国通信与通信服务业发展战略、电信强国发展战略、中国电信业创新与转型战略等研究工作以及电信运营商企业发展规划。主要从事全国电话网的网络仿真、网络路由技术、网络优化和规划工作。2000 年以来，主要从事国家信息通信产业、信息网络技术和信息化的战略规划与政策研究，参与了国家信息化、信息产业、宽带中国、互联网、移动互联网、物联网、云计算等相关战略、政策、规划的研究和起草。曾获通信科技进步奖等 10 多项奖励，并享受国务院政府特殊津贴。

2018 年 5 月 9 日，国家互联网信息办公室发布了《数字中国建设发展报告（2017 年）》（以下简称《报告》）。《报告》分析了数字中国面临的形势，评估总结了党的十八大以来数字中国建设取得的重大成就与基本经验，提出了下一步努力的方向，是一份指导和推动我国信息化更好服务经济社会发展的重要报告。《报告》指出，数字中国开启我国信息化发展新征程。建设数字中国，是贯彻落实习近平新时代中国特色社会主义思想特别是网络强国战略思想的战略举措，是抢抓信息革命机遇构筑国家竞争新优势的必然要求，是推动信息化发展更好服务经济社会发展加快建成社会主义现代化强国的迫切需要。

一、建设数字中国是深化我国信息化发展的战略举措

建设数字中国是贯彻习近平网络强国战略思想的战略举措。2000 年，时任福建省省长的习近平同志提出“数字福建”的战略部署，成为数字中国重要的思想源头和实践起点，是体系化、科学化推动经济社会信息化发展，引领驱动现代化建设的战略发端。党的十八大以来，以习近平同志为核心的党中央准确把握时代大势，做出实施网络强国、建设数字中国的战略决策。近年来，全球新一轮科技革命和产业变革孕育兴起，我国经济发展步入高质量发展阶段，社会发展进入整体转型期。在此形势下，建设数字中国成为驱动引领经济高质量发展的新引擎，成为满足人民日益增长的美好生活需要的新举措。

建设数字中国是新时代国家信息化发展的新战略。《国家信息化发展战略纲要》明确了未来十年国家信息化发展的战略目标和战略任务，提出要“加快建设数字中国”。《“十三五”国家信息化规划》将“数字中国建设取得显著成效”作为“十三五”时期我国信息化发展的总目标，这些战略部署为数字中国建设指明了方向。加快建设数字中国，加快释放信息化发展的巨大潜能，以信息化驱动现代化，是实现“两个一百年”奋斗目标和中华民族伟大复兴中国梦的必然选择。

建设数字中国是我国信息化深化发展历史进程的集中体现。一段时间以来，各方面对数字中国有多种认识，例如“数字化的中国”“大数据中国”“数字经济驱动的中国”等。笔者认为，不能将数字中国建设简单理解为大数据的建设或数字经济发展，也不能片面理解为云计算、人工智能、区块链等某一类新一代信息技术的应用，因为不论哪种技术，都可以视为我国信息化发展的一个侧面，都是数字中国内涵中不可割裂的重要组成部分。正是这些信息技术在经济社会发展中的创新、集成应用，推动了国民经济和社会事业的数字化、网络化和智能化发展，促进了国家治理体系和治理能力现代化，为满足人民日益增长的美好生活需要做出积极贡献。因此，建设数字中国是信息化步入全面渗透、跨界融合、加速创新、引领发展的新阶段下，中国信

息化历史进程的集中体现，涵盖经济、政治、文化、社会、生态等各领域信息化建设，包括“宽带中国”“互联网+”、大数据、云计算、人工智能、数字经济、电子政务、新型智慧城市、数字乡村等多方面内容，其内涵更加广泛，体系更加多维，战略意义也更为深远。

二、建设数字中国面临的新形势

当今世界，信息技术创新日新月异，数字化、网络化、智能化深入发展。当前乃至未来一个时期的信息化发展，都处于一个更为迫切、更为复杂的状态，我们要深刻理解数字中国建设所面临的新形势。

（1）加快发展信息化不仅是中国实现弯道超车的战略举措，更是决定国家前途命运的必然要求。“没有信息化就没有现代化”“必须敏锐抓住信息化发展的历史机遇”，是党和国家领导人根据国际形势做出的深刻战略判断。习近平总书记指出，当今世界，信息化发展很快，不进则退，慢进亦退。[①] 农业时代的国家，慢一拍可努力追赶；工业时代的国家，慢一拍可能要追赶若干年；而在信息时代的国家，哪怕慢半拍都可能要花百般力气追赶。当前，信息化自身能力的强弱，信息化与工业、农业、服务业和公共服务融合发展的深浅，信息领域网络空间规则权和话语权的多寡，已经成为当代决定国家战略竞争力的关键。数字中国建设要突破核心技术瓶颈，形成自己的撒手锏和非对称优势；要充分融入全球生态体系，参与网络空间的规则制定和话语权争夺，发出中国声音，贡献中国方案，亮出与综合国力相匹配的网络强国姿态。

（2）加快发展信息化不再是实现目标的手段方式，而是引领中国经济社会创新发展赖以生存的基础环境。当前，随着信息技术从单点技术突破迈向体系化创新，信息基础设施从行业设施迈向无所不在的综合性、战略性设施，信息化正从政府提升履职效率、民众获取公共服务的外延性手段，内化为增强国家现代化治理能力，满足人民美好生活需求的内生性动力源。信息化在中华民族伟大复兴、全面建成小康社会的历史进程中，日益展现出全局性、

① 2016 年 4 月 19 日，习近平在网络安全和信息化工作座谈会上发表重要讲话。

战略性作用，成为新时代发展的容器与土壤。习近平总书记指出，没有信息化就没有现代化。[①] 不能置身于信息化洪流中抢抓发展机遇，就如同缺失了滋养的无源之水、无本之木，难以实现创新发展。建设数字中国，加快推动信息化发展，将成为激发创新创业活力，推动新技术、新产业、新模式、新业态蓬勃发展的基础环境。

（3）信息化不等于独立发展的简单自变量，而是成为深化体制机制改革、激发经济社会活力的复杂因变量。随着信息化向纵深发展，信息化与经济社会的物理变化渐渐引发更多的化学反应，信息化不再是曲高和寡的独立变量，而凭借其打破信息垄断、消除不对称、动态优化要素配置等属性和特点，深度融入经济社会发展，对传统的分业监管、准入监管、条块分管管理运作机制产生根本性影响，倒逼体制机制改革，与经济社会转型发展形成密不可分的交织关系。通过合理设计有效规范利益协调机制和激励机制，全面激发市场、社会和政府的活力，将更大范围、更深层次释放信息化红利，让信息化成为大变革时代经济社会转型的承载者、推动者和见证者。

三、建设数字中国的未来三大着力点

数字中国建设，要用习近平总书记网络强国战略思想武装头脑、指导实践。紧扣《国家信息化发展战略纲要》《“十三五”国家信息化规划》的部署要求，一方面，坚持问题导向，科学分析和挖掘制约信息化发展的技术能力、产业生态、应用成效、发展环境、网络安全等方面的短板，针对问题，创新引领，切实做到有所作为、有所创造、有所突破。另一方面，坚持目标导向，围绕全面建成小康社会总体目标，在技术与产业创新、信息基础设施建设、数字经济发展、信息服务普及等方面，合理制定并设置可量化、可执行的指标体系，以目标牵引和倒逼信息化建设，推动数字中国发展。具体而言，要从能力增强、应用服务和环境保障三方面着力推动数字中国建设。

在信息化发展自身能力建设方面，要增强以信息技术、信息基础设施和信息资源为代表的信息化能力“三驾马车”。一是创新为要，以核心技术创新

---

① 2014 年 2 月 27 日，习近平在中央网络安全和信息化领导小组第一次会议上发表重要讲话。

突破贯穿建设始终。要遵循技术发展规律，统筹基础研究、技术创新、产业发展、应用部署、标准制定与安全各环节联动协调发展，实现核心技术生态体系化建设、系统性突破。二是夯实基础，筑牢作为网络强国建设的战略基石，加快以信息传输为核心的网络设施向融合感知、传输、存储、计算、处理为一体的智能化综合信息基础设施的演进，形成“空天地海”一体化信息基础设施。三是突破藩篱，推动信息资源共享开放释放数据红利。探索建立信息资源的登记、确权等管理制度，健全信息资源基本制度体系，设定数据交易流通规则，促进信息资源合法、有序地充分流动。

在信息化应用服务成效方面，要围绕经济社会热点、难点、重点，释放数字经济活力，提升信息惠民、便民、利民水平。一是融合发展，围绕数字经济加快构建现代经济体系。大力推动互联网、大数据、人工智能和实体经济深度融合，加快制造业、农业、服务业数字化、网络化、智能化。二是以人民为中心，通过“互联网＋服务”全面增强群众获得感。大力发展“互联网＋政务”，深化网络扶贫，推动美丽中国行动，以远程化、网络化方式创新教育文化、医疗卫生、社会保障等民生领域服务提供模式，让城乡居民享受普惠、便利的公共服务。

在信息化发展政策与保障方面，要突出完善政策环境、优化对外开放格局、提升网络安全保障水平。一是完善环境，构筑和谐、合规的信息化发展政策环境。要营造监管创新环境，完善法律法规制度环境，优化市场参与环境，并注重加强数字中国发展与信息化战略规划的衔接、实施与评估。二是开放合作，拓展发展新空间。围绕基础设施、数字经济、跨境贸易、技术交流、人文合作等领域，加快发展与“一带一路”国家的互惠共赢合作。构建网络空间利益共同体，提升网络空间治理话语权。三是提升网络安全保障能力。树立整体、动态、开放、相对和共同的网络安全发展观念，落实网络安全责任制，安全可控地利用世界范围先进信息技术产品和服务，强化国家关键基础设施的管理和保护，全面增强网络安全防护能力。

鲁春丛
迈向数字经济新时代

鲁春丛 信息社会50人论坛成员，中国信息通信研究院政策与经济研究所所长，博士。获信息产业部科技进步奖7项，已发表论文60余篇。

从农业革命、工业革命到信息革命，纵观世界文明史，每一次科技革命和产业变革都推动了生产力的大幅跃升、人类文明的巨大进步。数字经济是信息革命在经济领域的新形态，既包括传统农业、工业、服务业的改进升级，也包括新模式、新产业、新业态的发展壮大。我国经济已由高速增长阶段转向高质量发展阶段，正处在转变发展方式、优化经济结构、转换增长动力的攻关期，把握数字经济发展大势，促进生产力的发展，促进生产关系变革，是保持经济中高速增长、实现高质量发展、建设现代化强国的关键驱动力量。

一、把握数字经济发展的新机遇

数字经济以数字化丰富要素供给，以网络化提高要素配置效率，以智能化提升产出效能，推动经济发展质量变革、效率变革、动力变革，意义重大，机遇难得。

（1）党中央高度重视。党的十八大以来，以习近平同志为核心的党中央高度重视发展数字经济，推动数字经济逐渐上升为国家战略。早在2016年10月，在中共中央政治局第三十六次集体学习时，习近平总书记指出，要做大做强数字经济，拓展经济发展新空间。党的十九大报告提出，推动互联网、大数据、人工智能和实体经济深度融合，建设数字中国、智慧社会。2017 年 12 月，在中共中央政治局第二次集体学习时，习近平总书记强调，加快建设数字中国，构建以数据为关键要素的数字经济，推动实体经济和数字经济融合发展。2018 年 4 月，在全国网络安全和信息化工作会议上，习近平总书记指出，要发展数字经济，加快推动数字产业化，依靠信息技术创新驱动，不断催生新产业新业态新模式，用新动能推动新发展。要推动产业数字化，利用互联网新技术新应用对传统产业进行全方位、全角度、全链条的改造，提高全要素生产率，释放数字对经济发展的放大、叠加、倍增作用。近些年来，网络提速降费、大数据、“互联网 +”、人工智能、分享经济、工业互联网、信息消费等一系列重大政策正在推进实施，各地对数字经济支持力度不断加大。

（2）产业转型的机遇。摩尔定律与超越摩尔定律使产业保持强大的创新动力。以移动互联网、工业互联网、云计算、大数据、人工智能等为代表的新一代信息通信技术快速发展，引发软硬件等核心技术体系升级，深刻调整产业格局。

（3）经济转型的机遇。传统产业数字化、网络化、智能化转型步伐加快，网络连接、平台支撑、软件定义、数据驱动、智能增值成为主要特征，为数字经济发展开辟巨大空间。数字经济现代化经济体系的重要组成，也是推进供给侧结构性改革、推动实体经济高质量发展的重要驱动。

二、数字经济规模化高速增长

中国信息通信研究院采用生产法测算数字经济规模，将数字经济分成信息通信产业的直接贡献（即信息产业增加值占 GDP 的比例）和信息通信产业的间接贡献（即信息产业应用到传统产业上导致的增加值占 GDP 的比例）。信息通信产业部分采用统计方法，即电子信息制造业、信息通信服务业、软件业的增加值之和。数字经济融合部分则采用“基于投入产出关联的统计核算方法”进行测算，其基本原理是经济产出是经济投入的结果，即通过投入产出表中各行业 ICT 产品和服务的投入与行业产出的对应关系，测算我国 42

个行业技术应用对行业产出的带动。

测算结果表明，2017 年我国数字经济总量达 27.2 万亿元，同比名义增长超过 20.3%，显著高于当年 GDP 增速，占 GDP 比重达 32.9%，同比提升 2.6 个百分点。数字经济已成为近年来带动经济增长的核心动力，2017 年我国数字经济对 GDP 的贡献为 55%，接近甚至超越了某些发达国家水平，数字经济在国民经济中的地位不断提升。

（1）信息通信产业贡献增强。2017 年信息通信产业规模达 6.2 万亿元，占 GDP 比重由 2016 年的 7.0% 提升到 7.4%。互联网行业增加值首次超过基础电信业，占信息通信服务业比重由 2010 年的 21% 提升至 52.6%，成为信息通信服务业发展的主导力量。电子信息制造业快速回暖，电子信息制造业增加值占 GDP 的 3.2%。

（2）融合贡献规模扩张。数字经济融合部分规模为 21 万亿元，同比名义增长 20.9%，融合部分占数字经济比重由 2005 年的 49% 提升至 2017 年的 77.4%，占 GDP 比重由 2005 年的 7% 提升至 2017 年的 25.4%，融合部分对数字经济增长的贡献度高达 79.2%。

（3）区域分布梯次明显。2017 年，中国各省数字经济规模稳步增长，但省际差距有扩大趋势。总体上，各省数字经济规模呈现自东向西逐级递减的梯级分布特征。2017 年，广东、江苏、山东、浙江、上海等 10 个领先省市的数字经济规模超过 1 万亿元。数字经济发展水平与地区国民经济发展水平具有较强的相关性，数字经济规模和占比领先的省份，同时也是我国的经济强省。

我们重点测算了长江经济带、“京津冀”、东北老工业基地、珠三角及西北地区 5 个区域的数字经济规模及增长情况。从数字经济规模来看，长江经济带地区规模最大，达到 12.2 万亿元；珠三角地区次之，为 3.7 万亿元。从数字经济占 GDP 比重看，珠三角地区第一，比重已达 40.8%；京津冀地区次之，为 36.7%。从数字经济增速来看，珠三角地区最快，同比增长 21.7%；西北地区紧随其后，同比增长 21.6%。

（4）行业渗透差异较大。数字经济在各行业渗透程度不断加深。但我国各行业数字经济发展差异较大，服务业中数字经济占行业比重平均值为 32.6%，工业中数字经济占行业比重平均值为 17.2%，农业中数字经济占行业比重平均值为 6.5%。呈现出第三产业高于第二产业、第二产业高于第一产业的特征。在第二产业数字经济发展中还有如下规律：资本密集型工业数字化转型明显快于劳动密集型工业，重工业数字化转型快于轻工业。

三、数字经济带动就业显著

数字经济带动的就业包括直接贡献和间接贡献两部分，直接贡献部分是信息通信产业带动的就业，间接贡献部分是数字经济融合应用带动的就业。信息通信产业带动的就业包括电子信息制造业、电信业、软件和信息技术服务业、互联网行业从业人数，采用的是统计方法，数据来源于《中国劳动统计年鉴》《中国人口和就业统计年鉴》中的相关统计数据。数字经济融合应用带动的就业是传统行业中从事数字化转型相关工作的从业人员。参照联合国、经济合作与发展组织（OECD）、国际货币基金组织（IMF）、世界银行等权威机构关于估算就业的“规模－劳动生产率”通用计算方法，数字经济融合部分带动就业人数为数字经济融合部分规模（增加值口径）与相关行业平均劳动生产率之间的比例。

（1）数字经济拉动就业作用显著。中国信息通信研究院的测算表明，2017 年我国数字经济领域就业人数达到 1.71 亿人，占当年总就业人数的比重已达到 22.1%，同比提升 2.5 个百分点。其中，信息通信产业部分就业人数 2017 年达到 1175 万人，同比增长 11.0%，数字经济融合部分就业人数达到 1.6 亿人，同比增长 13.1%，传统产业数字化转型已成为我国吸纳就业的重要渠道。

数字经济每 100 个就业人口中，72 个为升级原有就业，28 个为新增岗位就业。数字经济拉动就业作用正在不断加强。2012 年，数字经济新增就业人数为 215 万人，占当年新增就业的 17.0%。2016 年，数字经济新增就业人数为 467 万人，占当年新增就业的 35.9%。2017 年，数字经济新增就业人数为 552 万人，占当年新增就业的 40.9%。

（2）数字经济领域就业吸纳能力差异较大。东部省市数字经济就业吸纳能力最高，2017 年数字经济领域就业占各省市总就业比重排名前七位的分别是上海市、北京市、天津市、福建省、浙江省、山东省、广东省，比重均在 29% 以上。中西部地区数字经济就业吸纳能力相对靠后，湖北省、辽宁省、重庆市、江苏省、河北省、江西省、四川省、广西壮族自治区、安徽省位居第八位到第十六位，数字经济领域就业占各省市总就业比重均在21%～29%。

从就业吸纳能力增速来看，中西部地区增长更快，2017年数字经济领域就业增速排在前十的省市分别是贵州省、江西省、四川省、江苏省、宁夏回族自治区、新疆维吾尔自治区、广西壮族自治区、吉林省、云南省、黑龙江省，大多都是中西部省份。

（3）服务业是吸纳就业的主要力量。2017年约有1619万人从事第一产业数字化转型方面的工作，占第一产业总就业人数的7.8%。从事第二产业数字化转型工作的人数为5054万人，占第二产业总就业人数的22.4%。第三产业数字化转型吸纳的劳动力约为12016万人，占第三产业总就业人数的34.3%，成为当前数字经济吸纳就业的主要动力。

四、推进数字经济发展的关键点

综合来看，我国数字经济虽取得了显著的成效，但仍存在瓶颈。其中既存在需求侧数字化基础薄弱的问题，也存在供给侧平台支撑能力不足以及环境有待完善的问题。

（1）数字化基础薄弱。制造业是实体经济的主战场，供给侧结构性改革的重要领域。我国制造企业数字化发展不平衡、不充分问题依然突出，一些企业达到3.0水平，但大部分企业，特别是广大中小企业仍处于2.0阶段。多数企业数字化水平较低，网络化、智能化演进基础薄弱。工业网络标准、技术、产业基本被外商掌控，且标准众多、互通性差，高端工业传感器、工业控制系统、关键工业软件等基本被国外垄断。全球工业现场总线、工业以太网标准协议全部由少数国外企业掌握，工业以太网网络设备市场由国外垄断。工业控制领域高端PLC（可编程逻辑控制器）市场、高端DCS（分布式控制系统）市场被国外厂商垄断。国外企业CAD、CAE、PLM等高端工业软件占据了国内航天、航空、汽车等行业绝大部分的市场。

（2）平台支撑不足。工业互联网平台是实体经济全要素连接枢纽、资源配置中心和智能制造大脑。2015年以来，全球工业互联网平台建设步伐明显加快，目前已超过150个。国际巨头在工业技术、产品、经验和数据等基础上，打造“国际品牌 + 高端产品 + 先进平台”的立体新优势。我国工业互联网平台起步较晚，与国际先进水平相比，平台商业成熟度存在一定差距，缺乏龙头企业，核心能力薄弱，生态相对滞后。

（3）安全隐患突出。线上线下融合，网络安全威胁和风险从虚拟网络空间向现实世界蔓延扩散。公共互联网病毒、高级持续性威胁攻击等网络威胁向制造、金融、交通、能源等关系国民经济命脉的重要领域传导渗透，可能引发重大网络安全事件，严重威胁经济社会安全乃至国家安全。此外，生产装备由机械化向数字化、网络化、智能化演进，并将大量接入工业互联网，会带来新型安全风险。这些设备不仅是网络攻击的对象，一旦被控制，还会成为攻击源，发动网络攻击，破坏力将被指数级放大。美国曾发生大规模断网事件，就是黑客利用僵尸网络控制了大量摄像头、打印机等联网设备发动的网络攻击。

（4）环境有待优化。以平台为核心的数字经济新业态，给传统政府监管模式带来新挑战。一是不规范经营问题凸显。平台经济开创了“人人即商家、人人即媒体”的新时代，由于准入门槛低、经营者良莠不齐、网络售假等不规范经营现象时有发生，侵犯了消费者权益。二是不正当竞争隐患浮现。在电子商务、网络租车和约车、移动支付等领域，超大型互联网平台占据着强势地位，强制商家进行“二选一”等行为，引发社会各界对垄断和不正当竞争的忧虑。三是数据保护风险加大。互联网平台汇聚海量用户数据，数据价值不断提升，用户个人信息泄露和非法利用、数据非法跨境流动等风险不断增大，各类恶性事件频发。

进一步推进数字经济繁荣发展，要突出抓好以下四方面。

（1）推动工业互联网建设应用。除进一步加快网络基础设施演进升级外，尤其需要加快工业互联网建设。一是加快工业互联网网络建设。面向企业低时延、高可靠、广覆盖的网络需求，全面部署 IPv6（Internet Protocol Version 6，互联网协议第 6 版），加快 5G 商用进程，推进工业互联网标识解析体系建设。二是加快工业互联网平台建设。从供给侧和需求侧两端发力，加快工业互联网平台建设推广，形成多层次、系统化的平台发展体系，促进工业全要素连接和资源优化配置。三是加快工业互联网应用推广。开展面向不同行业和场景的应用创新，提升大型企业工业互联网创新和应用水平，加快中小企业工业互联网应用普及，实现“建平台”与“用平台”双向迭代、互促共进。

（2）提升企业数字化水平。数字化是网络化、智能化的基础，要着力解决企业数字化发展不平衡、不充分的问题，加快形成贯通全流程、全领域的数据链条。一是夯实数字化基础。加快数字化技术、装备、系统在生产过程中的应用，进一步提升工业企业关键工序数控化率和数字化生产设备联网率。二是促进网络化升级。大力推动企业内网改造，继续推进连接中小企业的专线建设，提升企业研发、设计、生产、销售、服务网络化水平。三是推进智能化生产。大力发展智能工厂，加强企业间网络化协同，发展大规模个性化定制，推动产品联网与远程服务，创新生产方式、组织形式和商业范式。

（3）完善政策环境。着力营造规范有序、包容审慎、鼓励创新的发展环境。一是健全法律法规。制定完善适应数字经济新技术、新应用、新业态、新产业发展的政策法规，构建以《网络安全法》为核心，关键信息基础设施保护、大数据安全管理、跨境数据流动等重点领域专项立法同步的网络安全制度体系。二是包容审慎监管。深化放管服改革，推动事前监管向事中、事后监管转变，强化互联网思维，充分利用大数据，推进政府决策科学化、社会治理精准化、公共服务高效化，推动从单纯的政府监管向社会协同治理。三是强化安全保障。树立正确的网络安全观，统筹发展和安全、自主和开放、管理和服务的关系，统筹推进网络与信息安全技术手段建设，全面提升关键信息基础设施、网络数据、个人信息等安全保障能力。

（4）加强要素保障。一是人才保障。鼓励校企合作、校院合作，培养一批数字经济企业家、科技人才和技能型人才。不断提高数字经济人才资源全球化培养、全球化配置水平，加快培育一批国际化人才，畅通人才流动通道，为数字经济繁荣发展提供坚实的智力保障。二是资金保障。加大国家专项资金研发支持力度，引导产业投资基金更多投向关键领域和短板领域，撬动更多社会资本参与。鼓励金融机构、大企业为中小企业实施数字化转型提供定向贷款、供应链金融等服务。三是数据保障。构建全国信息资源共享体系，稳步推进政府数据开放，加强政企数据对接和互动合作，打通信息壁垒，形成覆盖全国、统筹利用的数据共享大平台。制定数据资源确权、流通、交易相关制度，健全市场发展机制，引导数据有序流通。

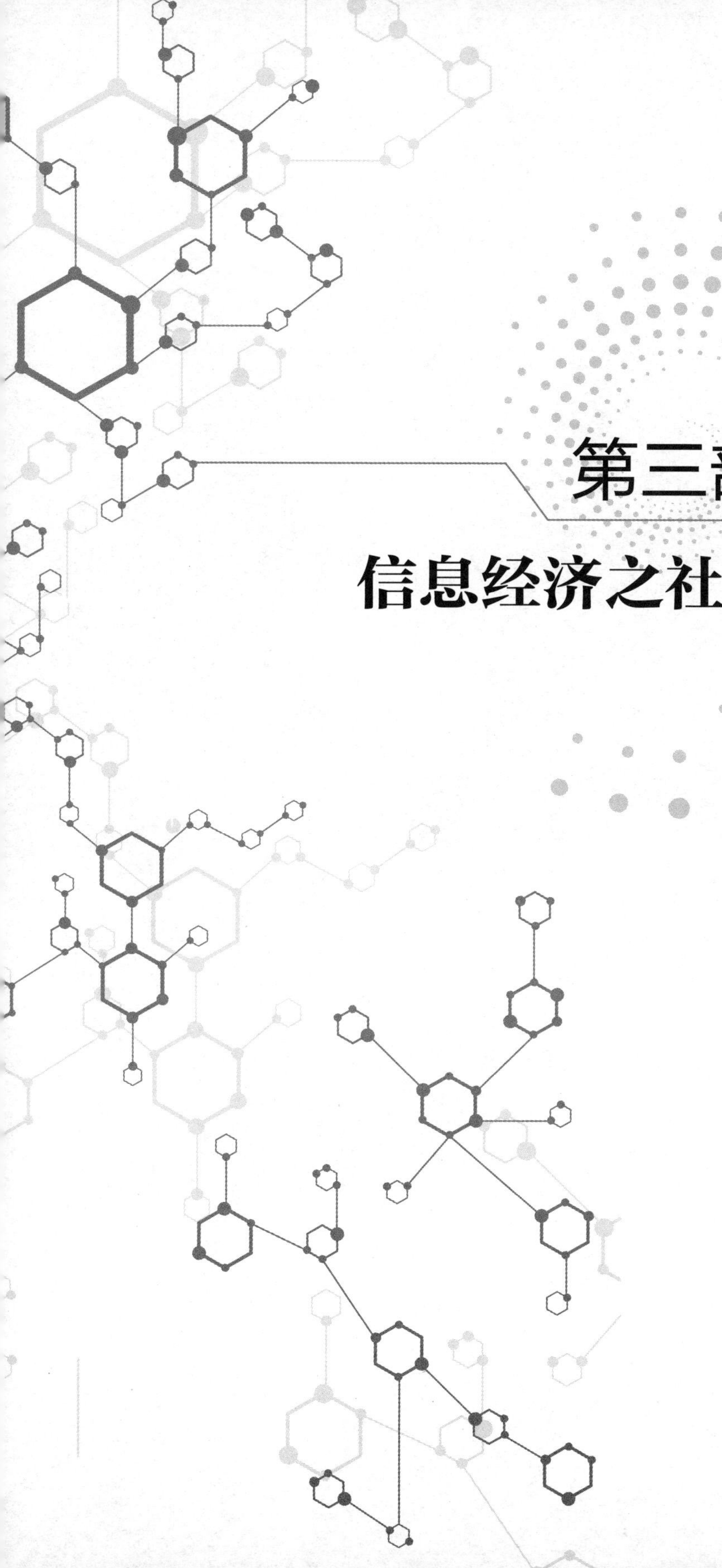

第三部分

信息经济之社会化

梁春晓
互联网时代的社会创新和公益转型

梁春晓 信息社会50人论坛理事、轮值主席，阿里研究院高级顾问，苇草智酷创始合伙人，老龄社会30人论坛发起人，中国红十字基金会理事，中英书院理事长，原阿里巴巴集团高级研究员、副总裁和阿里研究中心主任。长期致力于电子商务、信息社会和社会创新领域研究，提出社会创新五大方向、新经济三位一体、从三次产业到三层生态、电子商务经济体、电子商务服务、电子商务生态以及电子商务以商务为本等重要观点和概念。

影响和决定人类社会发展的长期性关键因素是人、技术和文化。以互联网为核心的信息技术引发的这场信息革命，不仅是技术、经济和社会的快速发展，更是一场技术、经济和社会的范式大转型，工业时代的范式正在瓦解，互联网时代的范式正在涌现。新基础设施、新生产要素和新结构是互联网时代的三大特征和动力，由此催生出平台化、个性化、生态化、精准化和自由连接体等新的范式以及从工业社会到信息社会的转型，社会结构正在从农业时代不自觉的有机性社会、工业时代自觉的机械性社会，向互联网时代自觉的复杂性社会转型。由于工业化与信息化几乎同步，三个时代的社会问题交织在一起，中国面临更多更复杂的社会问题，挑战尤其巨大。社会问题的核心是失衡与割裂，根源是自我中心、理性至上、单一价值、规模经济和马太效应。必须面向社会整体、针对社会问题，进行整体、全面、广义的系统化社会创新。技术进步与社会问题相遇，常常促成一个时代的社会创新，互联网通过连接、传播、赋能、聚合和协同等提供了应对社会问题、促进社会创新的新动力，推动社会创新朝着平台共享、自组织、普惠、精准和跨界融合五个方向发展。“互联网 + 第三部门”作为一种新的形态和动力，正在以开放共享的平台催生出连接和整合政府、企业、社会组织和公民的“第四部门”。未来十年，公益将呈现“聚变”式爆发，通过互联网及其平台化聚合和催生前所未有的新公益形态。公益不应画地为牢，不宜与政府、企业或市场、商业对立起来，而应该超越政府、企业和公民等主体，提供更高的社会价值。平台化是互联网时代公益转型的内在逻辑和必由之路。与所有技术一样，如何避免或限制互联网带来的负面价值，是互联网时代的社会创新必须高度关注并尽快采取行动的重大社会问题。

有人类文明以来 90% 的年代中，技术、经济和社会发展都极其缓慢，人们都不大需要思考未来，因为未来十年、二十年甚至一百年都不会有太大变化，下一代人将要面对的世界与上一代人所经历的世界也不会有什么不同。但是，另外 10% 的年代的情况则迥然不同，这就需要我们对未来有一个全新的思路，不能从今天规划明天，而要从后天规划明天。如果仅仅从今天规划明天，规划的目标、思路和思维方式都会受到今天的资源、人才、模式和流程的束缚，很难有所突破。反之，如果围绕新范式展开想象，基于后天规划明天，就可能有所颠覆和创新。此即“后天观”：为了抵达明天，必须远望后天，否则明天只是又一个今天。从今天到明天很难，从后天到明天较易。

知易行难。在范式大转型的时代，束缚我们远望后天的是一整套工业时代的知识体系、思维方式和基本假设，是无处不在的被工业时代格式化的感知和经验，是我们久已固化而不自觉的见识和思想。每个人都是井底之蛙，常会以自己的见识和思想做成一口井，局限自己的眼界，以井蛙之见看待世界，对待别人。井底之蛙不可怕——我们每个人无一例外都是井底之蛙，但我们应该做一只自觉的井底之蛙，努力不断地从井底往上跳，突破自己，拓宽视野，展开想象，走向未来。

怎么走？指望所有的井底之蛙一齐往上跳并不现实。新生事物大多是边缘革命的产物，往往先有一个新的、小的甚至微不足道的增量，然后增量逐渐崛起，推动和催化存量转型或者消解，最终完成整体转型。关键是“立”，而不是“破”。不立不破。立字当头，破也就在其中了。

一、互联网催生新的时代

以较长和较大的时空尺度来看，影响和决定人类社会发展的关键因素是人、技术和文化。人即人口素质、增长、规模和结构等，技术即技术的进步和应用，文化即文化的积淀、传承和演化。

进入互联网时代，人获得了更大程度的自主权和自由度，越来越多的个人成为经济活动的主体。如果说全球化 1.0 的主要动力是国家，全球化 2.0 的主要动力是公司，那么全球化 3.0 的动力就是个人在全球范围内的合作与竞争。人们都开始意识到个人拥有前所未有的能力和力量。与此同时，文化呈现出既差异又趋同、既交流又冲突的空前多元化、多样性和快速演化的特征。在经历了农业时代的前喻文化、工业时代的并喻文化之后，互联网时代的后喻文化正在显现。

而影响所有这一切的原动力、基础和根本因素是技术，从中期看，则是互联网和以互联网为核心的信息技术。

1. 互联网时代的三大特征和动力

在以互联网为核心的信息技术的推动下，互联网时代拥有新基础设施、新生产要素和新结构三大特征和动力。

（1）新基础设施即云网端，亦即云计算、互联网和智能终端。今天人们的工作和生活所依赖的，除土地、铁路、公路和机场这些农业时代和工业时代已经存在的基础设施之外，又加上了云计算、互联网和智能终端这样的互联网时代的基础设施。几乎人手一部的智能手机是新基础设施的重要组成部分。

（2）新生产要素即数据。继人们熟知的土地、劳动力、资本和企业家才能等生产要素之外，数据正在成为越来越重要和关键的生产要素。进入互联网时代，人们必须对数据高度敏感、高度重视、充分运用。

（3）新结构即大规模协作和共享。分工与共享好比一个硬币的两面，相辅相成，同时存在，如果说工业时代重在分工，那么互联网时代则重在共享，而且是大规模协作、大规模共享。

淘宝网就是互联网时代的基础设施，其上有云计算、互联网、智能终端。消费者在淘宝网购物80%以上是通过手机完成，即通过移动终端和移动互联网完成，这意味着人们的购物和消费与以前在工业时代的商场、超市购物和消费完全不同，二者是基于两种完全不同的基础设施的两种完全不同的经济形态。

在三大动力推动之下，涌现出很多与农业时代或工业时代范式很不一样的新范式。首先是平台化，企业、社会组织和政府都在不同程度地向平台化方向演进。然后，出现了很多像“斜杠青年”这样的自由职业者或“自由连接体”。此外，还有个性化、生态化、精准化等，特别是以新基础设施和数据为基础形成的精准化，比如“精准扶贫”。

2. 从工业社会到信息社会

信息技术推动信息化，进而推动人类从工业社会进入信息社会。信息社会50人论坛在《信息社会共识》① 中提到如下观点。

“在这个新兴社会中，信息和知识可以通过世界上所有的网络存在、交流、共享和传播。”②

“知识型经济、网络化社会、服务型政府、数字化生活是信息社会的基本特征；以人为本、开放包容、全面协调与可持续发展是信息社会的基本要求。”

“信息社会是人类需求变化与信息革命发展相耦合的必然结果。工业社会后期，在生产极度扩张的同时，出现了环境破坏、生态恶化、资源紧张、贫富分化等一系列问题，迫使人类转而寻求新的发展方式，信息革命适应了这种需求，成为引领变革的世界性潮流。”

“三类基本矛盾不可回避：一是经济增长内在冲动与资源环境支撑能力不足之间的矛盾；二是经济快速增长与社会发展滞后之间的矛盾；三是传统生

---

① 2011年9月9日，信息社会50人论坛第一次会议发布。

② 2003年12月12日，信息社会世界峰会日内瓦阶段会议通过了《原则宣言》。

产关系不适应信息生产力发展的矛盾。工业社会的经济基础、体制机制、手段方法、思维惯性与信息社会发展要求不相适应。”

“我们希望，人人成为信息社会建设的实践者、受益者。……诚信、负责、合作、共赢成为信息社会企业生存与发展的基本守则。……一个‘以人为本、开放包容、全面协调与可持续发展’的信息社会的来临，能够促进智慧中国的崛起，为人类创造更美好的未来。”

3. 互联网时代的经济和社会结构

在互联网时代，从技术、经济到社会都在发生结构性的大变革。微经济、共享经济和平台经济“三位一体”的互联网经济形态正在形成。宏观经济体系正在从工业时代的“三次产业”和横向分工向互联网时代的“三层生态”和纵向共享转型。三次产业即基于横向分工划分的第一产业、第二产业和第三产业，三层生态即基于纵向共享划分的基础设施、平台和自由连接体。社会结构正在从农业时代不自觉的有机性社会、工业时代自觉的机械性社会，向互联网时代自觉的复杂性社会转型。

二、社会问题和社会创新

当今世界社会问题数不胜数，有贫富悬殊问题，有权利、资源或机会不平等问题，有阶层固化和上升通道阻塞问题，有环境恶化问题，有数字鸿沟问题，有弱势群体问题，有文化单一和多样化消失问题等。这些社会问题中，有的从农业时代存在至今，如受教育机会不均和贫富不均；有的主要是工业时代造成的，如环境恶化、文化单一、老龄化、城市病和乡村衰落；有的则是互联网时代的新问题，如数字鸿沟和电子污染。

在中国，工业化与信息化几乎同步，农业文明、工业文明和信息文明几乎同时存在，三个时代的社会问题交织在一起，多且复杂，挑战尤其巨大。

1. 失衡与割裂

在诸多社会问题中，核心是失衡与割裂。

（1）失衡。随着社会飞速发展，技术、经济、社会、文化和心理等领域之间失去平衡，有的发展比较快，有的发展比较慢。在互联网领域，技术创新往前走，商业创新也在往前走，但制度和文化往往跟不上，心理进步的速度则更慢，社会由于这些失衡产生了各种各样的焦虑、混乱、矛盾和冲突。失衡的关键是“技术—经济子系统”与“社会—制度子系统”的失衡，带来“社会—经济”结构的失衡，以及政府、企业和社会三部门的社会失衡。

（2）割裂。社会不同板块、不同阶层之间的割裂愈加突出，导致一些社会矛盾变得愈加尖锐。在农村，农民之间常常会在一个村子里交流，但城市居民间很难有这样的交流。此外，城乡之间、贫富之间及代际的沟通都存在严重的割裂问题。

2. 社会问题产生的根源

（1）自我中心。人人割裂，天人割裂，单方面追求个体或主体价值最大化。

（2）理性至上。一味追求可控、机械、精准、量化、人为设计或顶层设计，排斥自主、有机、生态、模糊、复杂和进化。

（3）单一价值。一切故事都成了经济故事，都以经济效率衡量、以经济方式运作，排斥其他价值或方式，或者相反。

（4）规模经济。一味追求大规模、标准化、低成本，并将其遍及教育、医疗、文化等几乎所有领域，忽视范围经济、社群经济和网络效应。

（5）马太效应。资源或能力较多者，往往获取更多的资源或能力；资源或能力较少者，往往只能得到更少的资源或能力。强者越强，弱者越弱。

3. 系统化社会创新

因场合不同，“社会创新”往往会有不同的含义，或指政府和企业之外的社会组织、社会活动或社会服务的创新，或指草根式的自下而上的社会化创新，或指政府主导的社会管理、社会治理的创新。

这些界定都过于狭窄。我们所说的社会创新应该是面向社会整体、针对社会问题的整体、全面、广义的社会创新，而不是局部、片面、狭义的社会创新，应该涵盖政府、企业、社会和公民等各种主体。

社会创新是为社会问题找到创新性的解决方案，用创新的方式解决某个特定的社会问题。社会创新可以是一种产品、一项技术、一个设计、一种行动方法、一个商业模式，甚至一个新的游戏规则。换个角度来看，社会创新也可视为社会函数的创新，即各种社会要素和资源在一定环境下的创造性生成、配置、分工和共享，并产生新的可持续的社会价值。

社会创新的意义，不在于社会创新的方案是不是够“新”够“奇”，而是看它与过去的方案相比是不是可以用更少的资源投入去获得更大的社会效益。

当今社会处于非线性发展时代，存在错综复杂的关系，针对新的时代特点，要有新的社会创新思路和系统创新意识，不能全然理性设计，也不能全然放任自流。对于持续性大规模的社会问题，必须系统性变革，改变观念、认知、习惯以及政策和立法等，以创新性解决方案从根本上解决社会问题。

要寻求多方参与解决社会问题。政府、企业、社会组织和公民等社会主体，要有意识地共同参与、跨界合作。越来越多的基金会开始改变过去那种“撒胡椒面式”的直接资助方式，转而围绕社会问题，资助有助于解决问题的各类社会创新主体。

三、互联网时代的社会创新

由技术引发的创新通常会经历三个阶段，即技术创新、商业创新和社会创新。纵观中国互联网发展，如果说2000年以前的重点是技术创新，2000年以后的重点是商业创新——涌现出大量新的互联网公司和商业模式，那么近年来“互联网+”的兴起，则标志着互联网的影响开始经过技术创新和商业创新的阶段，进入社会创新的阶段，互联网对于社会创新的作用日益显现和重要，不仅是商业创新的动力，更是社会创新的动力。

1. 以技术进步应对社会问题，推动社会创新

回顾历史，许多社会创新都是技术进步与社会问题相遇的产物，一个时代的技术进步与当时的社会问题相遇，促成那个时代的社会创新。例如今天人们习以为常的幼儿园、社会保障等，就都是一百多年前源于欧洲的社会创新。

2. 互联网在社会创新中的作用

近年来，互联网展现出对社会创新的强大推动力和创新能力。互联网对社会创新的推动主要体现在连接、传播、赋能、聚合和协同五个方面。

（1）连接：增强或重建被工业时代消减或摧毁的人的社会连接、社会交往和社会资本。

（2）传播：自媒体、群媒体、泛媒体。

（3）赋能：增强个人、小微机构、弱势群体、边缘群体的信息能力和交往半径，通过权力转移或重新分配，激活和提升其经济和社会自由度。

（4）聚合：连接一切、海量参与，聚合微主体、微资源、微行动和微想法等。

（5）协同：大规模、跨界和网状协同，众创、众包和众筹，网络化组织、社群和生态。

在社会主体、社会组织、社会生态、社会治理乃至社会文明等各个方面，都出现了互联网推动社会创新的苗头、模式和成功案例，如公益平台、平台公益、微金融、电商扶贫、公益传播、众筹等。深圳市残友集团与淘宝网合作多年，通过残疾人做网上客服即云客服，实现残疾人有尊严地就业和生活，就是通过技术手段应对和解决社会问题。

3. 互联网时代的社会创新的特征和方向

在互联网推动下，社会创新将朝着平台共享、自组织、普惠、精准和跨界融合五个方向发展。

（1）平台共享。以横向分工为核心的经济和社会结构，正在向以纵向共享为核心的经济和社会结构演进。在商业领域，全球市值排名前十的企业几乎全是平台型企业，银行、学校和政府等也都在不同程度地平台化。这是大趋势。

（2）自组织。平台释放、激活和支撑了许许多多的个人或小微组织，随时随地自由连接。近些年，每逢大的灾难，就有成千上万的志愿者通过互联网动员从而连接和组织起来，通过多主体的自组织、大规模试验、交互和激活，极大地激发和释放了群体智慧。

（3）普惠。行善和公益也有成本，如果成本太高，就形成了较高的门槛，客观上屏蔽了小额公益和行善。互联网最突出的优势是降低交易成本，互联网推动下的社会创新大幅度降低了公益和行善的成本和门槛，无论是施者、受者还是公益和行善的范围都得到极大拓展，使人人公益、普惠公益成为可能。

（4）精准。基于新基础设施和数据，公益慈善和社会创新正在从粗放向高效转变，在对象、资源和实施等方面都越来越精准化，如精准扶贫。

（5）跨界融合。政府、企业和社会之间正在走向跨界、融合，甚至无界。在互联网的推动下，社会创新不仅是公益界或社会组织的事，更是政府、企业和社会三方协同共进的事。在许多成功的公益创新里，都有社会组织、政府和企业等不同领域、不同角色之间的广泛协作，而不再是政府、社会组织或企业的单打独斗，实现了从“一马当先”到“三马共进”。

友成基金会的王平指出：“未来的创新，一定是发端于对社会整体的关注，一定是极具包容性地将政府、企业、社会组织等各部门有机囊括其中的创新，三者间的界线会日趋模糊、消融。我大胆地猜想，‘无界’将会成为未来创新的新关键词。”

四、互联网催生新公益形态

过去十年是中国公益爆发的十年，未来十年中国公益将继续爆发。同样是爆发，过去十年与未来十年可能会很不一样，如果说过去十年是“裂变”式爆发，即通过裂变产生了大量十年前无法想象的公益组织和无法想象的变化，那么未来十年很可能是“聚变”式爆发，即通过互联网及其平台化聚合和催生前所未有的新公益形态。

1.“新公益”形态

互联网推动下的“新公益”正在涌现，共同特征是平台化，即将各种资源链接和整合起来，释放社会创新的巨大能量。近年来涌现出来的新公益形态有以下几种。

（1）互联网公益传播：自媒体（个人）、群媒体（聚群、社群或社区）、泛媒体（互联网机构皆信息机构，皆媒体）。

（2）互联网公益：网上捐赠、募款和众筹，网上传播、动员或共享，网上组织、协同或社群，网上社区服务等。

（3）互联网社会企业：小微金融、公益平台、慕课（MOOC）、创客运动以及基于互联网的公平贸易等。

此外，还有共享平台、微金融、网商联盟、电商园区、电商消贫和淘宝村等。

网上捐赠、募款或众筹是互联网时代的社会创新和新公益形态的突出体现。以支付宝平台为例，到2016年年底，支付宝爱心捐赠额超过6亿元，捐赠次数超过1.5亿次，次均捐赠仅约4元。数据显示，“70后”“80后”和“90后”是网络捐赠的主力军，其中“70后”和“80后”捐赠金额超过七成，更令人欣喜的是，90后捐赠人数超过一半。这些数据，令我们对未来充满期待。

2. 浮现中的“第四部门”

近年来，涌现出一个令人振奋的现象，即“互联网+第三部门”作为一种新的形态和动力，开始催生“第四部门”，或称其为“第四类组织”。

第四部门或第四类组织的主要的特征是，以开放共享的平台连接和整合政府、企业、社会组织这三个部门或三类组织，释放新能量，创造新价值，以社会创新促进社会发展。这方面的成功案例已经不少，比如公众与环境研究中心通过互联网、云计算和大数据推动环境信息的公开和公众参与；古村之友通过互联网平台在短短两三年间聚合了数以万计的古村落保护志愿者，连接和整合了许多社会组织、企业和政府资源；儿童友好社区也是一个平台，不断涌现出许多意想不到的公益可能性，除了公益组织和政府，企业也被整合进去。

互联网与第三部门的结合正在催生新一代公益，其特点是平台共享、开放连接、跨界整合和基于云网端（即云计算、互联网和智能终端）。正是在这个意义上，随着新公益、第四部门或第四类组织的兴起，未来十年，在公益领域将看到基于平台共享的聚变式爆发。

3. 互联网时代的公益定位和边界

互联网及“互联网+”的发展使更多机构和个人协同起来参与社会创新

成为可能。这正是社会创新的更大意义：政府、企业、社会组织和公民等，在公共参与式的社会治理机制下，通过跨界合作，用创新的方法系统性地解决诸多社会问题。

公益不应该是在政府和企业之外为自己划一个小地盘，画地为牢，而是超越政府、企业和公民等，提供更高的社会价值，解决更多的社会问题，促成更佳的社会平衡，达成更好的社会理想。

因此，只要符合上述原则，无论是政府还是企业或商业，都应该为公益所用，而不是排斥。不宜将公益与企业、市场或商业对立起来，在当下中国，以市场或商业促进公益不是太多而是太少，许多公益可以通过市场化方式进行，比如养老、垃圾分类、小额贷款和淘宝村等。在这方面，社会创新和公益转型还有极大的发展空间。

4. 互联网时代的公益转型

互联网时代的技术创新、商业创新和社会创新，是一系列接连不断的大变革、大转型，也使我们产生了对技术、商业和社会的大想象。以互联网为核心的信息技术既拓展了商业边界，也拓展了社会边界——社会主体、关系、结构、组织、模式、生态和文明等，极大地拓展了社会创新的边界和可能性，通过连接、参与和激活等创新性方式应对社会的失衡与割裂，应对和解决各种社会问题。

随着社会结构从工业时代的割裂、机械和简单向互联网时代的连接、有机和复杂转型，经济和社会体系也在从横向分工向纵向共享转型。在互联网时代，平台成为最重要的经济和社会存在，平台化成为最重要的经济和社会演化趋势，平台型组织成为最具竞争力的组织形态，社会创新、社会组织和公益也不例外。这是互联网时代公益转型的内在逻辑和必由之路。

五、重视和应对因技术而生的社会问题

与所有技术一样，互联网带来的价值绝非完全正面，在充分发挥和运用互联网的正面价值的同时，如何避免或限制互联网带来的负面价值——如数字鸿沟、隐私保护和平台权力不对称，是互联网时代的社会创新必须高度关

注并尽快采取行动的重大社会问题。

面向未来，继以互联网为核心的信息技术之后，一大波新兴技术群正在涌现并开始起作用，如人工智能、虚拟现实、基因技术、新能源等。这些新兴技术群也一定会经历技术创新、商业创新和社会创新三个阶段，但速度会更快，利或弊、机会或挑战的强度也会更大。如何应对新兴技术对社会创新的影响，是我们必须及早准备的新课题。

六、淘宝村：互联网时代的社会创新

2000 年以来，在以互联网为核心的信息技术的推动下，技术、经济、社会和文化等各个领域都在发生深刻而全面的变革和转型，在催生阿里巴巴和淘宝这样的电子商务大平台、富生态的同时，也培育和推动着越来越多的分散化、个性化的经济形态，淘宝村正是其中最耀眼的明星之一。

淘宝村是基于新基础设施和新田园，由新农民引发的一场具有深远历史意义的互联网时代的边缘革命。

与许多人的习惯性认知不一样，淘宝村是自然涌现、演进和形成的，而不是被人为“打造”或“顶层设计”出来的，也不是被阿里巴巴“开小灶”特殊关照出来的。阿里巴巴所做的只是建立淘宝、支付宝这样的电子商务平台，形成人人都能使用的电子商务基础设施，然后在某些地方，冒出一个或几个特别有勇气、激情和创新力的创业者，在电子商务基础设施上耕耘、播种，率先创业，继而在他们的示范、影响和带动下，逐人、逐户、逐村扩散和普及开去，形成越来越多的淘宝村。

2009 年，仅在义乌、苏北和河北发现三个淘宝村。2016 年，淘宝村增加到 1311 个，2017 年达到 2118 个。一些较大的淘宝村，年网销额已经达到几亿元乃至几十亿元。此外，还出现了许多特色淘宝村，在网上销售具有浓郁乡村特色的传统产品。

为什么在乡村涌现出那么多淘宝村，而在城市却没有发现“淘宝小区”？差别在于乡村是“熟人社会”，有亲缘关系，有信用基础，一个好的创新会很快传播和普及开来。城市则不然，即使相邻多年，可能依然没有连接或交往，更谈不上信任和信用。同村传播和普及之外，由于乡村之间广为存在的亲缘关系，淘宝村通过人际关系逐渐扩散开去，形成了周边的淘宝村乃至淘宝村集群。与此同时，淘宝村电子商务服务快速崛起，有做人才培训的，有做快递和物流的，有做摄影和设计的等，催生出日益丰富的本地化电子商务服务业和电子商务生态。

如果说改革开放和联产承包责任制使农民有了生产自由，可以自由决定生产什么不生产什么，那么乡村电商和淘宝村的出现使农民进一步拥有了商业自由，可以自由决定与谁交易或不与谁交易，从而提升了农民的交易能力和议价能力，增加了经济收益，使长期存在的经济和社会不平等问题得到改善。

一个时代有一个时代的基础设施，后来时代的基础设施再叠加其上，就像地层或文化层一样，叠加的结果是基于基础设施的交易成本越来越低，效率越来越高，支撑共享的能力越来越强。农业时代的基础设施主要为土地；工业时代的基础设施主要为铁路、公路、机场和现代城市，旨在支持大规模、低成本、标准化的工业经济。在规模化工业经济的冲击下，乡村开始衰落，越来越多的人从乡村转移到城市，因为在工业时代，城市拥有更高的效率和劳动生产率，能获取更高的收入。

到互联网时代，在工业基础设施之上又叠加了云计算、互联网和智能终端等新的基础设施。这就产生了一种可能性，即原先从乡村转移到城市的人们，借助具有更低成本、更高效率的新基础设施，回到乡村、回到互联网时代的“新田园”。事实正是如此。淘宝村促进了生产要素向乡村回流，恢复和促进了乡村经济发展，增加了农民收入，改善了农民生活，增强了农民在互联网时代的竞争能力。淘宝村是商业创新，更是社会创新。随着淘宝村的发展和演化，在乡村社会建设及社区发展方面也出现了许多令人鼓舞的变化、变革和转型，我们需要以新的视角、思维和范式加以认知、实践和促进，需要进一步从乡村社会创新的角度观察和推动淘宝村发展。

历史上所有伟大的革命都是从边缘地带发生的，淘宝村就是这样的边缘革命，不仅正在改变乡村，也必将反过来影响和改变城市，影响和改变对未来的认知。

左美云
“互联网+养老”
——北京在行动

左美云　信息社会50人论坛成员，中国人民大学信息学院副院长，中国人民大学智慧养老研究所所长，教授、博士生导师，中国人民大学国家发展与战略研究院研究员，中国信息经济学会副理事长，北京市老龄委专家委专家，北京老龄居养老产业促进中心首席专家，智慧养老50人论坛发起人，老龄社会30人论坛成员。教育部新世纪优秀人才，中国信息化百名学术带头人，中国人民大学“十大教学标兵”，入选中国人民大学“明德学者”和中国人民大学“杰出学者”。

据CNNIC（中国互联网络信息中心）统计，截至2017年12月，我国网民人数为7.72亿，普及率为55.8%，60岁以上的人口占上网总人数的5.2%，达4014万人，约占60岁以上人口数量（2.41亿人）的16.7%。与美国相比，2014年美国65岁以上人口中会上网的达59%。总体而言我们起点比较落后，但有后发优势。2018年4月1日，《国务院关于落实〈政府工作报告〉重点工作部门分工的意见》中强调做大做强新兴产业集群，实施大数据发展行动，加强新一代人工智能研发应用，在医疗、养老、教育等多领域推进“互联网+”。

2017年，笔者受北京市老龄办委托，作为北京老龄居养老产业促进中心的首席专家承接了其重大课题《“互联网+养老”——北京模式》，带领课题组从城区、街道、社区、运营方四个主体展开，对北京市“互联网+养老”工作进行了第一次全面普查，填写有效问卷的城区达100%，街道占全部街道的97%。从我们的调研中可知，由市、城区、街道、社区（运营方）组成的四级“互联网+养老”模式初具雏形，目前北京市正处于“互联网+养老”发育和探索的初级阶段。

我们发现北京市的“互联网+养老”有两条线索：一条线索是市政府主导的信息化工作，问卷分析表明，政府主导的养老业务系统工作做得很不错，所有城区、街道和社区都在使用养老业务系统；还有一条线索是区、街道和社区乃至运营商等各级主体自发探索和建设的养老服务系统。问卷回收结果发现，使用了养老服务系统的城区占比为12.5%，街道占比为3%。显然，北京的“互联网+养老”工作还大有可为，有广阔的发展空间。我们也希望这次调研对全国各地“互联网+养老”工作的推进有一些启示。

一、主要结论

通过这次北京市“互联网+养老”工作的全面普查，我们得出以下结论。

（1）养老服务系统的使用比较少，个别城区、多数街道和社区还处于观望状态。北京市使用养老服务系统的城区有2个，街道仅有11个。未使用养老服务系统的街道或社区中，61%的街道和64%的社区还处于观望状态。显然，北京市各级组织“互联网+养老”的意识和知识都有必要提升，并且很有必要举办“互联网+养老”培训。

（2）会上网老人占全部老人的比例并不是使用养老服务系统的必要条件。调研数据表明，会上网老人占全部老人比例并不是区分使用和没有使用养老服务系统的因素。实际上，许多养老服务系统提供了人人交互的方式，即老人可以打电话给服务系统的接线人员，由接线人员在系统中为老人选择相应的服务。

（3）建设养老驿站对养老服务系统的使用有很好的促进作用。使用养老服务系统的街道或社区大多建立了养老驿站，而未使用养老服务系统的则超过一半没有养老驿站。这种高度正相关关系说明养老驿站的建设对养老信息化的推进与渗透将起到较为重要的作用，而且有养老驿站的社区能够更主动地开展养老信息化服务。

（4）养老投资规模对于养老服务系统的使用有很好的促进作用。未使用养老服务系统的街道在2017年中投资较少，一般都在100万元以下。而使用了养老服务系统的街道，投入资金额较多集中在100万~500万元。这说明在养老方面投资越多的街道，也会在养老信息化方面投资，更有可能使用养老服务系统。

（5）现有的养老服务系统主要是针对老人的生理和安全需求提供服务，然而对社交以及自尊等精神层面的需求关注得比较少。现有的养老服务系统一般都提供了“六助”的服务，而大多数系统都不提供休闲娱乐、社交缴费、购物和学习等服务。

（6）自上而下地推广养老服务系统是主流方式。已经在使用的养老服务系统进入街道的方式大多为上级部门的推荐。

（7）养老服务系统可以通过人工转接是其被使用的重要原因之一。养老服务系统能够被使用起来的前三个原因是：服务内容多样、服务质量高、系统可以通过服务人员人工转接。

（8）养老服务系统使用人数较少的首要原因是系统运营方推广力度不够，此外还有系统操作烦琐、服务种类少等。由此可见，目前养老服务系统存在的一个重要问题是重于引入，轻于推广和运维，后续应继续加强系统推广和运维方面的投入。

（9）96156小帮手养老服务平台是目前养老服务系统的替代品。养老服务与管理信息平台是目前使用最多的养老业务系统。但是，使用养老服务系统的社区中，民政资金统发与监管信息平台被列为第二位；未使用养老服务系统的社区中，96156小帮手服务平台被列为第二位。

（10）现有养老服务系统运营方的影响力总体偏弱。26家运营方接受了本次调查，其中民办企业占比50%，成立时间一般在2010—2015年，从业人员总数大多在50人以内。超过一半的运营方系统仅进驻了不到10家的社区，多数系统在10家以内的养老驿站中使用；一半的系统服务老人在1000人以内，大多数系统累计服务老人在1万人以内。

（11）养老服务运营方的盈利状况并不乐观。这26家运营方中，只有2家即8%的运营方略有盈利，73%的运营方处于亏损状态，19%处于收支相抵状态。这说明目前养老服务运营方的发展状况并不乐观，需要尽快摸索到好的盈利模式。

（12）“互联网＋养老”接入模式朝着移动化和智能化方向发展。接入媒介模式包括线下实体店模式、电话模式、电视云模式、网页模式、无介入传感器模式、微信群模式、手机 App 模式、智能可穿戴设备模式等，综合为老人提供服务。我们认为适用街道或社区的模式就是好模式。

（13）“北京通”是一种对数据整合利用的有效模式，不过还需要继续拓展应用。“北京通”是北京通养老助残卡的简称，有助于将老人分散在各个平台的消费数据整合起来。然而，现阶段老人主要还是消费其中的政府补贴，需要继续拓展应用，激发老人的需求，为政府积累数据提供支持。

二、主要建议

以上是北京市 2017 年“互联网＋养老”的进展情况，结合本次普查和文献分析，我们对北京市“互联网＋养老”建设工作提出了若干建议，这里仅摘录 6 条对其他地区的“互联网＋养老”工作也有参考价值的建议。

1. 成立养老数据治理和信息化领导小组

要想执行高效、保障有力，组织得当是重要前提。国家层面成立的中央网络安全和信息化领导小组是一个 IT 治理的典范。

信息化建设发展到一定阶段，数据资源将成为组织运作的核心资源，而有效的数据治理才是数据资源得到有效运作的必要条件。虽然以规划、规范的方式来管理数据资产的理念已经被广泛接受和认可，但是光有理念是不够的，还需要组织架构、机制、规范或标准，以确保数据管理的各项职能得到正确的履行。

基于调研分析，我们提出市级政府可以在老龄工作委员会（后简称老龄委）基础上成立专门的养老数据治理与信息化领导小组。其中养老数据治理主要是指老龄委各成员单位之间有关数据共享和数据安全的制度安排，相对广义；养老信息化主要是针对养老的管理和服务进行信息化支撑的规划与建设安排，相对狭义。通过养老数据治理与信息化领导小组的统筹部署，从基层到区级、市级、省级甚至国家都能打通跨业务、跨领域和跨部门的协作壁垒，使“互联网＋养老”工作不仅有顶层设计，还能真正落到实处。

2. 发布养老数据共享协议和接口规范，保护老人隐私

我们在访谈调研中发现不少街道和社区的养老服务系统普遍是由养老服务系统运营商进行建设、运营和维护，这些运营商在获得老人数据时或多或少得到了街道和社区的帮助，而街道和社区对这些老人数据缺乏有效的控制权，这些数据是否能够得到正确使用存在一定程度的风险。此外，客观来讲，街道和社区目前对老人隐私保护的意识还不是很强，对于养老工作的关注通常重视服务价格、服务质量和服务评价，较少关注服务实施和业务运作过程中所记录和使用的涉老数据保存问题，较少重视运营商非服务行为的数据滥用问题，较少监督运营商数据违规获取问题，因此可能造成老人隐私泄露的风险。这是很多老人和老人子女不愿意轻易接受运营商提供的养老服务的重要原因之一。

2017 年 6 月 1 日开始实施的《最高人民法院、最高人民检察院关于办理侵犯公民个人信息刑事案件适用法律若干问题的解释》明确了与隐私泄露相关的情节严重入罪情形包括：非法获取、出售或者提供行踪轨迹信息、通信内容、征信信息、财产信息五十条以上的；非法获取、出售或者提供住宿信息、通信记录、健康生理信息、交易信息等其他可能影响人身、财产安全的公民个人信息五百条以上的；非法获取、出售或提供前两项规定以外的公民个人信息五千条以上的，等等。其中，公民个人信息包括姓名、身份证号码、通信联系方式、住址、账号密码、财产状况以及行踪轨迹等信息，这些个人信息均应受到保护。

该法律解释的出台，让了解该法律的老人感受到适度的安全，但也让各级涉老组织和养老服务运营商感受到空前的压力。为了促进养老服务系统的建设和运营，必须要让数据的获取方与数据的提供方签署涉老数据共享的协议，明确隐私保护的责任。

我们建议尽快制定并发布养老数据共享协议范本和接口规范，涉及的内容包括但不限于：数据的采集频率范围、数据格式命名、存储方式、数据使用范围、参与人员级别、接口方式（如同步请求—应答方式、异步请求—应

答方式、会话方式、广播通知方式、事件订阅方式、可靠消息传输方式、文件传输等通信方式）、接口地址要求、调用参数规范、数据调用范例等。基于隐私保护的协议范本和接口规范将使各级涉老组织按规监督，使养老服务运营商合规服务，使老人隐私得到切实保护。

3. 以分级分类为抓手，建立反向检索服务商的新模式

出于隐私保护的原则，老人的数据不能轻易提供给养老服务系统的运营商，以防这些数据被滥用或非法使用。最近几年由于隐私信息泄露导致的老人被骗悲剧呈集中爆发趋势，互联网和移动互联网的快速发展使得信息素养本就偏低的老人更加举步维艰，老人不仅饱受不会很好使用电子设备的现实困扰，还要遭受垃圾信息和精准诈骗的侵犯风险。

但是养老服务运营商为老人提供服务需要老人的相关数据。因而，我们建议可以建立反向检索养老服务运营商系统的新型数据交换模式。也就是说，各级涉老组织应避免直接提供老人数据给养老服务运营商，或者养老服务运营商直接到具有公权力的数据库中检索老人数据，应由第三方数据平台，基于分级分类的老人数据，反向检索养老服务运营商的系统，然后分别向老人和服务商双向推荐（向服务商推荐时注意老人数据的脱敏，老人认可后才可提供敏感信息），同时运营商将自身的闲置资源信息发布至第三方数据平台。这种反向检索服务运营商系统的新型数据交换模式既可以有效保护老人的隐私，又可以准确地调动资源来满足老人的需求，做到双方你情我愿的双向选择。

4. “互联网+养老”建设和运营并重，扶持后续运营

我们在街道、社区的调研访谈中发现，现有基层养老信息化建设和“互联网+”涉老项目一般处于摸着石头过河的探索阶段，各个养老工作主体在探索过程中的项目规划一般能够考虑建设阶段所需的经费投入及存在的障碍、难点和相应的解决方案，但对项目运营阶段的难点、新增问题和所需资源认识不足，使得一些出发点较好、立意较高的涉老项目在后续运营阶段难以为继或后劲乏力。

因此，“互联网+养老”项目的初期规划应平衡好建设和运营阶段的投资，将扶持后续运营作为决策重点之一进行考虑，尽量将养老支持经费划拨给前期

运营效果较好的基层单位，避免重建设、轻运营的“虎头蛇尾”决策思路。

例如，有的街道使用电视云系统、腕表呼叫定位系统、居家老人报警系统和驿站为数据分析系统，这些系统从不同维度满足了老人的信息获取、出行、安全和护理等需求，但一些系统由于缺乏后续资金支持运营导致实际使用效果并不理想，而且分块独立的系统搭建格局并不互联互通，过高的运营成本反而阻碍了项目的后期发展。

因而，我们建议以后上级单位在给下级组织进行养老信息化项目拨款时，要求项目方案中不仅要规划建设方案，还需要规划运营方案，对于建设资金和运营资金的规模和来源都要进行论证，以免进入“建设热闹，运营苦恼”的现实困局。

5. 评选“互联网＋养老”试点城区和先进街道

榜样的力量是无穷的。然而，我们的问卷调查显示，目前许多街道或社区的养老服务系统建设大多源于养老工作的负责人对新技术的热情或秉持更好服务老人的情怀，很少有街道或社区深刻受到先进街道的影响，大多是自己的摸索和实践。

为了在科学决策和可参照对象不足的初期阶段，避免“互联网＋养老”工作走弯路、一哄而上的风险，我们建议选择若干城区、街道和社区作为“互联网＋养老”的试点，分别探索如何根据所在组织的特点进行监管，如何设计数据治理机制；养老服务监管系统的架构如何设计，应该包括哪些模块；养老服务监管系统如何和运营商的养老服务系统进行对接；建设期和运营期的资金如何筹划和筹措等。

在试点基础上，分析建设和运营过程中的经验教训，打造“互联网＋养老”工作项目的建设和运营标杆，进一步宣传推广，形成可借鉴的工作范例。在此基础上，评选“互联网＋养老”工作先进的街道（或社区），通过案例推广使先进街道形成示范效应，推动“互联网＋养老”工作的整体水平向更高的成熟度迈进。

6. 举办老人健康管理和家庭护理实用短视频大赛

在调研访谈典型街道和社区的过程中发现，大多数老旧区域呈现出空巢老人增多、年青一代不与年老父母同住的现象，因而老年人进行自我健康管理和伴侣之间家庭护理的需求日益迫切。

“互联网 +”的环境为我们解决上述问题提供了更为广阔的想象空间和施展空间。例如，在网络直播和网络视频日趋流行的今天，我们建议为老人提供服务的企业或机构应该利用好这些新的互联网应用方式，举办老人健康管理和家庭护理实用短视频大赛。

该大赛的主要内容是鼓励街道、社区或老人将个人自我健康管理的优秀范例或者以某个家庭为单位的成员护理的成功经验，录制成短视频进行参赛。大赛的组织方可以通过电视、手机和 PC 端等多种媒体进行传播推广，从而推动全体老年人及其家庭成员观摩学习，形成基于自媒体性质的健康管理和照护知识扩散机制。这种机制可以借助评选、排名、奖励等游戏化方式激发大众的参与热情，比如直播或短视频的打赏形式就可以很好地促进这些短视频的有效传播。对这些参加短视频大赛的直播和网络视频可以择优奖励，然后根据主题分类后制作成健康管理和家庭护理的课程资源，最终形成一批面向全体老人的免费在线开放课程。

马旗戟
“奖项经济”在信息社会下的机会与挑战

马旗戟 信息社会50人论坛成员，盘古智库老龄社会研究中心执行主任，中国商务广告协会营销研究院院长，国家广告研究院研究员，北京大学新媒体营销传播研究中心研究员，中国互联网协会网络营销工委会副秘书长，中国商务广告协会数字营销委员会委员，阿里研究院学术委员会委员。“电子商务价格指数”“电子商务消费维权指数”“电子商务消费者信心指数”“信息经济”等课题组成员。

评奖是一个复杂的社会化游戏，更是一场复杂的经济商业活动，我们称之为“奖项经济”。

元旦、春节过后，冬季将尽，新的一年毕竟已经到来，很多公司开始忙碌起来，奖项评选也不例外。广告、营销、公关、传播、媒体、电商等行业便是如此。

那天，笔者上午10点惺忪醒来，头依旧微疼。拿起手机，蹦出一个“朋友”发来的一个微信“通知”，大意如下（笔者做了适当精简）：

尊敬的评委马旗戟老师，您好！

非常荣幸请您担任第××届××广告营销奖初审评委，附件PDF为《评审手册》及《评审规则》，请您查收。

您需要评选的类别请参考《评审手册》，并逐项完成全部评审……

链接：http：//www. xxxx. yyyy. com/zzz/

用户名：mqj250

密码：250250250

时间：201×年××月××日—××月××日

再次感谢您，拿出宝贵的时间参与××广告营销奖的评选活动！如有任何问题，请联络……

笔者毫无打开两个附件的兴致。这群搞广告营销奖的奸商该敲打敲打了，啥事儿都发个通知就觉得别人应该积极应和、主动配合。扔掉手机，笔者又恹恹睡去。

在脑子稍微清醒的当天下午，笔者在微信上和《数字营销》主编许璐聊起此事，一拍即合，于是有了下面这篇粗浅的文章供大家指正。

一、奖项的一些剥笋扒皮

其他行业先不评价，目前中国大约每年有三十个相对固定、专业、公正且定位在广告营销公关传播领域的大赛奖项，虽然各有特色，但模式基本不变。篇幅关系，下面只简单讲一下这些奖项的组织及流程相关构成（在下面论述中，大赛和奖项可能会混用，但表达的是同样的意思）。

（1）发起方。目前大多数情形下，大赛奖项是由某个传媒机构发起和主办，或在某个权威机构主办和主导下（也存在若干机构共同联合发起主办），由传媒机构承办，或许还有若干协办机构。

（2）拥有者。指对大赛奖项拥有实际控制和收益权利的发起方、主办方或承办方。在很多情形下，我们也常常笼统地将这些控制者和受益者称为“主办方”，因为他们冲在一线，决定实务。下面，如果没有特别说明，我们用“主办方”一词来标定那些在奖项中决策和获益的重要机构。

大赛奖项实操的主要构成包括以下几部分。

（1）组织。主办方组建大赛组委会（通常会有行业名人或行业组织领导），并实质性地设定奖项结构、评委构成、评审流程和运转奖项相关市场活动。

（2）报赛或报奖。大多数是代理公司、媒体方、平台方提交品牌方的广告、营销、公关等案例，这些案例被要求是已经实施投放并结案的，而非策划创意想法；某些奖项也允许个人作品参赛，主要集中在创意征集层面。

（3）评委。通常有初审评委和终审评委，由品牌方、代理方、媒体方、平台方、学界、第三方领域等相关人士构成。视各大赛奖项的规模、流程不同，初审评委可能在100~300人，终审评委在20~50人，当然不同大赛奖项的差别会较大。

（4）评审。通常分为大众评审（通常是网络形式）、专家初审、专家终审、现场答辩等阶段，主体是初审和终审。通常，最终获奖案例会经过终审评委或评委会主席团合议或确认，公正性基本可以保障。

（5）颁奖。这是大赛奖项最重要、最受关注的事情了，因为大多数情形下，颁奖涉及奖项最直接的商业变现和利润来源。颁奖典礼通常包括：1个主论坛，多个分论坛，1个颁奖盛典（或晚宴）以及相关配套合作手段，如会场展览、小规模培训、机构业务推介会等。

整个大赛奖项的最重要工作之一，甚至是核心目标，就是“商业化”。商业化是整个大赛奖项的核心，这是奖项商业赢利模式决定的，也是商业变现的最主要环节。

我们着重拆分奖项商业化的收入部分简单来看。

（1）主办方获得的政府、机构或组织预算资助。不同大赛情况不同，有些大赛根本没有这项收入，但即便有，这部分收入也相对有限（除非当地政府将其作为重要政绩和企业将其作为公益项目来投入）。

（2）报赛案例报名费。国内绝大多数奖项基本是免费参赛，收入为零。而且为了鼓励参赛，对单一公司报赛案例数量没有限制，于是曾出现过某个公司一次性报了80个案例的情况。

（3）颁奖相关环节。首先，案例如果获得等级奖，那么获奖机构如果想要拿到奖项，大多需要缴纳一笔少则数千元多则数万元的工本费；其次，论坛、盛典或晚宴的冠名或赞助商，根据级别不同，费用不同，从数万元到数十万元不等；再次，还有演讲发言或推广费用，打包赞助商往往包括了一系列权益，但也“零售”，如只做论坛演讲多少钱，只包含硬广多少钱等；最后是展览展位销售收入或定制业务、外包业务推介论坛收入，还有企业宣传传播费用，甚至包括现场培训课程收入。此外，礼品赞助往往也是主办方的非现金收入。

显然，详细计算一个大赛奖项的收入不容易，不仅类别项目的构成复杂，而且往往存在“转移支付”（如主办方与品牌、代理、媒体签订的年度合作中包含了此部分固定费用）等。不过，行业大致认同的是，通常一个大赛奖项的项目直接收入在数百万元至数千万元之间。

当然，上面的每一个环节都存在支出成本，特别是颁奖环节，规模越大，成本也越大，收支能否平衡，全靠主办方的商业开发能力。

以上，只对独立第三方举办的“商业型”大赛奖项的模式和流程做了一点简要说明，不包括政府类组织奖项，也不包括企业为客户“答谢或联谊”等举办奖项等。为了省略篇幅，大赛中非案例（如评选机构或个人）和创意作品（狭义广告作品）在这里暂时不分析，毕竟从经济原理上讲，它们与参赛的案例是大同小异的。

二、大赛奖项的经济行为本质

我们并不对大赛奖项的收支感兴趣。而是对它们得以存在的经济原理感兴趣，即它们究竟是一种怎样的经济现象。

与通常的技术、产品会展不同，也与产业行业、学术会议不同，此类大赛奖项的商业和赢利是建立在以案例评审为基础的颁奖（论坛或盛典）之上的，换言之，收费依靠颁奖论坛，颁奖论坛依托案例评选，而案例评选得以顺利进行则依托评委的专业知识、行业信誉和市场影响力等。

因此，从上述逻辑中我们可以明白：中国众多广告、营销、公关、传播大赛等奖项，实际上是某个机构以广告营销作品为加工对象，以评审流程为生产组织方式，以评委专业知识为专业技术，以评审结果为交付产品（某种情形下可以视为 IP），以颁奖盛典及其他为交付形式，以评委信用和品牌为信用资产，以论坛展会和传播推广为附加价值的一种知识生产行为和商业经营形式。

很显然，在这个生产过程中，评审过程是一种高度专业化的知识生产，而非一种简单的商业服务、专业交流或智力游戏，而评审结果（排行榜或获奖名单）则是生产的产品。打个比方，它就像你在书店当中面对一百本书可能无所适从，不知哪本是匠心之作，哪本属于东拉西扯，此时有人给出了它们的推荐排序并写出如此排名排序的原因，这个排序及原因就是一种“针对知识的知识再创造和再生产”。为了简化内容和文字，我们在此文中使用“知识生产”这一简化说法。

从这个思考逻辑和生产方式观察，结合我们前面所提及列举的奖项构成，可以发现一些有关“奖项知识生产与商业化”的有趣现象。

（1）奖项参赛、参评的案例报送大多是免费的，大多数主办方表面上不收取费用，但换种角度来讲，他们免费获得了奖项知识生产的初级原材料，所以在这个环节他们实际上是赚了。

（2）奖项评审过程（即知识生产）中，参与生产的主体（评委）是基本不获得报酬（特别是初审）或获得极少报酬（终审评委也往往只有一两千元的报酬）的，也就是说，为奖项知识生产提供了核心专业知识和技能的评委在整个奖项经济中相当于免费劳动力。

（3）正如我们所见到的，奖项主办方会将知识生产产品——评审结果（排行榜或获奖名单）“卖”给参赛公司，收取各种名义的成本费和服务费，完成第一次商业化变现。

（4）主办方同时在这个知识产品基础之上推出衍生品、附加或增值服务，从而实现第二次商业化，如各种盛典、论坛、培训、展会、广告、推介、咨询、考察等。这才是重头戏。

1. 奖项经济链条存在的基本原理

那么，我们不禁要问：在奖项这个知识生产的经济价值链条中，在主办方、参赛方、评委方的三方关系中，好像最大受益者只有主办方，这个“游戏”为何还能持续进行？这是若干经济原理方面的原因。

总体上来讲，社会、市场和公众都需要一系列各种类型的评选（排行榜）来降低信息不对称和交易成本，增加市场信用有效性，提升市场总效率和社会福利。例如，竞标时需要代理公司提供资质和荣誉，这从经济本质上来讲就是为了提升效率，而非简单为了交差或满足虚荣心。

2. 专业分工与专门化

为了实现奖项评选这个知识生产过程，让每一个甲方、乙方或第三方都去自己组织完成是不现实的，而且成本巨大、缺乏效率，因此专业奖项主办者才会出现。这个很容易理解，就像我们不会每家都雇一个快递员一样。

3. 规模经济与网络效应

我们都知道，如果一个大赛奖项囊括的案例越多，评审结果越具备完整性和说服力（即奖项知识生产的产品质量越高），未来的市场影响力与商业价值也会越高，且评审的边际成本越低。因此，尽管想动员所有案例来报赛是不可能的，但主办方还是会努力扩大参赛案例数量规模。当然，参赛案例数量越大，评审难度也越大，案例间彼此的比较、参考和借鉴也越复杂与丰富。

4. “众筹模式”下的报赛案例

即便有了奖项的主办方，为了完成排行榜的知识生产，主办方势必要去市场当中采购原材料（案例），否则将无的放矢。如果我们要求它必须花钱去向各甲方、乙方获得使用授权或类似权利，这显然不可行。考虑到规模效应的存在，主办方是无法承担这样的成本的。

因此，一种类似于“众筹”的模式就出现了：参赛机构将自己的作品“免费”提供给主办方，用来进行评审，生产出知识产品（排行榜）。因此，参赛机构相当于将自身案例作为一种“生产原材料”投资，参与了大赛奖项的“众筹”。

也只有针对这个理由，主办方免费获得参赛案例才是合理的；也同样只有在主办方无力将知识产品（排行榜）进行商业化或参赛机构拒绝知识产品商业化从而无法消化全部生产成本的情形下，主办方收取案例参赛费用才是合理的。

5. “众包模式”下的评委

前面说过，众多评委凭借专业知识和个人信用完成评审的过程，是奖项知识产品的核心生产过程，那么为什么如此？根本原因在于奖项知识产品

（排行榜）是一个庞大、复杂、多样的生产过程，仅仅由个别或少数人无法生产（或者只能生产出劣质产品），它既需要有足够数量的评委分摊巨大工作量，又需要有不同知识结构和实践经验的评委承担不同领域的专业评审。

因此评委之所以众多，除去所谓要有代表性、全面性之外，背后的经济众包模式也发挥着重要作用。当主办方邀请评委参加评审时，实际上是在启动“众包”——不同专长和技能的众多评委自愿地共同分担、协作完成一个奖项知识产品的生产（评审），并推出产品（排行榜）。

6. “一次商业化”下的奖项工本费

我们知道围绕奖项知识产品的设计、组织、生产和交付是需要成本的，简单的如场地、设备、工资津贴劳务、差旅食宿等。在主办方不愿收取或参赛方拒绝缴纳参赛报名费而无法通过上述“众筹”模式取得项目投资的情形下，主办方向获奖机构收取工本费（名目主要是制作奖杯证书、宣传推广等）来实现收支平衡，几乎是必需的。这称为奖项知识产品的“一次商业化”。

“一次商业化”的目的不是盈利，是取得项目收支平衡。因此，定价、获奖案例数和交费比率成为三个互相关联、互相影响的关键指标，它们的综合效果决定着“一次商业化”的总收入。理论上，生产组织者（主办方）应该有较为严谨科学的测算模型，但现实却不容乐观。

由于项目成本是确定的或可预估的，因此在获奖机构缴费意愿较低，而单个获奖案例（工本费）定价区间有限的情况下，主办方往往不得不通过增加获奖案例比例和数量来改善“一次商业化”的收入状况，于是我们有时会看到令人瞠目结舌的获奖案例数量，这是有经济学上的道理的。

也正是基于此，我们要说那些承诺遵循大赛奖项的规则，却在获奖之后拒绝交费的参赛机构，不仅仅是“不给主办方面子”“占小便宜或没有商业信誉”，更为严重的是他们破坏了整个大赛奖项商业模式的有效运作，并对整个项目产生破坏性影响，这是很恶劣的违背商业伦理的行为。

7. “二次商业化”之下的喧闹

几乎每一个大赛奖项都会有颁奖盛典，并结合论坛、展会、推介、培训，甚至包含演艺娱乐等。显然，仅仅为了奖项知识产品（获奖排行榜）的交付，一个颁奖典礼加一些资讯传播足矣，那么为什么要如此?

这就是我们称之为奖项知识产品的“二次商业化”，也就是将获奖排行榜作为基础，面向相关行业群体（特别是参赛获奖公司）提供衍生、附加和增值服务，实现再次商业变现。这是主办方通过大赛奖项获得的最重要收入来源，也构成了其关联业务的基础资产和价值。在这里我们不讨论细节（实际上主办方的收益是极其巨大的），只需要记住：对于主办方来讲，奖项知识产品的一次商业化从来不是其核心目标，“二次商业化”才是，就像迪士尼动画片播放授权收益不是最大的商业生意。

在这里，我们要厘清一件事情：案例的知识再生产的产品（排行榜）可以被视为或打造成一个 IP，大赛奖项本身也可以被视为和打造成一个 IP，但两者不在一个层次和维度。前者往往是主办方直接“二次商业化”的基础，而后者是主办方延展自己的业务模式、范围和合作的可利用资产权益，这有点像“奥运会”和“奥林匹克运动”的关系。

三、几个问题的简单解析

我们简要剖析了主办方视角下的大赛奖项的价值链条，但还是有相当多疑问存在，篇幅原因我们无法全部回答，在此简单分析三个问题。

1. 为什么获奖却不肯缴费——奖项知识产品“公共性”的博弈

我们知道有些获奖机构在主办方收取“工本费”时拒绝支付，这是为什么呢?原因很多，试举几例：当初报奖不用交费而且还算简单，就先报着，不曾想真得奖了；本来没有拒绝交费的想法，但看到主办方的定价太高，于是很抗拒；有的获奖机构认为参加就是给主办方和奖项增光，为什么还反过来要钱？不一而足。

这些理由当然都有些道理，但它们没有指出根本，根本就在于：奖项知识产品（得奖排行榜）是一项“准公关产品”。换言之，它的生产目的包括两重：一是报赛者了解自身案例在行业中的位置、位次，二是让市场（客户和媒体）了解不同报赛公司案例的专业认可度和水平。从现实功利效果上来讲，第二重目的才是报赛公司最关心和热衷的。

也正是基于此，奖项知识产品一旦生产出来以排行榜形式交付时，让广大品牌主、媒体、公众认知和认可是每个主办方梦寐以求的事情，静悄悄发布是不行的，而不发布则更是彻底失去了生产目的。

所以，报赛公司吃准了这一点，一旦结果发布，排行榜就成为公共认知，参赛方案例就为市场和公众所知，目的已然达到。此时参赛方若是拒缴费用，主办方确实也无可奈何。

主办方羞愤恼怒之下也有对策，例如凡是颁奖之前不给工本费的案例，取消获奖资格，后续案例替补。不过如此一来，知识产品的质量（完整性、信用度等）便受到人为损害，此对策并不可取。而且考虑到大部分获奖机构都是行业知名机构，主办方往往投鼠忌器，对策真正施行的情况并不多。

一句话总结：正是奖项知识产品的“准公共性”让参赛机构在与主办方的市场博弈中占据了相对优势地位，并可能导致“一次商业化”的失败。

2. 为什么评委并“不值钱”——市场供需带来的博弈

评委的专业知识、经验和品牌是奖项知识产品生产和产品质量的最重要保障性“要素”，但在整个链条中，虽然主办方常常表现出真诚、热情和尊重，评委群体却似乎并没有获得明显收益，为什么还有那么多人招之即来、挥之即去？

在奖项知识产品生产的市场中，供给多了，需求方就挑剔，反之亦然，这是典型的供需问题。例如，现下中国各类广告营销公关传播类的大赛奖项多了，报赛公司就越来越挑剔，“众筹”和商业化就越来越难。

评委与奖项及主办方的关系也是如此。当下虽然大赛奖项数量不少，但能提供的评委席位还是有限的，行业市场中希望通过担任评委获得知名度、成就感和个人地位、影响力的群体数量很大，这种供需关系决定了主办方在这件事情上占据了相对优势地位和发言权——除去求之不得的个别行业领袖和少数怀着行业公益心的评委，评委群体并无太多的“议价能力”。这里的分析并无谴责与赞赏的成分，是试图从经济原理视角来理性剖析相关现象。

当然，还有一个特别现象需要注意，即相当部分的评委正是奖项参赛及报赛公司的管理者，他们的利益诉求将通过参赛公司利益实现而间接兑现（如公司案例获奖，个人也可能获得公司内部表彰、奖励、升职机会，甚至被其他公司挖角）。

正是评委诉求极大差异化和评委潜在群体的极大规模，使得其中的供需关系极度不平衡，事实上主办方甚至可以“随心所欲，为所欲为”。

3. 报赛机构和评委获得什么——“产消合一”下的价值兑现

回顾参赛机构参与奖项知识产品的“众筹与商业化”和收益，评委参与的“众包”生产和收益，我们可以明显地看到，这两者都既是知识产品的生产者，又是知识产品的消费者，是比较有代表性的“产消合一”，也非常接近平台经济、共享经济和微经济的形态。

参赛机构报赛参与知识产品生产，获得知识产品（排行榜）包含的市场信息和价值，并将其再次“销售”给品牌客户，获得新合作、新业务，实现良性闭环循环。类似的，评委不但参与生产，也获得生产过程中的信息与知识分享，同时在知识产品的再开发、再利用、再推广过程中获得个人收益，同样实现较为良性的循环。

我们发现，案例“众筹”的社会共享和生产，评委“众包”的小微参与社会公共产品生产以及评委在整个链条过程中复杂的多重“斜杠”身份，主办方利用知识产品的社会化效应实现“二次商业化”等，这些都带有鲜明的新经济（信息经济）特征。

四、理解市场的经济规律是更好发展的必需

我们较少地关注传统大赛奖项的经济原则或商业模式分析，更谈不上理解。对于一些现象，往往出于本能、偏见或情绪去看待、解释和处理，有时候虽不无效果，但更多时候只能听之、随之、由之。

按照我们的浅薄理解，大赛奖项是一种基于社会化、带有新经济特征的知识产品的生产和流通、消费，在这其中参赛方、主办方、评委方及其他利益相关者组成了一个复杂的生态和价值网络，它实际上不是一个简单的聚合和服务过程。

因为篇幅问题，也因为探讨的主题缘故，我们在此文章中没有去关注和讨论更多“奖项经济和商业模式”的原理、规律，如“正负 + 内外部性”、稀缺性、平

台化趋势、知识产品生产与成本效用最大化等，但我们还是希望可以表达出一些思考，并为中国广告、营销、公关、传播等领域的大赛奖项的发展提供借鉴。

此外，我们也没有更多去分析挖掘一些深度话题，如排行榜 IP 和大赛 IP 间的价值关系与开发。目前来看，大多数大赛奖项主办方普遍对 IP 商业化和潜在商业价值挖掘是不惜余力，甚至饮鸩止渴的，但对于知识产品（排行榜）IP 的理解、完善与开发则是有些漫不经心，这不得不说是一种短视，需要有所改变、提升。

在新时代，数字经济与新供需平衡成为国家和社会经济关注的重点，这其中的匠心、技术驱动、创新创意和市场协同成为重要手段和路径。在这点上，我们大赛奖项的参与各方（尤其是主办方和行业组织）不应仅仅满足于鲜花喧嚣和商业收益，更需关心、思考如何真正做好行业知识产品的公共化服务，如何真正实现符合经济规律和市场发展的社会化服务。

“奖项经济”是一种貌似简单但实际有趣、复杂的商业经济形态，是知识经济的较高表现。对于未来奖项经济的商业化之道或者发展走向，我们需要进一步研究。

杨培芳

构建互联网时代的社会协同新经济模式

杨培芳　信息社会50人论坛理事，中国信息经济学会前理事长，教授级高工。曾任国家信息技术政策起草组成员，国家S-863高技术发展规划核心组成员，负责和参与多项信息产业领域改革与发展课题研究，2014年被《经济学家周报》评为年度十大著名经济学家。代表论著有《网络协同经济学——第三只手的凸现》《网络钟型社会——公共理性经济革命》《挽在一起的手——协同互利新经济哲学》等。

随着移动互联和大数据、物联网、3D打印、智能技术等的发展和快速普及，互联网的开放共享、分布关联、协同互利精神给传统经济理论带来了严峻挑战。当前的主要问题是，许多人每时每刻都离不开手机，离不开网络，他们的身体已经进入信息时代，可脑袋还停留在工业时代甚至小农经济时代。习近平总书记指出，“这是一个需要理论而且一定能够产生理论的时代，这是一个需要思想而且一定能够产生思想的时代”①。中国经济学理论界当前的首要任务是，认真研究新型信息生产力和传统生产关系的矛盾，扬弃计划经济，超越自由经济，在“人类命运共同体”精神指引下，建构互联网时代的协同市场经济新理论体系。

① 2016年5月17日，习近平总书记在哲学社会科学工作座谈会上的讲话。

一、信息经济学将成为信息时代的主流经济学

1987 年，中国信息经济学会在烟台召开第一次筹备会议，其中一个议题就是信息经济学究竟是信息部门的经济学，还是一个普世的经济学。会后基本达成一个共识：近期，信息经济学可以理解为部门的经济学，但到 21 世纪上半叶，它会成为整个信息时代的主流经济学。30 多年过去了，这个梦想虽然还没有实现，但出现了许多可喜的苗头。尤其是移动互联网的迅猛发展和快速普及，对传统经济学形成了强烈冲击，信息经济学正在向时代的主流迈进。诺贝尔经济学奖获得者科斯提出，现有经济学是飘在空中的体系，它无法给现实更好的指导。斯蒂格利茨则认为，一旦引入不完备市场和不完全信息这些更接近现实的假设以后，帕累托效率的论点就站不住脚了。还有学者指出，经济学帝国大厦高耸入云，但作为理论基石的“经济人”假设却陷入了精神分裂，重新审视“经济人”假设已经刻不容缓。美国供给学派经济学家吉尔德指出，“斯密及其后继者们提出了均衡理论和自发秩序原理，提出了看不见的手和完全竞争。而在高通（通信技术）公司的影响下，我逐渐偏离了这些传统经济学理念，开始研究以信息和噪声为基础的新型经济学，并认为这类新型经济学是理解人类经济发展的关键路径”①。西方经济学迷失的根源始自斯密时代的个人主义还原论哲学，这种哲学只承认物质可无限细分，无视个体间信息关联对整体的作用。李扬则提出“全部经济学因为互联网都要重写”②。

本文回答陈禹的提问：互联网时代究竟需要什么样的经济学？《21 世纪资本论》用大量数据证明西方社会存在严重的问题，盖茨也提出过“新资本主义”设想，但除了老掉牙的二次、三次分配，他们都没有开出像样的药方。因为他们都没有从新型生产力的高度，看到重塑经济理论的必要性，或者说是面对几百年形成的工业经济理论体系，最廉价的办法是继续修修补补，不易解构和建构。

---

① 乔治·吉尔德：《知识与权力》，蒋宗强译，中信出版社，2015。

② 李扬：《全部经济学因为互联网都要重写　中国经济学家有望领先世界》，http：//www.aisixiang.com/data/105078.html，2017－07－13。

二、信息生产力

蒸汽机在发明之初，只是作为汽顶球或用火取水的器具，供人们玩赏。后来，瓦特改进了纽克门的蒸汽机原型，用作生产动力，才使人类社会进入了机器生产力时代。电的发明之初也经过了莱顿瓶、留声机时期，大概80年以后，才进入以电动机、发电机为标志的电力生产力时代。20世纪70年代开始，计算机与通信技术结合，人类社会开始了信息化进程，初期主要用于信息交流，后来是网络交易。直到21世纪初，大、智、物、印等技术直接进入社会生产领域，才标志着信息生产力时代的到来。有人认为，社会经济变革的主要根源是某些先进理念的作用。其实他们犯了一个常识性错误，就是理念只能在人们生产与生活的社会实践中产生。马克思说过，“手推磨产生的是封建主为首的社会，蒸汽磨产生的是工业资本家为首的社会”[①]。而“互联网磨”产生什么社会？笔者认为一定是以知识中产者为首的公平信息社会。新理论只能在信息生产力的社会实践中总结出来。

三、互联网精神

互联网既不是耕牛时代的分散封闭精神，也不是机器时代的集中控制精神，而是开放共享、分布关联、协同互利的时代精神。这种精神既不支持新老计划经济，也不支持新老自由主义，而是正在催生一种新型的社会协同经济模式，这种经济模式将成为未来社会的主要经济模式。

20世纪70年代，英国学者博丁顿就在《计算机与社会主义》[②] 一书中提出，计算机和数字技术很可能与私有制的市场经济不相容，并系统提出了基于计算机的新计划经济概念。后来国内外经常有学者提出用巨型计算机“召回计划经济”的主张。2016年11月，马云又提出，未来30年计划经济成分会越来越大。刘强东甚至说“共产主义会在我们这一代人实现”，它的特征就

① 马克思、恩格斯：《马克思恩格斯选集（第一卷）》，中共中央马克思恩格斯列宁斯大林著作编译局译，人民出版社，1972。

② 斯蒂芬·博丁顿：《计算机与社会主义》，杨孝敏等译，华夏出版社，1989。

是“公司全部国有化”。这是个很荒唐的结论，因为马克思、恩格斯从来都认为生产资料国有化只是无产阶级取得政权后的一个过渡，最终要发展到“只有由社会公开地和直接地占有已经发展到除了社会管理不适应于其他任何管理的生产力”[①]，才能代表共产主义。20 世纪 80 年代初，中国曾有人提出设想，就是利用巨型计算机系统，建立国民经济规划部，每一个经济主体每天都生产什么、生产多少、销售多少，都由这个部门精细计算出来。也曾有控制论专家提出，中国经济总是“一放就乱，一收就死”，如果能建设一个巨型计算机系统，就可以找到国民经济的最优控制点。但笔者认为，集中控制思维永远找不到最优控制点，因为控制中心掌握的有效信息永远少于经济主体掌握的信息总和。将来对经济最有效的信息结构不是“控制论”模型，而是“协同论”模型。

人类社会的信息结构也代表其经济结构。中心辐射是农牧时代的经济结构，分级控制是工业时代的经济结构，扁平关联才是信息时代的经济结构。广播方式和电信方式代表较落后的生产力，只有互联网方式才代表最先进的生产力，三网融合的结果肯定是三网合一，只不过似乎用“融合”这个词，谁也不得罪罢了。

布坎南说过，现代经济学已经迷失了救世的激情和公平的梦想。斯蒂格利茨说，“一旦引入不充分竞争和不完全信息这些更接近现实的假设，新古典经济学和帕累托效率的理论就站不住脚了”。张五常曾在题为《经济学为何失败》的讲演中提出，斯密那个年代不自私不行，现在是互联网时代，“自私既可以使人类发展，也可以让人类毁灭”[②]，斯密并没有说人的本性就是自私，而是说面对强大的封建势力，小工商业者不自私不行，而“人的本性就是自私”这一论断是道金斯提出来的。然而，进入互联网时代，个人主义还原论越来越站不住脚了。因此，个人主义还原论，以及“个人为个人，上帝为大家”的理论前提已经不复存在。

我们必须认真研究新型生产力和传统生产关系的矛盾，在互联网新经济形

---

① 马克思、恩格斯：《马克思恩格斯选集（第二卷）》，中共中央马克思恩格斯列宁斯大林著作编译局译，人民出版社，1972。

② 张五常：《经济学为何失败》，http：//new. qq. com/cmsn/20160425/20160425012938，2016－04－25。

态的基础上，扬弃集中计划经济，超越自由市场经济；在融合东方文化精华和人类命运共同体的伟大精神指引下，建构互联网时代的协同市场经济理论体系。

四、社会协同经济模式

里夫金曾说，“2050 年，协同共享经济将超过现在的市场经济，成为新时代的主流经济模式”[①]。协同经济没有错，但他说的是免费共享，这就有问题了。因为边际成本为零不等于总成本为零，大量的基础设施、平台设备建设的成本仍然需要收回。如果是免费共享，那么大量投资和日常维护费用由谁来支付？自由市场经济理论有五大固有缺陷：一是周期性经济危机；二是解决不了日益扩展的公共产品和公共服务供给问题；三是有钱人的子女可以上最好的学校，造成人生起点的歧视；四是有钱人可以请最好的律师，破坏法律面前人人平等；五是不可避免地造成贫富分化，使社会失衡。

计划经济的核心价值是利他主义，市场经济的核心价值是利己主义。利他的结果是阶级固化和集体贫困；利己的结果是两极分化，“利润与贫穷同时增长”。纳什认为，如果人类的本能只有自私贪婪和不合作动机，那么人类社会不可能进化到现在的程度。美国另一位著名的供给学派经济学家吉尔德说，“斯密的笔下，市场经济的主导者不是那些有智慧的企业家和有创造力的商人，而是以扩大私利为目标的理性经济人”。实际上，随着信息日益透明，价格的形成必须考虑各方共同利益（互利）。吉尔德说过，“除了个别之外，现在成功的企业家不但不贪婪，反而工作努力，生活节俭，远远超过学界人士、华盛顿智库人员和教会群体。他们的成功仅仅源于他们真诚地为消费者提供服务和消费者给他们应有的回报”。可见，随着信息日益透明，只有建立平等交易、互利共赢的新商业模式，市场主体才能获得合理持久的利益。默克制药集团的缔造者默克经常告诫他的员工，“应当永远铭记，我们旨在救人不在求利，但利润会随之而来”。马云也说，“现在一个市场主体的成功，必须建立在相关主体也要成功的基础之上”。还有学者用计算机多元重复博弈模型证明，利他主义和利己主义都不可持续，社会将进入只让持“一还一报、平等

---

① 杰里米·里夫金：《零边际成本社会》，赛迪研究院专家组译，中信出版社，2014。

互利”态度者发财的时代。

当然，西方市场经济学体系已经锤炼了几百年，计划经济理论也有上百年的理论积淀，要在两大理论的基础上实现扬弃、超越和创新，肯定是一个浩大的社会工程，可能需要几代经济学人的不懈努力。然而随着信息生产力的迅猛发展，国内外致力于新经济研究的团队越来越多，一旦中国互联网新经济学派与主流市场经济学派形成融合汇流之势，新经济理论体系极有可能在中国这片沃土上萌生。

五、对当前经济时代的思考

一个时期以来，信息通信领域新词不断涌现，如知识经济、数字经济、连接经济、网络经济、注意力经济、创意经济、智能经济、智能社会、智慧社会等。习近平总书记提出“大数据是信息化发展的新阶段”[①]。还有人说现在已经从信息（IT）时代进入了数字（DT）时代。其实大数据也好，人工智能也好，要么是信息时代的子集，要么是信息时代的阶段性称谓。当前人类依然处于硅基 IT（集成电路、光导纤维）时代，属于第三浪潮。而基于蛋白生命技术的时代（第四浪潮）还没有到来。人类社会从农业化时代、工业化时代再到信息化时代是生产力演化、不以人们意志或理念改变的客观过程。党的十八大报告指出，到 2020 年，中国“工业化基本实现，信息化水平大幅提升”。

关于社会协同经济模式，笔者出版过两本书。一本是 2000 年出版的《网络协同经济学——第三只手的凸现》，一本是 2016 年出版的《挽在一起的手——协同互利新经济哲学》。这两本书中的一个重要观点就是主张同时发挥市场的基础作用、政府的保障作用、社会的协同作用。如何支持协同经济呢？下面有六个逻辑规律也是六个重大课题：多元协同的世界观、普遍关联的方法论、分布关联的社会结构、互利主义的经济伦理、公共理性的价值观、以“关联社会人”为新经济学的假设前提。这些课题希望交给年轻的学者们深入研究。

---

① 2017 年 12 月 8 日，习近平总书记在主持中共中央政治局第二次集体学习时发表讲话。

张新红

中国共享经济引领创新创业

——从共享经济看数字经济对创新创业的影响

张新红 信息社会50人论坛理事，国家信息中心首席信息师，分享经济研究中心主任，中国信息化百人会执委兼秘书长。长期从事信息化和信息社会发展理论与实践研究，参与国家信息化发展战略与规划等一系列相关政策研究制定工作。主持完成30余项重点研究项目，多项研究成果获得国家发展和改革委员会、国家信息中心优秀研究成果奖。2005年起带领研究团队专注信息社会发展理论与实践研究，2010年开始发布年度《中国信息社会发展报告》，2015年推出第一份《全球信息社会发展报告》，2016年推出我国首份《中国分享经济发展报告》。

主要著作有：《聚焦“第四差别”——中欧数字鸿沟比较研究》《中国信息社会测评报告》《分享经济——重构中国经济新生态》《驱散增长的迷雾——新常态下的新动能》《共享经济——中国新故事》等。

在过去的十年里，以使用权分享为主要特征的共享经济风靡全球，成为数字经济领域最活跃、最抢眼的明星。中国共享经济的故事很精彩，在引领创新创业方面的作用逐步显现，不仅成为新常态下中国经济转型发展的突出亮点，也对全球共享经济发展产生了重要影响。

一、共享经济成为经济发展新动能

1. 中国共享经济规模大、成长快

共享经济已经成为推动持续发展的重要力量。国家信息中心发布的研究报告显示，2015—2017 年中国共享经济重点领域的市场交易额分别为 19560 亿元、34520 亿元和 49205 亿元。分领域来看，2017 年，以 P2P 借贷和网络众筹为代表的资金共享交易规模为 28264 亿元，但所占比例明显缩小。在非金融领域，以劳务分享为主要特征的生活服务领域规模较大，2017 年达到 13214 亿元。作为共享经济最早发端的交通出行与汽车和房屋住宿，2017 年实现交易额分别为 2010 亿元和 145 亿元。生产能力、知识技能领域的分享已经成功突破瓶颈，2017 年交易额分别达到 4120 亿元和 1382 亿元。

共享经济领域吸引了大量的风险资本投入。2015—2017 年中国共享经济领域的融资规模分别约为 1300 亿元、1710 亿元和 2160 亿元。2017 年全球规模最大的 10 笔风险投资中，有 5 笔投向中国企业。

大型平台企业迅速崛起。2017 年，滴滴出行平台为全国 400 多个城市的约 4.5 亿用户，提供了超过 74.3 亿次的移动出行服务。截至 2017 年年底，共享单车投放量超过 2300 万辆，注册用户接近 4 亿人，累计订单量超过 115 亿单，覆盖全球 20 多个国家的 304 个城市。以货车运力共享为特征的运满满平台到 2018 年一季度已经汇聚了全国接近 80% 的公路干线重卡运力，吸纳了 500 多万司机用户和 100 多万个货主用户。在知识技能共享领域，猪八戒网平台上集聚了来自 25 个国家和地区的 1300 万个知识工作者和 700 多万家雇主。快手网络直播平台上的注册用户已经超过 7 亿人。作为移动医疗手术预约平台，名医主刀业务已覆盖全国近 30 个省市，合作专家 3 万余名。

2. 中国共享经济快速发展是有理由的

中国共享经济的快速发展得益于诸多得天独厚的特殊优势。

（1）网民优势。目前中国网民规模已达 7.72 亿人，互联网普及率为 55.8%。大规模的网民市场为大量创新提供了丰富的应用场景，也使得许多

创新应用一旦出现很快就能达到相当规模。

（2）后发优势。工业化基础相对薄弱，对新业态、新模式需求强烈。“新常态”下，亟须通过发展以共享经济为代表的新业态，来培育新的经济增长点和形成新的增长动能。

（3）政策优势。中国政府对于以共享经济为代表的新业态给予了充分的肯定和支持，明确提出了“审慎包容”的监管原则，为共享经济发展创造了良好的外部环境。

（4）文化优势。中国传统文化向来崇尚节俭，对共享经济的理念更易接受。

3. 未来发展趋势

中国共享经济正在从导入期向成长期加速转型。未来几年中国共享经济仍有望保持年均30%以上的高速增长。到2020年，共享经济交易规模占GDP比重将达到10%以上；到2025年，共享经济规模占GDP比重将攀升到20%左右；未来十年中国共享经济领域有望出现5～10家巨无霸平台型企业。越来越多的企业与个人将成为共享经济的参与者与受益者。

一些重点领域的共享蓄势待发。制造业、农业、教育、医疗、养老等领域都可能成为共享经济的“下一个风口”。

共享经济与实体经济的融合进程将不断加快。未来，在产品、空间、资金、知识技能、劳务、生产能力等领域预计将出现越来越多的新型平台企业。共享经济与实体企业的融合将体现在技术融合、产业融合、数据融合、产消融合、虚实融合等诸多层面。共享的基因将被越来越多地注入实体企业的创立、用工、研发、设计、生产、销售、服务等各个环节。

生态化扩张将成为越来越多平台企业的战略选择。平台企业利用已经掌握的客户资源、用户数据、技术能力开始多元化增值服务或配套服务。共享经济企业国际化步伐将不断加快。

二、共享经济对创新创业起到引领作用

1. 新业态、新模式大量涌现

从实践发展来看，“大众创业，万众创新”表现最活跃的领域大都带有共享

经济的基因。2016 年曾被称作共享单车的元年、知识付费的元年、网络直播的元年。到了 2017 年，各类共享经济的新模式、新业态更是如雨后春笋般大量涌现，在产品、空间、知识技能、劳务、资金、生产能力六大领域及其细分领域中，几乎每年都有新的业态诞生，都有大量的共享经济平台上线。从创意设计、营销策划到餐饮住宿、交通出行，从资金、设备到物流、劳务，从美容美甲、医疗保健到知识技能、生产能力……共享经济的触角已延伸到众多领域。分享型平台数量持续上升，一些领域在短短数年里就涌现出数百家企业，并迅速形成一批初具规模、各具特色、有一定竞争力的代表性企业。国外出现的共享经济模式绝大多数在中国都能看到，属于中国的原创性共享经济模式也开始大量涌现。

2. 出现一批独角兽企业

共享经济领域开始出现一批“独角兽”企业。CB Insights 公布的数据显示，截至 2017 年年底，全球独角兽企业共有 224 家，其中中国企业达到 60 家，占总数的 26.8%。具有典型共享经济属性的中国企业有 31 家，占中国独角兽企业总数的 51.7%。2017 年新进入该榜单的中国企业有 17 家：今日头条、联影中国、快手、摩拜单车、ofo 小黄车、斗鱼、拼多多、VIPKID、小红书、团贷网、网易云音乐、猿辅导、一下科技（秒拍）、iTutorGroup、沪江网、小猪短租、51 信用卡。共享企业成长速度之快也出人意料，新美大和今日头条在五年里成为估值过 100 亿美元的超级独角兽，滴滴出行和陆金仅用了三年，而 ofo 小黄车和摩拜单车成长为独角兽企业只用了一年多时间。

3. 众创空间快速成长

到 2017 年年底，经科技部认定和备案的国家级众创空间有 1976 家。如果加上地方科技部门认定的，全国众创空间总计有 5000 多家。这些众创空间本身就是共享经济的一种模式，在这些众创空间里的创业项目，也有相当大的比例是共享经济模式创新。

4. 就业方式和格局正在发生变化

共享经济的快速成长改变了传统的就业方式，创造了庞大的灵活就业机会，人们可以依照自己的兴趣、技能、时间及其他资源，参与分享活动，以自雇型劳动者身份灵活就业。在最近的几年里，中国城镇新增就业人数每年都在 1300 万人以上，共享经济发挥了就业蓄水池和稳定器的作用。调研和测算数据表明，共享经济的就业弹性系数明显高于传统产业部门。2017 年共享经济平台员工数约为 716 万人，比上年增加约 131 万人，几乎占到当年城市新增就业人口总数的 10%。也就是说，2017 年每十个新增就业岗位中就有一个是共享经济企业直接创造的。此外，2017 年共享经济中的参与提供服务者人数约为 7000 万人，比上年增加约 1000 万人。

5. 带动传统行业转型升级

2017 年制造业产能共享市场交易额约为 4120 亿元，较上年增长 25%，平台上提供服务的企业数超过 20 万家，未来将会成为共享经济的主战场。

共享农业正在探索中，有望为城乡融合发展闯出一条新路。近年来围绕土地、房屋、农产品、农业机械、农村劳动力、农业科技等涉农资源的共享经济模式探索骤然加快，出现了共享田园、共享农庄、定制化农业、共享民宿等一大批创新平台。

6. 更多的创新效应逐步显现

共享经济的快速发展也推动了技术创新和产品创新。大数据、云计算、物联网、移动互联网、基于位置的服务（LBS）、近场通信、移动支付、现代物流等新一代信息技术的创新应用在共享经济发展中的表现非常出色。

信息技术与产业技术的不断融合产生了明显的聚合效应，也推动了产品的推陈出新。以共享单车为例，2016 年以来，共享单车企业累计申请专利数已经超过 300 项。

共享经济的快速发展还对创新城市管理和社会治理形成了较为明显的倒逼效应，引发了对重构经济学范式和现代经济体系的思考。

三、共享经济发展需要良好的政策环境

1. 政策和舆论环境向好

中国共享经济能够快速发展并开始引领全球，与包容创新的宽松政策和

舆论环境密不可分。近年来，高层领导在多个场合讲话中对分享经济寄予厚望，鼓励共享经济发展的国家政策密集出台，为分享经济发展带来了明显的政策红利。2016 年 3 月，分享经济首次写入《2016 年国务院政府工作报告》，随后发布的《中华人民共和国国民经济和社会发展第十三个五年规划纲要》也强调要“发展分享经济，建立网络化协同创新体系”。

2. 初步形成支持共享经济发展的政策体系

2017 年 7 月，国家发展和改革委员会（后简称国家发改委）、中共中央网络安全和信息化委员会办公室等八部门联合印发的《关于促进分享经济发展的指导性意见》正式出台，围绕市场准入、行业监管、营造发展环境等进行了全面部署，这是共享经济发展过程中一个里程碑式的文件。2017 年 12 月，国家发改委启动了首批共享经济示范平台申报工作。

在网约车、共享单车、共享汽车、在线直播、互联网金融、网络餐饮、互联网医疗等细分领域，近年来中央有关部委及地方政府主管部门也相继出台了一系列政策文件。

可以说，中国已经初步形成了支持和规范发展共享经济的思想氛围和政策体系，这在全球也是不多见的。

3. 协同治理体系建设成为创新监管的重点

共享经济发展过程中也面临一些突出问题，比如用户权益保护难题进一步凸显、新业态与传统属地管理之间的矛盾突出、一些新的共享业态与城市管理方式之间的矛盾日益凸显、过度竞争带来的资源浪费以及过度集中可能引发的垄断行为等，也有一些平台打着共享经济旗号欺骗消费者。在积极鼓励共享经济发展的同时，针对实践中出现的突出问题，尤其是直接影响群众切身利益的问题，量身定制监管制度成为大势所趋，多方参与的协同治理体系建设将加速推进。

对共享经济的监管也面临一些难题：一是情况不明；二是手段缺乏；三是责任边界不好界定；四是平衡点不容易把握；五是需要克服各方的“小九九”。

可喜的是，大家对创新监管应遵守的原则已经形成了一些共识，比如：

鼓励创新，包容审慎；多方参与，协同治理；底线思维，弹性平衡；分类施策，区别对待；改进手段，精准有效。这些原则在各地的实践过程中也已经得到了一些应用，积累了一些好的经验。

邱泽奇
三秩归一
——电商发展形塑的乡村秩序

邱泽奇 信息社会50人论坛成员，社会学博士、长江学者特聘教授，北京大学社会学系教授，北京大学中国社会与发展研究中心主任。主要作品有《从数字鸿沟到红利差异——互联网资本的视角》《回到连通性——社会网络研究的历史转向》《技术与组织的互构——以信息技术在制造企业的应用为例》及著作《费孝通与江村》等，《社会学是什么》和《社会研究方法》（译著）对社会学初学者影响深广。获高等学校科学研究优秀成果（人文社会科学）奖、国家图书提名奖、中国出版政府奖图书奖提名奖。国务院特殊津贴获得者，入选教育部新世纪优秀人才支持计划、北京市社会科学百人工程、北京市新世纪社会学科百人工程。

和谐的乡村秩序是乡村振兴的重要组成部分，市场、社会、政府是影响乡村秩序的三股重要力量。文章以一个村庄的电商发展为案例发现，返乡创业人口触发了乡村秩序的重塑：电商为小乡村带来了大市场，大市场推动了乡村的经济生活的重组，建构了一个线上线下开放的经济秩序；经济秩序的变动触动了传统乡村的权威结构，基于传统文化的资历权威依然存在，家业兴旺则让能力权威从传统结构中分离出来并将其赋予年轻人，形成了双雄并立的社会秩序；助力和引领乡村电商发展，积极为市场和社会提供政策保障，推动了政府职能转变，让政府服务融入乡村发展的大局之中，扮演组织者角色，重塑了乡村的政治秩序。政治、经济、社会三秩归一，形塑着乡村振兴的大格局。

一、问题的提出

党的十九大提出了坚定实施乡村振兴战略，指出“必须始终把解决好‘三农’问题作为全党工作重中之重。要坚持农业农村优先发展，按照产业兴旺、生态宜居、乡风文明、治理有效、生活富裕的总要求，建立健全城乡融合发展体制机制和政策体系，加快推进农业农村现代化”。在实地调研中我们发现，产业兴旺既是解决好“三农”问题的抓手，也是生态宜居、乡风文明、治理有效的前提。建立健全城乡融合发展体制机制是产业兴旺的保障，生活富裕则是乡村振兴的总体呈现。可以说，农村现代化既是乡村发展的目标，更是实现中华民族伟大复兴的重要组成部分。

围绕产业兴旺，自改革开放以来，中国各地有过多种努力，如发展乡镇企业、发展民营经济、发展现代农业等。在一些地区，这些努力的后果之一是，随着工业化和市场化的发展，乡镇企业竞争失利，农村大量劳动力尤其是青壮年劳动力不得不外出谋生，让乡村的经济生活依赖于外出打工的人口，使乡村变成留守老人、儿童、妇女的世界。为解决乡村发展中出现的问题，各地政府也尝试多种政策和措施，譬如运用财政转移支付方式，送项目下乡、送资金下乡，却因多种原因，如缺少实施项目的人才、缺少适用劳动力、难以让留在农村的人口加入其中等，而收效有限。由此，在乡村，社会、经济、政治力量各自有自己的目标，各自沿自己的逻辑运行，“三秩并行”①，无法形成乡村发展的合力。

我们也发现，另一些地区同样经历了乡镇企业的衰落，却依靠发展电商吸引外出打工人口返乡创业，进行劳动再分工，有效地创造了新的产业或使传统产业转型升级，实现产业兴旺。与此同时，外出人口的返乡让曾经残缺

---

① 邱泽奇、邵敬：《乡村社会秩序的新格局：三秩并行——以某地“乡土人才职称评定”为例》，《国家行政学院学报》2015 年 5 月。

的家庭归于完整，使老有所养、幼有所教，人们重归自己的社会角色，家庭和谐，村庄红火。在电商发展中，地方政府关注农户的需求，为他们解决难题、提供指引、提供政策保障，让地方政策与政府行政服务于乡村发展，实现了乡村的有效治理。简而言之，乡村的经济生活、社会生活、政治生活都围绕乡村发展这一目标共同努力、相互支持和协作，形成经济繁荣、社会有序、政治有为“三秩归一”的乡村秩序，让我们看到了乡村振兴和城乡融合的景象。

针对中国乡村社会的研究文献大多采用“国家—社会”视角，认为在乡村社会存在一种主导力量，要么是国家主导着乡村秩序；要么沿用“皇权不下县”的想象，认为或主张国家无为、社会自治。我们在实地调研中的观察表明，国家与社会的确是建构乡村秩序的两股力量，却并非一定是对抗的力量，而可能是不相交的或合作的力量；此外，市场也是影响乡村秩序的重要力量，却未被关注，即使被关注也更多地被作为乡村分化而不是整合的力量。我们的实地调研则表明，在乡村振兴的实践中，政府、社会、市场是影响乡村秩序最重要的三股力量，如果不相交，便会形成“三秩并行”的格局；如果相互支持与合作，便可能引致“三秩归一”。

本文希望通过对山东省菏泽市电商发展的案例分析，探讨政府、社会、市场三股力量如何影响乡村发展，并在其中形塑了怎样的秩序；产业兴旺、生态宜居、乡风文明、治理有效、生活富裕又在以怎样的方式呈现。文章分为六个部分，第二部分对案例进行简要介绍，第三部分讨论市场力量构建的经济秩序，第四部分剖析家庭回归呈现的社会秩序，第五部分分析政府服务形成的政治秩序，第六部分对文章的讨论与分析进行归纳。

二、案例：菏泽市的电商发展

在2015年的文章中，我们以一个地级市的村庄为例，讨论了“三秩并行”的乡村秩序①。为了便于比较，这里，我们也将主要以一个村庄为例进行

① 邱泽奇、邵敬：《乡村社会秩序的新格局：三秩并行——以某地“乡土人才职称评定”为例》，《国家行政学院学报》2015年5月。

分析和探讨。在中国，一个村庄总是政治、社会与经济体系的一部分，为理解村庄实践的环境，我们先对菏泽市进行简要介绍。

菏泽市地处鲁西南，人口超过1000万人，是山东省人口最多的地级市，也是中国人口最多的地级市之一。在高速铁路与高速公路叠加发展的中国交通网络中，菏泽的交通并不方便。从北京直达菏泽的火车需要运行近8小时，即使采用铁路加公路的模式，也至少要花费5小时，还不包括等待的时间。从菏泽到达最近的港口青岛港的时间则需要10小时左右。

中国多地的发展经验表明，交通是影响物流和人流，进而影响产业兴旺的重要因素。改革开放以来，菏泽市的发展严重受制于交通不便，加上菏泽市深厚农业传统的路径依赖，使其直到如今依然是山东省经济发展水平排名的最后一位。

不过，自2013年以来，借助于农村电子商务，菏泽市的经济发展出现了转机。依据阿里研究院的数据，2013年菏泽市有2个淘宝村，2017年淘宝村的数量激增至168个；网上活跃卖家达到10.8万个；电商园区发展到32个；1395家规模以上企业触网，占规模以上企业总数的43%；跨境电商交易额年增长30%；2016年以来，电商交易额每年增长超过60%，2017年前三个季度的电商交易额达1413亿元，比2016年同期增长了70%。

乡村的“三秩归一”正是在这样的发展格局中得以形塑起来的。

三、市场构建的经济秩序：创新创业，产业兴旺

与曾经讨论过的海梅村一样，丁楼村也是一个普通村庄，2013年以前被淹没在菏泽市众多的村庄之中，名不见经传。在阿里研究院2013年举办的第一届“中国淘宝村高峰论坛”中，丁楼村一举成名，成为菏泽市的两个淘宝村之一，引起了多方注意，变得不再普通。

丁楼村地处菏泽市曹县大集镇。在电商发展之前，除农牧业和小商业外，村民们的生计几乎没有其他来源。为了谋生，村里的年轻人绝大部分选择了外出打工。

2010年以前，村里没有什么年轻人，连年轻妇女都出去打工了，附近村镇的加工厂招工都招不上。

2009 年，事情出现了转机。村里的葛秀丽到部队探亲期间初学电商技能，回到丁楼村开了村里的第一家网店，销售影楼服饰。那时，丁楼村生产影楼服饰的企业屈指可数，葛秀丽卖的产品主要来自邻村一个从乡镇企业年代就开始的产业。

丁楼村村民的居住布置为东西走向，葛秀丽家住在村西头，马路在村东头。为了发货，她每天必须蹬着三轮车穿村而过。三轮车上装满的货物，引起了村民的好奇，纷纷上门探个究竟。在中国，乡村是一个熟人社会，没有可以守住的秘密，葛秀丽开网店的事儿很快便在村里传开了。

第一个跟着学开网店的是葛秀丽的好朋友周爱华。周爱华在工厂上班。在学开网店的过程中，周爱华看到了机会，2010 年她干脆辞掉工作，回到了村里。接着，做影楼产品销售的丁培玉不再走村串户，开了自己的网店；中专毕业、在外打工的任庆方也返乡开店做起了电商；大学毕业在公司写代码的任安普也返乡创业……电商就这样在丁楼村迅速传播开来。丁楼村的电商丁培玉告诉我们："2010 到 2011 年那个时候，在我们丁楼村搞电商，搞一家火一家，搞一家就成一家。(乡亲们）也都不保守，你跟我说，我跟你说，你怎么开店的，我怎么开店，就是你不会开店，我都可以帮你开店。"

从销售影楼服饰开始，丁楼村的电商商家从客户反馈中捕捉到了市场对表演服饰的需求。影楼服饰和表演服饰在产品特征上具有相似性，可市场却有很大的差别。影楼服饰的需求量相对较小，即使在网上卖，无论是照相馆还是个人，一个买家通常只会买一套。表演服饰则不同，购买者常会以表演团体为单位购买，市场规模远远大于影楼服饰。于是，丁楼村的电商商家从影楼服饰销售转向表演服饰的销售和生产，曾经面朝黄土背朝天的农民纷纷加入表演服饰的销售或生产。就这样，一个新的产业在丁楼村诞生了。

"市场需求与产品生产之间的正反馈"①，促进了产业规模的迅速发展。从销售中获得了资金积累的农户为了获得更多的利润纷纷转向生产；已经有了生产的农户则进一步扩大生产规模，建立与销售模式更加一致的生产模式。产业规模的扩大自然让产品之间展开竞争。为获得更加丰厚的利润，部分电商商家便转向专门产品品类的销售与生产，即"爆款"。如此，在市场规律的

① 威廉姆·戴维德：《过度互联——互联网的奇迹与威胁》，李利军译，中信出版社，2012。

驱使下，多品类的销售与生产便顺理成章地转变为专业化的销售与生产。从儿童表演服饰的单个品类到戏曲表演专门服饰，丁楼村表演服饰的销售与生产在短短的三四年内便进入产品细分的专业化阶段。

产品销售与生产的专业化，促进了专业化分工。专业人才开始聚集到丁楼村，家住河南省民权县的张付传先生之前在广州市一家服装加工企业做裁剪主管。由于家中老母亲生病，2016 年 4 月，他辞去了广州的工作回到了家乡。除了照顾母亲，他还来到了丁楼村。先是在一家生产企业里帮工，同年 11 月，他便在丁楼村桑万路东租下一个店铺，购买电脑制版和自动拉布机等设备，自己挂牌，经营起了服装制版裁剪的生意。除了制版，设计、印花、裁剪等专业人才和经营活动也正在向丁楼村或大集镇聚集。

2016 年之前，丁楼村的电商商家每年都要花一段时间专门到浙江省绍兴市柯桥镇采购布匹，到浙江省义乌市的小商品市场采购辅料和配饰。随着生产规模的扩大和专业化，丁楼村对原材料和辅料需求迅速增长。原材料和辅料的生产厂家看到了在丁楼村的市场，采用代理或直营模式在丁楼村开设专营或直营店，甚至非专业市场的厂家也来到丁楼村开店设厂。

2010 年，在 240 户农户中经营电商的只有 6 户；在被授予淘宝村的 2013 年，在 272 户农户中经营电商的也只有 95 户；到 2014 年，在 280 户农户中经营电商的农户快速增加至 210 户，在 2017 年 310 户农户中经营电商的增加至 280 户。随着电商经营农户数量的增加，电商经营额也快速增长，2013 年只有约 5000 万元，到 2017 年便增加到 4 亿元。受丁楼村的影响，电商经营在大集镇、曹县迅速扩散。以大集镇为例，2013 年只有丁楼村一个淘宝村，2017 年 32 个村子都变成了淘宝村。从 2013 年到现在，大集镇吸引了 500 多名大学生和 5600 多名外出务工青年返乡创业就业。受菏泽电商发展势头的吸引，近两年来，有 7.5 万名菏泽籍在外人士返乡创业就业，带动了 21.5 万人就业。

由一根网线连接的丁楼村，不仅形成了表演服饰生产与销售产业，还在形成从原材料辅料供应、产品设计创新到制版、裁剪、生产、销售、运营这样一个十分全面的产业格局，出现了非常专业化的分工协作。所有这一切，都在市场中诞生，也在市场中迭代。市场的主体正是丁楼村的农户。曾经的农民获取市场需求、依据市场需求更新产品、开发新产品、提升产品竞争力，他们适应差异化市场需求的能力也在不断增强。

市场的崛起彻底地改变丁楼村、大集镇、曹县乃至菏泽市乡村的经济秩序，促使它们从传统农业向非农产业的创新创业转型，在没有非农产业基础的大集镇实现了销售和生产一体化、相关产业的聚集化、上下游产业生态化；在有产业基础的乡村，正在促进传统产业的转型和升级；在有出口产业基础的乡村，也在推动出口企业的转型和升级。

反观传统小农的乡村，无论是产品市场还是劳动力市场都呈现为内部市场，正如施坚雅①和黄宗智②③曾经论述过的那样，这其实是一个自给自足的市场。而在类似于海梅村的乡村，看起来是一个内部市场，尤其是劳动力市场，但事实上，市场的开放性使得针对内部提供的就业机会因其低收益而失去吸引力，乡村劳动力更愿意通过外出打工来获得更大的收益，由此形成了内外分离的市场秩序。

丁楼村电商发展形成的显然是另一种经济秩序。互联网连接的产品市场是一个完全开放的市场，与市场规律相悖的经济行为只能被市场淘汰，与市场规律一致的经济行为才会获得市场的青睐与支持。无论是产品市场、销售活动，还是劳动力市场，我们观察到的，无不体现为丁楼村村民可以理解并实践着的市场。正是遵循了市场规律，才让丁楼村呈现出产业兴旺的景象。

四、人口返乡的社会秩序：家庭和谐，乡风文明

之所以强调在丁楼村的市场是村民可以理解并实践的市场，是因为人类社会并不存在一个在实践层面普遍适用的市场。任何实践层面的市场规则与行为都嵌入在其社会之中，与其所处社会的社会规则相容或一致。

在海梅村，我们观察到宗亲关系是村庄社会秩序的基础，师徒关系、同行团体也是维系村庄共同体的重要力量。可是，由于大多数劳动力都外出打工，在节庆之外的时间，村庄的社会秩序是残缺的，是由乡村政府维系着的社会秩序，即代理人秩序。在丁楼村，其社会秩序曾经也与海梅村一样。

不同的是，随着外出打工人口返乡，随着电商的发展，丁楼村开始呈现

① 施坚雅：《中国农村的市场和社会结构》，史建云、余秀丽译，中国社会科学出版社，1998。
② 黄宗智：《华北的小农经济与社会变迁》，中华书局，2000。
③ 黄宗智：《长江三角洲小农家庭与乡村发展》，中华书局，2000。

另一种社会秩序。外出打工是中国欠发达乡村的一个普遍现象，外出打工一段时间以后，返乡创业的现象也不只出现在丁楼村，丁楼村的特别之处正是其传统的家庭文化与返乡创业之间形成的社会关系。

菏泽市紧邻孔孟之乡，有着非常深厚的家庭秩序传统。与一些乡村不同的是，人们返乡创业的驱动力不仅在于经济收获，更在于家庭责任的驱使。年轻人在外打工一段时间，子女到了受教育的年龄，父母亲也到了要被赡养的年龄。回到家乡创业，既可以为子女接受教育营造一个稳定的家庭环境，也有机会照顾年迈的双亲。

可是，亲情的维系需要经济基础的支撑。运用电商创业的返乡人其实面对众多的困境，其中之一就是创业成本。要想做好电商，既需要独到的产品，更需要周到的服务。无论是产品生产还是电商服务，都需要劳动力。如果父母不参与到子女的创业活动中，子女就得雇人。雇人既意味着增加成本，也意味着增加失败风险。为了帮助子女创业，父母主动加入产品生产和电商服务之中，形成了一家人都参与电商创业的格局，不仅降低了子女的创业成本，更是在家庭内部形成新兴的代际分工。在调查中我们还发现，新的代际分工还发生在村庄层次。在鄄城县我们观察到，一些企业聘用老、弱、病、残参与他们力所能及的生产活动，形成了“留守员、中老年，一天能挣上百元”的现象。

传统的代际分工是父母向子女传授经验，不仅形成劳动力的数量增量，更重要的是在社会秩序中维系了父辈的权威性，让年龄、资历与能力建构的社会秩序方向一致，形成了费孝通说的“长老统治”，也是人们对中国乡村传统秩序的最熟悉的想象。

新的代际分工则是子女提供机会，让父母充分施展能力，形成两代人之间能力的互补。如此代际分工形成的社会秩序既不同于传统的社会秩序，也不同于代理人的社会秩序。在丁楼村的社会秩序中，传统的尊老爱幼秩序形式依然存在，可形式背后的内容却截然不同，父辈的资历依然是其社会权威的来源，可“能力”不再是权威的来源。

资历与能力的分离形成了乡村社会秩序的“双权威”格局。一方面，“资历”，尤其是子女有出息的资历让父辈不仅在家庭获得尊重，在乡村也成为“为人父母者”持家的榜样；另一方面，“能力”则成为年轻后生获得社会声望的重要途径，不仅会让父辈为之骄傲，在乡村也会成为人们争相学习的对象。

我们来看一个例子。

2010 年任庆方回家探亲期间听说村里有人开淘宝店，他觉得自己一定会做得更好。他算了一笔账，如果自己全身心地投入，会比在外打工赚得更多，而且还能照顾家人。于是他回到丁楼村在网上做起了影楼服饰生意。2012 年，任庆方又凑了 13 万元开办了服饰加工厂，自己生产。2013 年销售额达到 60 万元，还开了天猫店；2015 年销售额近 300 万元。2014 年他被共青团曹县委员会授予“曹县十佳创业青年”称号，共青团菏泽市委员会还将其树立为农村电商青年创业典型。

任庆方的经营模式迅速成为丁楼村电商商家学习的对象。论年龄，任庆生是同族任庆方的兄长；论经营电商的能力，任庆方则是任庆生请教的对象。可学习不意味着跟随，而是在跟随中创新。在学习中发展的庆生表演服饰产品不仅在中国销售，也销往新加坡、加拿大、韩国、马来西亚等七八个海外国家。

如果“能力”强、“德行”好，后生也能成为乡村社会的“新乡贤”，任庆生便是典型的例子。在丁楼村，任庆生自己的电商平台做得好是一方面；另一方面，他更像是个“乡贤”，把自己经营电商的经验教训对村民们倾囊相授。2010—2017 年，丁楼村经营电商的农户从几户发展为 280 多户，占村家庭户数的 90% 以上。2014 年，任庆生被推选为丁楼村村支部书记。

因电商技术应用产生新代际分工带来的乡村社会秩序，既延续了中国文化中老有所养、幼有所教的传统，又演化出用贤举能的新风尚，形成了资历与能力双力驱动的社会秩序，不仅让家庭和谐，也推动着乡风文明的发展。这一发展的具体呈现是，丁楼村没有了犯罪，乡亲之间没有了争吵，城市里的广场舞也出现在了农户的家门前。

五、政府润泽的政治秩序：助推引领，治理有效

第三、第四部分的讨论似乎在说明乡村是一个自我组织、自我运行的地域共同体。事实上，不是！中国是一个有着近三千年行政管理体系的国家，即使在传统中国，乡村社会看起来是人群自治共同体，实际上却是国家权力

无处不在的地域行政共同体。只是，国家权力在村庄层次有着不同的表现形态。

在传统的中国乡村，除了皇权下达，还有民意上传，而这一切都是通过居住在乡村，却与乡村利益有着一定距离的乡绅实现的，即费孝通讨论的“双轨政治”。进入近代以来，国家权力逐步下达到村庄，却不在村庄设置政府机构，而是运用村庄代理人上传下达。在海梅村我们观察到，其政治秩序有着明显的自立性，乡土专家评定项目系政府设计，也从科层化的官僚系统内部展开，村民只是作为评定的对象，评定工作则由村干部负责落实。村级干部有着鲜明的代理人特征，评定的结果对村民的社会经济生活也没有实质影响，进而形成了双轨政治的变形，即乡村政治秩序的上下分治和有形无实。

在丁楼村我们则观察到了另一种乡村政治秩序。地方政府并不独立设计财政转移支付下乡的项目或计划，而是顺应农户发展电商的需要，在农户无力应对的领域和环节施展政府能力，服务和引领乡村发展。

网络是电商发展的基础设施，也是村民无力企及的领域。为服务电商发展，地方政府积极利用财政转移支付资源进行网络建设。以大集镇为例，2013 年 4 月，镇政府利用山东省光网改造试点，联合菏泽市联通公司曹县分公司，在乡村进行光网改造。2013—2016 年，大集镇的光纤入户数与网点数一直稳步增加，接入互联网的平均增长率达 114%，光纤入户数增长率达 129%。截至 2016 年，大集全镇已有 5800 多户实现了光纤入户，各行政村已实现了光网全覆盖。

场地是电商发展的又一必要条件，也是产业兴旺、生态宜居的关键环节。通常的情境是，随着销售的发展，村民不仅需要场地暂存产品，也需要场地进行生产。为解决场地问题，村民们能做的是在房前屋后搭建临时空间。政府则可以利用政策资源兴建地方性的产业园。

还是以大集镇为例。在注意到场地难题后，镇政府从 2013 年开始，一方面，协调各方资源，或改造和利用村镇废弃、闲置的厂房，废旧庭院，或兴建表演服饰加工厂。另一方面，为发挥产业集群效应，开展电商产业园的建设。大集镇淘宝产业园总投资 2.6 亿元，一期占地 120 亩，布局上采用前店后厂模式，以生产、加工淘宝表演服装为主，集网络销售、产品展示、物流运输于一体，一期工程已全部投入运营，状态良好，年销售收入达 10 亿元，带动直接就业 3000 余人。产业园二期建设已启动，建成后，将成为中国最大的表演服饰加工销售集聚区。2016 年，其被列为山东省重点发展项目。

技能习得是乡村发展中的又一难题。我们知道乡村熟人社会的特征有利于简单技能的扩散与传播，可电商是有门槛的经营活动，赋能便成为发展电商的瓶颈之一。为此，地方政府或运用榜样的力量，树立各种百姓身边的榜样，邀请他们现身说法，道出各自的经营经验；或建立村级电商服务站，开展现场咨询服务，对村民展开一对一帮扶活动，丁楼村的任庆方、任庆生、丁培玉等都是典型的例子。

培训是村民无力组织的又一领域。菏泽市各级政府积极响应村民的需求，组织各类资源，展开各种形式的培训，仅 2016 年，菏泽市举办的各类电商培训多达 634 余场次，平均一天接近 2 场次，参加培训的达 9 万多人次。

除此之外，电商发展的中间环节也有政府的无形支持。还是以丁楼村为例。在销售和生产发展到一定规模之后，进行企业注册，进而使企业的各项权益得到保障是丁楼村大多数电商曾经遇到的环节。传统的企业注册不仅手续烦琐，涉及多个政府部门之间的关系更让村民摸不着头脑。为此，政府要求工商部门与公安消防、税务、金融等多部门协调，为电商创业企业搞一站式服务。2013 年，大集镇党委政府专门发文，为企业注册提供优惠政策，凡需注册有限公司的，所需办理的一切证件和手续均由政府出资，派专人协助和负责办理；并专设淘宝产业发展领导小组，对电商和加工企业实行归口管理，除公安消防安全检查外，其他任何单位和个人未经该小组批准，不得向电商企业及网店乱检查、乱收费。

在丁楼村和菏泽市各区县的调研中我们发现，为发展电商，政府提供的各项直接和间接的服务，以及引导、推动、整合政策，可以列出一个长长的清单。不过，这个清单无一例外地说明，有效的乡村政治秩序不是在权力斗争中争取的，更不是在对社会和市场的管束中强化的，而是在积极回应人民发展的需求中而获得的，也是通过地方经济与社会发展得到巩固和强化的。

其中，农民收入的增加是人民支持政府的基础。以曹县为例，2013 年以来，淘宝村的人均纯收入始终高于全县的人均纯收入；与此同时，全县的人均纯收入也在快速增长之中。

丁楼村的例子说明，政府服务于发展不仅是村民的需要，也是地方政府治理的抓手，推动地方社会经济的发展更是积极润泽地方政治秩序的有效途径。

值得注意的是，中国基层政治秩序的发展也曾经出现过类似的情境。20世纪80到90年代，基层政府为了经济发展也积极服务于乡镇企业，被称之为政府对企业的“庇护”；由于乡镇企业在许多地方事实上是乡镇政府所有的企业，有学者认为地方政府就是企业。不过，与乡镇企业年代不同的是，当年，地方政府与乡镇企业之间的确有许多扯不清的关系，无论是在产权上还是在收益分配上，两者之间的经济利益关系是显而易见的；如今，丁楼村的基层政府与企业之间没有任何经济利益的纠缠。如果一定说两者之间有着共同的利益，那就是都希望通过产业兴旺促进生态宜居、乡风文明、治理有效和生活富裕。

丁楼村的政治秩序也可以被看作是“双轨政治”的另一种变形。与海梅村的上下分治和有形无实不同，丁楼村的政治秩序既贯彻了振兴乡村的国家政策，也上传了人民在追求美好生活中对政府服务的需求，且得到了基层政府的积极反馈。政府与人民之间形成了一种直接的网络互动，我们姑且称之为“助推引领”。

六、结论

中国过去近40年的经历说明，社会、市场、政府是影响乡村秩序的三股重要力量，围绕“发展”目标，三者的认知不同、行为不同就会塑造不同的乡村秩序。党的十九大报告明确指出，“我国社会主要矛盾已经转化为人民日益增长的美好生活需要和不平衡不充分的发展之间的矛盾”。围绕乡村振兴，让三者形成合力，则是推动欠发达地区的发展、解决不平衡发展和不充分发展的必由之路。

菏泽市曹县丁楼村的例子说明，围绕农村电商发展呈现的乡村秩序是一首迈向乡村振兴的协奏曲。

在过去100多年里，中国的确在从传统走向现代，可是中国的家庭文化依然存在，尤其是在欠发达地区。家庭文化让在外打工多年的青壮年劳动力返回家乡，上赡长辈，下育子孙，把多年积累的劳动技能带回家乡创业创新，触发了乡村秩序的另一种新格局。

由一个人带回的电商，在实践中迅速成为人们模仿的对象。乡土熟人社会之间的无秘文化，为相互之间的模仿提供了正当性。模仿中的创新成为推动产业的动力，模仿中的竞争又让专业化成为必然。专业化进一步带动着产业聚集和生态化。由此，形成了一个高度市场化的丁楼村新经济秩序。

之所以强调丁楼村，是因为这个秩序嵌在乡村的社会文化之中。其中，最重要的是家庭文化。中国是一个家庭主义的社会，中国人认为，人生的最大价值在于“子女有出息”。子女有出息的指标不在于传宗接代，而在于光宗耀祖；光宗耀祖的指标之一就是家业兴旺。因此，发展是家庭的共同目标。尽管劳动力返乡的动力来自赡老育小，实现返乡目标的支撑还是来自家庭的经济发展。如此，在长辈依然拥有资历权威的同时，年青一代凭借其为家业兴旺做出的贡献而获得了能力上的权威性，进而形成了一个不同于传统乡村的新社会秩序。

杨开道先生认为，“中国农村发展最大的问题在于农民的组织”①。如何把农民组织起来成为千百年来中国行政发展始终的议题。在丁楼村案例中我们观察到，基层政府顺应电商发展的趋势，不仅为电商发展提供良好的政策环境，运用行政资源补足村民能力的短板，及时响应村民对政府服务的呼声；也主动发现电商发展对公共产品的需要，助力电商发展，引领电商发展，形成了一个顺应地区发展的新政治秩序。

在菏泽市的电商发展中，丁楼村是众多乡村的一个例子，也是典型的例子。无论是在有产业基础还是在没有产业基础的乡村，我们都能观察到，围绕产业兴旺形成了目标一致的经济秩序、社会秩序和政治秩序。“三秩归一”，这个“一”正是乡村振兴！

当然，电商下乡带来的影响远不止“三秩归一”，譬如对村民思想意识的影响、生活方式的影响等，不过，这些内容超出了本文的主题，当另题讨论。

---

① 杨开道：《农村组织》，世界书局，1930。

汪向东
“高难区＋新定位”时间窗口下的农村电商

汪向东 信息社会50人论坛理事，中国社会科学院研究生院教授，半汤乡学院学术委员会主任，中国信息经济学会副理事长，信息化百人会成员。担任多家院校兼职教授，多地政府电子商务专家顾问。著名信息化专家、电商扶贫的倡导者、推进者，涉农电商、县域电商领域的知名学者，因提出“沙集模式”被评为2010年农村信息化十大年度人物。

近年，在政府与市场等各主体的大力推动之下，农村电商发展迅速，成绩显著：覆盖范围快速扩大、交易规模持续增长、商业模式丰富多样、产业体系有所增强、群众基础明显改善、电商扶贫深入人心……但面临的挑战也不容忽视。本文重点讨论农村电商在快速进入“高难区＋新定位”时间窗口下面临的问题和挑战，希望能够引起有关各方的重视。

一、农村电商的难度

相对于城市而言，农村电商的难度本来就比较大，这主要来自以下几个方面。

（1）基础条件差。农村电商既然是电商，那么它的开展就需要一定的条件。城乡之间开展电子商务的重大区别之一就是场景不同。在农村场景下开展电子商务，一般遇到的困难条件包括城乡二元结构下经济、社会、文化发展程度的差别，交通不便、地广人稀等，尤其基础设施比如“最后一公里”等条件的制约，会给农村电商造成较大的困难。

（2）发展要素弱。首先，农村电商需要的人才欠缺，农村人口特别是留守人口素质的欠缺；其次，农村经济的粗放性，市场化、产业化程度低，小生产对接大市场的矛盾问题；再次，农产品电商要求商品化、网货化开发遇到的产业和服务体系问题；最后，农村获取技术、经营管理、组织和资本等要素较为困难，也影响农村电商的顺利开展。人们不难看到这些问题，但要真正解决这些问题绝非轻而易举。

（3）缺乏经验。电子商务由城及乡快速推进，让越来越多此前未曾涉足或很少了解电商的农村人口加入电商领域里来。各地农村差异很大，在不少地方，人们虽然认识到开展农村电商的必要性和重要性，但依然想干不会干，尤其缺乏立足本地特点，把国家主管部门的普遍要求和先行地区的成功经验融会贯通并应用于本地的经验和能力，存在着照本宣科、不接地气的问题。

（4）片面的政绩观和机制创新的挑战。政府及官员当然要讲政绩，但这个政绩一定要建立在惠民的基础之上。农村电商做好了，当然是政绩。但是，在政绩追求的过程中，有没有面子工程，有没有短期行为，有没有长官意志，有没有拔苗助长？调研告诉我们，是有的。另外，参与农村电商的政府部门、各类市场主体、社会组织与广大农民，包括外来服务商与本地市场主体等，诸多利益主体之间应如何构建和创新有效运行的机制，并没有完全解决。

农村电商的难度大，其成因既有客观方面，又有主观方面。这就要求人们树立以民为本和积极稳健发展农村电商的正确理念，只有在不断学习、充分尊重和掌握应用客观规律的基础上创新发展，持之以恒，才能避免因主观失误带来的损失。

二、农村电商快速进入“高难区”

近年，国家主管部门为助力脱贫攻坚，明确实行了把电商进农村示范项目资源向贫困地区倾斜的政策，使得更多的贫困县、贫困村加快进入电子商务领域中来。一方面，国家的支持和资源投入，有利于贫困地区尽快利用互联网、电子商务脱贫增收，改变面貌；另一方面，客观上让农村电商快速进入了“高难区”，不可避免地让一些对此准备不足的人们无所适从或匆忙应对，带来新的问题。

（1）我们必须清醒地看到，电商扶贫是要在最贫困的农村、条件最差的场景，面对各方面能力最欠缺的贫困主体开展电商业务。这不仅与面对城市高收入、高技能人群开展电商不同，也与在较为发达、富裕的农村开展电商明显不同。农村电商向深度贫困地区延展越快，带来的挑战就越严峻。知难而上，固然是打赢脱贫攻坚战的必需，而正视困难，则是解决问题的前提。

（2）农村电商的业务结构呈现明显的失衡状态。其中，农村产品，尤其农产品的上行，普遍滞后于工业品下行，农村电商上下行业务在不少地方存在1∶10乃至更高倍数的购销逆差。工业品下行电商虽然给农村居民带来省钱效应，但人们还是更希望将农村产品通过电商销售出去，希望将农产品上行电商的赚钱效应发挥出来，成为广大农民和贫困群众增收脱贫乃至致富的可靠依托。

（3）调研发现，仍有不少地方领导对农村电商和电商扶贫的认识有偏差。他们简单地把农村电商理解为在网上买卖，只把注意力局限在交易端，轻视甚至忽视当地产业和服务体系对电商的支撑作用，对以电商带动产业链、供应链的转型升级无所适从。特别是一些地区简单依靠低价、走量的方式开展电商，忽视了对低效、粗放的生产和经营形态的改造和提升，影响了农村电商和电商扶贫的效果。

（4）在农村电商能力建设过程中，已暴露出诸如资源浪费、能力闲置甚至面子工程等令人担忧的问题。比如在农村电商“县、乡、村三级服务体系”建设中，不同的平台自成体系，存在着明显的重复建设；一些电商园区的建设缺乏实际业务需求的支撑，甚至成了摆设。这些做法加重了农村电商的社会成本，特别是加大了贫困地区开展电商扶贫配套投入的负担。

（5）面对当前农村电商参与主体和商业模式多样化的情况，一些地方不了解农村电商的复杂性、多样性，看不到电商平台的差异性、局限性，对农村电商持有简单化思维，影响了农村电商的实际成效。另外，有些外来电商平台在落地过程中给当地经济造成较大冲击，也影响了农村电商及扶贫的效果。

（6）一些地方在开展电子商务进农村示范项目的过程中，政府和运营服务商之间只是结成某种简单的甲方、乙方关系，只是就事论事地围绕为期两年的示范项目进行合作，缺乏长远规划，或根本没把示范项目纳入长远规划中来。这不仅不利于在当地形成农村电商与电商扶贫的长效机制，有的甚至还因短期示范项目处理不当，影响到当地农村电商长远发展。

农村电商快速进入“高难区”，对当地农村电商的各方主体都是重大考验。理性对待，才可能把好事情办好。电子商务进农村，示范县更应借此机会，着眼长远，避免急功近利、因小失大，影响未来农村电商的长期发展。

三、电子商务进农村示范项目及“后示范期”的挑战

由政府主推的电子商务进农村综合示范工作，是国家推进农村电商发展及电商扶贫的一项重要举措。对示范县而言，项目实施为期两年，因此，在2014—2017年全国四批共756个示范县中，许多县已经完成了该项工作。

示范县工作对当地是一项阶段性任务，而农村电商是没有终点的“马拉松”。在完成示范县项目以后，农村电商的下一步该怎么走？这是摆在每个示范县面前的一项重大而紧要的现实课题。他们的选择对未入选示范县的地方也具有示范意义。

在笔者看来，政府主推的示范县项目，除要昭示和贯彻国家关于农村电商的方针外，本身还具有探索农村电商落地实施的路径方法、以示范项目的实践检验和完善农村电商的工作思路及指导全国各地农村电商实施的意义。

示范县项目的政策诉求主要有三个方面。一是通过电商进村，包括电商基础设施和能力建设，促进农村商贸流通体系的升级。始于十多年前的“万村千乡工程”，过去主要是线下实体商业网点的建设，它需要升级到线上，升级为线上线下相结合。二是以政府行为引导市场，弥补“市场失灵”。中国农村幅员广阔，不同的地区开展农村电商的条件差异巨大，政府要以财政投入、公益性投入，克服市场主体“挑肥拣瘦”的问题。三是造福“三农”，尤其是助力脱贫攻坚。随着示范工作的开展，政府明确将资源投放倾斜到贫困县上来。政府主管部门为了实现这样的政策诉求，具体细化和强化了对示范县工作的指导和督察，并在实践中不断加以改进和优化管理办法。

那么，实践方面的情况究竟如何？示范县项目发挥了哪些作用？还存在哪些问题？遗留下来的问题怎么解决？就此，我们对示范县多次开展了专门调研，依托半汤商学院（已更名为半汤乡学院），举办了“综合示范工作后的农村电商战略思路”的沙龙，邀请参与并完成了示范县工作的地方领导和业内专家开展专题研讨。

根据我们的实地调研和了解，示范县建设对推动当地农村电商，尤其对于电商发展相对滞后的县域导入和开展农村电商，发挥了重要作用。这些作用主要表现在：政府对农村电商发展的重视程度普遍提高；推动了道路、交通、网络等农村电商基础设施的改善；给当地人民带来电商创业的条件和氛围，提高了他们的电商创业意识；示范县初步形成农村电商产业的雏形；越来越多的企业有了转型电商的意愿和行动；工业品下行的网络体系基本形成，农产品上行有了初步的成效，部分县市主要农产品价格提升，电商扶贫的效果显现……

但由于农村电商、特别是贫困地区农村电商的难度巨大，为期两年的示范县项目不可能一步到位地解决农村电商的所有问题。示范项目结束后，继续保持清醒认识和突破依然存在的瓶颈，是保证农村电商可持续发展的前提。大家反映突出的瓶颈和解决之道，主要有以下几个方面。[①]

（1）人才的欠缺仍然突出，人才留不住，尤其欠发达地区的示范县更为突出。应对之道是开展分群分类培训，使培训系统化、本地化、常态化，注重从培训到培养，注重培训的实效性；充分利用移动互联网，将乡里乡外连接起来；结合当地主要行业开展针对性差异化的培训，切实改善人才政策等。

（2）服务体系尚未完善，尤其缺少农产品上行所需的包装、创意设计、品牌、营销、信息对接等服务。对此，要围绕“重上行”的政策，进一步完善农村电商，尤其是与农产品上行密切联系的服务体系建设，加大引进和培养服务型人才和专业团队的力度，包括与专业公司、相关高校开展合作，开发服务产品，改进信息沟通，尽快补足短板。也有专家指出，农产品上行的复杂化加大了服务的难度，建议要回归简单、重视线下。

---

① 半汤商学院：《聚焦“示范后”，跑好农村电商马拉松——首届“半汤沙龙”纪要》，blog. sina. com. cn/s/blog_ 593adc6c0102wzjl. html。

（3）农产品上行同质化严重，优质不优价、有价没有货。对此，要开展区域间的合作，促进差异化互补、货源互补。要鼓励跨区域以及县域电商的联盟化探索，通过异地建仓、整合物流、沟通信息、对接市场等，以商流和机制的创新，降低农产品上行的交易成本和物流成本。

（4）仍存在农村电商平台下行体系重复建设、上行渠道不畅的问题。现有的电商平台尚不能满足要求，上行流量成本过高。对此，要鼓励发展多种渠道上行，重视微商新渠道，探索新的销售渠道。同时，针对农村电商落地服务体系重复建设的问题，呼吁采取“机场模式”，即不要“航空公司”（交易平台）自建“机场”（落地的服务体系），而是一个地方一个“机场”，实行开放接入、资源共享、业务协同。

（5）本地农村电商市场化造血能力不足。针对一些县市过度依靠“撇油脂”的外来电商平台和服务商，轻视本地电商能力建设的问题，建议要将农村电商战略调整到“内生性”发展的基础之上，引进外来平台要强调契合本地农村发展的特点与需要，重视培育本地化的电商发展的产业支撑和生态体系。

（6）针对政府体制和推进机制方面的问题，除政府与市场主体的关系需要理顺外，政府内部也需要建立农村电商的长效机制。比如在县级政府换届后，不少示范县市主管农村电商的领导换人了，新任领导对农村电商工作不熟悉，也有的示范县为保证电商工作延续，采取了一些暂时性的措施，带来体制机制不顺的问题。对此，有人建议要开展新一轮的领导干部培训。而换领导影响工作的现实，也更印证了创新农村电商长效机制的必要性。

四、“后示范期”需要“新定位”

对于示范县来说，示范项目的完成，只是当地农村电商长远发展的一个新起点。鉴于农村电商的重要作用与意义，示范项目结束后，仍需保持当地农村电商的可持续发展。在示范期内，国家不光有资金支持，主管部门对如何开展该项工作、如何分配资金投向，还有进一步的指导和项目绩效的评估。如果说这是关于电子商务进农村“规定动作”的指导，那么，完成项目后“自选动作”如何选，是需要这些地方农村电商的决策者们做出选择的。换言之，“后示范期”农村电商的路怎么走，需要他们视当地示范项目后的新情况，做出新规划或“新定位”。这里，笔者拟对“后示范期”的县域如何“新定位”提出以下建议。

首先，为保证农村电商的可持续发展，示范县在项目结束后，仍需坚持不懈地夯实基础。这包括继续改善农村电商基础设施，改善产业支撑，改善落地的电商服务体系。就许多县市的情况而言，指望完全通过为期两年的示范县项目，解决上述电商基础薄弱的问题是不现实的。对于条件相对更差的贫困县来说就更是如此。

其次，要继续完善农村电商的要素供给。乡村振兴战略重点强调人才、资金、地的供给，其实，农村电商也一样。主要有以下几个方面。

（1）示范县结束后，农村电商的人才培训应当继续。贫困地区一般而言电商人才缺口更大，更需要通过外引内训来填补人才缺口。此外，农村电商本身在不断变化，也需要不断更新知识，提高水平。解决人的问题，要立足激活本地农村电商参与者的获得感和积极性，同时，吸引入乡创客和年轻人返乡创业，不断提高和优化农村电商队伍的组织化程度。

（2）资金的问题对于项目结束后的示范县更加现实和紧迫。我们曾与示范县的领导专门研究了“国家财政支持资金‘断奶’后农村电商的融资策略与机制安排”问题。后示范期解决农村电商发展资金来源问题，主要的融资策略和机制安排包括：①一部分有一定发展基础的县市，利用自有资金，成立投资公司，开展农村电商的投融资活动；②启动 PPP 模式，以政府财政资金，撬动更多社会资本；③用好国家对贫困县涉农财政支持统筹使用的政策。另外，针对农村网商、服务商资产轻、融资难的问题，建议金融部门和国家政策继续给予更多的扶持。

（3）地的问题在前两批经济较为发达的东部县表现得非常突出，但在中西部地区，尤其地广人稀的贫困县尚未成为制约因素。这应该作为农村电商跨区域合作的一个重点。

（4）关于技术、服务、经营管理、信息数据等要素，也值得关注。要有更实用的办法，成立自己的科技公司、合资公司，建点数据采集通道、区域化平台，制定更加优惠的政策等，为本地农村电商解决要素供给难题。

再次，应继续拓展和改善电商产业及其所依托的产业和业务内容。要结合城乡公共服务均等化进程，不断加大农村电商公共服务、公共产品的供给；要把电商和乡建结合起来，做好农村电商向休闲农业、三产融合、供给侧改革和向乡村服务、乡村治理的延伸；要继续重视农村电商扶持政策的供给，重视农产品公共品牌与标准的建设，重视全渠道营销和开放平台建设，鼓励错位发展，避免同质化和恶性竞争等。

最后，应高度重视政府与市场的关系，构建农村电商可持续发展的良性机制。示范工作作为政府投入、政府购买服务的项目，主要靠的是政府对农村电商的推动力。示范项目结束后，能否实现农村电商动力机制向市场驱动的切换，其重要性不言自明。农村电商说到底是市场行为，即使考虑到其中存在扶贫的因素有公益性的成分，做不到像一些专家所说的完全“去行政化”的程度，也应该让市场发挥基础及主要的作用。特别是原来电商市场发育相对不足的示范县，更要从主要靠政府驱动农村电商发展，转变到主要靠市场驱动的轨道上。顾及示范县项目结束后进行“急转弯”式的机制切换的难度，建议示范县在项目进行之初和项目进行之中，就要对此做出相应的策略安排，比如，提前部署和启动 PPP 模式，随电商业务增长、市场力量成长，相应调减政府政策补贴力度等。

吴秀媛

“三农”综合信息服务助力乡村振兴

——面向农村三个人群的信息服务探索

吴秀媛 信息社会50人论坛成员，研究员，国务院特殊津贴获得者。中国农产品市场协会副会长兼执行副秘书长，原农业农村部信息中心副主任。现为农业农村部信息进村入户专家委委员（负责日常工作），中共中央网络安全和信息化委员会办公室网络扶贫专家组成员，国家标准化管理委员会专家委成员，农业农村部农业信息化标准化技术委员会委员，中国电子政务培训专家库专家，国家发展和改革委员会电商专家咨询委成员，中国信息化百名学术带头人，中国农业科学院研究生院指导导师等。近年来，主持承担国家电子政务、信息服务、电子商务等方面重要课题10多个，组织实施相关大型信息化项目20多项，牵头制定、撰写规范性文件和专业报告及培训教材90多份，获国家级、省部级奖项17个。

在“互联网+”、乡村振兴战略的大趋势下，对于12316三农综合信息服务平台和三农信息服务人来说，如何积极主动运用互联网思维，开发适应“三农”特点的技术、产品、应用和服务，准确定位，找准支点，遵循规律，勇于变革，做一个引领三农公共服务、助力乡村振兴的开拓者、推动者，是我们不能回避的历史使命。

一、助力乡村振兴，12316 要不负未来

12316，作为全国农业系统公益性服务专用号码，12 年来不断开辟服务渠道、创新服务方式、丰富服务内容，已发展成为面向全国、服务“三农”的权威三农综合信息服务平台，并以此为核心形成了三农综合信息服务体系，在“三农”公共服务中作用越发重要，显示出强大生命力。目前，12316 服务已覆盖全国 31 个省（区、市）和新疆生产建设兵团，被誉为农民和专家的直通线、农民和市场的中继线、农民和政府的连心线，近年来更成为信息进村入户的“高速路”、企业拓展农村市场的“直通车”、农村“双创”的“好平台”。特别是顺应“互联网 +”时代农民对信息的需求和信息化与农业现代化深度融合的新态势，由农业部门主导，利用信息化手段为农民提供公益服务、便民服务、电子商务、培训体验服务的惠民工程——信息进村入户工程，更是以 12316 三农综合信息服务体系为依托，以村级信息服务能力建设为着力点，以满足农民生产生活信息需求为落脚点，切实提高农民信息获取能力、增收致富能力、社会参与能力和自我发展能力。截至 2018 年 5 月，全国已有 20.4 万个行政村建成益农信息社（12316 信息服务站），并将在 2020 年覆盖全国所有行政村。

面对实施乡村振兴战略要不断提升农民获得感、幸福感的新要求，12316 紧紧围绕解决好“三农”问题，打造农业农村综合性服务平台，健全农业社会化服务体系，成为“三农”综合信息服务的“金字招牌”。突出公益性，把 12316 作为农业部门建设服务型政府的重要抓手和工作平台，同时把握好信息化发展的普遍规律和农业信息化的自身特点；突出系统性，12316 将加快建立健全相关体系和队伍，并与 AR、VR 等其他信息技术及其应用进行融合；突出创新性，牢固树立和贯彻落实五大新发展理念，形成数据驱动型创新体系和发展模式；突出实用性，紧紧围绕农业供给侧结构性改革这条主线，瞄准农业农村现代化的主攻方向，顺应广大农民和服务主体的需求，也顺应信息服务业在农村发展的新趋势。由此本文尝试将关注点聚焦在农村三种人群，并尝试从三农综合信息服务角度出发，提出问题和解题思路。

二、关注三种人群，三农服务人要责无旁贷

今日的农村，以留守为核心词汇可以梳理出三种人群，分别是“三八人群”“六一人群”“九九人群”，即留守妇女、留守儿童和留守老人，他们被称为农村的“386199 部队”。这支“特种部队”，是在中国城市化过程中，农村大量男性青壮年劳动力外出打工后，不可避免而形成的庞大队伍；是除空巢村外真正长期留守、生活在农村的留守人群；是被动接收信息的人群；也正是信息化服务应该积极介入发挥作用的人群。

这三种人群既是中国经济迅猛发展所产生的必然问题，又严重影响了农村经济社会健康发展和农民幸福。有人提出要让孩子和年轻父母出去，也有人认为实现乡村振兴要让年轻人回来，进而解决留守人群问题。但我们都知道，农村经济发展是一个非常复杂的问题，面临着很多具体层面的实施困难。而我们的儿童和老人却都是不能等、等不及的人群。所以，本文认为在现实的社会背景下，解决三种人群问题既要制定近期、远期规划，更要在宏观、微观层面一起努力；既要从长计议，更要有现实应对。我们重视每一代人追求幸福的权利，我们重视每一个农村群体的切身利益，我们要用切实办法尽快解决实际问题。

三、切实解决问题，信息服务要务实创新

1. 六一人群——彻底切断和父母日常交流的乡村童年

六一人群是祖国的下一代，也是我们民族的未来。2017 年人口普查中国农村留守儿童人数超过 5800 万人。其中的 57. 2% 留守儿童父母一方外出务工，42. 8% 的留守儿童父母同时务工外出。即在这种情况下，将近一半留守儿童在他们人生最重要的基础成长阶段，彻底切断了与父母这一代人的日常交流，切断了在精神支持层面和文化输出层面的交流。通常情况下，人们更重视他们的亲情交流。但实际上，一个文明共同体的提升是依靠文化素质和知识信息的不断共享与流通来完成的。他们的父母在城市所获得信息技术、

文化知识，以及能与时代共进的各方面视野见识，完全没办法传递到他们身上，才是这一代留守儿童最大的缺失。而在这个层面上，恰恰是我们可以通过信息化手段去给予乡村六一人群一种强有力补充的部分。我们可以做一个假设，假设5800多万六一人群中的每一个孩子手中能有一个智能硬件，这个硬件本身以一个实体客户端的形式存在。这样的思路来自早教机，可以存储和下载学习软件，收听唐诗宋词、英语儿歌、童话故事等有益儿童身心的文化科学以及娱乐内容，且这些在孩子妈妈的手机客户端里可以不断下载、更新、挑选、维护。通过互联网和信息化的手段，年轻父母可以实现知识通过自己的筛选，顺利到达自己孩子的日常生活中，并参与甚至直接规划孩子的早期教育。

解题：与手机客户端联网的智能硬件，解决六一人群早期教育问题。

一个智能硬件可以将在城镇打工的父母和在乡村留守的儿童，通过上述有效的信息化手段连接起来。他们虽然不可能每天在一起，但是通过信息化服务，使得父母可以参与到孩子早期教育和精神文化基础的建设中，使得孩子虽然身在乡村，但是时刻可以跟随着父母的脚步，进入到一种更有效学习知识的层面当中，同时也完成了父母和乡村儿童之间精神和情感层面的交流。这种交流和补充成为他们的父母在城市务工内心稳定的情感基石和社会稳定的基石，也是对群体整体文明素质的一个提升和塑造，更是对他们情感生活的一种慰藉，可谓一举多得。这类智能硬件市价在50～200元，实际成本在20～50元。如果能让这个智能硬件成为六一人群和父母、城市、世界，和飞速发展的时代之间的纽带和桥梁，对于我们来说，不仅是信息服务的一个创举，同时也是我们为农业、农村、农民以及农村下一代做的一个善举。

2. 三八人群——进退两难的弱势群体

三八人群从年龄结构上看并不弱势，但是基于我国农村长期以来的传统习俗和妇女所处的家庭地位，三八人群在农村实际上是弱势群体。她们一般只有两个选择，一种是留守在乡村，照顾留守老人和留守儿童，与这个社会慢慢脱节，与自己的丈夫渐渐疏远；另一种选择也是现代很多乡村妇女正在探索的，就是同样出来打工，要么和自己丈夫一起，要么单独在城市寻找一份工作，但这样她们要承受的是离开自己熟悉的乡村环境，同时离开自己的孩子，承受情感上的双重负担和冲击，也包括家庭可能出现的不稳定、与孩子情感关系的疏离。她们是真正意义上进退两难的弱势群体。

解题：心理建设搭载智能终端解决三八人群心结。

对于这部分人群，我们的信息服务最主要可以去帮助的是她们的心理建设，以及让她们获得更多可以支撑她们在社会和家庭稳定结构当中发挥作用的信息。比如心理层面、家庭关系层面和女性个人成长层面的知识……在这些层面，我们可以引入更多专家，与信息服务结合起来，包括专家授课、各种单项技能知识的线上业务学习、线上职业培训。

同时对于这一部分妇女来说，亲子关系是她们非常渴望能拥有但受到各种现实条件的限制非常难以实现的隐痛。如上所述，在孩子手中的智能终端，对于母亲来说，弥补的正是这样的心灵缺憾。这种沟通是双向的，对亲子双方都有积极身心影响的互动。她几乎可以每一天通过这种途径和自己的孩子在一起，知道自己的孩子每天在学什么、听什么、看什么、接触什么。而这样的一种知晓和对于孩子基础教育的掌控感，对于一个母亲来说是很大的慰藉。

同样，对于乡村妇女来说，如果我们解决了孩子的问题，她们几乎就可以站在与男性同样的起跑线上，向前去开拓自己的人生。所以把客户端安装进妈妈的手机，把智能终端送到孩子的手上，是我们“三农”综合信息服务所能做的最好的事情。让母与子、母与女，真正通过我们的信息化建设联系起来，成为他们心与心沟通的真正渠道和桥梁。解决这一部分乡村女性三八人群的后顾之忧，并且成为她们的知识储备库、心理健康室，成为她们的亲子大后方和群体心灵花园。

而随着增强现实技术（AR）与虚拟现实技术（VR）在城市各商业生活领域的广泛应用，笔者有一个相对乐观的展望，即在乡村父母与儿童交流的亲子需要层面，或许 AR、VR 技术可以搭载信息服务平台率先于物联网等农业实用技术，更快获得农村群体的信赖和更切实的应用。这个使用场景的需求引爆点，很可能就发生在三八人群和六一人群之间的情感交流需求上。

3. 九九人群——逐渐被遗忘的人群

大家共同关注的九九人群，是所有出来打工的乡村男女留在村中留在家中的老父亲、老母亲们。应该说父母是人的根基和根脉，当年轻人离开了乡村，首先乡村活力在不断下降，其次也就割断了人的根基和根脉。因此这些年的农村问题和社会问题，很多根源都在于留守老人得不到相应对等的信息服务，致使他们经常陷入诈骗、传销和一些医药养生类骗局等。总体上来讲，是由于他们的文化水平和信息对等程度与社会其他人群脱节。

更严重的问题是在5800多万留守儿童中，有79.7%都是由九九人群，即在农村的老人们抚养的。那么当祖国的下一代交给最弱势、与时代脱节最严重的人群抚养时，会使他们和时代出现多大的脱节?

九九人群是信息时代之外的人群吗?他们与我们的信息化服务建设有关系吗?

对于我们的三农综合信息服务建设，笔者想提出一个基本的务实概念，就是“以目的为导向，从简从快”。比如笔者的母亲已经85岁了，生活在城市。多年以来，笔者的弟弟妹妹，包括笔者自己都认为，她肯定已经不可能进入到智能手机时代了。之前每一次她跟我们沟通，包括想看小曾孙子的照片视频，都是在我们去探望她的时候打开我们的手机看。直到今年她来北京小住，笔者女儿坚持认为姥姥可以学会用智能手机。当时笔者是持否定态度的。但是女儿自己偷偷买了智能手机，用了一个小时的时间，就带领她进入了智能手机时代。笔者当时在旁观看发现她把看起来对于老人来说非常复杂的学习智能手机的过程，简化成了三个步骤：一是如何开关机，二是如何使用微信，三是如何使用其他软件。大概45分钟，她就已经完全学会了，然后她自己主动发出了她人生第一条微信。在那一瞬间，这个85岁的老人，一步就踏入了我们所处的智能时代和信息时代。

后来老人回到老家每天就可以用微信在家族群中跟我们进行沟通，可以及时查看儿孙们的视频和照片，跟我们互报平安和抢红包现在已变成一种日常。智能手机给她的生活带来了极大乐趣，同时也增进了家人之间的情感交流。虽然自己做信息服务这么多年，但仍然对老年人群体存在固有认识。可想而知在我们整个信息化服务队伍当中或许大家都有意无意放弃了这一部分人群。

解题：连接九九人群与子女沟通，使乡村儿童早期教育下沉到难以触及的0~3岁婴幼儿。

后来笔者将女儿当时的教授行为简单列了一个表格，发现是一个完全可复制、可借鉴，容易掌控单个用户教授时长和获得良好效果的简单过程。如表 1 所示。

表 1　　教授行为对比

	教授行为	分层解决需求	用时
第一个步骤	如何开机和关机	破冰硬件初次使用难题	10～20 分钟
第二个步骤	如何使用即时通信软件，比如微信	解决用户核心需求	20 分钟
第三个步骤	如何使用其他软件，比如美图秀秀和喜马拉雅	进一步提供服务，解决用户更高层次需求	5～15 分钟

基于这个表格就可以设想，如果我们也在 12316 信息服务站或益农信息社设立一个这样的服务功能，我们的信息员也能在 40～50 分钟的单位时间里，教一个农村老人如何使用智能手机，那么他就能进入这个智能时代，他就能联系到他在城市的儿女，可以每天看到他们的视频和照片，而不是每年几乎只能过年见一面。一个家庭在乡村的根基就被我们的信息化服务联系起来，这是我们对于农村家庭的贡献，是对农村老人的贡献。

同时，抚育着 79.7% 留守儿童的九九人群，又会因为自己可以掌握智能通信，而将儿童接收父母情感沟通和信息沟通的年龄提前，下沉到任何社会教育机构、国家义务教育体系都难以下沉到的 0～3 岁乡村婴幼儿人群。让乡村婴幼儿在 0～3 岁最重要的人生起步期，能直接有效和早期教育接轨，和父母沟通无碍。对于 0～3 岁的农村留守婴幼儿来说，担负主要抚养责任和监护责任的留守老人对于信息技术的掌握，也许就是孩子“不会输在起跑线上”的重要原因。

如果我们的信息服务能够突破最后这个根基，真正服务于九九人群，那对于我们来说，不只是功在当代，也是功在从幼至老的所有中国乡村群体。“老吾老以及人之老，幼吾幼以及人之幼”。每一个家庭都有老人，他们通过智能手机，通过我们的信息化服务建设，能在线上与自己的儿女子孙无缝交流，在信息领域和大家完全对等，这对于他们的晚年生活、身心健康，都有非常多的益处，所以这部分工作也是值得我们投入精力，并且切实付出行动的。

4. 涉及九九人群的更广泛应用领域举例

我们一直认为开发九九人群是最难的。国内的一个电商平台通过用户画像报告，笔者也了解到一些数据。数据显示其产品模式可以使得从前没有网购经历的三四线城市和乡村人群，进入到这种购买渠道中。在他们的用户画像中，这家电商平台 13.7% 的用户来自从未有过网购经历的线下购物人群。此外，这家电商平台的用户学历较传统电商平台用户偏低，低学历（高中及以下）用户比传统电商平台多 12.2%。而且相对于其他电商平台，他们的用户年龄更高。

这个电商平台开发用户的选择给了我们什么启发？相较于传统电商平台他们是如何做到对于农业、农村用户下沉和传播的？我们是否可以借鉴他们线下拓客的行为轨迹？

振兴乡村，最重要的目的就是使现在生活在乡村的两部分人群——六一人群和九九人群富有活力。对于九九人群来说，如果他们实现了这种智能终端的使用，进入了信息时代，他们是不是可以加入网购的人群中？他们是不是可以加入乡村特色产品的生产和售卖中？他们是不是可以成为整个乡村振兴的有力一环，而不是我们之前认为需要服务、需要被照顾的弱势一环？我们应将针对具体人群的三农综合信息服务当作对于农村“386199 部队”的破题和解题思路，也许在并不遥远的将来，这些设想就会变为现实。这也是我们这样一支队伍，应该去想象、设计、策划、实践并努力的更有建设性的方向。

第四部分

互联网治理

何　霞、沈　玲

美国废止网络中立政策的影响研究

何　霞　信息社会50人论坛理事，工业和信息化部中国信息通信研究院政策与经济研究所副总工、教授级高工，中国信息经济学会副理事长，工业和信息化部通信科学技术委员会电信业务与经济技术管理专家咨询委员，西安邮电大学经济管理学院客座教授。在国内重要刊物上发表多篇有关电信管制的学术论文100多篇。代表性的著作有《信息产业的投资与融资》《移动通信革命——产业发展与社会经济影响》《网络时代的电信监管》等。

何　霞

沈　玲　中国信息通信研究院政策与经济研究所研究员，主要从事国外信息通信政策法律研究。

沈　玲

2017 年 12 月 14 日，美国电信监管机构——联邦通讯委员会（FCC）废除奥巴马时期的网络中立政策，认为宽带互联网接入业务是电信企业提供的有价商品，不应当被视同为水、电、燃气一样的公共服务事业，对此，要求企业在开展该业务时加强自律即可，FCC 不再监管。网络中立被废除，其本质是 FCC 对电信和互联网两大产业未来发展空间的再平衡。结合我国国情，短期看，网络中立不会成为我国监管难点，也不存在激化因素。但随着我国电信和互联网两大产业的进一步发展，用户和终端趋于融合，技术和业务也将持续相互渗透，在此过程中，矛盾和冲突难以避免，建议相关监管部门充分考虑平衡问题，力促两大产业长期协调发展。

一、网络中立的基本原则

美国弗吉尼亚大学法学院教授吴修铭（Tim Wu）被认为是“网络中立”（Network Neutrality）一词的创造者。2003 年，其发表的《网络中立性、宽带歧视》一文中正式提出“网络中立”一词。综合美、日、荷等国的立法政策文件的阐述，所谓网络中立是指互联网接入服务商（包括固定和移动，以下称“网络接入商”）在提供网络接入时，需秉持“中立性”，对互联网的合法内容、应用、服务、设备一视同仁，不能有选择地阻止某些内容、延缓应用传送、调控网络流量，或者按照付费额高低提供不同质量等级的接入服务。

网络中立有三个原则：一是平等接入，网络运营商对所有用户提供平等接入方式，对内容与应用服务提供商不采用分层接入定价的方式；二是平等传输，禁止网络运营商对互联网内容进行拦截或减速，不得对特定内容传输采取歧视性做法；三是一次收费，网络运营商不能同时从网络接入和内容中获益，不能向内容提供商收取额外的附加费用。

网络中立自从诞生之日起，就受到了广泛的讨论与争议。从产业融合角度看，网络中立问题的本质是电信和互联网两大产业发展不均衡所引发的矛盾，主要针对三个方面的问题：一是由于视频流媒体等新应用的快速发展，流量激增导致网络投资负担加重，使宽带网络所承受的流量压力与日俱增；二是运营商开辟“网络快车道”，按照服务质量高低收费；三是运营商实施封堵、限流、降速等网络管理。针对上述三个方面的问题，两方都希望加强未来产业布局中的话语权。

二、2017 年美国网络中立被废除的背景、内容和动因

网络中立是互联网时代的立法难题，也是引发电信和互联网两大产业矛盾丛生的关键节点之一。监管机构所面对的，一边是代表产业创新和未来科技发展方向的互联网巨头，另一边是负责信息基础设施建设和运维的电信运营商，政策向“左”还是向“右”，往往牵涉两大产业的切身利益和宏观发展方向。

1. 事件背景

FCC（Federal Communications Commission，美国联邦通信委员会）自美国克林顿政府时代就试图对网络中立进行立法，至今已有多年历史。其间，围绕着电信业务分类、监管方式（风格）选择、两党政策偏好等事宜，FCC 一直在“中立”和“不中立”之间徘徊。

2015 年 2 月，受时任美国总统奥巴马和民主党的鼎力支持，FCC 出台《开放互联网法令》（Open Internet Order），向网络接入商提出“史上最严”网络中立三条禁令。其一，禁止封堵，即禁止对合法内容、应用、服务、无害设备进行封堵。其二，禁止对网络流量进行干预和调控。其三，禁止付费优先，即不允许网络接入商在互联网上设立“快车道”，禁止在收受额外费用的基础上对一部分网络内容的传输给予优先待遇。此外，FCC 将宽带互联网接入业务（BIAS）从“信息业务”调整为“电信业务”，一举扫清此前对 FCC 是否具有互联网监管权的质疑，而 FCC 具有 BIAS 业务监管权是其出台网络中立政策的基本逻辑前提。

2. 事件内容

2017 年 12 月 14 日，FCC 委员会以 3∶2 投票废除《开放互联网法令》中关于网络中立的原则。主要内容包括四点。第一是废除网络中立政策，放松监管，恢复宽带接入市场自由。FCC 声明，对宽带互联网接入业务实施“重度监管”（Heavy - handed Regulation）的网络中立政策，潜在增加了整个互联

网生态系统的运行成本，因此，FCC 将重拾克林顿总统时期的“轻管制”（Light－touch Regulation）方式，废除网络中立，以刺激增长，恢复电信市场的开放和自由。第二是业务分类调整。BIAS 由《1934 年通信法》第二章“电信业务”重新划归第一章“信息业务”，由于 FCC 不监管“信息业务”，因此，分类调整后，FCC 不再对 BIAS 业务进行监管。第三是权力限制和部分权力转出。FCC 限制各州监管部门出台网络中立相关政策，此外，宽带消费者权利保护、互联网数据安全等权力转给美国联邦贸易委员会（FTC）。第四是要求网络接入商自律，增加信息公开透明度，比如向消费者、政府监管机构定期公布其如何开展网络接入付费优先业务的情况等。

3. 事件动因

（1）FCC 决定废除网络中立的主要原因。根据 2017 年 11 月底《关于重新安排互联网自由相关政策之行政令》（WC Docket No. 17－108），FCC 决定废除网络中立的主要原因有两个。其一，网络接入业务基本属性的认定变更。FCC 认为，电信运营商提供的宽带接入业务应当是一种有价商品，而不是公共产品，不应当被视同水、电、燃气之类的公共服务事业，不应当采用对公共服务事业的“重度监管”方式。其二，电信企业积极性被打击，宽带投资下降。自 2015 年 2 月 FCC 出台网络中立政策之后，美国宽带基础设施投资出现了自 2009 年以来的首次回落，2015 年和 2016 年全国宽带投资总和同比分别下降 3% 和 2%，而以 AT&T、Verizon、Comcast 等为代表的美国前八大运营商在 2015 年和 2016 年的宽带投资总和下降 5.6%。因此，美国产业界、经济学界和 FCC 都认为，网络中立政策是打击电信运营商投资积极性的直接原因。

从电信运营商和互联网公司对网络中立的态度看，2015 年 2 月出台的《开放互联网法令》，作为 FCC 史上最严的网络中立政策，同年 3 月就被 US Telecom、CTIA、AT&T 等行业协会及电信运营商告上法庭。同年 6 月初，哥伦比亚特区法院作出判决，FCC 险胜。同时，FCC 也没保护好互联网企业。2016 年 11 月，FCC 收到史上第一起网络中立投诉。美国商业网络服务公司（CNS）状告时代华纳有线（TWC），声称 TWC 要求额外付费，CNS 认为这是对网络中立原则的违背，后调解告终。因此，FCC 用一年多时间证明了网络中立政策“执行难、不认可”的问题，也为废除网络中立政策留下了阴影。

（2）FCC 废除网络中立的间接原因。监管机构领导层变更、美国两党更迭间接导致了 FCC 废除网络中立政策。早在 2015 年，时任 FCC 委员的潘基特（Ajit Pai）在内部投票环节就代表共和党向网络中立投下了反对票。2017 年 2 月，潘基特被特朗普总统提名为 FCC 新主席。公开资料显示，潘基特具有电信运营商背景，曾经是美国电信巨头 Verizon 公司高管。此外，奥巴马时期执政的民主党代表的是硅谷互联网公司的利益，FCC 出台了有利于互联网行业的网络中立政策，而目前执政的共和党代表的是军工、电信、石油、地产等传统行业利益，因此，FCC 新主席、共和党人潘基特上任后的第一件重要工作就是废除网络中立政策。

三、网络中立废除对美相关行业影响分析

FCC 网络中立政策被废除，其本质是美国通信监管机构对电信和互联网两大产业之间未来发展空间的再平衡。奥巴马时期，电信企业在推进网络投资建设方面投入巨大，而互联网企业则享受了过多的红利。特朗普上台后通过中立政策调整，让渡一部分红利给电信企业，FCC 的立场反转从更深层次上看带有补偿性质。

（1）美国电信行业将迎来整体利好。预计宽带基础设施投资积极性会得到明显改善，偏远地区的“数字鸿沟”问题有望重新得到解决。具体到 Comcast、Verizon 和 AT&T 等传统电信巨头的权益，一方面，可以在网络上单独辟出“快车道”，按照传输质量好坏向互联网企业收取高低不等的传输费用；另一方面，可以对自家的内容业务进行优先传送，比如 Comcast 可以优先传送旗下公司 NBC 环球的业务内容。对于特定的流量内容、特定软件和服务，电信运营商也有权进行限制。

（2）预计互联网行业将会呈现两极分化态势。对于互联网巨头，比如 Google 和 Facebook 等，将被迫向电信企业缴纳“网络快车道”费用，以购买高质量的服务。但互联网巨头具备雄厚财力，预计不会有太多负面影响。对于互联网小企业，由于没有网络中立政策保护，初创企业的网络传输质量可能会下降，传输成本可能会提高，长此以往将影响网络创新与企业成长。基

于此，网络中立支持者认为，“FCC 废除网络中立政策，毁掉的不是 Google，而是下一个 Google”。

四、对我国相关问题的考虑和建议

我国在管理体制、电信业务分类、市场环境、电信企业和互联网企业的关系等诸多方面都与美国有较大的差异，因此，对网络中立相关议题的考虑应当立足于中国国情。

1. 当前，网络中立并不是我国的监管核心问题

目前，网络中立暂时还不会成为监管难点，也不存在能够促使其激化的因素。一是管理体制上，我国电信和互联网的市场监管都归属工业和信息化部，实践证明这种管理体制有效促进了两大行业的蓬勃发展。二是业务分类上，网络中立所针对的宽带互联网接入业务在我国属于电信业务，而美国对其业务分类的争论（属于互联网业务还是电信业务）在我国并不存在。三是电信企业和互联网企业的关系上，我国的两个行业目前矛盾尚浅，远远没有达到像美国两大行业的企业之间激烈斗争的程度。尤其是近年以来，两大行业呈现相互影响的态势，比如物联网、工业互联网等融合业态持续出现，电信企业改革吸纳互联网企业的资本和股份等，整体上判断，目前我国两大行业的合作关系大于竞争关系。

未来，我国电信和互联网两大行业还将持续相互渗透，用户和终端将进一步趋于融合，但同时，网络流量激增、网络升级、基础设施建设以及信息通信市场可持续发展等诸多问题也同样存在，建议相关部门提前谋划，妥善处理竞合、平衡等问题，力促两大行业长期协调发展。

2. 我国网络中立政策的考虑因素

围绕网络中立的政策出台，监管部门应妥善处理竞合、平衡、未来发展，以及用户权益保护等问题，力促产业的协调发展。因此，要处理好以下几个方面的问题。其一，处理好电信与互联网产业协调发展、产业链上下游开放合作的问题，需要保障无歧视公平接入，解决电信运营商的内容拦截和网络

减速的问题。其二，正确处理电信运营商对宽带建设的投资积极性问题，要保护电信运营企业投资积极性，解决宽带建设中的成本分担问题等。其三，推动互联网企业提升创新水平，要防止对其设置过高的网络接入和传输成本门槛，尤其对刚起步的互联网企业。其四，用户权益保护问题是十分重要的，要保护用户的接入选择权，防止转嫁成本。

综上所述，对于网络中立所涉及的三个具体问题需要分别出台相应政策。一是歧视性收费。过去，两大电信运营商因涉嫌价格歧视遭受国家发改委的反垄断调查。近年来，相关问题有所好转。一方面，需要确保用户的选择权，对电信企业滥用价格歧视手段、限制竞争等行为及时处罚；另一方面，允许企业提供不同质量、不同价格的接入与传送服务，以提高企业效率，满足用户的多样化需求。二是“快车道”。就国外立法实践来看，是否允许设立快车道都有相关规定。在具体监管实施中，要综合平衡保护互联网企业业务创新与电信企业投资积极性的关系，从保护用户的选择权角度考虑，允许设置“快车道”。三是拦截。过去，电信企业曾经对特定的互联网内容和应用进行定向拦截，今后，要加强特定领域立法，督促“九不准”内容拦截，保障网络安全。同时，要设立申诉机制，对涉嫌滥用拦截手段、恶意打击对手的行为给予处罚。

司　晓、曹建峰

论人工智能的民事责任
——以自动驾驶汽车和智能机器人为切入点

司　晓

司　晓　信息社会50人论坛成员，法学博士，斯坦福大学访问学者。现任腾讯研究院院长，腾讯集团公共战略研究部总经理、法律政策研究部总经理。兼任国家网络版权产业研究基地副主任，深圳市版权协会会长，北京大学法学院法律硕士研究生兼职导师。长期从事互联网产业、政策、经济等领域的实践和研究工作，先后供职于网易、迅雷、腾讯等知名互联网公司。组织编制《中国“互联网+”指数报告》，《互联网前沿》杂志，撰写、发表论文、报告、专著30余本（篇），对中国互联网发展中涌现的大量行业问题有深入分析与研究思考，具有丰富的实务经验、研究能力和业界影响力。

曹建峰

曹建峰　腾讯研究院法律研究中心、未来科技中心高级研究员，中国互联网协会青年专家，华东政法大学公民社会与法治发展比较研究中心兼职研究员，西南政法大学知识产权法学硕士。主要从事互联网法律政策研究，关注领域包括人工智能治理与伦理、人工智能与法律交叉领域、法律科技、数据保护、网络知识产权等，代表作包括《人工智能：机器歧视及应对之策》《“人工智能”+法律十大趋势》等。

随着自动驾驶汽车等智能机器人的自主性、学习和适应能力不断增强，一方面，我们很难再将其看作是人类手中的简单工具；另一方面，伴随而来的可预测性、可解释性、因果关系等问题将使得证明产品缺陷责任等既有侵权责任变得越来越困难，可能带来责任鸿沟，使得被侵权人的损害难以得到弥补。面对可预期的责任挑战，《中华人民共和国侵权责任法》《中华人民共和国合同法》等法律规则的不充足性和局限性将逐渐显现出来，对新的法律规则的需求也将变得越来越迫切。为此，欧盟、英国、美国等已经开始探索新的责任框架。为了更合理、有效地对智能机器人造成的损害分配法律责任，严格责任、差别化责任、强制保险和赔偿基金、智能机器人法律人格等都是潜在的法律方案。但立法者或者法院最终选择何种方案，需要进行全方位的论证，以便实现法律的利益平衡目的。

一、引言

“计算机仅能执行强制的指令——对其编程不是为了使其做出判断。”美国纽约一家法院曾经如是说。这或许可以代表公众对计算机和机器人的固有看法。但是，人工智能技术的进步正使这一观点变得陈腐，甚至可能成为一个偏见。2010 年以来，受到大数据、持续改进的机器学习①和更强大的计算机这三个相互加强的因素推动，人工智能技术在 ICT 领域快速发展，不断被应用到自动驾驶汽车②、医疗机器人、护理机器人、工业和服务机器人以及互

---

① 通俗而言，机器学习就是“生成算法的算法”，因为在机器学习中是学习算法创建了规则，而非程序员。虽然机器学习模型可以是应用不同技术的混合（Mix），但是学习的方法通常可以分为三种一般类型：一是监督学习（Supervised Learning），给学习算法提供标记的数据和所需的输出，例如标记为“狗”的狗的照片将有助于算法识别用于分类狗的图片的规则；二是无监督学习（Unsupervised Learning），给学习算法提供的数据未标记，并且要求算法识别输入数据中的模式，例如在电子商务网站的推荐系统中，学习算法发现通常一起购买的类似商品；三是强化学习（Reinforcement Learning），该算法与动态环境相互作用，在奖励和惩罚方面提供反馈，例如自动驾驶汽车行驶在路上时就会被奖励。腾讯研究院：《ISOC：人工智能与机器学习的政策建议》，https：//mp. weixin. qq. com/s/F8GAIlGMwoxQHao18YbtnQ。

② 谷歌公司自 2010 年起就开始测试自动驾驶汽车，六年间行驶 200 万英里；特斯拉公司采取不同的商业策略，通过自动辅助驾驶（Tesla Autopilot）测试自动驾驶技术，并通过升级换代的方式逐步过渡到完全的自动驾驶。目前，国内外主流的科技公司和汽车厂商都开始投身自动驾驶汽车研发，例如，奥迪公司计划 2020 年推出第一辆自动驾驶汽车。总体来看，各大公司都把自动驾驶汽车的推出时间锁定在了未来十年内。面向消费者的自动驾驶汽车产品很有可能就在这个时间段推向市场。

联网服务等越来越多的领域和场景。[①] 国外一些保险和金融公司以及律师事务所甚至开始用具有认知能力的人工智能系统置换人类雇员。[②] 从国际象棋、智力竞赛，到围棋、德州扑克，再到医疗诊断、图像和语音识别，人工智能系统在越来越多的领域开始达到甚至超过人类的认知水平，让其辅助甚至代替人类进行决策，不再是空中楼阁。

现在有理由预见，在不远的将来，交通运输、医疗、看护、工业和服务业等诸多领域各式各样的智能机器或者智能机器人将成为人类社会中司空见惯的事物。与此同时，智能机器人的民事责任（当然也有行政责任和刑事责任，但不在本文讨论之列）将日益浮出水面，成为一个不容回避的法律问题，需要法律和法院认真对待并回应。当高度自主、脱离人类控制且独立运作并做出判断的智能机器人造成人身或者财产损害，如何分配并承担法律责任？当前以人类行为者为中心的侵权责任和以产品生产者为中心的产品责任，在应对这一问题时暴露出局限性。本文旨在对此进行论证并提出初步的建议。

为了讨论的方便，下文将不使用人工智能、人工智能系统等模糊性概念[③]，转而采用智能机器人这一概念，并将其界定为具有以下特征的实体：①通过传感器与其环境进行数据交换以及数据分析等方式获得自主性（Auton-

① 曹建峰：《人工智能：机器歧视及应对之策》，《信息安全与通信保密》2016 年第 12 期，第 15 – 16 页。

② 比如，2017 年 1 月，日本一家保险公司宣布将利用一个人工智能系统替换掉 30 多位员工，该系统可以为投保人计算保险费，这将提高生产效率 30%，节约工资支出近 165 万美元。再比如，IBM 的认知计算机 Watson 支撑的人工智能律师 ROSS 目前已经“受雇于”多家美国律所。市场调研公司 Forrester 去年的一项研究预测，到 2021 年，智能系统和机器人将接手美国 6% 的工作，意味着这些工作将被完全自动化。麦肯锡公司 2017 年的一项研究发现，到 2055 年，当前工作任务的一半将被自动化，但仅有 5% 的工作岗位会被完全自动化。蓝领和白领都有可能被 AI 替代，医生、律师、会计师等所谓的高级职业不在排除之列。曹建峰：《人工智能法律服务的前景与挑战》，https://mp.weixin.qq.com/s/PFN7dlCLoJmnYr38zJl_rQ。

③ 学界对于何谓人工智能尚未达成有效共识，传统上认为人工智能是指可以学习、推理、计划、感知和处理自然语言的人造的类人智能（Human – like Intelligence），主流的观点一般从“像人一样思考”“像人一样行动”“理性思考”“理性行为”四个维度来界定人工智能。此外，为了有效区分作为一个概念的人工智能和作为一项科学技术的人工智能，引入人工智能系统的概念是必要的。人工智能建立在现代数学算法的基础上，而人工智能系统则需要软硬件的配合使用。按此定义，一个机器人、一台运行着程序的独立电脑或互联网电脑，抑或任何一套组件，都能承载人工智能的运行。未来，明确人工智能的定义将变得越来越重要，至少在法律领域将是如此。

omy)[①] 的能力；②从经历和交互中学习的能力；③具有可见形体；④随其环境而调整其行为和行动的能力。按照这一定义，自动驾驶汽车、医疗机器人、护理机器人等都可以被智能机器人涵盖，而自主性（包括自主进行决策）和学习能力则是其核心特征；而且在某种意义上，已经没有很强的理由将其继续看成是供人类驱使的被动工具。

二、智能机器人对侵权责任、产品责任等传统责任框架提出的挑战

不论传统的机器多么先进，在评定法律责任时，都存在一个决定性的共同特征。在每一个案件中，机器的功能和决策总是可以直接追溯到假借人类之手嵌入到其中的设计、编程和知识，或者存在对机器施加控制的人类行为者。不论这些机器多么复杂，终归是为人类所使用的工具而已。以汽车等工具性机器为例，当发生事故，造成人身或者财产损害，要么可以以未尽到合理注意义务为由追究使用者的过错侵权责任，[②] 要么可以以产品具有缺陷为由追究生产者的产品缺陷责任。[③] 这意味着，传统的机器不具有法律人格的属性，仅仅是个人、公司或者其他法律上的“人”的工具或者代理，这些法律主体在既有法律之下对其各自的行为负责。

但是，在不远的将来，完全自主的机器将被推向市场，自动驾驶汽车有望成为最早的一批。为此，社会将需要考虑，在就自动驾驶汽车等智能机器人的侵害行为分配法律责任时，既有的责任规则是否可以游刃有余。毕竟，未来的自主智能机器将有能力完全自主行为，不再是为人类所使用的被动工具。虽然人类设计、制造并部署了它们，但它们的行为却不受人类的直接指令约束，而是基于对其所获取的信息的分析和判断，而且，它们在不同情境中的反应和决策可能不是其创造者可以预料到或者事先控制的。完全的自主性意味着新的机器范式：不需要人类介入或者干预的“感知—思考—行动”。

---

① 可以将智能机器人的自主性界定为，在现实世界中，不受外部控制或者影响地做决定并执行其决定的能力。

② 刘家安：《机动车交通事故责任的归责原则及责任归属》，《政治与法律》2010 年第 5 期。

③ 张新宝、任鸿雁：《我国产品责任制度：守成与创新》，《北方法学》2012 年第 3 期，第 6、7 页。

1. 过错侵权责任难以适用于智能机器人

在实际运作过程中脱离人类的控制是智能机器人的一个核心特征。这一现象使得以人类行为者的注意义务为前提的过错侵权责任难以适用于因智能机器人的使用而产生的侵害行为，因为智能机器人是独立自主运作的，缺乏对其进行直接操作或者控制的特定个人。

以自动驾驶汽车为例，国际自动机工程师学会（SAE International）将自动驾驶技术划分为六个等级：非自动（Level 0）、驾驶员辅助（Level 1）、部分自动（Level 2）、有条件自动（Level 3）、高度自动（Level 4）以及完全自动（Level 5）。本文不讨论在驾驶员辅助和部分自动这两种模式下，驾驶员和汽车制造商之间的责任分配，仅讨论当人类使用者完全不参与驾驶时的责任承担。当自动驾驶汽车达到四级（高度自动）或者五级（完全自动）时，人类使用者的角色从驾驶者转变为乘客，不再需要对行车状况和环境进行监视或者在紧急情况下进行操作。因此，当四级以上的自动驾驶汽车发生事故、造成损害时，即使人类使用者处在驾驶位上，侵害行为、因果关系和过错都不能归咎于人类使用者。

不参与驾驶使得人类使用者不必担负驾驶者在汽车驾驶过程中所应尽到的合理注意义务，只要不干扰自动驾驶系统，人类甚至可以在驾驶位上随心所欲，包括睡觉、玩手机等。当乘客乘坐的是自动驾驶出租车时，情况就更是如此，缺少人类驾驶者使得过错侵权责任无从适用。但在另一个层面，注意义务的承担者从人类驾驶者转移到了自动驾驶系统。可以肯定的是，适用于自动驾驶汽车的注意义务标准必然不同于适用于人类驾驶者的注意义务标准。20 世纪，美国法院在 Arnold 诉 Reuther 案中对此进行了论证。在该案中，原告 Arnold 女士在不遵守交规的情况下横穿马路时，被被告 Reuther 先生驾驶的汽车撞伤，于是 Arnold 指控 Reuther 过失侵权。Arnold 主张，Reuther 有“最后明显机会”（Last Clear Chance）来避免车祸，但其未能做到，因而应为此承担责任。法院对这一观点不予认可，认为，“一个人无论多么高效，都不是一个机械的机器人，不拥有像雷达机那样，在危险具体出现之前将其发现的能力。必须为人类的弱点和反应留出一定的余地，而如果这样的余地必须要求人类在零点几秒内做出反应，并且不能像现代机械装置那样，以机械的速度和精度做出反应，那么就必须承认，Reuther 作为一个普通人，再怎么做也不能避免因 Arnold 的过失而给她本人招来的不幸”。

因此，在涉及自动驾驶汽车的第一起事故案件中，法院将不会过问自动驾驶汽车是否像一个理性人一样行为。Arnold 诉 Reuther 案的核心问题有关过失：Reuther 在当时的情况下是否有合理的行为？但是对于自动驾驶汽车，由于没有人对其施加直接控制，问题的核心将是汽车自身的表现是否达到应该的状态，比如是否达到既定的行业标准。由于自动驾驶汽车不是有效的法律主体，询问汽车自身是否尽到所应负担的注意义务将是不切实际的；于是，需要诉诸产品责任，寻找让自动驾驶汽车的生产者承担责任的事由。

2. 智能机器人的产品责任及其挑战

在我国，《侵权责任法》《产品质量法》《消费者权益保护法》等法律对产品责任进行了规定。具体而言，因产品存在缺陷造成他人损害的，被侵权人可以向产品的生产者或者销售者请求赔偿。通说认为，产品责任属于无过错的严格责任，只要产品存在缺陷，生产者就应当承担侵权责任，无须证明其存在过错。虽然被侵权人可以选择向生产者或者销售者请求赔偿，但这两个主体之间实际上构成不真正连带责任，向被侵权人承担侵权责任的一方可以向有过错的另一方进行追偿。① 因此，当无人进行操作的自动驾驶汽车等造成人身或者财产损害时，被侵权人可以向缺陷产品的制造商主张产品缺陷责任，需要证明：产品有缺陷、损害事实的存在以及产品缺陷和损害事实之间存在因果关系。②

产品缺陷是产品责任的一个核心概念，各国通说一般认为缺陷主要包括设计缺陷、制造缺陷和警示缺陷，我国关于产品缺陷的认定标准体现在《产品质量法》第 46 条，包括“不合理的危险”标准和产品质量标准。③ 此外，

---

① 高圣平：《论产品责任的责任主体及归责事由——以〈侵权责任法〉“产品责任”章的解释论为视角》，《政治与法律》2010 年第 5 期，第 7、8 页。

② 罗碧文：《产品责任归责原则研究》，(2009-01-14)［2017-05-05］，https：//www.chinacourt.org/article/detail/2009/01/id/341117.shtml。

③ 《产品质量法》第 46 条规定：“本法所称缺陷，是指产品存在危及人身、他人财产安全的不合理的危险；产品有保障人体健康和人身、财产安全的国家标准、行业标准的，是指不符合该标准。”

《产品质量法》还为产品生产者提供了免责事由，包括：未将产品投入流通；产品投入流通时，引起损害的缺陷尚不存在；以及将产品投入流通时的科学技术水平尚不能发现缺陷的存在。只要产品生产者能够证明存在免责事由，就不承担赔偿责任。

在法律考虑赋予自动驾驶汽车等智能机器人法律地位之前，其在法律上的地位就依然是物，落入产品的范畴是不成问题的，产品责任自然也就有适用的余地，只要被侵权人可以证实产品缺陷责任。为了讨论的方便，笔者将分两种情况来论证。

3. 智能机器人涉及人为（非操作者）失误

证明产品存在缺陷可能是困难且受争议的，但如果被侵权人的损害能够归因于因制造商的人为失误而造成的产品缺陷，那么自动驾驶汽车等的自动化程度再怎么高，也不会给既有的产品责任制度带来大的挑战。

按照我国的《产品质量法》，不符合国家标准或者行业标准的产品被认为具有缺陷。以 Arnold 诉 Reuther 案为例，假设 Reuther 先生乘坐的是一辆自动驾驶汽车，坐在后排，该汽车在距离 Arnold 女士 15 英尺时检测到了她并采取了紧急制动，但未能避免碰撞。再假设自动驾驶汽车行业存在一个“碰撞避免”标准：如果障碍物（包括人类）在距离汽车 12 英尺时被检测到，那么自动驾驶汽车必须能够在其行进路线上检测到障碍物并避免碰撞。显然，在这种情况下，该自动驾驶汽车不符合这一行业标准，具有不合理危险，因为按照这一行业标准，碰撞本应避免。如果我们将这一行业标准换为 15 英尺，而将该自动驾驶汽车检测到 Arnold 的距离换为 12 英尺，此时证明缺陷的存在将很困难。此外，证明存在制造缺陷（如部件失灵）或者警示缺陷（比如：未能合理告知消费者如何操作智能机器人；在部分自动驾驶的情况下需要人类驾驶者保持警惕并进行操作的，如果制造商未能告知消费者如何进行操作，就需要承担产品缺陷责任），同样可以使被侵权人获得赔偿。

但问题是，人工智能技术的发展使得自动驾驶汽车等完全独立自主的智能机器人的出现成为可能，这带来的直接结果就是，一方面，证明缺陷尤其是人工智能系统层面的缺陷将变得异常困难；另一方面，事故的发生可能无法合理归因于智能机器人的设计或者制造缺陷。这将给产品责任带来直接的挑战。面对自主智能机器人，人们将需要开始审视既有的产品责任制度能否在制造商利益和消费者利益之间实现平衡。

4. 智能机器人涉及无法解释的事故

产品责任只能让制造商对因产品存在缺陷而造成的侵害行为承担民事责任，但问题是，智能机器人的一些新特征可能使得无法将事故的责任分配给生产者等既有法律主体，尤其是当出现不能合理推断出事故是由设计或者制造缺陷造成的情形之时。虽然自动驾驶汽车普遍被认为比人类驾驶更安全，比如，麦肯锡公司的一份研究报告发现，自动驾驶汽车将使交通事故减少90%；但是自动驾驶汽车对交通事故并非具有完全的免疫力，而自主性、可预测性、可解释性、因果关系等因素将极大增加事件的无法解释性，带来责任鸿沟。具体论证如下。

（1）自主性与可预测性（Foreseeability）。如前所述，自动驾驶汽车等智能机器人区别于传统的机器的最大特征在于具有高度的甚至完全的自主性。无论采用何种机器学习方法，当前主流的深度学习算法都不是一步一步地对计算机编程，而是允许计算机从数据（往往是大量数据）中学习，不需要程序员作出新的分步指令。因此，在机器学习中，是学习算法（Learning Algorithm）创建了规则，而非程序员。其基本过程是给学习算法提供训练数据，然后，学习算法基于从数据中得到的推论生成一组新的规则，称之为机器学习模型。这意味着计算机可被用于无法进行手动编程的复杂认知任务，比如图像识别，将图片翻译成语音、汽车驾驶等。回到自动驾驶汽车，自动驾驶系统利用一系列雷达和激光传感器、摄像头、全球定位装置以及很多复杂的分析性程序和算法等，像人类一样驾驶汽车，而且做得更好。自动驾驶汽车“观察”路况，持续注意其他汽车、行人、障碍物、绕行道等，考虑交通流量、天气以及影响汽车驾驶安全的其他所有因素，并不断调整其速度和路线。而且自动驾驶汽车被编程来避免与行人、其他车辆或者障碍物发生碰撞。所有这一切都是机器学习的结果。因此可以说，在每一个现实情境中，都是自动驾驶汽车自身在独立判断和决策，虽然是程序员设定了学习规则。学习能力和适应能力的存在使得预测自动驾驶汽车在特定情境中的行为成为一个问题。

此外，人类决策系统与现代人工智能系统存在一个本质上的区别，正是这一区别使得人类无法准确预知人工智能系统针对某个问题的解决措施。受限于人类大脑的认知能力，为了作出决策，人类无法在有时间限制的情况下分析所有的相关信息，所以人类常常退而求其次，选择一个自己满意的解决方法，而非一个最佳化的解决方法，经济学家赫伯特·西蒙称之为“满意法”。电脑计算能力和机器学习方法的不断提高，使得现代人工智能系统能够在有限的时间内精确计算所有的可能性，而且人工智能系统本质上不受提前预置的概念、经验法则、传统智慧等因素的限制，从而使其能够选择人类完全没有考虑过或者可能会实施的解决方案。正是这种能够作出独特决策的能力或者说自主性，让人工智能系统能够应用于更加广泛的领域，同时也让人工智能系统的设计者具有赋予人工智能系统这项能力的经济动力。所以，尽管人类设计并制造了自动驾驶汽车等智能机器人，却可能无法预见其具体决策，然而这种无法预见性可能正是系统的设计者所期待的。随着更加通用化的人工智能的发展以及机器学习技术的进步，人工智能的行为和决策的不可预见性问题将会更加频繁地出现，而且程度会不断加深。

更进一步，自动驾驶汽车可能“打破”预先设定的规则，大大超出其设计者的预期。人们一直担心，赋予机器自主“思考”的能力可能导致其有能力违反被给予的“规则”。这不纯粹是想象，已经有证据表明高度“智能”的自主机器可以学习“打破”规则以保护其自身的生存。① 以自动驾驶汽车为例，尽管模拟测试对其行为和决策意味重大，美国交通部在其发布的《联邦自动驾驶汽车政策》中也强调模拟能够代表复杂的现实环境的测试环境的重要性；但是自动驾驶汽车脱离制造商控制、进入流通领域之后的学习和经历同样影响其行为和决策。新的数据输入可能使自动驾驶汽车进行调整和适应，导致其行为和决策超出预先设置的规则，这在理论上并非不可能。再者，测试环境并不能穷尽所有的现实可能性，当异常情况出现时，自动驾驶汽车必须在缺乏预先设定的规则的情况下，依据其自己创建的规则，真正独立自主地决策。对于这种偏离预期的行为，以产品缺陷这一事由让生产者承担责

---

① Nick Bostrom, “The Superintelligent Will: Motivation and Instrumental Rationality in Advanced Artificial Agents,” *Minds & Machines* 22 (2012): 71, 84.

任，难以在《侵权法》上得到证成。

（2）可解释性（Interpretability）。通常，当人类驾驶者造成交通事故，诉讼双方通过举证、质证等程序性手段，完全可以还原并查明事故发生的过程，从而决定人类驾驶者是否履行了合理的注意义务。事故的可解释性使得因传统的交通事故而产生的法律纠纷可以按照既有法律框架得到有效解决。但是，现代人工智能系统犹如一个“黑箱”，所有决策都存在于这个“黑箱”中，自动驾驶汽车等智能机器人也不例外。而且，虽然学习算法可能是公开和透明的，但它产生的模型可能不是，因为机器学习模型的内部决策逻辑并不总是可以被理解的，即使对于程序员也是如此。因此，即使是设计者可能也无从知晓系统如何进行决策，更别提普通公众了。行为和决策的不透明性和不可解释性带来的直接结果就是，当自动驾驶汽车造成交通事故时，人们将很难查明事故背后的原因。即使法律要求算法必须公开、透明，或者可以在法庭上对智能机器人的算法系统及其决策进行交叉询问，当事人也会面临技术性障碍，在成本上并不经济。此时，谁来承担法律责任，将成为一个大大的问题。

（3）因果关系（Causality）。一方面，如前所述，人工智能系统的一些新特征使得事故的可解释性大打折扣，带来归因难题；另一方面，由于自动驾驶汽车等智能机器人自带学习能力和适应能力，其“后天的”（区别于“先天的”系统设计和训练）学习和经历可能成为此类系统造成的任何损害的一个替代原因，足以使侵权行为事实上的行动者不用承担责任。替代原因之所以可能出现，是因为一个能够自主学习的人工智能系统的行为部分依靠其后天的经历，即使是最细心的设计者、编程者以及制造者，都没有办法控制或者预期人工智能系统在脱离他们之后将会经历些什么。

因此，当自动驾驶汽车等智能机器人发生事故、造成损害，而事故本身又难以解释或者不能合理追溯到设计缺陷或者制造缺陷，或者损害是因人工智能系统难以为设计者所预测到的特殊经历造成的，此时，让设计者承担责任将会导致不公平和非正义，但这样会导致被侵权人难以获得赔偿。于是，法院面临的挑战是，为了保证被侵权人能够得到赔偿，就必须解决人工智能系统的可解释性、可预见性以及因果关系等问题。

5. 替代责任的适用可能性

如果智能机器人实际上“代理或者代表”某个法律主体从事行为或者进行决策，那么可以比照父母对未成年人子女的责任或者说监护人对被监护人的责任，或者雇主对雇员的责任，让部署智能机器人的人承担替代责任。其实在合同领域，智能软件、程序化交易、智能合约等现象就给合同责任带来了挑战，并引起学界讨论，但是对于算法和程序做出的交易，各国一般将智能软件看作通信方式，而非认为智能软件和部署智能软件的人之间存在代理关系或者雇佣关系。因此，借助智能软件形成的所有合同法律关系都归属于部署智能软件的人，由其享有合同权利并承担合同义务。

按照这一思路，在某些情况下，可以让部署智能机器人的人承担替代责任。比如，如果一个公司利用无人机送货，或者利用自动驾驶出租车运送乘客，或者利用服务机器人提供家政、酒店、外卖等领域的服务，那么其就必须对智能机器人的行为负责。但是，如果我们类比雇主对雇员的责任，雇主的替代责任以雇员在从事雇佣活动中造成的损害为限，不对雇员的职务范围以外的或者非职务的加害行为负责，那么如何确定部署智能机器人的人对智能机器人的责任限度和范围，将是法律必须回应的一个问题。更进一步，如果将智能机器人看作事实上的雇员，为了明确雇主的责任，就必须提出判断智能机器人的职务行为和非职务行为的标准。本文仅提出这么一种可能性，这里不做进一步探讨。

三、欧盟开始为智能机器人探索新的民事责任规则

面对人工智能的快速发展，一些国家开始探索相关立法和监管。在美国，美国交通部 2016 年 9 月出台的《联邦自动驾驶汽车政策》虽未涉及责任问题，但其中提出的自动驾驶汽车安全标准却可以为举证产品责任提供必要的参考；此外，佛罗里达州、密歇根州等涉及自动驾驶的立法均规定，车辆在被第三方改造为自动驾驶汽车后，车辆的原始制造商不对自动驾驶汽车的缺陷负责，除非有证据证明车辆在被改造为自动驾驶汽车前就已存在缺陷，这一规定实际上有利于厘清各方的法律责任。在德国，监管机构开始考虑出台

新规，要求汽车厂商在自动驾驶汽车中安装“黑匣子”，以便在事故发生后判定法律责任，开展保险理赔工作，这表明德国已经开始关注自动驾驶汽车的透明性、可解释性以及可追溯性问题。[①] 在英国，自动驾驶汽车中心（Centre for Connected and Autonomous Vehicles，缩写为 CCAV）曾发布两份报告，在其中对保险和产品责任提出建议。报告提议将强制性的机动车保险延伸到自动驾驶汽车以便将产品责任囊括进去。新的保险框架旨在保护自动驾驶汽车事故中的受害者，受害者将可以直接向汽车保险人请求赔偿，而保险人将有权向依据既有法律负有责任（比如产品责任）的主体进行追偿。

在智能机器人民事立法方面，当属欧盟动作最大。早在 2015 年 1 月，欧盟议会法律事务委员会（European Parliament Committee on Legal Affairs）就决定成立一个工作小组，专门研究与机器人和人工智能的发展相关的法律问题。2016 年 5 月，法律事务委员会发布《就机器人民事法律规则向欧盟委员会提出立法建议的报告草案》，同年 10 月发布《欧盟机器人民事法律规则》。在这些研究和报告的基础上，2017 年 2 月 16 日，欧盟议会投票表决通过一份决议，在其中提出了一些具体的立法建议，要求欧盟委员会就机器人和人工智能提出立法提案（在欧盟只有欧盟委员会有权提出立法提案，但欧盟委员会并无义务遵守这一要求，不过如果其拒绝这么做，就必须陈述其理由）。法律事务委员会提出的立法建议涉及多个方面，主要包括：成立一个专门负责机器人和人工智能的欧盟机构；确立人工智能伦理准则；为智能机器人重构责任规则；长期来看，考虑赋予复杂的自主机器人法律地位（所谓的“电子人”）的可能性；知识产权方面应明确人工智能的“独立智力创造”；注重隐私和数据保护；推进标准化工作和机器人的安全可靠性；针对具有特定用途的机器人和人工智能系统（主要包括自动驾驶汽车、护理机器人、医疗机器人、无人机、人类修复和增强等）出台特定规则，进行特殊监管；关注人工智能的社会影响；加强法律政策领域的国际合作。[②]

---

① 伦一：《美德加快健全自动驾驶制度对我国的启示》（2017－02－23）［2017－05－05］，https：//mp. weixin. qq. com/s/uKurOiuhMlPtOCY3qDscZg。

② 曹建峰：《10 大建议！看欧盟如何预测 AI 立法新趋势》，《机器人产业》2017 年第 2 期，第 16－20 页。

1. 需要新的责任规则

在法律事务委员会看来，如今的机器人已经具有自主性和认知特征，即具有从经历中学习并独立自主地进行判断的能力，而且可以实质性调整其行为，从机器人的侵害行为中产生的法律责任由此成为一个重大问题。机器人的自主性越强，就越难将其当成是其他主体（比如制造商、所有人、使用者等）手中的简单工具，这反过来使得既有的责任规则开始变得不足，因而需要新的规则。新的规则着眼于如何让一台机器为其行为或者疏忽而部分或者全部地承担责任。结果就是，解决机器人是否应当拥有法律地位这一问题将变得越来越迫切。最终，法律需要对机器人的本质问题做出回应，其是否应当被当成是自然人、法人、动物抑或物品，或者法律应当为其创设新类型的法律主体，在权利、义务、责任承担等方面具有其自身的特性和内涵。

在目前的法律框架下，机器人自身不对因其行为或者疏忽而给第三方造成的损害承担责任。而且，既有责任规则要求机器人的行为或者疏忽能够归因于制造商、所有人、使用者等特定法律主体，并且这些主体能够预见并避免机器人的加害行为。更进一步，关于危险物品的责任和产品责任可以让这些法律主体为机器人的行为承担严格责任。但是，如果机器人自主地做决策，传统的责任规则就将不足以解决机器人的责任问题，因为传统的规则将可能不能确定责任方并让其进行赔偿。此外，现有法律框架的缺点在合同责任方面更是显而易见的，因为机器人现在能够选择合同当事人，磋商合同条款，缔结合同并决定是否以及如何执行所达成的合同，这些现象使得传统的合同规则无法适用。在非合同责任方面，既有的产品责任规则仅能涵盖因机器人的制造缺陷而造成的损害，同时受害人必须能够证明存在实际损害、产品缺陷且缺陷与损害之间具有因果关系。但是，目前的法律框架无法完全涵盖新一代机器人所造成的损害，因为它们具备适应性和学习能力，具有一定程度上的行为不可预测性，因为这些机器人将从其自身变幻莫测的经历中自主学习，并且以独特且不可预见的方式与其所处环境进行交互。

2. 构建新的责任规则

对于智能机器人带来的责任挑战，法律事务委员会从欧盟自身的法律体系出发，提出了一些可供参考的立法建议。具体论证如下。

（1）对于智能机器人，有损害，必有责任。无论选择什么样的法律方案来解决机器人的责任问题，在涉及财产损害之外的损害案件中，都不应该限制可以被弥补的损害的种类或者程度，也不应该基于损害是由非人类行动者（即智能机器人自身）造成的这一理由限制受害人可能获得的赔偿。对于智能机器人造成的损害，未来的立法应当规定严格责任，仅要求机器人的侵害行为和受害人的损害之间具有因果关系即可。

（2）如果最终负有责任的主体得到确认，其所应承担的责任应与其给予机器人的指令级别以及机器人的自主性程度相符合。因此，机器人的自主性或者学习能力越强，其他主体的责任就越低；机器人的“教育”持续时间越长，“教育者”所应负担的责任就越大。此外，当将机器人的侵害行为归咎于特定主体时，不应将通过“教育”机器人产生的技能与严格依赖于其自身学习能力的技能相混淆。

（3）为自主智能机器人造成的损害分配法律责任是一个复杂的问题，一个可能的解决方案是适用于智能机器人的强制保险制度。但是该保险制度与当前的机动车保险不同，因为后者仅覆盖人类行为和差错。适用于机器人的保险制度可以基于要求制造商为其生产的机器人购置保险的义务。除了制造商，也可以让机器人的所有人购买此类保险。

（4）可以考虑建立赔偿基金，作为强制保险制度的一个补充。一方面，赔偿基金可以确保未被保险覆盖的损害可以得到弥补，这是设立赔偿基金的首要目的；另一方面，允许机器人牵涉到的多个利益相关方的投入，比如对智能机器人投资、捐赠或者支付，被转移到该基金。此外，赔偿基金可以作为限制制造商责任的一个条件，即对于被赔偿基金覆盖的智能机器人，其制造商仅承担有限责任，财产损害的赔偿责任以该基金为限度，其他类型的损害的赔偿则不受此限。

（5）与保险、赔偿基金等相配套的机器人登记制度和机器人法律地位。机器人登记制度基于机器人分类。确保机器人与其赔偿基金之间的关联在机器人登记中得到体现，以便任何人都能知晓基金的性质、财产损害的责任限制以及其他相关信息。此外，对于最复杂的自主智能机器人，可以考虑赋予其法律地位，在法律上承认其为“电子人”（Electronic Person），具有明确的权利和义务，包括对其造成的损害进行赔偿。

四、智能机器人民事责任的几种方案

如前所述，智能机器人的出现和发展将给产品责任等既有侵权责任规则提出挑战。法院未来在审理第一起涉及真正完全的自动驾驶汽车或者智能机器人的损害案件时将需要面对这些挑战，可预测性、可解释性以及因果关系等将可能成为弥补损害的最大障碍。与此同时，这些挑战一方面可能使终端用户的损害无法得到补偿，另一方面给制造商带来法律责任的不确定性，最终可能影响技术发展和进步，自动驾驶汽车等智能机器人所能带来的诸多好处因此可能延迟普及。欧盟、英国、美国等都已经意识到既有的民事责任规则在应对智能机器人的法律责任时具有局限性，这种局限性会影响各方对其合理行为的预测可能性，进而破坏法律的可预测性，最终会限制行业发展的步伐；这些国家和地区为此已经开始探索新的责任规则或者法律方案，目的在于在制造商、终端用户等法律主体之间实现新的法律平衡，同时为智能机器人民事责任的确定提供更为清晰、明确和有效的规则。为了更合理、有效地对智能机器人造成的损害分配法律责任，笔者结合各国的探索，试图提出几种可供参考的方案。但立法者或者法院最终选择何种方案，需要从法经济学、实证主义、功用主义等角度进行全方位论证，以便实现法律平衡各方利益的价值。

（1）借鉴《侵权责任法》上关于危险责任的规定，让智能机器人的制造商或者使用者承担严格责任（Strict Liability）。但智能机器人严格责任的出发点不是“异常危险”或者“不合理危险”。如前所述，当真正完全的自主智能机器人发生事故、造成损害，证明缺陷、因果关系等事项将成为受害人难以逾越的法律障碍。在这种情况下，法律或者法院可以强令执行保险制度以解决侵权法的不充足性。支持建立智能机器人的严格责任的理由如下：①为不是因其自身过错而遭受损害的个人提供救济是一项重要的举措，在因果链条无法解释的情况下让个体承担所遭受的损失，与公正、分配正义、风险分担等基本观念背道而驰；②不同于受害人，智能机器人的制造商处在消化成本的有利位置，其可以通过定价等方式广泛分散损失负担；③严格责任制度可以节约所有相关的交易成本，尤其是在缺陷、因果关系等难以证明的情况下，诉讼成本将会非常高昂；从“成本—效率”的角度来看，智能机器人的复杂性和自主性呈几何级数增长，产品责任诉讼的成本亦将呈指数级增长，与其为律师、专家等投入高昂成本，倒不如更多地赔偿受害者；④相比于一个预测性低的法律制度，一个可预测的责任机制将能更好地促进创新。

（2）差别化责任规则。差别化责任制度的前提是针对自动驾驶汽车等智能机器人的审批机制。未来有必要由统一的人工智能监管机构或者行业主管机构对智能机器人进行必要监管，审批制度是潜在的监管措施之一。审批制度可以发挥两方面的作用，一方面，审批制度有利于保障面向终端用户的智能机器人的安全可靠性，增进公众对智能机器人的信任；另一方面，审批制度可以成为智能机器人的差别化侵权责任的基础。对于通过监管机构审批的智能机器人，制造商实质上将只承担有限的侵权责任，对监管规则的遵守换来的是有限的侵权责任，而非完全排除其侵权责任。在涉及通过审批的智能机器人的诉讼中，被侵权人需要按照传统的产品责任进行举证。否则，制造商等法律主体将只承担有限责任，方式可以是保险、赔偿基金（比如监管机构可以拿审批费用的一部分或者用政府财政预算来设立赔偿基金）等。对于没有经过审批的人工智能系统，制造商等法律主体应当承担严格责任，而且该责任是连带的，以便让智能机器人涉及的多个相关主体都承担责任，以实现最大化救济被侵权人的目的。但是为了不影响技术创新和产业发展，审批制度可以是自愿性的。

（3）强制保险制度和赔偿基金。如前所述，在涉及智能机器人的诉讼中举证产品缺陷、因果关系等事项将变得越来越困难，为了能够对无辜的受害人进行赔偿，可以考虑针对智能机器人提出由制造商或者所有人负担的强制性的保险机制，以覆盖产品责任。由市场主导的一个保险机制将不需要对既有法律制度进行大的调整或者变革。赔偿基金可以作为有限责任承担或者赋予智能机器人法律人格的配套措施，已如前所述，不再赘述。

（4）可以像欧盟那样，考虑赋予某些智能机器人法律人格。法律可以赋予公司等法人地位，甚至承认非法人组织（比如合伙）也可以享有一定的法律地位，未来在时机成熟时赋予智能机器人法律地位，也未尝不可。到那时，如果赋予智能机器人电子人格（Electronic Personality），让其可以享有特定的权利和义务，并可以对其行为承担法律责任，包括对其造成的损害的赔偿责任，人们现在担心的很多责任问题都可以得到较好的解决。

五、结论

诚然，技术进步总是会给法律提出这样或者那样的挑战，但是法律的可预测性和张力使得法院通常可以依循法律解释学应对新出现的情况，而不需要对既有法律规则做出较大变动。但是，法律解释学并非一颗灵丹妙药，不但有其局限性，而且会失灵，在一些新情况下难以确保法律的利益平衡目的之实现。完全自主的自动驾驶汽车等智能机器人的出现和发展，将会带来这样的新情况。届时，《侵权法》《合同法》等法律规则的不充足性和局限性将逐渐显现出来，对新的法律规则的需求将变得越来越迫切。究竟什么样的规则最适合应对未来的智能机器人带来的责任挑战，笔者在上文提出的几种方案并非盖棺之言，而是希望能够引起人们的关注和探讨，共同寻找并论证恰当的规则。最终目的是希望在促进新技术发展的同时，也对可能被新技术影响或者侵害的人提供法律救济，无论这些影响或者侵害能否被既有的法律所覆盖。

阿拉木斯
回顾我国互联网电子商务法制的发展

阿拉木斯 信息社会50人论坛成员，中国电子商务协会政策法律委员会副主任，网规研究中心主任，国家发展和改革委员会高技术司专家组成员，商务部电子商务专家咨询委员会成员，国家标准委电子商务标准总体组成员。代表作有《计算机2000年法律问题种种》《信息网络与高新技术法律前沿2005》《网络交易法律实务》《电子商务国际公约与我国电子商务立法》。

又是一年的“两会”，我们又看到诸多关于我国互联网、电子商务和数字经济发展的法律提案，不管是大数据、人工智能、数字经济还是新零售、区块链，往往都会成为立法提案的热门，也让我们再一次对新一届人大的工作充满期待。

那么，站在这样一个承前启后的时间节点上，对我国十多年互联网电子商务法制的发展，到底应该怎么回顾和观察，我们不妨在此做些探讨和展开。

一、2000—2013年，我国的互联网和电子商务法制化进程

2000年春天，正是“. com”域名注册风暴席卷全球的时候。从1998年到1999年，我国的新浪、搜狐、网易、阿里巴巴、腾讯、百度纷纷顺势而生，一大批网站在国际风投的簇拥下正在全球掀起第一次眼球经济的热浪。

与此同时，域名的抢注问题、网络版权的法律保护问题、网站的合法性和外资持有比例、海外上市等问题也越来越多地困扰着这些雄心勃勃的网络精英们，更引发了监管者和全社会的关注。

就是在这样的背景下，作为2000年人大会议的一号提案，来自上海的张仲礼关于电子商务立法的提案一经公布，就引发了社会极大的反响。

笔者当时正好在工信部的政策法规司借调，为了回应这个提案，司里组织我们做了专题的研究，几个月后，结合互联网经济泡沫的起伏和我国互联网法律体系的初步构建，得出了暂不具备立法条件的结论。也就是说，一方面，2000年下半年，大量的“. com”泡沫破灭，很多的问题已经不是很迫切了[①]。而另一方面，也是在2000年下半年，我国先后出台了四部重要的互联网法律法规，奠定了我国互联网法制的基础：9月25日颁布的《互联网信息服务管理办法》《中华人民共和国电信条例》，11月22日颁布的《最高人民法院关于审理涉及计算机网络著作权纠纷案件适用法律若干问题的解释》，12月28日颁布的《全国人民代表大会常务委员会关于维护互联网安全的决定》。直到今天，作为我们判断一个网站合法性最重要的依据的“ICP备案”“ICP许可”以及禁止网络传播内容的“九不准”、网络服务提供者作为ISP（网络服务提供商）的承担责任的“避风港”原则，都是在那时初步确立的。今天看来，2000年下半年正是我国互联网立法的第一个高峰。这四个重要的互联网法律法规、司法解释的出台，使得我们加紧出台一部大而全的《电子商务法》的必要性大大减弱了。

从2000年下半年和2001年，正是我国电子商务发展历程中最为低谷的时段，但是很快，2003年初一场“非典”，成为我国电子商务转机的开始，淘宝、支付宝相继问世。不过这一过程依旧漫长，直到2005年，我国网络经济的初步盈利模式才真正清晰，那就是短信、彩信、网络游戏和网络广告。而在这一年，还发生了一件我国互联网法律界的大事——《电子签名法》的实施，这和我们今天的《电子商务法》有着密切的关联。

对于《电子签名法》为什么可以在这样一个电子商务和互联网经济非常

---

① 从规模上来看，2000年我国的网民数是2250万人，交易额是1320亿元。而2015年我国的电子商务交易额是20. 8万亿元，网民达到6. 68亿人。

沉寂的时点横空出世，这还要回到2002年，我国国家信息化工作领导小组的成立。该小组成立后，非常重视信息化的立法工作。所谓信息化，抓手无非电子商务、电子政务、信息安全等几大块。记得在当年四月的一次海关系统和税务系统的信息系统互联对接会议上，江平教授和笔者作为专门被邀请的法律专家，一致认为系统的对接存在电子签章合法性的问题，得到了该小组的重视。于是在2002年下半年，小组委托中国电子信息产业发展研究院和刚成立的商务部电子商务和信息化司分头起草电子签章条例的初稿。中国电子信息产业发展研究院正是笔者当时所在的单位，笔者也就自然成了该项目的参与人。但出乎意料的是，2003年草稿递交到国务院法制办后，很快由条例上升为法律，并且在其后短短一年多的时间里颁布，其中的效率和重视程度，不能不说是我国互联网立法史上的一个奇迹。

那么，为什么我国第一部信息化法律反倒在今天很少被我们关注和提及了呢？原因在于其规范内容还是相对比较狭窄和专业的，即数据电文、电子签名的法律效力问题，电子认证体系的建立和合法性问题，这也是从1995年美国犹他州《数字签名法》和1996年联合国《电子商务示范法》开启的国际电子商务立法大潮的核心内容，我国的这部《电子签名法》只是这一进程的尾声而已。

今天看来，虽然这部法律在逐渐被人们淡忘，但多年来，它作为我国第一部信息网络领域的专门法，其意义还是不可忽视的。一是它很好地对电子合同、数据电文的问题进行了规定，弥补了1999年《合同法》在这方面的不足；二是它直接使得当时我国已有的几十家CA认证机构得以合法化并且得到了充分的发展；三是它确立了我国信息网络立法的几个基本原则，非歧视、功能等同、技术中立和意思自治。同时，它也为我们今天出台电子商务法奠定了很好的基础。

以《电子签名法》的实施为核心，2005年也成为我国互联网法制建设史上的第二个高峰，其他三个重要的法律法规、政策文件分别是：2005年1月8日发布的《国务院办公厅关于加快电子商务发展的若干意见》，该文件是我国第一部国家级的电子商务政策文件，为我国电子商务的政策环境定了基调，被业界多年来亲切地俗称为“二号文”；同年4月29日，我国电子商务领域的第一个行业规范《网络交易平台服务规范》对外发布；同年10月26日，中国人民银行发布《电子支付指引（第一号）》。相比于第一次互联网立法高峰，这次高峰的焦点已经开始转向电子商务法律的一些核心问题：电子合同、电子认证、平台服务和电子支付。

我国互联网法制建设的第三次高峰开始于2008年，这一年也是中国电子商务开始真正创造世界级奇迹的元年。这一年因为中国的网络零售突破三个“1”被历史铭记，即网络零售消费者总数突破1亿人，交易额突破1000亿元，占社会消费品零售总额比例突破1%。“一生二，二生三，三生万物”，世界的电子商务开始在东方发力，从此一发而不可收。2010年，时任阿里研究院院长的梁春晓撰写了《电子商务的春天——中国电子商务发展现状与趋势》一文，对其后五年中国电子商务的发展做了大胆的预测，现在看来，确实是一个极具智慧的论断。

为什么直到2008年中国的电子商务才开始真正发力？这应该和那一年的全球金融风暴有着直接的关联。外贸转内贸，“网货”这个词也开始出现了，“网规”一词也是出现在这一年。

本次始于2008年的互联网立法高峰的时间跨度很大，直到2013年，其间的四部核心法律法规分别是：2009年12月26日通过的《侵权责任法》，2010年5月31日工商行政管理总局颁布的《网络商品交易及有关服务行为管理暂行办法》，2012年12月28日颁布的《全国人民代表大会常务委员会关于加强网络信息保护的决定》，2013年10月25日颁布的新修订的《消费者权益保护法》。在这次立法过程中，网络服务提供者承担民事侵权责任的前提被确定为“知道”；电子商务交易的网店实名制、七天无理由退换货制度、交易平台的责任范围也被确立下来。

二、我国的电子商务立法

梳理到这里，一个问题恐怕会自然冒出来。既然我国的互联网电子商务法律体系经过多年的发展，有三次立法高峰，已经初具规模，且就一些核心的焦点问题进行规定，那今天这部电子商务法制定的必要性是什么？

（1）正是因为我国多年来互联网和电子商务立法发展下来，电子商务法律体系初具规模，才更有了立一部电子商务大法，进行顶层设计、统筹安排的必要性。在2014年笔者参与的由国家发展和改革委员会高技术产业司和全国人民代表大会财政经济委员会调研室主编的《中国电子商务法律法规汇编》一书中，收录的直接的电子商务法律法规大约有50部，而间接的各种电子商务法律法规、规范和重要文件大约有500部。

顶层设计的另一层含义在于通过立法明确电子商务法制建设和监管的基本原则，比如最小的不当干预、创新监管、事中事后、多元协同共治、鼓励发展创新等，使得今后各种层面的立法都可以遵循一致的原则，避免出现大的偏差。其实这十几年来，面对日新月异的电子商务和互联网，最难的是政府的管理部门，往往面临不管被说是懒政、管了被说是滥权的两头为难的尴尬局面，究其根本，就是因为我们没有通过法律明确我国电子商务治理的基本原则。也就是说，由于缺乏制度的顶层设计，我国电子商务相关产业和管理者在不断加快的规则建立和矛盾凸显的环境下面临着双输的局面，必须得到扭转。

（2）这些年我们已经看到，对于我国电子商务、网络经济、分享经济、O2O、社交网络、互联网金融等的快速发展，以及因此而产生的一系列经济问题、法律问题甚至社会问题，社会上出现了很多的不同看法和声音，是不是还是坚决鼓励这些新兴产业的发展创新？除中央和国务院的各种文件指示外，我们还需要这样一部法律对于新经济和创新从法律的层面上予以鼓励和支持，这一点，在目前网络经济逐渐走入深水区的关键阶段，尤显重要。记得在2014年11月的首届世界互联网大会的“网络空间法治化”分论坛上，笔者就电子商务立法做了专题报告，而报告题目就是《电子商务立法，让创新有法可依》。

（3）立法的第三个必要性来自规范秩序和保护权益的需要。规范秩序保护权益主要包含五个方面的内容：①规范行业竞争秩序，我国互联网和电子商务领域的竞争秩序从“3Q大战”开始，就已经是闻名世界的了；②规范线上和线下发展的关系，明确公平待遇和非歧视的原则；③加强电子商务中消费者权益的保护，同时也明确对网商权益的保护，打击诸如炒信、职业差评师等恶意的行为；④对网络交易平台多年来在网络规范，即网规层面的探索和治理作用给予必要的认可，为多元共治打造法律基础；⑤衔接电子商务法律与其他法律法规的关系，诸如支付、物流、合同、网络安全、个人信息保护等方面，建立相互协调的法制环境。

全国人大常委会张平副委员长2014年在电子商务法起草组第二次全体会议上指出："市场经济本质上是法治经济，要以保护产权、维护契约、统一市场、平等交换、公平竞争、有效监管为基本导向，完善社会主义市场经济法律制度。因此，必须加强重点领域立法，加快电子商务立法进程。要从全面推进依法治国、建设社会主义法治国家、完善社会主义市场经济法律体系的高度来认识电子商务法的起草工作。"

三、未来的互联网与电子商务法制发展

回顾我国电子商务十几年的发展历程，我们发现，就像每年的"双十一"的数据一样，每一次我国电子商务的发展进步都大大超出我们的预期。为什么会这样？

一方面，站在今天的这样一个时点，我们已不难看清，中国电子商务的迅速崛起其实存在三个必然性和特质。

（1）化为危机。从2000年".com"泡沫破灭、2003年"非典"到2008年金融危机，这些巨大的危机不仅没有让中国的电子商务毁灭，却恰恰给了它浴火重生、展示其独特作用的良机。

（2）自下而上。记得2000年下半年".com"泡沫破灭的时候，《北京青年报》曾用一个整版发表了一篇文章：《中国的电子商务十年没戏》，其理由是我国的电子支付、物流、信用体系很不完善，不具备发展的基础条件。而这三个方面也被业界称为中国电子商务发展的"三座大山"。而今天我们再看，这"三座大山"到哪里去了？其实都是通过我们原来想都不敢想的方式，依靠广大网民、网商、企业家和平台的智慧与坚韧逐渐解决了。

（3）顺应时代发展大趋势。具体来说，主要是三个：一个是我国2001年加入WTO（世界贸易组织）；一个是我国2003年人均GDP达到1000美元，引发了消费升级时代的到来；而第三个则是席卷全球、愈演愈烈的信息社会取代工业社会的不可逆转的大趋势。

另外，从更深的层次来看，创造中国电子商务奇迹的根源其实是三个思想的叠加：科学技术是第一生产力、改革开放、互联网思维。

从云计算、物联网到无人驾驶、机器人和人脸识别，电子商务和网络经济无疑是今天所有新技术最佳的试验场，这在以往是无法想象的。新技术必然带来新的商业、经济、金融、能源，也必然引发一轮又一轮的社会变革，“科学技术是第一生产力”这条原理在电子商务和网络经济领域得到了最彻底、最光芒的展现。

而我国多年的改革开放的精髓就在于针对创新和开放实施特殊的政策倾斜，拿出壮士断臂的精神，果断根据时代的需要和生产力、生产关系变革的需要革新制度体系。今天中国电子商务的世界奇迹，是建立在大量的治理创新、监管创新、司法创新、立法创新、平台治理创新的基础上，本质上是中国在网络世界第二次改革开放的成功。如果我们不能从这些角度反思我们今天的收获和成绩，梳理中国电子商务所折射的大时代趋势和潮流，理解电子商务的本质、需求和内在逻辑，就不可能真正从法律和治理的角度给出合格的答案。

习近平总书记在2016年10月9日中共中央政治局第三十六次集体学习时指出：“随着互联网特别是移动互联网发展，社会治理模式正在从单向管理转向双向互动，从线下转向线上线下融合，从单纯的政府监管向更加注重社会协同治理转变。”①

新技术带来新商业、新经济和新的社会关系，新经济、新的社会关系呼唤新治理，而建立新治理，立法是其中最为关键的一环。人类社会正在从工业社会向信息社会转型升级，在信息社会的治理和法制体系建设面前，我们都需要抛弃成见、深刻反思、大胆探索、勇于创新。从乌镇峰会我们提出的中国互联网治理解决方案到G20峰会我们倡议的eWTP规则体系，中国在全球信息社会的大舞台上，也更加有机会扮演更重要的角色，发挥更重要的作用。

---

① 新华网：《顺势、应时、识变——习近平部署建设网络强国》2016年10月11日，http://www.xinhuanet.com/politics/2016-10/11/c_1119690763.htm。

邬 焜

智能化社会的体制诉求与和谐幸福社会的建构

邬 焜 信息社会50人论坛成员，西安交通大学国际信息哲学研究中心主任，西安交通大学人文社会科学学院二级教授、博士生导师。国际信息研究学会副主席及其中国分会副主席，中国自然辩证法研究会理事及其复杂性与系统科学哲学专业委员会副理事长，陕西省自然辩证法研究会理事长，陕西省价值哲学学会副会长，陕西省哲学学会常务理事。曾出版《哲学信息论导论》《信息认识论》《信息哲学——理论、体系、方法》《信息化与西部发展多维互动模式探讨》《古代哲学中的信息、系统、复杂性思想——希腊·中国·印度》《辩证唯物主义新形态——基于现代科学和信息哲学的新成果》《哲学与哲学的转向——兼论科学与哲学内在融合的统一性》等专著，发表中英文论文390余篇。

随着社会发展的智能化程度的提高，人类的必要劳动时间将会大幅度缩短，由此导致的失业大军的快速增长将会是社会进步的集中体现。智能化社会的发展将会导致新的阶层分化。新的阶层分化必将会带来新的社会问题和全新社会协调体制的诉求。适合于未来智能化社会的全新社会体制一定是社会财富高度共享的社会。中国共产党人希望的人民共同富裕之路不可能按照现有制度设计的条件自然而然地到来，它需要一种再度改革的新的大设计。衡量社会和谐的标准是社会的公平、公正程度以及人民权利的实际保障程度和人民生活的幸福程度。在处理人和人之间的关系上，“以民为本”这个口号比“以人为本”这个口号要好。“以民为本”的口号彰显的是在处理官民关系、富人和穷人的关系时应当着眼于民，尤其是穷人的权力和利益。一个比较合理的国家制度，应当首先保证其下层民众能够体面而有尊严的生活。

随着信息技术、信息经济、信息社会的快速发展，今天的科技界、文化教育界、经济界乃至政治界谈论最多的、兴奋点最旺盛的便是与智能化技术发展相关联的一系列领域：互联网、物联网、“互联网＋”、移动互联，大数据、云计算，自动驾驶、自动医疗、服务机器人；类脑计算、深度学习，智能制造、智慧城市，智能超人、智能永生……

一些科技工作者、政府部门、经济界人士、相关机构和个人看到了智能科学（包括人工智能）领域的巨大发展前景和诱人商机，开始超常性地关注和炒作这一领域的研究和应用。那些持乐观主义态度的人们又开始重提以前曾经有人提出过的智能服务、智能永生（“化身为神”、赋人以“神性”①）、人机共生的美好的未来社会理想，并以半科学、半科幻的形式予以渲染，而另一些人则对智能科学、人工智能的未来发展感到恐惧，重谈智能机超越人类、毁灭人类的可怕预期。

如何合理评价智能科学的未来发展前景，如何积极面对、研究和发展智能科学，如何合理而恰当地引导人们对智能科学进行认识，如何更好地设计我们的科技、政治、经济体制和文化教育体制，已成当务之急。

一、失业大军的快速增长是社会的极大进步

在讨论人工智能对人类社会的影响时，很多学者都提出了劳动者的失业问题，并表示了深深的忧患。

其实，失业人数的增加恰恰是社会进步的标志。从古及今，人类社会的发展和进步就是以必要劳动时间的缩短为其标志的。原始人过着半动物似的生活，通过整日艰苦采集、狩猎才能勉强维持生存，很少有闲暇时间来从事文化、娱乐活动，最多也就是在晚上大家围着篝火歌舞，并且当时也没有更

① 尤瓦尔·赫拉利：《未来简史》，林俊宏译，中信出版集团，2017，第28、46页。

多的个人和群体财富的积累。那时人们的劳作时间之长是可以想见的。

在农业文明时代，“日出而作，日落而息”成了一个基本的劳动时间程序，尤其在农忙季节，人们每日的劳动时间也都很长。由于气候的原因，寒带和温带会分成农忙和农闲的不同季节，人们只有在农闲的季节时段才可能有更多的闲暇，就是在这一季节时段，人们也会为备战农忙之季而劳作。而在热带则由于季节的原因，农民们一年四季都要劳作，根本没有整块的闲暇时间休息。并且，依靠简单手工工具的畜力和人力的劳作，不仅劳动时间比较长，而且劳动强度也很大。这一时代的一般民众最多也只能达到温饱而已。

在工业文明时代，由于机械化生产的发展在很大的比例上代替了畜力和人力的劳作，给劳动者带来的一个直接的福利便是劳动强度的降低和必要劳动时间的缩短。随着机械化程度的不断提高，人们的劳动强度降低的幅度也越来越大，人们的必要劳动时间也越来越缩短，社会的一般劳动体制所规定的必要劳动时间从最初的 12 小时工作日，逐步转变到了后来的 10 小时、8 小时、6 小时，甚至是半天（4 小时）工作日制度。另外，法定的劳动者休假制度也从无到有，从少到多。从每周休息一天到每周休息两天，法定休息的节假日的天数也在一步步增加，大多数国家还普遍规定了劳动者每年享有的带薪休假制度。一个明确的事实是，随着人们必要劳动时间的缩短、闲暇时间的增长，社会的文明程度、人的文化修养水平，社会财富的积累和消费水平也得到了极大幅度的提高。人们的生活也越来越舒适、富足，人们的行为、学习、娱乐活动也越来越丰富、自由。

当人类进入了信息时代之后，随着生产自动化、智能科学、智能技术的迅速发展和普及化，不仅是人们的体力劳动，人们的部分智力劳动也都可能被机器、机器人所替代。这样，人们为了维持生计的必要劳动时间将会迎来一个更大幅度的缩减便是十分必然的了。

智能科学技术的发展所导致的人类传统劳动行业或部门被智能机所取代的一个直接结果，便是在传统行业和部门中工作的人员的大量失业，与此同时，虽然一定会产生一些不能或不能完全被智能机所取代的新型劳动行业和部门，但是，由于这些新型行业可容纳的劳动力有限，以及要进入这些新型行业所需要的相应知识水平和能力的层次比较高，还是必然会导致失业大军的增加。这样，人类社会进步的程度与失业大军所占劳动力的比重的增长应当是一致的。

其实，比较于人类以往的文明时代，必要劳动时间的日益缩短也可以被看成是部分或局部的失业现象，这样的进步我们已经经历了一个很自然的发展过程。只不过，在信息化、智能化高度发展的今天和我们将要面对的未来，这样的一种必要劳动时间缩短的进步对于很多劳动者来说，将可能达到它的极限——缩短为零。

人类作为一个整体，其大部分或绝大部分的体力和脑力劳动被自动机所取代实在是一件可喜可贺的事情。我们面临的问题并不是失去了劳动的机会，而是由于劳动机会的丧失所带来的失业者的贫困。问题的关键在于，如何能够使那些丧失了工作机会的失业人员，也能够体面而优越地生活。这不是一个失业与否的问题，而是一个制度设计的问题。社会劳动和个体服务自动化程度的提高所创造的社会财富，无论是从量上还是从质上，都一定会远远超过以往社会形态所可能创造的社会财富。就此而言，贫困无论如何也不应当成为今天这个信息时代以及其未来发展的社会中人的生存状态。

二、可能失业的领域、行业的范围

从理论上来讲，凡是可程序化的劳动过程，无论其是体力活动还是脑力活动，随着机械化、智能化和自动化科学技术的提高和发展，都必将会被相应的机器、设备所替代。另外，在今天看来还不可被程序化的劳动过程，随着智能科学技术的发展仍然可能被程序化，从而在自动智能机的相应行为活动中实现。

已经有很多人做出了预测，为可能被自动机所取代的行业领域列出了清单。

（1）纸质杂志编辑。网络化的普及使文章的发表和获取也日益便捷化和网络化，这就导致纸质杂志的发行空间被大大压缩，甚至会被取代。

（2）纸媒印刷工。由于网络化发表成果和获取资料的普及以及个人复制文本的自动化便利操作，专门的纸媒印刷工职业也将会最终消失。

（3）银行出纳。信用卡、网银和移动支付的普及将导致银行柜台的出纳成为多余。

（4）印钞工。信用卡、网银和移动支付的普遍采用使纸钞的流通量大大减少。

（5）驾驶员。无人自动驾驶技术必将会被普遍采用，与此相应的便是驾驶汽车、火车的司机职业将会消失。不仅汽车、火车驾驶员，而且飞行员的职业也将会被自动飞行器取代。

（6）路警和交通管制人员。由于自动驾驶的普及，十字路口的红绿灯以及相应的交通管制人员将有可能成为多余。这也在极大程度上避免了交通拥堵和交通事故频发的现象。

（7）制造业中的装配工、操作员、流水线工人和基层管理人员。由于生产环节的自动化、智能机器人化，一般的职业工人和基层管理人员中的大多数都将会被取代。

（8）售货员、加油站工作人员。商场、汽车加油、充电的自动化管理以及网络购物方式的普遍采用，最终将会导致相关领域工作人员失业。

（9）小商品制造者。3D 打印技术的发展使得只要有一个相应的程序，便可以借助智能机把所需要的商品打制出来。这样，大量的小商品制造者将可能无用武之地。

（10）商场售货员、小商店业主、书店、图书馆经理和服务员。3D 打印、商品直销、网络书店、非纸媒杂志……最终将可能导致传统商场、商店、零售摊、书店、图书馆等行业的萎缩和大规模倒闭。这就使这一领域的相关工作人员失业。

（11）职业模特。增高术、美容术等高科技的发展使人人都可成为美男、美女。这样，模特便不再是天生丽质的男女的专享职业。

（12）客服人员。各类智能服务性平台已经实现机器与客户的基本沟通，与之相应的众多服务性岗位将会在极大规模上被智能服务机所替代。

（13）有线电视台和相关设施安装、服务人员。无线电网络的普及化最终将会导致有线电视业和相关工作人员退出历史舞台。

（14）行政文管、文书和秘书。各类智能系统已经可以完成自动采集和分析数据、迅速判断和决策，可精准地完成向客户投放信息等一系列工作，这势必会导致这一领域的相关工作人员失业。

（15）普通医师。机器人系统能够代替医师进行诊断、检测和手术。这就会使大量的普通医师失去用武之地，只需要少数机器人助手岗位。

（16）记者。利用大数据和人工智能开发的撰写新闻报道软件，可以在输入几个关键词的前提下立即生成一篇生动而规范的报道文章。

（17）普通教师。各类学习软件、网络教育、机器人教师的涌现在改变人类的教育体制、教育模式和教学方式的同时，将导致普通教师大量失业。

（18）经纪人、中介商。网络购物、咨询、自选旅游的日益普及，将导致经纪人、中介商行业的消失。

（19）律师。线上律师事务所的自动程序可以代替人类执行很多项目，诸如法律咨询、申请商标、处理遗产和离婚事务等。

（20）心理咨询师。未来人工智能机所可能拥有的心理咨询能力将会远远超过普通的人类心理咨询师。

（21）股票操盘手。有些国家的证券交易所已经开始用机器人股票分析师代替职业分析师。

（22）软件工程师。有些软件设计项目已经可以由相应的机器工程师来完成。

（23）士兵。已有相关报道透露了机器人士兵参与战争的情况，未来的战争将是机器人士兵之间的战斗。

……

当然，这样的罗列还远远不是全部。随着人类智能科技的发展，形形色色的智能机系统和智能机器人越来越多地取代人类的工作岗位已经不是什么令人惊奇的事情了。已经有机构预测，目前人类从事的80%的工作岗位都将可能被机器人或自动化系统所取代。

三、新的人类阶层的分化

当人类的大部分工作岗位都被相应的智能机系统和智能机器人所代替的时候，势必导致大量传统职业的消失，并相应造成广泛失业的现象。

当大量智能机系统和智能机器人代替了人们的传统劳作行业之后，留给人类的基本工作行业大致可以区分为三类。

（1）对智能机系统和智能机器人的管理、维护和引导。

（2）对机器人与机器人、人与机器人、人与人之间的关系的协调与管理（这将是未来各类政府机构人员所从事的主要社会服务领域，当然，这一领域的大量工作也可能被机器人所替代）。

（3）从事更高层次的创造性的研究和制造活动。如创造新的和改善旧的智能机系统和智能机器人，运用全新的科技手段改变或提升人自身的性质和能力，发展人类自身的文化娱乐事业。

由于这三类职业中的前两类职业的岗位有限，而第三类职业又需要有超常的才、智素养和相应的勤奋和努力，所以，失业人数的大量增加将会是一种长期而必然的趋势。

与此相一致，人类社会将会产生新的阶层分化。其分化标准是有无职业或从事怎样的职业。

新的阶层大致可以区分为三个层次。

（1）基础层：大量无所事事的处于社会底层的一般人员（这一阶层看起来对于社会的发展起不到积极的作用，有人称之为“多余的人”“无用阶级”）。[①]

（2）中间层：对机器人世界和人的世界进行具体管理、维护和协调的政府、机构或企业的管理人员。

（3）最高层：从事高层次的创造性研究和制造活动的人员。

从人口数量来看，最多的是基础层人员，其次是中间层，而最高层人员则可能只是少数精英。

四、新的社会问题和全新社会协调体制的诉求

新的阶级分化必将会带来新的社会问题。

如果按照现有的社会体制的分配和管理方式，处于社会底层的大量失业人员将会成为人类中的贫穷和落后一族。由于失业而没有经济来源，没有岗位又无所事事，他们很难融入高度发展的智能科技所创造的机器人和人类共生的新世界。失业所造成的贫困将会导致他们没有经济实力来更多地享受智

① 尤瓦尔·赫拉利：《未来简史》，林俊宏译，中信出版集团，2017，第286页。

能科技的成果，同时也无法进一步发展和提高自己的能力。这部分人将会沦为社会的底层和边缘。由于失业、贫困、落后和被边缘化，相应地也会产生众多社会问题和对其上两个阶层的对抗性情绪和行为。

处于中间层的管理人员由于有固定的经济收入将会成为生活富足的一族，并拥有相应的权力。

处于最高层的、从事高层次的创造性研究和制造活动的人员应该是社会中最勤奋、最辛苦的一族。因为他们从事的是创造性的研究和制造活动，所以，他们不仅需要有超常的天赋，还必须通过超常的努力才会有所成就。他们在创造着一个全新的世界。如果他们有所成就，他们将会是更多财产和权力的拥有者。当然，他们所从事的创造性研究也会是一种高风险的职业，少数人的成功一定是建立在多数人失败的基础之上的。而在这一领域的失败者又将会沦落到中间层，甚或是基础层。

新的三个阶层的形成，将会带来新的社会矛盾和社会冲突。对于基础层而言，关键的问题是如何解决他们的贫穷问题，如何有效保障他们的生存权；对于中间层而言，关键的问题是如何限制他们的权力，防止他们的腐败和以权谋私，同时也要防范其利用其所掌控的先进智能手段从事个人牟利的犯罪行为；对于最高层而言，关键的问题是如何激发他们的创造力，如何防范创造中的风险以及如何规范其研究的内容和方向，以不致使其研究成果反过来危害人类。

要合理解决如上种种新的社会问题，要使人类社会在一个健康和谐的氛围中持存和发展，就需要建立一种新的适应于人机共生世界的高度发达的全新社会体制。

第一，这一全新社会体制一定是社会财富高度共享的社会，它应当有效保证处于社会底层的失业人员也能够体面而富足的生活。这一点，在一个高度发达的智能化社会里面并不应当成为问题，因为，一个人机共生的世界一定是一个社会财富大量涌现的世界，只要这些社会财富不被少数人所垄断，要满足全社会人的相对富裕的生活是根本不会有任何问题的。

也许有人会对这种共享性社会体制的正当性提出质疑。其实，少数人的创造总是建立在人类社会发展所取得的相应成就的基础之上的，所以，其所创造的现实价值并不完全属于他们自己。他们理应拿出一部分价值让渡于全社会共享。就此而言，凡是人一出生就应当拥有“生而有享”的生存权。这样，要求建立一种具有高度共享性的社会体制就不仅是应当的，而且是合理的。如果一种社会制度总是让某一部分人处于贫困和无助的状态，那么，这种社会制度就是不合理的，就应当予以改变。曾有西方学者预言，到2050年，共享经济体制将会在全球大范围内成为主导性的经济体制。这似乎也意味着，资本主义将自发演化为社会主义。①

第二，这一全新社会体制应当尽量使更多的人就业。当然，这里的就业和传统的全职工作不应当是一个意义上的概念。人类社会的进步的一个直接结果便是社会中人必要劳动时间的缩短。一个合理的社会体制不应当把有限的劳动机会只给予少数人，而应当尽可能均衡地使有相应能力的人都得到相应的劳动机会。这里就出现了一个怎样分配劳动的问题。一个可行的方案是，大幅度缩减个人的劳动时间，可以每人每周只工作一天或两天，或者每人每天只工作两个、三个或四个小时。另外，要实行劳动者长期休假制度、轮换工作制度、弹性工作制度、任务目标管理工作制度等。这样便可以使更多的人有工作机会，从而能够有效地减少基础层人员的数量。这就有可能在极大程度上消除贫困和不和谐因素。

第三，要为相关的创造性研究以及对相应智能产品的管理和使用立法，以防止其研究成果对人类本身造成可能的危害。在这一方面，很多人担心的机器人危害人类、智能科技毁灭人类的构想也并不纯粹是杞人忧天之谈。

未来的社会是一个智能科技高度发达的社会，这样的一个社会对于地球人而言，其作用也将可能是不确定的。而无论是怎样的一种结局，它都只能是我们人类自身的一种选择，无论这种选择是自觉的，还是被动的，它都源于我们人类自身。正如我们研发了核能技术一样，它既可以解决人类的能源危机问题，也可以成为毁灭人类的大规模杀伤武器。到底会是怎样一种结果，其选择的权利在人，而不在其他什么东西。

对于人类的发展而言，智能社会的到来将是一个全新时代的开端，如果人类能够共同努力设计并实施一种适应这种新开端的全新社会体制，那么，

① 信息社会50人论坛：《重新定义一切——如何看待信息革命的影响》，中国财富出版社，2018，第61页。

信息化、自动化、智能化的全面发展给人类带来的将不是地狱，而是天堂。当然，如果要固守传统的社会体制，固守一部分人对另一部分人的压迫，更有甚者，通过操控智能系统或智能机来实现一部分人对另一部分人更为有效的统治、奴役和压迫，那么，这样的科学技术的发展所导致的便是人间地狱，其发展的极端结果便可能是机器行为的失控、人类自身的毁灭。在这里，真正可以做出选择的是人，是人自身的善恶，而并不是机器本身。

五、以民为本与和谐幸福社会的建构①

改革开放以来，我国提出了社会主义初级阶段的理论，践行了一条具有独创性的中国特色社会主义道路，并相应实施了一系列改革政策和发展措施。

评价一个理论、政策的最好方法，就是该理论或政策得到实践之后所取得的结果。从大的方面来讲，我国改革开放以来所取得的结果无非是两个方面。一是发展了经济，提升了国力。这是有目共睹的辉煌成就，也是我们最值得骄傲的地方。二是使财富迅速向少数人集中，制造了贫富差距，并由此引发了众多社会矛盾。

相关的一系列数据显示，中国无论是从全国、城镇还是农村来看，贫富差距都过大。巨大的贫富差距意味着社会阶级和阶层分化的加剧，其直接后果便是社会民众的不公平感的增加、对社会的怨恨程度的增高和积累以及社会矛盾的增多与激化。这就必然对社会稳定构成威胁。

近些年来，我们的政界和学界提得最多的口号便是：和谐社会、以人为本。

西方“以人为本”的口号是与宗教神学的“上帝本位”的口号相对的。在中国古代，“人”这个概念是和“神”“天（自然）”“物”等概念相对的。这样概括起来，“以人为本”的口号便具有了与“以上帝为本”“以神为本”“以天为本”“以自然为本”“以物为本”等口号相对立的意义。

其实，“以人为本”的概念所体现的纲领要解决的是人神、人天（自

① 本节的基本内容曾以同题发表于《幸福社会价值论》（许春玲、周树智主编，社会科学文献出版社2013年版）一书，第284至288页；其更为纲要性的阐发也曾以《和谐社会与以民为本》为题发表于《党政干部学刊》2013年第4期，第9至10页。

然）、人物之间的关系，其核心是在解决诸如此类的关系时要把人放在核心的位置，以人的利益、幸福和发展为目的。所以，“以人为本”解决的是人神关系、人天关系、人物关系。

从总体上看，“以人为本”的理念基本上体现的是人类工业文明时代的“人类中心主义”的价值观。这一价值观的主要缺陷是，在解决人与自然关系的时候无视自然的基础性地位，否定自然自身的价值，把自然看成是可以由人类任意支配、奴役和改变的对象。其所造成的结果是，在人类大规模改造自然的活动中，造成对自然基础的严重破坏，反过来遭到自然的报复，危及了人类的生存。在信息时代，人们有必要对以前的人本主义的观念予以反思和批判，建立一种全新的信息生态文明的价值理念，这一价值理念要求人类必须承认和尊重自然自身的价值，走出一条人与自然协调发展的路线。

另外，由于“以人为本”解决的是人和自然的关系，而不是人和人之间的关系，如果我们的口号仅仅停留在“以人为本”的层面，就不能很好地解决我们社会的现实矛盾。按照马克思主义的观点，人是分为阶级、阶层和利益集团的。官员是人，百姓也是人；富人是人，穷人也是人。如果笼统而抽象地提“以人为本”，那么“官本位”“富本位”也将都是“以人为本”，因为官也是人，富人也是人。而这样的本位却是我们应当反对的。

在处理人和人之间的关系上，“以民为本”这个口号比“以人为本”这个口号要好。因为“以民为本”的口号彰显的是在处理官民关系、富人和穷人的关系时应当着眼于民，尤其是穷人的权力和利益，因为穷人是社会的弱势群体，他们的权力和利益最容易受到伤害也最缺乏保障。

我们欣喜地看到，党的十八大纲领以及新一届领导人的言论和行为都具有亲民色彩。党的十九大报告更是把民生问题提到了十分重要的位置，并明确提出了“坚持以人民为中心”的方针。

习总书记强调“不忘初心”就是要坚持共产党人的一切为民谋福利的宗旨。“中国梦”的提出就是要努力实现人民共同富裕、平等、民主和自由发展的共产党人的理想。社会主要矛盾中提到的发展不平衡问题就是要关注落后地区的发展，关注穷人、弱势群体的生存和权利保障问题。

真正落实以民为本，就需要在基本生活、医疗、教育、住房、养老和失业保障等方面建立切实可行的机制。这不仅符合马克思主义的共产主义理想设计和共产党人的奋斗目标，也与智能社会未来发展的社会诉求的方向相一致。

这是一场新的改革之路，也是具体体现我们的旗帜、体现马克思主义和共产党人本色的改革之路。也许这场新的改革之路比我们已走过的改革之路更为艰难，因为它要改变现有的不合理的规范和格局。所谓积重难返，这其中面对矛盾的尖锐程度，面临的挑战和危险都是相当严峻的。所以笔者认为，要有大智慧、大设计。寄希望于我们新一代领导人的智慧和胆魄，也寄希望于各级官员们的明智抉择，更寄希望于中国最广大民众的共同努力。

评价一个国家的社会制度的合理性程度，并不在于单纯看其国力有多强，GDP 有多高，也不在于看其官员的权力有多大等，而更主要的是要看其穷人和富人的人数比、财产比，以及相关社会底层民众的生活状态和权利、利益的保障程度。

在现今的时代，一个比较合理的国家制度，应当在其官员和富人狂欢的同时，也能保证下层民众体面而有尊严地生活，这大概也才符合在目前发展的条件下所可能达到的和谐社会的应有现实。我们提出“以民为本”的治国方针就是要实现马克思主义的基本社会理念，保障人民群众的基本权利和利益，对政府和官员实行有效监督，遏制社会性腐败，维护社会的公正、公平，从而真正实现社会和谐、人民幸福。

如果我们的社会主义在今后的发展方向上，既能保持旺盛的创新发展能力，又能保证权力和利益的公平、公正，还能保证底层民众的生活幸福，那么我们就会无愧于我们高举的这面旗帜。同时，这也是我党之幸，中国之幸，中国人民之幸。

让我们为这样一种理想的发展之路而切实奋斗。

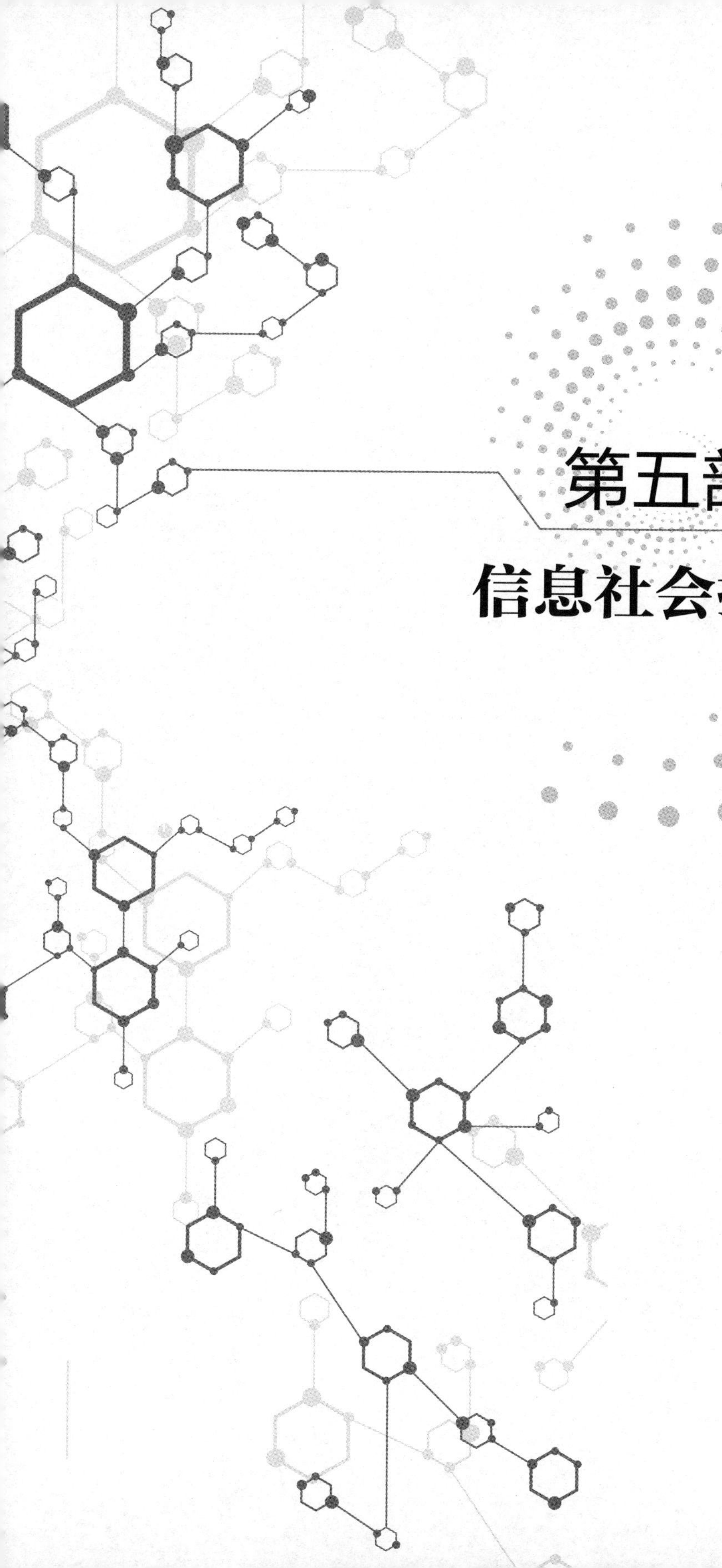

第五部分

信息社会报告

中国社会科学院信息化研究中心
数字经济的宏观经济背景分析①

贵州大数据发展面临全面进入新时代所迎来的全新发展机遇。这个新时代，是一个经济发展新时代，不光是国内经济发展新时代，也是国际经济发展新时代。

在这个新时代，贵州大数据取得突破发展，首先有赖于从全局和整体把握时代特点，将贵州大数据这个局部放在全球经济，特别是中美经贸关系作为重要变量的经济全球化大背景下，放在中国供给侧结构改革大局下，放在追求和促进高质量发展的任务面前，捕捉战略性机会。

在新时代这个节点上认识历史，展望未来。沿海发达省份在加入WTO以来抓住的机遇，主要是以出口导向为特征的第一波经济全球化的机遇。其内核可以高度概括为“利用别国的市场，用足本国的低端生产要素”。

贵州未来发展面临的全球经济大背景已发生变化，“中美贸易战”标志着一个新时代的到来。这将是第二波经济全球化，中美将合力把世界推向发展基于内需的全球化经济。其特征可以高度概括为“利用本国的市场，用足国外的高级生产要素，尤其是利用其创新要素发展本国的创新经济”②。

中国在前一波的选择是“国际大循环”，而后一波的选择将是“国内大循环”。将贵州大数据放在全球经济中看，利用时势的战略定位应是，在“利用别国的高级生产要素”与“利用本国市场”之间，做世界级的转换器、放大器，从而从上一轮全球化中的边缘区域，一跃而为撬动下一轮全球化的杠杆区域。香港曾做到的，贵州也可以做到。

---

① 本文节选自中国社会科学院信息化研究中心发布的《对贵州发展数字经济的政策建议》。

② 刘志彪：《基于内需的经济全球化：中国分享第二波全球化红利的战略选择》，《南京大学学报》2012年第2期。

一、建议从贵州开始启动“内需培养”计划

1990年开始，我国经济发展深受“国际大循环”战略的影响，所谓“国际大循环”战略，即主张通过发展劳动密集型、出口导向型加工业务来融入全球经济系统，其目的一方面在于吸收剩余劳动力，另一方面在于引进外资发展经济。

国际大循环战略在一定时期对我国解决工农业二元矛盾和着眼于产业结构调整发挥了重要作用，但是也产生了很多弊端：一是使我国在国际分工中被锁定于产业低端的依附地位；二是使我国遭受到美元霸权的残酷掠夺，还导致资金、资源和劳动力被虹吸到沿海的出口导向型部门，造就了畸形的外向与内需相分割的“二元经济”；三是造成我国内需长期无法启动，民族企业的投资机会被外资挤占并引发严重经济泡沫。

自本轮“贸易战”爆发以来，很多人都将其与20世纪80年代的日美贸易战进行对比，却忘记了在20世纪70年代，美国本来想在贸易战中打击的目标，不仅有日本，还有德国。在1977年美国商务部递交时任总统卡特的一份白皮书中，曾将德国（指西德，下同）列为与日本同等的“贸易威胁”。但最终，美国却没有将德国作为贸易战的主要目标进行打击。

那么，德国是怎样让自己从美国的黑名单上消失的呢？原来，在意识到与美国的贸易战山雨欲来之时，德国及时闻风而动，开始自身的产业转型。一方面，通过出口自律，适当约束本国出口商品减低对美压力。另一方面，开始积极推动欧洲市场一体化，巩固自身地盘。但最为重要的是，德国在此时适时推出自己的“内需培养”计划，提高工人工资和社会保障待遇，促进社会财富的更均衡分配。这样做的结果，虽然导致了德国商品价格提高，丧失了部分国外市场，但“堤外损失堤内补”，扩大的内需市场及时补上了这个窟窿。反观日本，由于将出口导向型经济一条路走到黑，不仅招来了“失去的20年”，最终还是要在内需上补课，可谓得不偿失。高工资、高福利，不仅没有摧毁德国制造业，反而让其规避了贸易战，焕发了新生机。

在本次“中美贸易战”的压力下，我国具有德国当年那样以启动内需、

转型经济结构的内在动力，在共享发展理念指引下，提高劳动者收入和以贵州为代表的西部地区收入，加大中国西部地区的基础设施建设，推动经济发展相对落后的西部地区，将提高的收入转换为同等级的有效内需，面向国内国际两个供给侧，促进国内消费发展，则可以做到：第一，推动我国区域经济的平衡发展，共享发展；第二，缓和与美国的贸易矛盾；第三，实现中国经济增长由出口导向型向内需带动型的转换；第四，推动我国经济向质量效益方向转型升级。

二、全球化转向逻辑及对贵州战略选择的影响

（一）贵州要走有别于沿海地区的特色道路

1. 沿海地区起飞的国内外合力因素可遇不可求

中国加入并充分利用国际大循环（出口导向的外向型经济）使沿海地区成为发达地区的机遇，是国内、国际宏观经济合力的结果。这些条件是贵州当前无法利用的，这是贵州在判断形势时要充分认识到的。

从国内宏观经济方面来看，中国改革开放起步阶段，正值工业化高速发展时期。中国经济有一个显著不同于各国的特征——原始积累阶段特有的（超）高储蓄率①。高储蓄率一方面意味着工业的重化，进而形成——不同于世界各国相对低储蓄率下的——GDP 高速增长；另一方面意味着最终需求不足，扩大了效率与公平的矛盾。

沿海地区利用国际大循环，带动中国经济整体上形成非常高的对外贸易依存度。其宏观政策含义，在于客观上的凯恩斯主义效应，构成对有效需求不足的需求替代。具体来说，通过“三来一补”，出口导向，以国外需求替代国内需求不足部分，而中国的出口导向正好迎合了国际需求驱动。这股合力，使中国沿海地区“用足本国的低端生产要素”后，形成的原本有效需求不足的产能，在得到“利用别国的市场”这一机遇配合下，达到相对的动态均衡。

从国际宏观经济上，国际大循环暗合了全球化的国际分工。以美国为代

① 假设正常储蓄率以费尔普斯“黄金增长率”为基准。

表的国际资本希望形成以创新为核心的高附加值板块与劳动力等低附加值板块的全球产业分工，因此致力于推动外包、外资进入，将低端产业链转移到中国，与中国形成互补。沿海地区的许多发展战略、政策都是在这一大背景下，针对特定机遇而形成的。例如，沿海地区招商引资的政策许多都在这一背景下形成，是以刺激高增长为目标设计的。贵州不能以工业化不发达需要"补课"为理由，寻求走老路的"例外"和特殊政策。

2. 贵州经济起飞面对的相反形势

贵州在发展大数据过程中，学习了许多沿海地区经验。但也面临一个问题，大数据本身是新的，但与大数据配套的宏观政策思路，有许多因为背景不同，不宜照搬照抄（尤其是其中适应物质投入驱动的招商引资政策等）。贵州显然已不再可能通过学习沿海和内陆招商引资来抓这一波机遇，因为时代已经变了。因此有必要从分析条件变化入手，形成新的政策思路。

随着中国向高附加值结构升级，且美国脱离自由贸易轨道，总体来看，"利用别国的市场，用足本国的低端生产要素"这条路，越来越难以为继。这同样受到中美两股合力作用。

从中国国内来看，国际大循环不可持续表现为，高储蓄率与国内低消费的矛盾进一步偏离增长黄金率，进而造成在"先富带后富"这个问题上如果不采取措施，公平与效率的矛盾会日趋恶化。必须采取战略性的措施，逆转居民收入增长低于 GDP 增长的趋势，降低基尼系数。旧时代不能继续，新时代必须到来。

从美国方面来看，特朗普上台，从美国这个相反方面发出了"旧时代不能继续，新时代必须到来"的信号。Autor 等人认为，从中国进口的商品与美国同类商品的制造业就业、各地劳动力市场就业负相关，降低了相应岗位工资水平，政府对失业、医疗保障支出上升。他们把其称为美国得了"中国综合征"。刘志彪认为，其实这种情况也可以反过来看，一方面，这种进口给美国产业结构带来了低成本的调整机会，另一方面也使中国失去了吸收产业升级所必需的高级要素的机会。贾根良也有类似的看法。这说明中美学者都认识到，双方都有相同方向的动力原因改变现状。

对于贵州来说，这一大背景的变化意味着，设计政策需要与沿海地区反向思考，从沿海地区的“利用别国的市场，用足本国的低端生产要素”的指导思想，转向“利用本国的市场，用足国外的高级生产要素，尤其是利用其创新要素发展本国的创新经济”的相反指导思想。这将使贵州借到一种不同于沿海地区，但同样强度的“势”，举全球化之力托举贵州到新时代制高点。

适应世界大势变化，顺势而为的大思路，从国内宏观角度来讲，还是要从解决社会矛盾入手，抓住高储蓄与低需求这一关键矛盾，从源头上加以改变，从而为供给侧结构性改革提供内在需求动力，需要把“需求培养”提到议事日程上来。贵州抓住这一点，就是在抓国内的“势”，在新时代有所作为。

（二）贵州面临不同于沿海地区的新历史机遇

贵州在“利用别国的高级生产要素”与“利用本国市场”两个方面，具有北京、上海、天津、重庆等地没有的战略性比较优势，大数据是下一代“高级生产要素”的核心，目前正在贵州而不是上述地区集聚；互联网模式创新是“利用本国市场”的核心，比较优势也不在上述地区，贵州如果采取正确的策略，可以获得这种优势，并与杭州、深圳、青岛等新经济区形成新的发展机会空间。

“利用别国的高级生产要素”与“利用本国市场”是同一事情的两个方面，利用本国市场，一是为适应本国经济结构调整，从外延发展转向内涵发展，从出口带动转向内需带动；二是为发挥本国市场需求在全球化中的主导作用。利用别国的高级生产要素，一是为适应本国经济转型升级要求，从劳动密集型向高附加值发展转变；二是为了吸引国外的先进生产力，尤其是以大数据为代表的先进科技，以提高自身竞争力。

贵州大数据所处的位置，与国际金融危机之后中国投入 4 万亿元发展的基础设施（铁路、公路、机场）相比，二者同为基础设施，但贵州大数据代表更先进的信息基础设施；与当年 4 万亿元促内需不同，贵州大数据与结构调整具有更紧密联系，更加面向供给侧结构性调整进入新阶段后，追求高质量发展的需求。

这也要求贵州在进行大数据战略设计时，形成不同于沿海地区的思路。贵州大数据发展也只有与追求高质量发展进行更紧密的战略捆定，才能更好顺应大势获得自身发展。

“利用本国的市场”走上一条以内需带动国内大循环，吸引国外先进生产要素之路，我们借用德国同类计划的名称，称为“内需培养”计划。它的实际意思是内需主导。

对贵州来说，主要想法就是，在利用自身资源求发展同时，借好国际、国内两个势，即在现有大数据发展基础上，借全球化中出口主导向内需主导转变的机会，像沿海省份当年那样借势实现战略性飞跃，完成像硅谷、班加罗尔那样的跨越式发展。

如果把贵州大数据分为打基础、谋飞跃两大阶段，现有战略是打基础的战略，内需培养计划是谋飞跃的战略。贵州在新时代面临千载难逢的历史机遇，成为中国利用本国市场吸引别国高级生产要素的桥梁，做成香港想做而没有完成的历史伟业，贵州有机会。

（三）内需培养计划之一：以市场立标准

利用本国市场的第一重含义，是以市场立标准。建议贵州把握大数据国际标准这一战略制高点。

1. “以市场立标准”成为新时代潮流：移动通信标准的历史经验回顾

谁能成为移动通信的世界之王，决定因素从以技术定标准，转向以市场立标准。研究这段历史，对贵州大数据战略制高点的选择，具有启示意义。

在中国的技术实力还不很强时，移动通信的标准是由于技术上的强者确定的。2G 时代已经开始出现变化，由于中国市场规模的巨大，中国的一票成为决定2G 国际标准的关键。到了3G 确定国际标准的时候，中国 TD - SCDMA 并不被人看好，但是由于中国对“以市场立标准”的坚持，TD - SCDMA 终于成为三个 3G 国际标准之一。中国移动拥有最多的移动用户，这个市场让 TD - SCDMA 这个在技术上相对较弱的标准，终于在中国立了起来，成为中国 3G 市场上的老大。这一进程在 5G 国际标准制定上，表现得更为充分。

技术标准日益成为利益博弈的结果。TD - SCDMA 除技术上的先进性之外，成为国际标准的一个重要因素，是在美、中、欧的三方博弈中，中国与欧洲伙伴（如西门子）等形成战略联盟。在2G 标准制定中，中国一票也起了关键作用。中国在技术标准上的立足点，应牢牢立足于国家利益、本地市场利益（应用方成本最低化、收益最大化）和本国企业自主创新的利益，将市场形成的事实标准转变为法定标准。

标准是实力的显示，也是实力的基础。在3G发展方向上，无论是法定标准，还是事实标准，都不是最终的决定因素。最终的决定因素是实力。它是包括政府意志、国家软实力、研发力量、市场能力、产业实力、市场实力等的综合互动结果。TD-SCDMA如果不能有效地产业化、商业化，我们守着它也没有意义；反过来说，自主创新可以撑起半壁江山，我们也应当仁不让。

中国的优势在于市场，市场立标准是中国技术标准走向世界的必由之路。市场经济，就是市场说了算的经济。中国要让市场说了算，在内需主导的全球化时代，要让全球听到中国内需发出的声音。

2. 以市场立标准有别于以市场换技术

利用本国市场的一个重要含义，是利用市场优势确立中国主导的技术与商业标准，以确立技术与商业平台主导权。对大数据来说，就是掌握大数据国际标准的话语权。

从3G时代起，中国调整了市场与技术标准的关系。从“以市场换技术”调整为“以市场立标准”。“以市场立标准”就是市场在哪个国家，标准就由哪个国家来确定，标准由消费一方说了算。

中国坚持TD-SCDMA，正是“市场驱动下”的行为。TD-SCDMA被树立为国际标准并且有可能成功，一个重要因素是中国有足够大的市场空间，可以单独推进自己的标准。这是一个标志，反映了本地市场对技术标准的主导权开始成为选择技术标准的一个重要砝码。因为技术标准的最终目标是锁定市场，如果市场自己不愿被锁定，或反作用于标准，任何法定标准都将不会起作用。

为此，要改变第一波全球化流行的游戏规则，即由供给方主动引导和决定事实标准，而在需求主导全球化时代，由需求方引导和决定事实标准。需求方根据自己的利益，通过消费者选择，控制市场，进而使所选法定标准成为事实标准。

中国在技术标准上要想取得主动权，必须“走市场立标准”这条路。

通过政府采购和贴近国情、贴近市场，发挥市场在配置资源方面的基础性作用。

大数据最大的应用市场在中国，中国应积极参与制定大数据标准，例如像中国参与移动通信5G标准那样，参与大数据技术标准制定。鉴于当前国际标准的趋势与专利池联系日益紧密，建议贵州投入力量，与工业和信息化部共同推进大数据标准体系，重点整合与大数据标准相关的专利池技术，包括自主研发与国际合作（如建立相关国际大数据标准联盟）。

3. 充分利用国内大数据应用优势，侧重商业标准建设

贵州确实具有将大数据从应用优势变为标准优势的基础。邬贺铨院士认为："应更加突出应用驱动，从大数据的应用和服务入手，通过示范工程的带动作用，培育大数据应用服务市场，从而引进一些专业人才，促进大数据产业的可持续发展。"李国杰院士说："建议规划关注生物、制药、健康、农业等领域的大数据应用，也可能成为贵州的赶超机会。"刘汝林也强调："贵州省发展以大数据为代表的信息技术产业，要突出'应用驱动'原则，深入研究、确定应用的重点领域。"

贵州大数据如此，中国大数据也一样。抓应用，促发展，这应该成为中国大数据发展不同于各国的自己的路。大数据发展，中国需要"以市场立标准"，市场在哪里，哪里的人说了算。

中国应早期介入大数据市场标准的研发与制定。市场标准是指与商业模式相关的技术性标准，它是平台主导的必要条件。如中国已在国际标准组织大规模定制标准的国际竞争中胜出，该标准交由海尔集团制定。

具体的建议是，贵州与山东联合研制基于大规模定制的大数据商业标准。

（四）内需培养计划之二：以市场立平台

利用本国市场的第二重含义，是利用中国依托市场进行市场模式创新，建议贵州大数据将领先优势定位于建设世界级大数据商业平台。

1. 贵州应借鉴中国互联网从跟随到领跑的经验

中国互联网从跟随渐渐变成在某些领域引领世界，这对贵州是一个启示。

中国的市场优势是工业4.0、工业互联网。依托优势定位创新比依托劣势定位创新更有利于后发先至地超车。在市场创新中，业态创新具有核心重要意义。大数据需要以“互联网+”为业态基础，“互联网+”就是指一种新业态，即“互联网+”等于“基础平台+增值服务”。

当前工业最大的现实需求就是从低附加值向高附加值升级。低附加值是同质化造成的，高附加值必须走差异化的路。而服务业相对于制造业，就是提供差异化的产业。服务化因此可以理解为用差异化的思路来发展第一产业、第二产业和第三产业。其中工业互联网主要指工业的服务化，即以服务化的思路来发展第二产业，用发展第三产业的思路来发展第二产业。这是第二产业发展思路的一个飞跃。又由于服务业存在“成本病”，服务化必须以智慧化的方式来做，也就是通过电脑加人脑克服服务业“成本病”。这就是工业互联网的现实需求以及满足这种需求的大思路。

中国互联网已在实践中摸索出一条以支撑服务业（也就是平台服务业、“重”服务业）为带动力量使产业超越美国的可行之路，将来发展大数据应用产业，也要走这条路。

基础平台与增值应用的分离，相当于重工业与轻工业的分离，是服务业内部支撑服务业（“重”服务业）与应用服务业（“轻”服务业）的业态分离。新业态的实质在重化服务业。从旧业态中长出增值服务这一价值增长点，以平台（支撑服务业）为新业态重点。其机理是，实现重资本与轻资产的分离，为多样性增值创造轻资产运作的条件，有效降低了创造多样性价值的复杂性成本。

制造业的服务化，尤其是服务的重化，是德国所短；从长期来看，也不见得是美国所长。它不是美国政府与中国发生正面对抗的地方，可以成为中国长期的比较优势和竞争优势，按目前形势（如阿里巴巴与沃尔玛的实力对比和增长速度对比），也是美国即使想抑制也无法抑制的地带。中国应主动出击，谋求在下一轮全球化中双赢。

因此，想发展大数据，扬长避短的总思路应是，在美国所长、中国所短之处，缩短距离，咬紧欧美；在欧美所短、中国所长之处，发力超车。经过长期努力，逐步把自己的短处变成长处。

2. 以贵州为支撑地，推动中国服务业结构重型化，形成世界级大数据商业平台产业集群生态区

当年杭州电子商务超越北京、上海成为全国中心，其原因是战略定位超越了京沪——京沪的定位是发展电子商务业，杭州的定位是发展电子商务服务业（相当于电子商务的“重工业”），结果，电子商务的“轻工业”产业集群（京沪）战略性地输给了电子商务的“重工业”产业集群。今天，历史正在重演，全国各省市定位的大数据都只是大数据的“轻工业”，一旦贵州定位于大数据的“重工业”，将成为下一个杭州。为此，建议贵州在考虑下一步发展战略时，要把战略本身的超越当作超越沿海省市的重中之重。

（1）认识大数据的“重工业”（平台）的战略价值。

中国追求高质量发展，首先要战略性地分析结构与高附加值之间的关系。从 2017 年的财报可以发现这样一条线索：利润提高不是结构转型的唯一信号。中国移动净利润高达千亿元，但市值比不上腾讯，原因在于腾讯的业态比电信运营商先进，腾讯已成为世界级的平台企业。互联网平台世界前十强完全被中美瓜分，欧洲完全被边缘化。以腾讯为代表的中国互联网服务业，已经从应用服务业发展为支撑服务业，即服务业中的“重工业”。说明世界与中国的服务业结构正在发生深刻变化，服务业在向重服务业升级。

与此形成鲜明对照的是，多方面条件比中国优越的欧洲，却没有发育出一个世界级的互联网平台，沦为服务业中的“轻工业”。这决定了在下一轮需求主导的全球化中，欧洲的需求无法主导全球化，欧洲的大数据需求也无法主导全球的大数据发展。

欧洲互联网发展远远落后于中国。英国、德国、法国、意大利的电子商务之所以发展不起来，缺乏平台支撑是主因，导致物流成本等远远高于中国，不如在实体商店购物。服务业中的重工业相当于价值倍增器。世界级平台支撑着中国服务业价值倍增，而欧洲服务业由于缺了价值倍增器，使得服务价值迟迟不能有效增值，因此在互联网服务领域渐渐落后于中、美。在中国，作为重服务业的基础业务也在创新升级，而互联网基础业务正在向移动化方向升级。国内京津沪和沿海省市将在大数据时代落后，其机理与欧洲的情况将完全相同。

（2）起飞大条件已成熟，贵州需要主动跟进引领。

反观中国，在2017年信息服务收入中，电子商务平台收入达2312亿元，比上年增长39.7%，如图1所示。

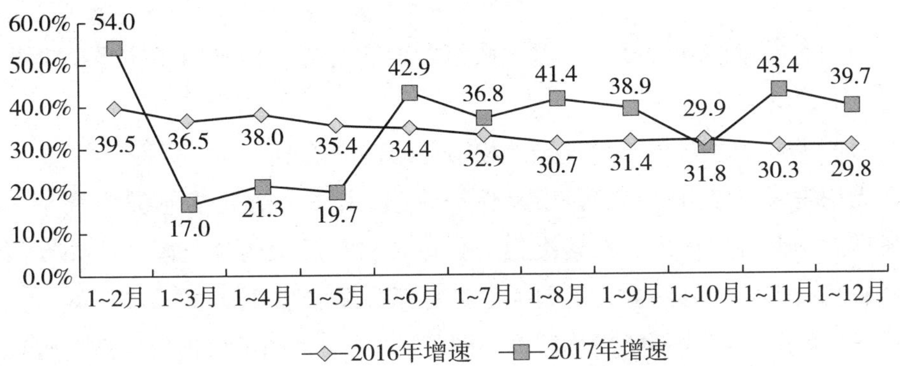

图1　2016—2017年中国电子商务平台收入增长情况

资料来源：工业与信息化部运行监测协调局。

从国家规划角度来讲，培养一个贵州，让他在大数据方面发挥全球、全国的桥头堡作用，像杭州在电子商务方面充当全球、全国的桥头堡，价值不亚于建设深圳的战略决策（阿里巴巴本身市值已远超深圳的GDP，且辐射面更广）。

国家一旦形成这样的思路，建议借鉴国际大循环的试点先从深圳试起，成功后向沿海城市推广的经验；在国内大循环上，可以先以贵州为试点，成功后向中西部城市推广的顺序，向高附加值、收益递增方向进行战略性的产业调整，并在这一过程中平衡沿海与内地发展的不平衡。

抓住第二波经济全球化机遇的目的，既是为了中国与世界的再平衡，消除世界经济下行趋势下我国过剩产能的困境，更是为了利用国外经济危机给中国引进高级要素所带来的加速发展机遇，大力发展创新经济。

（五）内需培养计划之三：以市场引要素

利用本国市场的第三重含义，是利用中国具有巨大规模的技术应用的市场需求这一优势，主动创造足以吸引与带动（催熟）高级生产要素供给的引致需求。为此，建议以贵州为基地，建立我国核心信息技术试验田，在贵州建立为吸引国外大数据先进生产要素的开放特区。

这涉及两方面的内需培养，一是为国内大数据自主技术与产业创造、拓展需求空间；二是为国外大数据知识、技术、人才引进，开放国内需求空间。

1. 平衡对外开放与自主研发的理论根据

两种需求兼具自由贸易与保护政策的混合特点，但在需求主导的全球化下，它们之间并不矛盾。

（1）坚持自主技术与对外开放相结合的理论依据。

无论是采取自由贸易还是贸易保护政策，围绕的核心都应是有利于生产力发展。李斯特曾指出，斯密提倡的自由贸易，反映的是英国作为先发国的利益；德国需要贸易保护，是因为它处在后发的位置上。李斯特以英美“工业品—原料”贸易为例指出，假设两国贸易中断，“如果根据价值理论观点来看，似乎发生不利影响的一定是在美国一方；然而如果以生产力理论为依据，则足以招致无限损害的必然是在英国一方”。这与当前美国限制高技术向中国出口的情形很相似。

世人以为李斯特是贸易保护主义者，并以此作为经济学史上的定论。事实上，按照李斯特的理论方法推论，如果斯密是德国人，而李斯特是英国人，他们的贸易主张可能会倒过来。李斯特实际主张的是，在现代化的第一阶段，工业化后发国宜采取自由贸易政策，吸收先发国的生产力。“对比较先进的国家实行自由贸易，以此为手段，使自己脱离未开化状态”（他举的例子是西班牙、葡萄牙和那不勒斯王国）。在现代化的第二阶段，后发国向先发国并行过程中，宜采取保护主义政策，以保护本国工业；在现代化的第三阶段，已成为先发国的强国，应当再回过头采取自由贸易政策，输出本国的制成品。“当财富和力量已经达到了最高度以后，再行逐步恢复到自由贸易原则，在国内外市场进行无所限制的竞争。”只不过李斯特所在的德国正好处在第二阶段，他为本国利益说话，所以形成他的理论是保护主义的错觉。

用李斯特的话来说，“历史教导我们的是，凡是先天的禀赋不薄，在财富、力量上要达到最高度发展时所需的一切资源都具备的那些国家，就可以，而且必须……按照它们自己的发展程度来改进它们的制度”。

中国目前正好处在李斯特说的后发国变强的第一、二阶段的接缝上。因此同时具有采用自由贸易吸引先进生产力与利用保护政策发展民族自主技术、产业的双重特征。中国在出口导向的全球化中，给人以自由贸易倡导者的印象，但与发达国家当年倡导自由贸易的动因有很大区别。不可以由此推论出自由贸易与中国利益有天然必然联系。在需求主导的全球化条件下，中国的贸易利益又可以出现一种看似错位的反差，一方面，中国在低生产力条件下主张自由贸易，输出低端生产要素，从先导因素变为基础因素；另一方面，为了追求高质量发展，实现信息强国、网络强国的战略目标，既要保护自主核心技术及产业的发展，又要继续吸引高级生产要素，为此，面向两种需求，采取混合贸易政策，更加符合中国的利益。这一点突破了李斯特的历史学派观点，要由具有中国特色的贸易理论提供基础支持。

从建立命运共同体的愿景出发，实现利益相关方的双赢、多赢，将成为新国际贸易理论的价值取向。而建立在相互利用国别差异化竞争优势的垄断竞争国际贸易理论，可以给我们更多的启发。

从这一点来说，“利用别国的高级生产要素”与“利用本国市场”所建立的内需主导的全球化，实际是一种利用差异化竞争优势的全球化秩序。贵州需要站在国家利益高度发现自己的机会，把自身的竞争优势，与国家竞争优势有机结合起来。

（2）以市场吸引国内外高级生产要素的必要性。

第一，我国信息技术产业体系相对完善、基础较好，但核心技术薄弱，产业链低端禁锢严重。完善的信息技术产业体系，一方面，为我国吸纳外商投资、化解过剩劳动力、融入全球经济系统发挥了巨大作用，让我国在电子信息产品制造方面赢得了一定的国际话语权。多年来，我国在手机、微型计算机、网络通信设备等电子产品产量持续保持第一。另一方面，由于我国信息技术产业体系发展不充分，偏向生产与组装，我国在全球分工体系中出现“高端薄弱，低端禁锢”的尴尬局面：①对国外核心技术、核心元器件的严重依赖。对外国核心信息技术的依赖使得我国每年消耗超过2000亿美元的外汇，同时更是让我国信息技术产业根基不稳，风险承受能力较弱，产业发展空间严重受制于人。②产业利润主要依赖规模效应。信息技术企业中“贸工技”路线盛行，使得我国信息技术产业利润增加主要来自规模扩充而非自主创新，“中国制造”沦落成“在中国制造”，造成我国在全球分工中的合理利润长期得不到满足。以苹果手机为例，代工企业的利润率仅为5%左右。长期片面追求数量而忽视质量，造成我国信息技术产业目前的创新能力和创新动力均显不足。③信息技术产业的劳动力密集。发达国家的信息技术产业多是研发与设计，属于知识密集型，而我国的分工是制造与组装，导致信息技术产业积累了大量劳动力。在信息技术产业转型升级过程中，加之劳动力用工成本的提升，这将成为一个不容忽视的问题。

第二，我国部分信息技术已接近或达到世界先进水平，在核心技术领域区也取得了一定的进步，但大量短板依然存在。我国核心信息技术起步相对较晚、基础薄弱，经过多年发展，在十亿亿次超级计算机、固定与移动国产通信设备、量子通信等领域有了长足发展。但在更多的核心信息技术领域大量短板依然存在，与世界一流水平有不小的差距，如 CPU 专用和高性能制造工艺、高性能存储、光器件制备、操作系统等方面存在发展瓶颈。

现阶段，对我国核心信息技术的定位主要有三点。

一是处于起飞阶段。我国核心信息技术产业并非一片空白，已经度过最初准备阶段，进入加速起飞阶段。以芯片为例，我国芯片在过去十年做到从无到有，“十二五”期间，我国高端通用芯片在性能方面只有美国的 10%，而目前，飞腾、龙芯、兆芯等国产 CPU 的单核性能已达到美国产品性能 25%~50%。

二是可发展空间巨大。我国经济当前正进入追求高质量发展阶段，在全球产业链分工中从中低端逐步迈向高端，产业体系、技术积累和人才储备均达到一定的水平，加之市场空间方面的巨大优势，我国在核心信息技术方面有条件、有能力取得更大的进步。

三是核心环节国产替代化短期内难以实现。由于技术水平与产品性能方面的不足，我国自主核心信息技术和产品多是在实验室中运行或测试使用，并未深入在重要的国民经济部门和相关行业运行。而发达国家尤其是美国在核心信息技术领域则是整体式、全方位的领先，产品性能要远远高于我国国产，造成国内大部分经济部门倾向使用国外技术和产品，因此，信息技术产业的核心环节短期内难以摆脱对外依赖，国产替代化将需要一定的缓冲期。

由以上三个方面，自然得出的结论是，我国现在既不能完全放开，放任市场需求，造成国外先进技术、高级生产要素对国内相关能力的抑制；又不能关门保护，完全实现国产替代，拒先进技术与高级生产要素于国门之外，因此，选择只能是以适当调控的市场刺激国内高级生产要素的成熟，以国内市场吸引国外高级生产要素的引进。因此要同时培育对内对外两种需求，吸引国内、国外两种高级生产要素。

2. 培育内需：打造国家核心信息技术试验田

抛开发达国家对我国的技术封锁与狙击，我国核心信息技术难以突破，需要以培育内需这种方式加以干预的原因主要有以下几个方面。

（1）试错机会少，难以获得改善和提升的机会。当前，我国核心信息技术发展困境与20世纪80年代的韩国类似，均在一定程度上受到美国和日本的封锁，差别在于我国较之于当时的韩国，已经具备了一定的技术成果积累。然而，现阶段我国自主的核心信息技术试错机会却极少。以芯片为例，据调查显示，2017年我国核心集成电路国产芯片在服务器、个人电脑、可编辑逻辑设备、数字信息化处理设备等多领域中市场占有率为零。核心信息技术成果没有通过大量实践来试错就难以获得改善和提升的机会。习近平总书记2016年4月19日在网络安全和信息化工作座谈会上，就对核心技术成果专门指出："如果大家都不用，就是报一个课题完成报告，然后束之高阁，那永远发展不起来。"①

（2）使用依赖严重，难以接受性能较差的"国货"。由于国产技术和产品的缺失或者性能方面的不足，我国信息技术产业从建立起就依赖国外，经过几十年的发展，较高的技术和产品体验让我国在核心环节对外依赖程度逐步加深。反观日韩核心信息技术产业的发展历程，由于初期就以攻占产业链上游为目标，坚定走"技工贸"路线，加之当时芯片等产业本身也是处于起飞阶段，远没有现在成熟，因此对美国的技术和产品依赖没有中国目前这么严重。

（3）渗透程度较深，难以实现平稳快速的国产化替代。在信息技术产业中，芯片被称为"心脏"，操作系统被称为"灵魂"，而我国信息技术产业的"心脏"和"灵魂"目前并未掌握在自己手中，但装有国外"心脏"和"灵

---

① 新华社：《习近平在网信工作座谈会上的讲话全文发表》2016年4月25日，www. xinhuanet. com/politics/2016 -04/25/c_ 1118731175. htm。

魂”的信息技术产品已经被广泛应用于计算机、网络通信、金融业、医疗业、装备制造业、交通运输业等几乎所有国内行业。大范围、多领域、深层次的广泛应用尚未掌握的核心信息技术，已经对我国经济发展和国家安全产生深刻影响。同时，由于国外核心信息技术在我国经济领域有着极高的渗透广度与深度，并已经形成较为牢固的硬件和软件生态系统，这就为我国国产核心信息技术的进入设置了较高的门槛，因此，短期内我们无法做到大规模的平稳快速国产化替代。

（4）技术成果产业化水平低，难以形成技术研发与市场应用的有效互动。近年来，以“核高基”为代表的国家科技重大专项有力地推动了我国核心信息技术的发展，诞生了“龙芯”“麒麟”服务器操作系统及“天河一号”超级计算机等众多技术成果，但由于性能、成本、系统兼容性等多方面的制约，我国核心信息技术成果产业化进程举步维艰，市场占有率几近为零。核心技术的成功不应只是实验室环境下突破，也不应是小范围测试的成功，只有接受市场检验，充分融入产业链、价值链、生态系统，才能证明成功。由于核心信息技术成果产业化水平极低，我国在技术研发与市场应用之间无法形成有效的互动，也就难以推动我国核心信息技术的完善与突破。

关于核心技术，习近平总书记有过深刻论述：“市场换不来核心技术，有钱也买不来核心技术，必须靠自己研发、自己发展。”① 自主研发成为我国核心信息技术产业发展的唯一选择。结合核心信息技术的特点，针对我国核心信息技术产业的发展现状，着重分析我国核心信息技术难以突破的主要原因，我们认为，应以贵州为试点，加快建立我国核心信息技术应用试验田。具体提出如下建议。

（1）充分运用贵州良好的容错试错环境，推进国产核心技术产品试用工程。贵州的信息化水平整体发展较为滞后，贵州省各产业对国外核心信息技术的依赖程度相较于经济发达省份要低，同时国外核心信息技术对贵州各产业的渗透程度也相对较弱。因此，对于经过一定范围论证的国产核心信息技术和新产品，可以在贵州率先实践应用。

---

① 新华社：《习近平在网信工作座谈会上的讲话全文发表》2016 年 4 月 25 日，www. xinhuanet. com/politics/2016 – 04/25/c_ 1118731175. htm。

建议由中央政府设立专项基金，以贵州省为试点，重点在政府办公、城市建设、民用经济领域（包括国有企业、民营企业及部门行业应用领域）推进国产核心技术产品试用工程。工程与核高程工程的区别在于以试错应用为重点，为已有核高基技术产品提供试错应用环境。

建议一期工程重点解决计算机系统核心集成电路国产芯片（MPU）在服务器、个人电脑中的应用，可编辑逻辑设备（FPGA）、数字信号处理设备（DSP）、半导体处理器等多领域中市场占有率为零的问题，

（2）充分利用贵州大数据产业基础，推进国家企业大数据启动应用工程。2014 年，贵州大数据产业开始起步，2016 年，我国首个国家级大数据综合试验区在贵州建立，短短几年，贵州大数据产业从无到有再到优，取得了突破性进步。应充分挖掘贵州大数据产业发展经验，推动核心科技研发与市场应用良性互动，促进技术创新链与产业链共同作用，打造核心技术产业生态系统。

建议国家推进企业大数据启动应用工程，启动应用重在启动，目标是借助国家力量突破初始应用为零的应用困境。在智慧城市建设、智能制造、“互联网 +”、电子商务领域，以优惠政策，组织企业应用项目入驻贵州大数据综合试验区。建议优惠政策包括，在个人信息开发与保护政策上，给予侧重鼓励开发的宽松政策，在试验区应用涉及的隐私保护方面，给予不同于其他地区的宽松试验条件。

（3）强化政府引导机制，有所作为。核心信息技术的研发是高投入、高风险、长周期的过程，因此，核心信息技术应用试验田离不开政府的强力支撑。要建立政府强引导机制，积极推动技术引进、专利购买，出台政策如税收优惠、财政奖励、低成本融资等手段，激励信息技术企业增加研发投入。

（4）组织大型企业联合研发。从美国的“文泰来”联盟、日本的“超大规模集成电路研究组合”成功经验来看，强强联合更容易实现核心信息技术的突破和技术生态的形成。因此，为加强我国信息技术企业在战略、技术、标准、市场等沟通协作，提高科研创新浓度和密度，促进适宜创新的科研氛围形成，需要由政府搭建平台，组织大型企业联合研发，协同攻关创新。

建议将国家战略与大企业发展战略结合起来，支持、鼓励、推动以企业为主体，将部门国家攻关项目委托给有实力的大企业进行研发，国家给予必

要资金支持。以中兴芯片为例，阿里巴巴投资杭州中天微系统公司，如果形成国家与企业合力，可以取得事半功倍的效果。

建议国家加强引进芯片技术步伐，加大合资合作力度。例如，加大与ARM合资合作开发力度，加快贵州大数据基地与高通技术合作步伐。

建议国家加大对前沿技术国际标准工作的重视与支持。对已有国际标准善加利用。例如，西电捷通与华为所持国际标准持平，但国家对前者支持明显不足，导致苹果、索尼等公司长期侵犯中国企业知识产权而得不到政府应有保护。这种打击民族产业士气的局面不能再继续下去。

（5）连接汇聚研发能量。在贵州设立国家级核心信息技术研究院，由不同科研院所分别研发不同课题，激励交叉机构之间开展合作交流，竞争与合作兼容，针对难度大的高风险研究课题，采用多个实验室集中攻关模式，汇聚研发能量，保证研发成功率。

（6）建立核心信息技术使用奖励制度。由于现阶段部分已经研发的国产核心信息技术和产品的性能无法与国际领先水平相比，在实际应用中体验感较差难以避免，应建立核心信息技术使用奖励制度，对使用国产核心信息技术的企业进行资金补贴、荣誉表彰、政府采购等多种方式激励。

（7）高薪聘请海外高层次核心信息技术人才。由于核心信息技术方面国内研发人才稀缺，应积极从海外引进。日韩芯片产业发展过程中，都曾经花费重金礼聘海外核心技术人才。我国核心信息技术应用试验田应高薪吸引海外高层次人才，积极聘请海外退休专家和技术人员，组成海外专家顾问团队参与项目研究和培训交流。

3. 开放内需：基于内需的全球化中争取主动

中国的内需培养计划，不仅是培养市场对于自主研发力量的内需，而且要继续坚持对外开放，对包括美国在内的先进技术开放，贵州发展大数据，培养国内市场上的内需，不仅要面向自主可控产品及服务，而且对美国大数据技术产品和服务开放。目的是在开放条件下不断提高我国大数据的技术和产业实力，降低我国大数据应用的门槛，最终提高我国大数据的综合竞争力。

今天，中国面对的形势与历史有相通之处。纵观历史，每一代强国崛起的背后，都有新的资源基础作为依托。农业强国争夺土地资源，工业强国争夺能源资源，信息强国争夺数据资源。一代强国权力的更替，实质是一代资源控制权的更替。

首先，信息强国的和平崛起，有赖于对数据资源控制权的有效掌握。而提出符合自身利益的规则和秩序主张，是与列强对话的先决条件。

在以数据资源为中心的新一轮财富争夺中，先发国与后发国的矛盾是一个客观存在。先发国的利益在于维护知识自由贸易，保护本国知识产权，提高后发国进入信息社会的门槛；后发国必须想方设法，利用自己的市场优势，发展自主技术和产业，鼓励技术应用和信息扩散，降低进入信息社会的门槛。

信息强国战略的实现，核心是代表先进生产力发展要求。强国要强在生产力上。李斯特作为“生产力”这一概念的初创者，对此给予特别的强调。其实，自由贸易、贸易保护都不是问题的实质。实质是，不论采取何种政策，都要从先进生产力的发展要求出发，有利于先进生产力的发展。

李斯特在总结英国何以在纺织业这个自己没有任何比较优势可言的弱项上，快速超越有千年历史和优势的法国时，强调的第一、二条原因分别是：“一贯鼓励生产力的输入”及“小心谨慎地抚育并保护生产力的发展”。这是李斯特独有的观点，持斯密观点的主流经济学并不强调这一点（因为他们根本不承认“生产力”这个概念）。

李斯特解释说：“历史告诉我们，技术和商业是会从这一个城市转移到另一个城市，从这一个国家移转到另一个国家的。它们在本土受到了迫害、压制，就会逃到别的城市、别的国家，在那里寻求自由、安全和支持。”因此，跨越式发展的秘密就在于，“主动提供对工业的有利条件，邀请它们到我们这里来安家落户”。

秦统一前，李斯写《谏逐客书》说：“夫物不产于秦，可宝者多；士不产于秦，而愿忠者众。今逐客以资敌国，损民以益雠，内自虚而外树怨于诸侯，求国无危，不可得也。”李斯和李斯特讲的是同一个道理。以上道理都在说明，中国不能重走闭关自守之路，贵州要在大数据上，创造一个吸引先进生产力落户的范例。通过需求这个磁石，让大数据技术和商业“从这一个国家移转到另一个国家”。

在需求主导的全球化中，中美围绕知识、数据的制度安排与政策协调，存在一个世人并未关注的双赢空间，可以在产品和服务上错开利益空间。

这个双赢空间存在于民主党重新上台前这个宝贵的机遇空间，表现为：美国要产品，中国要服务。产品与服务是低端业态与高端业态关系。产品只收一次费，服务可以反复收费。贵州大数据的天然业态定位就是云服务，产品免费而服务收费。这带来一个中国定位于高端的机会：把产品让出去，把服务拿回来（这也是印度软件服务业对美策略）。

观察“中美贸易战”，美国在特朗普短视之下，要的都是产品这个低端的东西，表现为知识产品（知识产权）、制造产品（制造能力）。在这个方面，中国可以基于吸引高级生产要素的原因，通过贵州尽量创造条件，满足国内对美国大数据等高科技技术和知识产品的需求，为此，将吸引国外高级生产要素的领域集中于产品（即为技术、产品提供支持的生产要素），让美国得到产品上的顺差，享受产品红利；而中国以贵州为核心，直接定位于下一代更高质量和效益的服务。在中国的政策语言中，把服务称为应用。也就是说，美国定位于买，中国定位于用。中国要争的是，从使用中赚的钱、产生的效益，要高于从买卖中赚的钱、产生的效益。

美国可以接受这种利益安排是因为美国大数据的利益主体主要集中于技术、产品以及技术产品服务领域，作为院外活动集团，并不关注亚马逊模式背后代表的利益（至少在共和党这一届里）。这给了中国大施拳脚，又不致有与美国正面冲突的机会空间。即使美国民主党与西海岸势力重新上台，要想与中国进行以大数据、云服务为代表的追求高质量发展的竞争，会遇到最终的制度障碍。美国对大数据的理解，到目前为止仍局限于知识产权这个“产品经济”水平，再也不能提高了。但中国沿着共享发展理念，可能在产品之上的“用”（服务）的层面，继续进行共享分用的制度创新，从而摸索到大数据真正的效益空间。

这个机会正在降临到贵州头上。贵州贵安新区作为全国大数据应用与创新示范区、大数据与服务贸易融合发展示范区，于2016年获批国家服务贸易创新发展试点。基于贵安新区服务贸易创新示范区域的优秀背景，发展服务贸易既符合国际及国内产业发展趋势，也是新区“十三五”时期发展的必然选择。2017年，立足于贵安新区服务贸易发展现状及需求，在服务贸易领域的优势资源，以“新要素、新环境、新平台和新产业”为核心，贵安新区将实施“123计划”，即“建立一个网络”“落户和集聚双百企业”“构建三大中心”。这说明贵州正走在正确方向上。

在这里，需要重新认识服务贸易在大数据上的含义。狭义的服务贸易，只是以服务为贸易对象。而与知识产权相并列的服务贸易，是一种更高端的业态，是把服务而不是产品作为国家竞争优势的基础。因此，与之对应的不是服务业的产出，而是服务化的产出。服务化是指用服务业特有的（强调差异化增值）生产方式来经营第一产业、第二产业、第三产业（像经营第三产业那样经营第一产业、第二产业和第三产业）。

贵州应把服务化支撑（服务于服务化）作为自身的产业定位，为国内外各行各业提供赋能服务，成为全球化服务的“重工业”中心。

国家信息中心
中国共享经济发展年度报告

本报告中，共享经济是指利用互联网等现代信息技术，以使用权分享为主要特征，整合海量、分散化资源，满足多样化需求的经济活动总和。共享经济是信息革命发展到一定阶段后出现的新型经济形态，是整合各类分散的资源、准确发现多样化需求、实现供需双方快速匹配的最优化资源配置方式，是信息社会发展趋势下强调以人为本和可持续发展、崇尚最佳体验与物尽其用的新的消费观和发展观。

党的十九大报告明确提出，推动互联网、大数据、人工智能和实体经济深度融合，在中高端消费、创新引领、绿色低碳、共享经济、现代供应链、人力资本服务等领域培育新增长点、形成新动能。搭乘建设现代化经济体系的快车，我国共享经济正从起步期向成长期加速转型。

本报告是国家信息中心推出的第三份共享经济年度报告，对2017年中国共享经济发展的现状、问题以及趋势进行了全面分析，以期为政府决策、产业发展和公众参与提供参考借鉴。

一、2017年共享经济发展概况

2017年我国共享经济继续保持高速发展态势，新业态、新模式持续涌现，技术创新应用明显加速，在培育经济发展新动能、促进就业方面发挥了重要作用，国际影响力显著提升，成为新时期中国经济转型发展的突出亮点。

1. 共享经济继续保持高速增长，结构不断完善

初步估算，2017年中国共享经济市场交易额约为49205亿元，较上年增

长 47.2%。非金融共享领域（包括生活服务、生产能力、交通出行、知识技能、房屋住宿等）市场交易额约为 20941 亿元，比上年增长 66.8%。金融共享领域市场交易额约为 28264 亿元，比上年增长 35.5%。如图 1 所示。

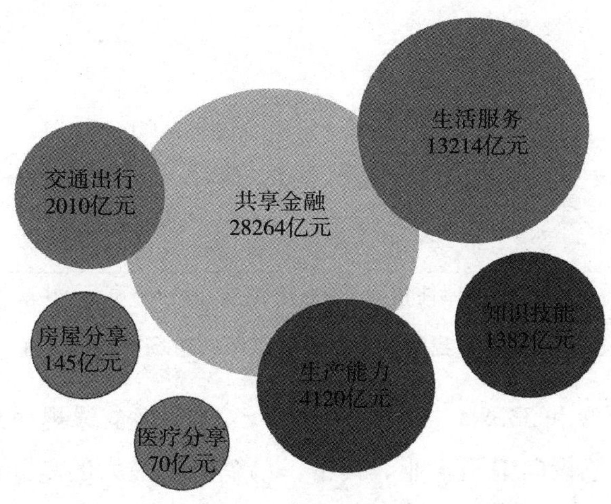

图 1　2017 年中国共享经济重点领域市场交易额

我国共享经济结构继续改善，非金融共享领域市场交易额占总规模的比重从上年的 37.6% 上升到 42.6%，而金融共享领域市场交易额占总规模的比重则从上年的 62.4% 下降到 57.4%，下降了 5 个百分点。如图 2 所示。

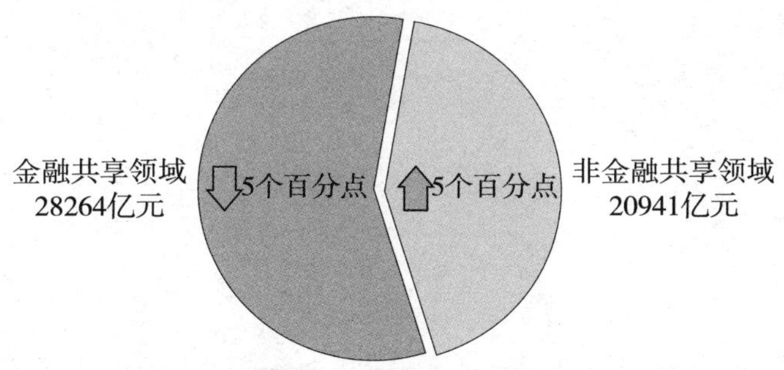

图 2　2017 年我国共享经济市场结构

从各领域增速来看，2017 年知识技能、生活服务、房屋住宿三个领域市场交易额增长最快，增速分别为 126.6%、82.7% 和 70.6%。如图 3 所示。

从投融资市场情况来看，初步估算，2017 年共享经济融资规模约 2160 亿元，同比增长 25.7%。其中，交通出行、生活服务和知识技能领域共享经济的融资规模位居前三，分别为 1072 亿元、512 亿元和 266 亿元，同比分别增

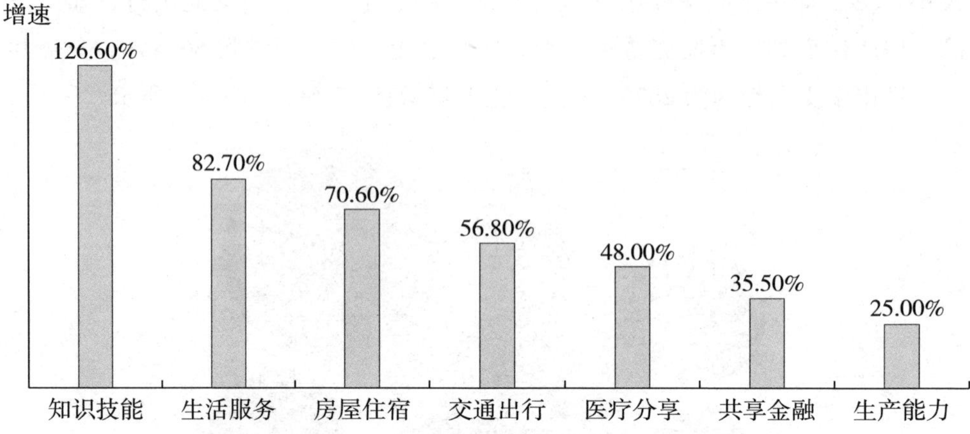

图 3　2017 年我国共享经济重点领域市场交易额增速

长 53.2%、57.5% 和 33.8%。如图 4 所示。2017 年全球规模最大的 10 笔风险投资中，有 5 笔投向中国企业。其中，单笔规模最大的是滴滴出行 55 亿美元的融资。

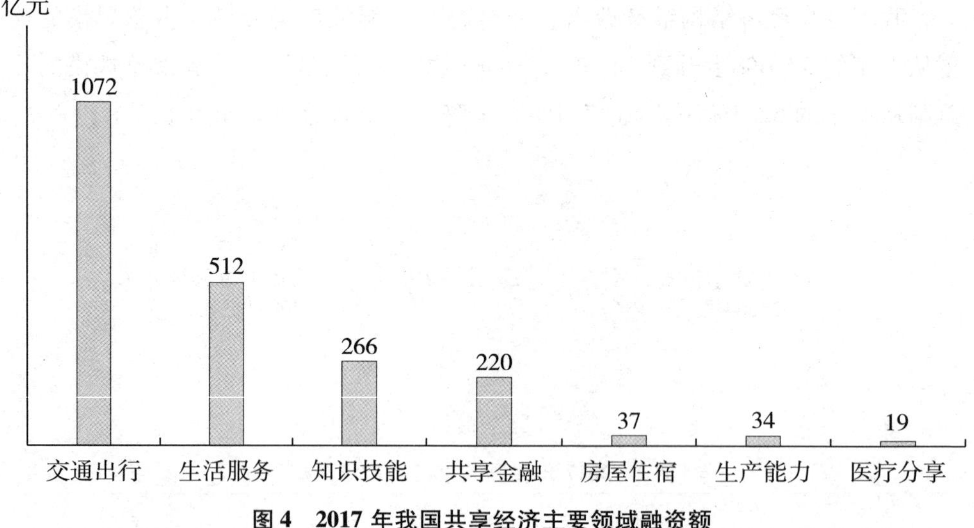

图 4　2017 年我国共享经济主要领域融资额

共享经济领域“独角兽”企业成长迅速。根据 CB Insights 公布的数据，截至 2017 年年底，全球“独角兽”企业共有 224 家，其中中国企业达 60 家，占总数的 26.8%；具有典型共享经济属性的中国企业 31 家，占中国“独角兽”企业总数的 51.7%。如图 5、图 6 所示。

2017 年新进入该榜单的中国企业有 17 家：今日头条、联影中国、快手、摩拜单车、ofo 小黄车、斗鱼、拼多多、VIPKID、小红书、团贷网、网易云音乐、猿辅导、一下科技（秒拍）、iTutorGroup、沪江网、小猪短租、51 信用卡。

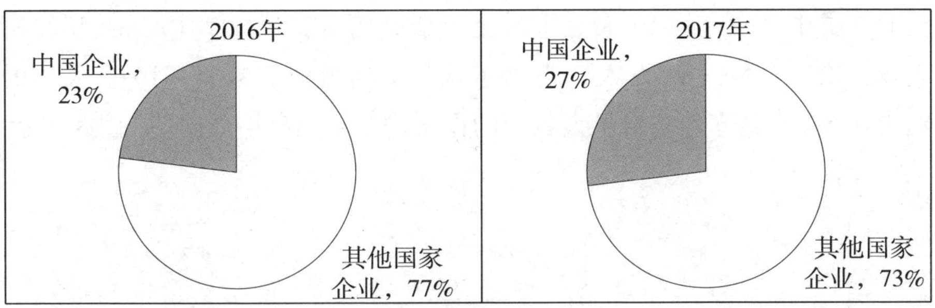

图 5　2016—2017 年中国“独角兽”企业占全球“独角兽”企业比例的变化

数据来源：CB Insights。

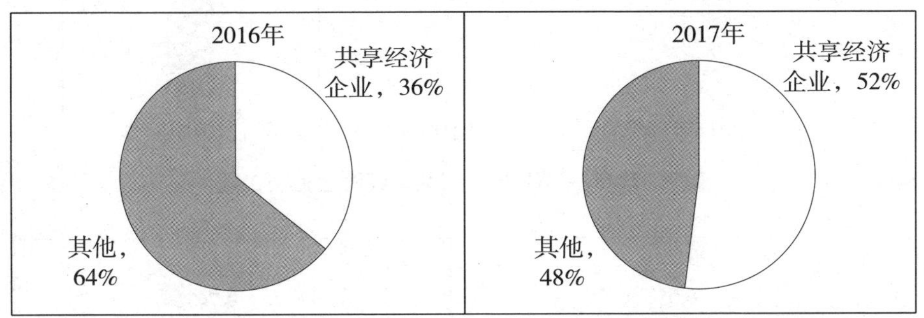

图 6　2016—2017 年中国共享经济企业占中国“独角兽”企业比例的变化

数据来源：CB Insights。

共享企业的成长速度尤其引人关注：滴滴出行和陆金所用了三年时间、美团点评和今日头条用了五年时间，成为估值过 100 亿美元的超级“独角兽”；ofo 小黄车和摩拜单车仅成立一年多就成长为“独角兽”企业。

2. 共享经济拉动就业成效显著，助力实现包容性增长

就业是最大的民生，也是包容性增长的根本，我国始终坚持把就业置于发展优先位置。党的十九大报告指出，要坚持就业优先战略和积极就业政策，实现更高质量和更充分就业。过去五年是我国就业最好的五年，也是共享经济大发展的五年，共享经济发挥了就业蓄水池和稳定器的作用。

初步估算，2017 年我国参与共享经济活动的人数超过 7 亿人，比上年增加 1 亿人左右；其中参与提供服务的人数约为 7000 万人，比上年增加 1000 万人。

2017 年我国共享经济平台企业员工数约 716 万人，比上年增加 131 万人，约占当年城镇新增就业人数（1354 万人）的 9.7%，意味着城镇每 100 个新增就业人员中，就有约 10 人是平台企业新雇用员工；而 2016 年共享经济平台企业新增员工数（85 万人）占当年城镇新增就业人数（1314 万人）的比重约为 6.5%。共享经济对扩大就业的作用进一步凸显。如图 7、图 8 所示。

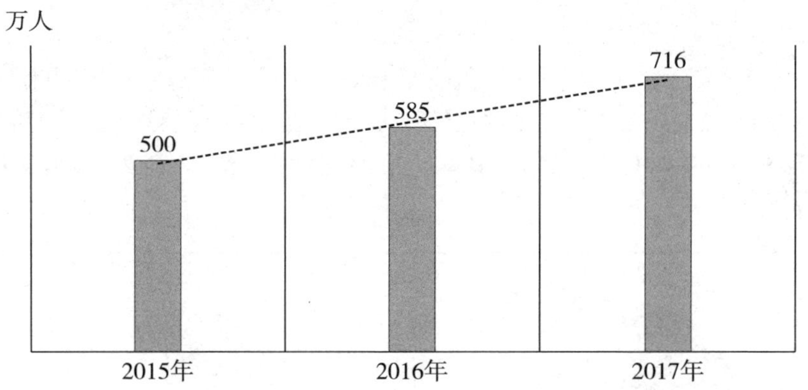

图 7　2015—2017 年我国共享经济企业员工数

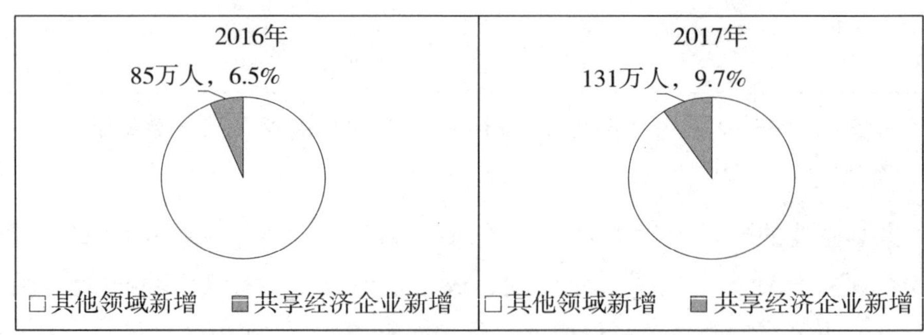

图 8　2016—2017 年共享经济对扩大就业的作用

共享经济有力地促进了包容性增长，在解决产能过剩行业工人再就业以及贫困地区劳动力就业等方面的作用开始显现，对去产能和脱贫攻坚起到积极推动作用。数据显示，滴滴出行平台已经为去产能行业（煤炭、钢铁、水泥、化工、有色金属等）职工提供了 393.1 万个工作和收入机会，为复员转业军人提供了 178 万个工作和收入机会，帮助 133 万失业人员和 137 万零就业家庭在平台上实现再就业，促进了社会和谐稳定。在生活服务领域，截至2017年年底，美团外卖配送侧活跃骑手人数超过50万人，其中15.6万人曾经是煤炭、钢铁等传统产业工人，占比31.2%；有4.6万人来自贫困地区，占比9.2%。在劳务分享领域，众志好活是一家专注于打造劳务外包的双创平台，成立两年时间已经累计拥有用户数72.1万人，月活跃用户数12.1万人，绝大多数分布在劳动密集型产业。如图9所示。

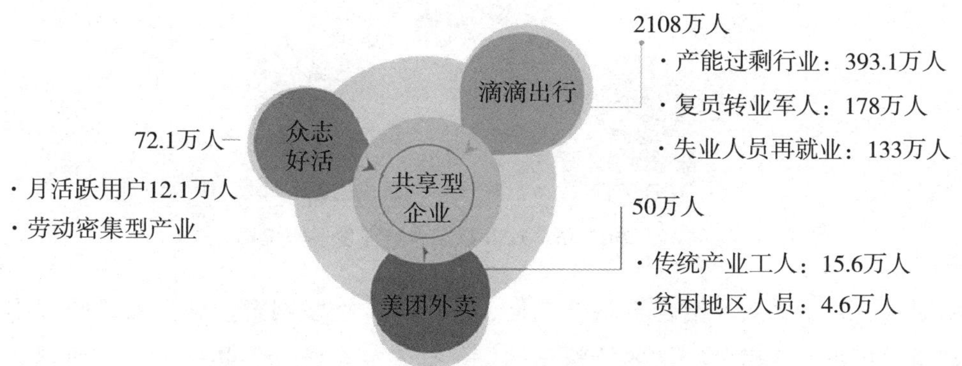

图9 典型共享经济企业促进包容性就业情况

3. 共享经济是最活跃的新动能，成为创新驱动发展的时代缩影

共享经济作为一种新的经济形态、新的资源配置方式和新的发展理念，集中体现了理念创新、技术创新、模式创新和制度创新的内在要求。近年来，我国共享经济发展迅猛，新业态新模式蓬勃兴起，创新型企业不断涌现，成为中国创新的一张亮丽名片。

移动互联网、物联网、大数据、云计算、基于位置的服务（LBS）、移动支付、近场通信等一系列信息技术的不断成熟和创新应用，是共享经济爆发式发展的关键支撑条件。作为中国的原创性产品，共享单车是继网约车之后信息技术在交通出行领域的又一重大应用创新，成为2017年度共享经济领域最耀眼的一颗明星。数据显示，截至2017年年底，全球共享单车投放量超过2300万辆，注册用户接近4亿人，累计订单量超过115亿单，覆盖全球20多个国家的304个城市，先后有74家企业进入共享单车行业，融资额超过200亿元。如图10所示。

共享单车发展有力地带动了自行车行业技术升级，包括轻便的一体化车

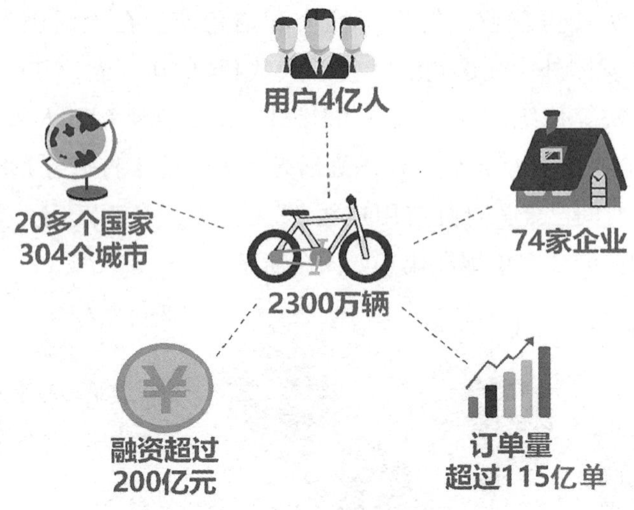

图 10　2017 年全球共享单车行业发展概况

身设计、真空鞍座、铝合金培林花鼓、NB－IoT 物联网智能锁、独特的太阳能电池板以及双密度结构的特殊车胎等。据不完全统计，共享单车企业累计申请专利数超过 300 项。

共享经济是模式创新最活跃的领域。依托转型发展的强大需求、网民大国红利、节俭的文化以及成功的实践，中国共享经济领域的模式创新应用取得了巨大成就。网约车、在线短租模式创新引入国内后，在短时间内形成了较大的市场份额，产生了明显的示范带动效应，共享单车、共享充电宝等新模式不断涌现，表现出强大的渗透力。滴滴出行、ofo 小黄车、小猪短租、美团点评、运满满、名医主刀、好活等一批创新型企业迅速成长，成为创新驱动发展的典型代表。

4. 制造业产能共享悄然崛起，运营模式创新取得积极进展

新一轮科技革命正在引发影响深远的产业变革，信息技术与制造业深度融合，加速产生新的生产方式、商业模式和产业形态，网络众包、协同设计、大规模个性化定制等正在重塑价值链体系。在创新驱动发展战略、供给侧结构性改革以及“中国制造 2025”战略深入实施的时代背景下，制造业产能共享正在悄然崛起。

据初步估算，2017 年制造业产能共享市场交易额约为 4120 亿元，较上年增长 25%，平台上提供服务的企业数超过 20 万家。如图 11 所示。

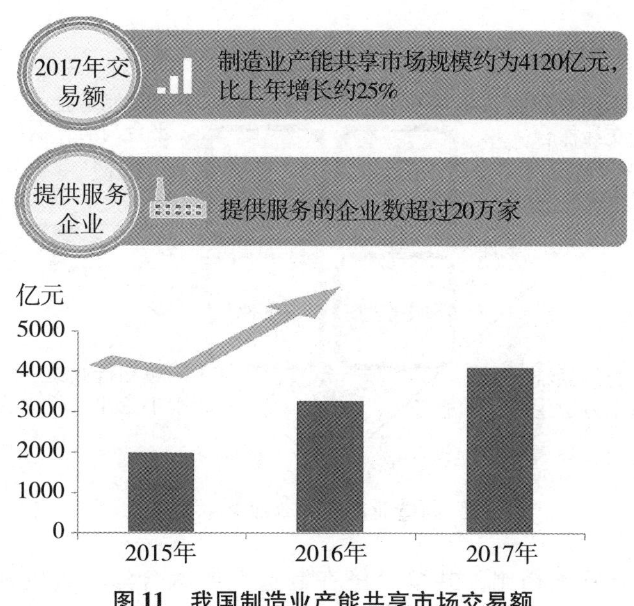

图 11　我国制造业产能共享市场交易额

一些传统制造型企业开始实施转型发展战略，积极开放研发、设计、生产、营销、金融等资源，加速推进基于平台的个性化、网络化、柔性化制造与服务化转型，打造上下联动、内外协同的创新创业生态系统，如沈阳机床厂推出了 iSESOL 平台，海尔推出了“海创汇”“Hope”以及“COSMO”三大平台，航天科工打造了“航天云网”平台等。

新兴的互联网企业开始涉足制造业领域，通过搭建第三方共享平台，以轻资产方式充分整合调动社会优质资源和闲置产能，为大量中小微企业提供低成本、低门槛、低风险的加工制造服务。阿里巴巴“淘工厂”、硬蛋科技等企业正在崛起，已经覆盖工业制造、智能硬件、装备制造等多个细分领域。“淘工厂”平台上的企业商铺覆盖了服装、家居、工业品等 49 个一级行业和 1709 个二级行业。

制造业产能共享创新取得积极进展，初步形成了四个主要模式：一是中介型，其特点是平台自身不拥有制造资源，主要提供撮合及交易相关服务；二是众创型，其特点是平台开放自身优势资源，打造面向企业内部和行业的创新创业生态系统；三是服务型，其特点是平台以工业系统、软件、智能控制、云服务等共享为中心，为用户提供全方位的生产技术服务；四是协同型，其特点是多个企业共同使用制造资源，实现订单共享和协同生产。如图 12 所示。

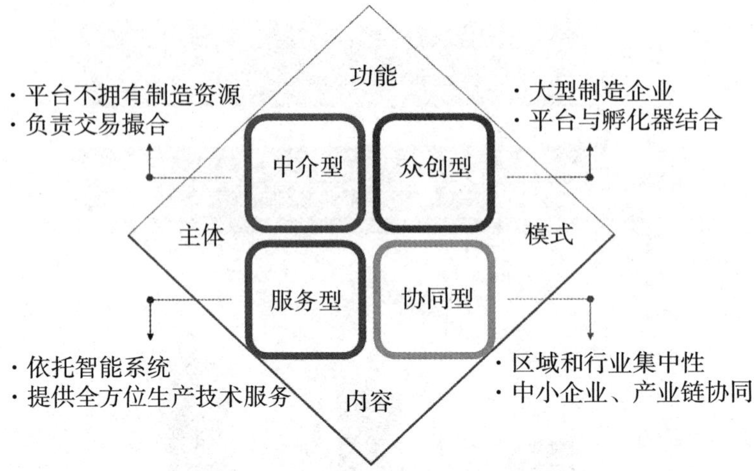

图 12　制造业产能共享四个主要模式

与生活服务领域相比，共享经济在制造业的融合渗透程度还很低。由于企业转型参与的意识不足、信息化水平不高、工业互联网尚不成熟以及共享模式尚处于探索阶段，整体上还处于起步期。

5. 大数据应用不断深化，推动形成数据驱动型创新体系和发展模式

大数据是信息化发展的新阶段。以共享经济为代表的新业态新模式蓬勃发展，推动数据呈现出爆发增长、海量聚集的特点，对经济发展、社会治理、国家管理、人民生活都产生了重大影响。在复杂多变的市场需求以及行业竞争加剧的双重驱动下，大数据、云计算、人工智能（AI）等新一代信息技术应用不断深化，引领共享经济创新发展，在优化产品服务、保障交易安全以及智能化辅助决策方面发挥了重要作用，推动形成数据驱动型创新体系和发展模式。

（1）优化产品与服务。滴滴交通大脑是兼具云计算、AI 技术、交通大数据和交通工程的智能系统，通过机器自我学习的方式，搭建出能够支撑类脑推理的核心算法模型，帮助实现更准确的预测能力、智能的调配能力，实现最优的交通组织。2017 年，滴滴出行平台为全国 400 多个城市的 4.5 亿用户，提供了超过 74.3 亿次的移动出行服务，为出租车司机链接了 11 亿次出行需求，每日定位轨迹数据 70TB、处理数据 4500TB、路径规划请求 200 多亿次，日均定位数据超过 150 亿次，推出了 3000 万个推荐上车点，全年节省司乘通

话超过21亿次，对15分钟后的出行需求预测准确率超过85%。运满满汇聚了全国接近80%的公路干线重卡运力，平台上单车月行驶里程由9000千米提高到12000千米，平均找货时间由2.27天降低为0.38天，节省柴油费用1300亿元，减少碳排放量7000万吨，促进物流降本增效和节能减排效果显著。为应对潮汐效应带来的需求变化，ofo小黄车和摩拜分别推出了“奇点”和“魔方”大数据平台，采用卷积神经网络预测用户出行需求，优化车辆调度，结合即时的地点、时间、单车数量等因素，使单车供给最大限度满足用户需求。美团“智能O2O实时调度系统”的应用，使得单均配送时长缩短至28分钟，准时率超过98%。相比过去，人均日配送单量增长46%，单均配送成本下降20%。

（2）保障安全。滴滴出行从驾驶时长、车速、加速、转弯、刹车五个维度监测司机驾驶行为，提醒司机减少危险驾驶行为，保障出行安全。数据显示，滴滴平台上发生的交通事故死亡率较传统出租车行业低40%。Wi-Fi万能钥匙通过自主研发的“安全云感知系统”和“安全隧道保护系统”，可以从连接前、连接中、连接后三个阶段为用户提供全方位的安全防护。美团外卖研发了智能语音助手，通过智能耳机、PUSH、App等多种智能方式与骑手进行互动，让骑手在送餐过程中可以使用语音交互完成接单、到店上报、取餐上报、拨打电话以及送达上报等操作，大幅降低骑行过程中带来的安全隐患。

（3）智能化辅助决策。名医主刀借助平台上沉淀的大量医患数据，当患者发起手术预约请求后，平台会根据患者描述在病例库、术式库和专家库中进行自动匹配，简单病例1分钟、复杂病例半小时就能为患者找到最合适的专家。微医集团开发的中医辅助诊断系统，在浙江已经累计开放超过170万个处方，帮助全科医生、基层医生，甚至中医学生开处方，相比过去也更加精准。春雨医生开发的智能辅助诊疗系统，在3分钟内帮助用户匹配到合适科室的医生，根据用户提供的信息，给医生提供相应的自动追问、症状辅助诊断等服务。在使用辅诊体系后，春雨医生的用户满意度已经超过98%。如图13所示。

6. 领先企业生态化步伐加快，积极打造全链条生态系统

生态化成为领先企业的普遍选择。为了适应瞬息万变的市场需求，弥补

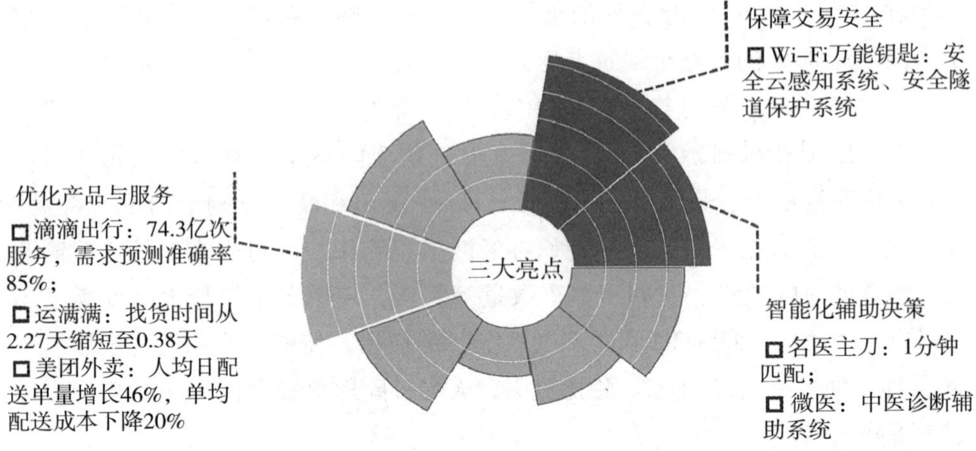

图 13　大数据在共享经济企业中的典型应用

自身技术与资源不足，平台企业往往采用“小步快跑、迭代创新”的发展策略，积极推动横向业务拓展，开发增值服务，加强与用户的双向互动以及跨领域合作。同时，平台企业积极利用掌握的用户资源、数据优势、技术优势，通过与用户、金融机构、政府、高校及其他企业等不同主体的协同互动，打造全链条生态系统。

美团点评业务覆盖餐饮、电影、酒店旅游、社区服务、家政、美业等多个领域，2017 年 4 月上线榛果民宿，先后推出保洁服务、智能门锁等配套功能，不断迭代与完善服务体系，旨在一体化满足用户“吃、喝、玩、乐、行”等需求。

猪八戒平台在知识技能共享服务之外，还推出了办公空间分享业务，为会员提供工作台、会议室预订和其他办公设施服务，也为创业公司提供商标注册、版权申报、财税管理等一系列创业孵化服务。截至 2017 年年底，全国已有 20 多个办公共享社区开放运营，入住率达 75%。

优客工场除提供办公空间共享外，还连接了 721 家服务商，涵盖财税、法律、人力、金融、政务、营销、旅行、软件等服务，同时链接与创业教育辅导相关的人才、技术、市场和资源，形成了较为完整的创新创业服务体系。截至 2017 年 12 月，优客工场已与超过 150 位创业导师建立合作，开设超过 5000 场次现场课，超过 100 个投资机构建立了合作关系，平台上处于新兴和高增长行业的企业占比达 83%。如图 14 所示。

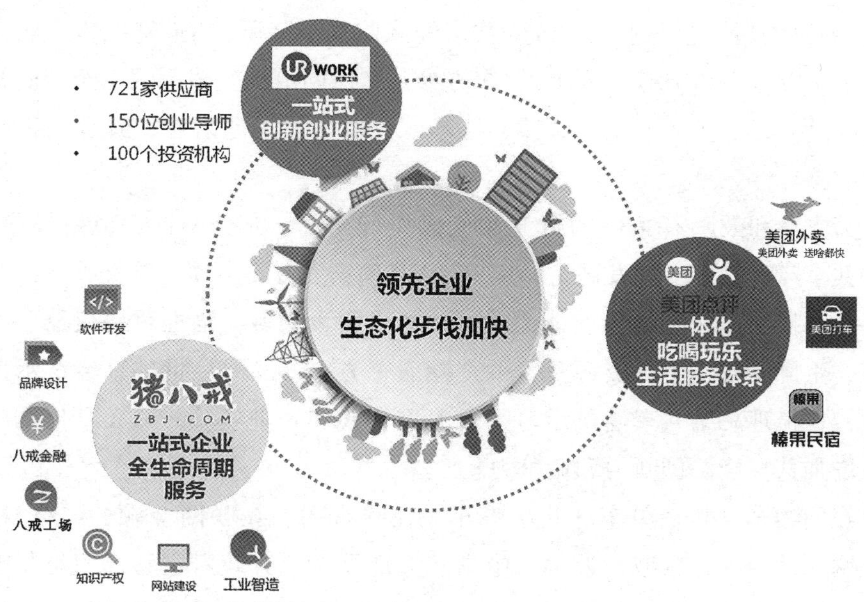

图 14 领先企业生态化发展情况

7. 政策创新积极推进，“鼓励创新、包容审慎”成为主基调

2017 年，国家明确了以“鼓励创新、包容审慎”为核心的共享经济发展原则和政策导向。3 月的《政府工作报告》中提出，加快培育壮大新兴产业，本着“鼓励创新、包容审慎”的原则，制定新兴产业监管规则。6 月 21 日的国务院常务会议上明确提出，要清理和调整不适应分享经济发展的行政许可、商事登记等事项及相关制度，同时按照“鼓励创新、包容审慎”原则，审慎出台新的准入和监管政策。6 月 27 日，李克强总理在夏季达沃斯论坛的致辞中提出，“我们对新产业、新业态、新模式，比如像电子商务、移动支付、共享单车，都实行包容审慎监管方式，促进了其健康发展。”7 月 12 日的国务院常务会议上强调，“对于任何新生事物，应尽量秉持‘包容审慎’的监管方式，不能一上来就‘管死’”。“鼓励创新、包容审慎”成为我国制度创新的基本政策取向，为共享经济发展营造了良好的外部环境。

2017 年 7 月，国家发展和改革委员会等八部门联合印发《关于促进分享经济发展的指导性意见》，围绕市场准入、行业监管、营造发展环境等进行了全面部署，这是共享经济发展过程中一个里程碑式的文件。该文件的出台表明，“鼓励创新、包容审慎”成为共享经济监管主基调，“放宽准入、底线思维”成为共享经济监管新要求，“多方参与、协同治理”成为共享经济监管大方向。随后，重庆、浙江、天津、江苏、甘肃等地区也出台了鼓励共享经济发展的指导性意见。

为支持和鼓励有条件的行业和地区先行先试，充分发挥示范引领作用，促进共享经济健康良性发展，2017 年 12 月国家发改委启动了首批共享经济示范平台申报工作，围绕创新能力、生产能力两大领域，瞄准科研仪器、知识技能、生产设备、生产资源及分散产能五个方向，发展一批共享经济示范平台，旨在梳理总结共享经济示范平台典型实践和先进经验，加大宣传推广力度，增强共享经济创新力和竞争力。

在网约车、共享单车、共享汽车、在线直播、互联网金融、网络餐饮、互联网医疗等细分领域，近年来中央有关部委及地方政府主管部门也相继出台了一系列政策文件（见表 1）。如《关于促进互联网金融健康发展的指导意见》《网络借贷信息中介机构业务活动管理暂行办法》《网络预约出租汽车经营服务管理暂行办法》《互联网直播服务管理规定》《网络表演经营活动管理办法》《关于鼓励和规范互联网租赁自行车发展的指导意见》《网络餐饮服务食品安全监督管理办法》《互联网诊疗管理办法（试行）》（征求意见稿）和《关于推进互联网医疗服务发展的意见》（征求意见稿）等。

表 1　近年来我国共享经济领域出台的部分文件

发布时间	部门	文件名称
2017 年 7 月 3 日	国家发展和改革委员会等 8 部门	《关于促进分享经济发展的指导性意见》
2017 年 11 月 6 日	国家食品药品监督管理总局①	《网络餐饮服务食品安全监督管理办法》
2017 年 8 月 3 日	交通运输部等 10 部门	《关于鼓励和规范互联网租赁自行车发展的指导意见》

① 2018 年 3 月国务院机构改革中，组建国家市场监督管理总局，不再保留国家工商行政管理总局、国家质量监督检验检疫总局、国家食品药品监督管理总局。

续表

发布时间	部门	文件名称
2017 年 5 月 8 日	国家卫生和计划生育委员会办公厅①	《互联网诊疗管理办法（试行）》（征求意见稿）
2017 年 5 月 8 日	国家卫生和计划生育委员会	《国家卫生计生委关于推进互联网医疗服务发展的意见》（征求意见稿）
2016 年 12 月 12 日	文化部②	《网络表演经营活动管理办法》
2016 年 11 月 4 日	国家互联网信息办公室	《互联网直播服务管理规定》
2016 年 8 月 24 日	中国银行业监督管理委员会等 4 部门③	《网络借贷信息中介机构业务活动管理暂行办法》
2016 年 7 月 28 日	交通运输部等 7 部门	《网络预约出租汽车经营服务管理暂行办法》
2015 年 7 月 18 日	中国人民银行等 10 部门	《关于促进互联网金融健康发展的指导意见》

8. 中国成为共享经济创新者和引领者，引发全球关注

共享经济是创新发展的结果，也是创新发展的动力源泉，正在改变全球生产方式、生活方式和思考方式。中国共享经济发展时间虽然不长，但在市场规模、创新应用、国际影响力以及制度创新探索等方面都走在了世界前列。

（1）新模式应用领跑全球。目前，中国共享经济已经渗透到交通出行、住宿餐饮、文化创意、教育培训、医疗诊断、制造服务等多个细分领域，产生了丰富多彩的新产品新模式，对全球共享经济起到了创新引领效果。以共享单车为例，国外共享单车市场多是插卡缴费、固定位置，而我国的单车则利用移动支付、GPS 定位、App 扫码功能，打造了一个全新的商业模式。

（2）企业全球竞争力明显提升。在全球十大“独角兽”榜单中，中、美两国各领风骚，滴滴出行、美团点评、今日头条、陆金所 4 家中国共享经济

① 2018 年 3 月国务院机构改革中，组建国家卫生健康委员会，不再保留国家卫生和计划生育委员会。

② 2018 年 3 月国务院机构改革中，组建文化和旅游部，不再保留文化部、国家旅游局。

③ 2018 年 3 月国务院机构改革中，将中国银行业监督管理委员会和中国保险监督管理委员会的职责整合，组建中国银行保险监督管理委员会。

企业位列其中。中国共享经济企业国际化步伐显著加快，通过海外业务拓展、国际化投资与合作等方式，大幅提升全球竞争力。共享单车在短短一年时间内，已经在全球20多个国家布局，成为“中国智造”新型代言人。运满满研发了越南语、阿拉伯语、俄语等多语种的国际版App，将服务范围拓展至中亚、东盟等“一带一路”沿线国家。小猪短租在线房源已经覆盖全球100多个城市，在有华人的欧美国家，几乎都有小猪的房源。VIPKID推出全球首个100%浸入式教学在线少儿中文教育平台，正式发力中文出海业务，成为中国文化出海“新名片”。平台学员来自美国、加拿大、埃及等28个国家和地区，中文教师申请人数超过4000人。在近三年时间里，滴滴出行通过投资或产品技术合作等形式，将全球合作网络延伸至北美、东南亚、南亚、南美等1000多个城市，覆盖全球70%以上的市场。

（3）制度创新探索引领全球。面对蓬勃发展的共享经济，我国积极鼓励市场准入的开放和业务模式创新，为各类共享经济新业态创造了更充分的发展空间。党的十九大报告、政府工作报告以及相关战略规划，都明确提出要大力发展共享经济，地方政府和有关部门也出台了一系列促进共享经济发展的政策文件，充分反映了我国政府大力发展共享经济的坚定决心。以网约车为例，我国是全球首个承认网约车合法地位的国家。

共享经济“中国式创新”引发全球关注。美国彭博社、英国《金融时报》、日本《日本经济新闻》、德国“德国之声”、西班牙《发展报》等媒体都对我国共享经济发展给予了高度关注和赞誉。《纽约时报》针对中国共享经济的创新势头评论称，“现在，轮到硅谷山寨中国企业了”“中国抄袭美国的时代过去了，在移动领域，美国已经开始抄袭中国”。我国共享经济创新也受到国外企业家的赞誉，Airbnb联合创始人、首席战略官内森·布莱查奇克指出，“与其他国家相比，中国对于共享经济的创新模式更为认可，热情更高，反应更快”。

二、面临的新问题

共享经济的快速发展仍然面临诸多挑战。法律法规不适应、公共数据获取难、统计监测体系亟待建立等共性问题依然存在，2017年用户权益保护难题进一步凸显，新业态发展与传统的属地管理、城市管理以及理论研究滞后间的矛盾更加突出。

1. 用户权益保护难题进一步凸显

共享经济的快速渗透和广泛普及，引发个人信息安全、押金风险、社会福利等用户权益保护难题。

（1）用户隐私保护与信息安全面临挑战。平台企业发展过程中会收集到越来越多的用户个人信息，积累起大量的日常行为数据，这些反映用户隐私的信息一旦发生泄露或被不正当利用，将威胁到用户权益甚至人身财产安全。2017 年 6 月 1 日，《中华人民共和国网络安全法》正式实施，对加强个人信息保护等提出了具体要求，对平台企业提出了明确规定，在具体落实上还需各方共同努力。

（2）押金风险集中爆发，引起社会广泛争议。押金制度是信息不对称、诚信缺失、信用体系不健全的产物。在共享单车行业，平台企业往往将押金作为解决信用难题的主要手段，目前行业累计押金总额上百亿元。2017 年下半年，随着酷骑单车、小蓝单车等企业纷纷停止运营或倒闭，用户的押金退还出现困难，涉及民众数百万人、押金总额数十亿元。押金“退还难、退还慢”等问题，引发公众对共享单车行业，乃至整个共享经济新业态的担忧，用户参与积极性受到冲击，在微博、微信等网络媒体中引发了一些负面评论，不利于营造良好的外部环境。

（3）共享经济通过网络平台整合资源，许多产品和服务需要线上线下结合，但线下的法律条文很难直接适用于线上业务。在平台责任界定不清、诚信体系不健全以及先行赔付机制缺乏等情况下，共享经济面临“监管难、取证难、维权难”的挑战。如何有效保护用户权益，成为未来共享经济健康发展迫切需要解决的问题。

2. 新业态与传统属地管理之间的矛盾更加突出

共享经济时代，条块分割的治理组织架构亟须优化。传统监管体系强调属地管理、行业管理、科层管理，与共享经济的跨区域、跨部门、跨行业等发展实践的现实需求不匹配，“一个平台、服务全国”的运营特点与传统的属地管理制度之间的冲突日益凸显。

在网约车管理方面，各地出台的网约车管理措施基本都延续了传统出租车管理体制和做法，所有的网约车平台企业都要适应出租车的属地管理要求，要求在本地设立分公司并取得行政许可。以滴滴出行为例，要获得全国300多个地级市的行政许可，需要携带几乎相同的材料跑遍这些城市，因材料中包含营业执照、法人身份证、线上能力认证函和公章的原件，又不能异地同步办理，即使马不停蹄地逐个城市递送材料，300多个地级市至少需要3年才能办完，若全国近2800多个县级单位也要求办证，周期可能长达20多年。在家装服务共享领域，也存在地方政府强制要求平台企业建立分公司的情况，一些城市尚不具备在线办理条件，需要企业跑遍工商、税务、社保、安监等多个部门，程序烦琐，企业合规成本极高。打破属地管理制度对共享经济业态发展的桎梏，显得尤为重要。

3. 新的共享模式给城市治理带来新挑战

共享经济快速发展对城市管理提出了新要求。由于城市规划、配套设施、管理方式以及共享资源投放等多种原因，一些新的共享业态与城市管理方式之间的矛盾日益凸显。

在共享单车领域，平台企业为了迅速抢占市场，导致短期内单车投放数量急速增加，甚至超出城市可承受范围，再加上现有城市规划中在慢行交通系统管理方面存在的规划建设不足、智能化管理水平不高等短板，以及用户自觉有序停放意识薄弱等原因，导致车辆乱停乱放问题严重。

在共享汽车领域，城市规划前瞻性不足导致公共停车位、公共充电桩等配套设施难以满足市场需求，烦琐的审批程序导致平台企业自建电站的周期长、成本高，使得汽车共享难以在城市快速普及。

在生活服务领域，快递外卖、上门取送件、共享停车位等新业态离不开线下场景的开放，与部分小区封闭式管理规定出现明显冲突并引发许多纠纷。如何把握新业态培育和城市综合治理的平衡点，考验着城市管理者的智慧。

4. 快速创新实践与理论研究滞后之间的矛盾更加突出

尽管共享经济引发的社会关注越来越多，政府、平台企业、研究机构对共享经济的理论思考也更加理性与深入，但与快速发展的实践相比，理论研究仍显滞后，难以有效支撑政府的政策制定、行业监管以及企业创新实践的需要。

如何界定平台企业责任是理论研究的一个难点。近年来，社会各界围绕平台企业主体责任、市场竞争行为、用户社保与税收抵扣等一系列问题，展开了广泛讨论，但一直没有形成共识。

如何界定平台企业的垄断行为是理论研究的另一个难点。近年来，越来越多的行业参与者、消费者、监管部门，开始关注共享经济平台的并购和定价等行为可能存在的垄断问题，平台企业也面临反垄断合规的风险和挑战。

共享经济统计监测和价值衡量体系亟须建立。现有的依行业、地域、法人（机构）分类采集数据和抽样统计的核算体系，无法一一对应共享经济业态，无法反映共享经济平台跨行业、跨地域、大量自然人参与的特点，也就难以准确地反映共享经济发展的规模、速度、结构、贡献等状况。

三、趋势展望

党的十九大明确宣示中国特色社会主义进入新时代，对新的发展阶段做出了战略规划和全面部署。我国已经站在了新的历史起点上，社会主要矛盾转化为人民日益增长的美好生活需要和不平衡、不充分发展之间的矛盾，共享经济是解决经济社会发展主要矛盾、实现经济高质量发展的重要抓手。未来几年，在理念创新、技术创新、模式创新和制度创新加速推动下，我国共享经济将呈现出一些新的发展趋势。

1. 共享经济从起步期向成长期转型

预计未来五年，随着信息技术创新应用不断加速，人们认知水平的明显提升，以及政策法规的日趋完善，我国共享经济有望保持年均30%以上的高速增长。

共享经济将从起步期向成长期转型。共享产品和服务的领域越来越广，从生活消费领域向生产制造、公共服务、社会民生等领域渗透融合；平台企业间的竞争将日趋激烈，行业并购越来越多，精细化运营成为企业竞争焦点；与起步期相比，未来将更注重共享经济整体发展质量的提升。

2. 农业、教育、医疗、养老有望成为共享经济的新“风口”

面对人民日益增长的美好生活需要，党的十九大报告提出了一系列具体目标和举措。未来一个时期，努力解决人民最关心、最直接、最现实的利益问题，保障和改善民生，满足人民群众“幼有所育、学有所教、劳有所得、病有所医、老有所养、住有所居、弱有所扶”的迫切需求，将成为我国经济社会发展的重要任务。在此背景下，农业、教育、医疗、养老等领域都可能成为共享经济的“风口”，这些领域的共同特点是：民生关切、痛点明显、市场需求大，商业模式正在积极探索中但尚未成型。

从现实需求来看，城乡差距依然较大，提高农民收入、改善农民生活水平、建设美丽乡村的需求迫切；优质教育资源、优质医疗资源供给不足与需求不断增长之间的矛盾依然突出；人口老龄化趋势明显，养老服务需求不断攀升，亟须引入共享经济模式，实现优质资源的再配置。

从发展基础来看，我国农村有大量的土地、水利设施、农机设备以及劳动力等资源，共享农业发展有着良好的物质基础；在医疗、教育、养老等领域，已经出现了一批共享经济平台，形成了比较成熟的商业模式，如名医主刀、好大夫在线、微医集团、VIPKID 等。随着相关政策的陆续出台以及资本市场的密切关注，民生领域共享经济有望成为爆发式增长的新“风口”。

3. 共享经济发展将逐步走向规范化

在积极鼓励共享经济发展的同时，针对实践中出现的突出问题，尤其是直接影响群众切身利益的问题，量身定做监管制度成为大势所趋。与此同时，多方参与的协同治理体系建设将加速推进。

有关部门将积极创新监管方式，运用大数据、云计算、人工智能等技术，创新监管手段，实时把握平台企业市场运营、资金管理、用户权益保护等风险动态，提高潜在风险处置能力。实施分类监管，对做得好的平台企业，总结经验，积极推广示范；针对可能引发系统性风险的金融欺诈行为、随意侵害用户数据权益的行为、严重妨碍市政市容管理等问题，将有针对性地强化治理；对一些苗头性、倾向性的潜在风险问题，将采取措施积极防范。

多方参与的协同治理体系建设将加速推进。未来政府将围绕营造公平有序的市场环境，积极创新监管方式，推进公共数据开放共享，加快完善法制建设，大力推动试点示范。平台企业将更多地以“用户为中心”，依靠价值创造来构建可持续发展能力，并通过与监管部门的互动和数据共享，推动平台的健康发展。社会组织将在标准化建设和行业自律等方面发挥积极作用。用户将更多通过评价、反馈机制参与平台治理，真正达到共享共治。

4. 信用体系建设与共享经济发展的双向促进作用将更加凸显

共享经济是典型的信用经济，具有陌生人之间“缺场”交易的显著特征。一方面，共享经济的快速发展对社会信用体系建设提出了新的更高要求；另一方面，共享经济与信用体系的双向促进作用将更加凸显，为信用体系建设提供数据和技术支撑。

信用免押机制效果显著。芝麻信用平台数据显示，相比缴纳押金客户，免押客户租金欠款率低 52%，违章罚款欠款率低 27%，丢车率低 46%。从信用免押机制实施效果看，未来信用免押金服务将成为解决信任问题的重要手段，大幅降低公众参与共享经济活动的成本，激发了人们参与共享经济活动的积极性，减少用户违约行为，也将有效避免沉淀押金带来的潜在风险。

有关部门将积极推进各类信用信息无缝对接，打破信息孤岛，推动建立政府、企业和第三方的信息共享合作机制，积极引导平台企业利用大数据技术、用户双向评价、第三方认证、信用评级等手段和机制，健全相关主体信用记录。同时，也将加快建设守信联合激励和失信联合惩戒机制、设立诚信“红黑名单”，形成以信用为核心的共享经济规范发展体系。

5. 国际市场拓展与治理合作趋势明显

我国已经成为全球共享经济引领者，在移动支付、创新模式、用户量、市场规模、运营经验等多个方面都走在了世界前列。未来，中国共享经济企业国际化步伐将会越走越快，将有更多的企业“走出去”，更好地适应当地法律、制度、文化以及用户习惯等，进一步深耕国际市场。在“走出去”的同时，我国也将更多引入国外成功模式，推动形成全面开放新格局。

全球互联网治理体系变革进入关键时期，构建网络空间命运共同体日益成为国际社会的广泛共识。面对不同国家、不同文化、不同规章制度的巨大差异，在国际化步伐不断加快的强劲趋势下，共享经济的治理需要全球共同努力。各国将不断拓展和深化在共享经济领域的交流与合作，加强在创新平台治理模式，推进消费者权益保护、税收征管、劳动保障、制度创新、法律服务和案例研究等方面的经验交流和成果分享，促进建立更加常态化的工作机制，携手共建网络空间命运共同体。

腾讯研究院

“人工智能 + 制造”①

2018 年 3 月 23 日，美国总统特朗普公布对华《301 调查报告》，指令对从中国进口约 600 亿美元商品大规模加征关税，中美新一轮贸易战爆发。美国的加征税清单，直指“中国制造 2025”，制造业成为大国竞争与摩擦的焦点。

实际上早在十年前的经济危机后，各国就已开始反思经济发展模式的问题，纷纷将制造业改革和发展作为提振经济的重要手段。尤其随着近年来大数据、物联网、人工智能为代表的新一代信息技术加速发展，美国的先进制造、德国的工业 4.0、日本的机器人革命等国家战略先后推出，均反映出主要大国重拾对制造业的重视、以科技带动制造业升级发展的雄心。

众所周知，中国制造这些年取得了突飞猛进的发展和进步，被誉为“世界工厂”。然而我们的制造业仍面临大量核心生产技术和设备非自主的问题，仍未能摆脱在国际分工中处于价值链相对低端的位置。而在这新一轮“高科技 + 制造业”的竞争中，我国的制造业究竟何去何从？

我国互联网大发展所获得新科技与商业经验积累，尤其在人工智能等新兴技术发展情况下，很可能给我们制造业提供了一个“弯道追赶”的机会。本报告意在对“人工智能 + 制造”相关概念进行界定的基础上，剖析其发展情况及中国面临的现实问题，研究我国互联网在其中所能发挥的特殊价值，并基于对主要国家相关政策与发展特点的总结，提出我国未来“人工智能 + 制造”发展建议，以期促进制造业与互联网的携手共进。

---

① 本文节选自腾讯研究院《“人工智能 + 制造”产业发展研究报告——概念、趋势与互联网赋能机会》。

一、“人工智能＋制造”的概念

自20世纪50年代诞生以来，人工智能技术的发展虽几经周折，但已逐渐从科研领域渗透到了各行各业。消费市场中，各种搭载语言识别、图像识别的智能产品已随处可见；工业领域中，各式各样的工业机器人也早已承担甚至替代了许多人工劳动。然而目前的“人工智能”仍然存在争议，甚至认为很多“智能”的产品和应用并没有实现真正的“智能”。那么到底什么是“人工智能”？什么是“人工智能＋制造”？两者如何结合发展？以下先从概念上对此进行探讨。

（一）什么是人工智能

1956年，麦卡锡、明斯基等科学家在美国达特茅斯学院举办“关于如何用机器模拟人的智能”的学术研讨会，首次提出了人工智能（Artificial Intelligence，简称AI）的概念，标志着“人工智能”作为一门科学的诞生。[①] 狭义上，人工智能是类比人脑的人造算法与应用，但随着科技的更替和演进，其内涵正在不断地扩大和泛化。广义上，人工智能是以实现人造智能活动为目的的所有技术与应用的统称，涵盖了对应人类主要智能：计算机视觉、自然语言理解与交流、语音识别与生成、机器人学、博弈与伦理、机器学习六个大学科，并且学科之间呈现交叉融合的发展势态。

1. 历史：“理论＋专家系统”

历史上人工智能的技术主流根据其所模拟的信息处理方法不同可分为两大类：一是经典逻辑或符号主义，二是人工神经网络或联结主义。“符号主义”和“联结主义”是人工智能技术发展历史中竞争最为激烈的两大流派，在人工智能几十年的发展中交替引领人工智能理念和技术的潮流。此外，还有一派是“行为主义”，则是“从主体—客体”的控制角度进行定义和研究。

（1）符号主义认为人工智能源于数理逻辑，是一种基于逻辑推理的智能

① 王国强：《人工智能的发展之路》，《张江科技评论》2017年第4期。

模拟方法，其原理主要为物理符号系统（即符号操作系统）假设和有限合理性原理。该学派认为，人类认知和思维的基本单元是符号，而认知过程就是在符号表示上的一种运算。人是一个物理符号系统，计算机也是一个物理符号系统，因此就能够用计算机来模拟人的智能行为，即用计算机的符号操作来模拟人的认知过程。典型理论与技术包括：启发式算法>专家系统>知识工程等。

（2）联结主义认为人工智能源于仿生学，其主要原理为神经网络及神经网络间的连接机制与学习算法。该学派认为，人的认知活动就是大脑神经元整体的动态活动，因此可以用计算机模型在结构和功能上模拟大脑神经网络，利用人工神经网络来解释人类大脑的认知活动。联结主义赋予网络以核心性的地位，强调网络的并行分布加工。典型理论与技术包括感知机与反向传播算法等。

（3）行为主义认为人工智能源于控制论，其原理为控制论及“感知—动作”型控制系统。该学派认为，智能行为产生于主体与环境的交互过程中，复杂的行为可以通过分解成若干个简单的行为加以研究。主体根据环境刺激产生相应的反应，同时通过特定的反应来陈述引起这种反应的情景或刺激。因此能够以这种快速反馈替代传统人工智能中的精确的数学模型，从而达到适应复杂、不确定和非结构化的客观环境的目的。这种快速反馈的协调机制，成为行为主义人工智能研究的主要方向。

2. 当前：“大数据＋深度学习”

然而符号主义和联结主义在20世纪先后兴起又历经衰落，主要原因在于当时数据有限、算法不足，难以达到科学家最初设想的“智能”广度和精度。

进入21世纪，“深度学习”技术终于取得了突破，人工智能才引来新一轮大发展。其标志事件是辛顿等人2006年发表的突破性论文介绍了一种成功训练多层神经网络的方法，称为“深度信念网络”[①]。在此方法的指导下，经过深度训练的人工神经网络“智能”效果越来越好，直到2016年DeepMind

---

① 叶韵：《深度学习与计算机视觉——算法原理、框架应用与代码实现》，机械工业出版社，2017。

公司的 AlphaGo 接连战胜李世石、柯洁等人类最好的围棋选手，标志着人工智能在局部领域已经超越了人类。

除以深度学习为核心的算法演进之外，人工智能新热潮的到来还依赖于计算机处理能力和运算速度的提高，以及海量数据的可获得性。一方面，随着 GPU 在人工智能领域的使用、专用人工智能芯片的开发以及云计算的发展，计算机处理能力和运算速度获得大幅度提高，支持多层神经网络的巨大算力成为可能；另一方面，互联网技术的发展和广泛使用产生海量的数据。深度学习方法以大量数据为素材进行训练，从中高效地寻找新规律或新的知识。硬件是发动机、数据是燃料，“机器”凭借卓越的计算能力，利用深度学习方法，以海量数据为素材进行训练，智能程度显著提高。数据资源、运算能力、核心算法的大幅进步推动计算机视觉、语音及自然语言处理等人工智能技术实现了商业化构建。可以说，当前的人工智能等于深度学习加上大数据，是一个最具时代精神，也最为普遍接受的认识。①

3. 未来：“小数据＋大任务”

目前以大数据和深度学习为主的人工智能，虽然在国际象棋、围棋等局部领域已经超过人类，但是仍然有许多对人类很简单甚至下意识的活动对于机器来说却困难重重，这就是人工智能领域重要的“莫拉维克悖论”“要让电脑如成人般地下棋是相对容易的，但是要让电脑有如一岁小孩般的感知和行动能力却是相当困难甚至是不可能的。”例如，人类能够轻而易举地进行举一反三，看到小猫一次后就会在以后识别出小猫，而人工智能系统需要给它输入成千上万张做过标记的图片才能形成对小猫的概念。由此可见，目前以大数据和深度学习为特征的人工智能只能解决局部、特定问题，并不能解决人类通用智能范围内的所有问题（尤其是人类无意识的、直觉式的活动），可以说是“大数据、小任务”的模式。

未来人工智能的发展，需要进入一个“小数据、大任务”范式，如同人的各种感知和行为，时时刻刻都是被任务驱动的，用“任务塑造智能”②。这

① 李开复、王咏刚：《人工智能》，文化发展出版社，2017。

② 朱松纯：《浅谈人工智能——现状、任务、构架与统一》，“视觉求索”微信公众号，2017。

需要从任务出发，将计算机视觉、自然语言理解、认知科学、机器学习、机器人学、博弈与伦理等人工智能主要技术领域进行融合，形成一个共同的构架、通用的算法池以及联合运作模式，最终达到甚至超越“输入有限的小数据，实现通用的大任务”的人类智能处理水平。

（二）什么是“人工智能+制造”

狭义上，“人工智能+制造”是人工智能技术（算法）在制造业中的应用。广义上，由于人工智能技术在应用中并不能单独存在，而必须依赖于其他技术和资源，“人工智能+制造”不仅需要人工智能算法作为处理工具，还需要物联网、云计算、大数据等信息技术提供基础设施和生产资料，因此“人工智能+制造”是指人工智能及相关技术在制造业的融合应用。

1. 历史：专家系统辅助制造

1946年，为了满足美军计算弹道需要而研制成的“电子数字积分计算机”（Electronic Numerical Integrator And Calculator）在第二次世界大战期间问世，能够实现自动计算的机器的出现拉开了“人工智能”的序幕。由于人工智能的概念提出和计算机的发明时间几乎重合，早期人工智能在工业领域的应用，实际上也是计算机逐步应用于工业生产领域，实现现代工业自动化的过程。

“自动化”即“过程和步骤能够不需要人类参与的技术。”自动化的实现包含了各种手段，包括机械、液压、气动、电气、电子设备和计算机，通常同时结合了这些技术。

人工智能在工业领域早期应用的一个主要方面是专家系统。在20世纪60年代至80年代，根据“知识库”和“if－then”逻辑推理构建的“专家系统”在矿藏勘测、疾病诊断等得到了初步应用，发挥着类似专业领域咨询师辅助生产制造的作用。重点应用领域如表1所示。

表1　专家系统的应用

类别	关注问题	示例
解释	分析传感器获得的数据	语音识别、勘探矿藏
预测	根据给定条件分析结果	旱产的风险分析

续表

类别	关注问题	示例
诊断	根据观察条件预测分析可能出现的问题	建筑构造分析、山体滑坡地形分析、考古分析
设计	在限制条件下装配部件	牙科应用、分期贷款的设计
规划	制订行动计划	为水下自动化装置设定任务
监督	对比观察结果与前期计划	核反应堆的检测等
除错	为复杂问题解决提供增量方案	卫星监控与拦截等
修理	执行相关的应急计划	有毒污染物应急处置
教学	分析、评价、纠正学生的行为	临床智力培训
控制	解释、预测、修复、监测系统行为	实时过程管理、太空舱任务控制

资料来源：维基百科，https：//en. wikipedia. org/wiki/Expert_system。

然而，专家系统虽然被应用于包括制造业在内的多个领域，但还仅仅局限于专业工作中的单一环节或流程。受限于早期计算机存储和计算能力等硬件条件的限制，专家系统实际上只是一定程度上实现了这些环节和流程的分析和自动化。而这种分析是静态的，仅基于已经输入“知识库”中的专家知识和简单的逻辑推理，虽然在一定程度上实现了“人机分工”，提升了生产效率，但只能胜任特定领域的单一任务。而对于错综复杂的现实问题，封装在昂贵专家系统里缺乏应变的“知识”只能提供有限的辅助参考，实际上发挥不了太大作用。

2. 当前：深度学习优化制造

进入 21 世纪第二个十年，互联网的普及和物联网的兴起，为分散的制造业元素创造了互联互通的可能，由此产品价值创造中的数据成为活数据，对数据的存储、分析和建模也在从本地处理器和工作站向着云端迁移，数据和算力的大幅升级为人工智能在制造业的应用发展创造了新的基础条件。

和早期人工智能专家系统局限在特定领域和单一环节的应用不同，如今的“智能制造”包含了人工智能及相关技术在制造业价值链各个环节的广泛应用。其主要基于运用多层神经网络算法的深度学习技术，尤其善于通过海量非结构化的数据、解决早期无法解决的复杂和不确定性的问题，可以综合运用于产品研发、工程和工艺设计、加工制造、故障诊断、产品状态监测、个性化增值服务等价值链全流程，实现制造业的整体智能化。主要的应用场景有三类。

（1）为用户创造价值的产品型应用。将人工智能嵌入现有的产品或服务中，使其更加高效、可靠和安全。如机床生产厂家可以通过数据采集和建模对机床自带的刀片寿命进行预测，及时向客户提出使用建议和维护方案，并协助其选择适用设备并延长设备使用寿命。

（2）提高生产效率的流程型应用。将人工智能集成到生产流程的各环节，提高生产效率。其包括借助先进传感技术和机器学习，可以改进和优化生产工艺流程的参数；工业机器人能够模仿人类操作员所展示的运动和路径，以极高的效率实现协同操作，仅需人工简单辅助进行物料添加等操作；甚至黑灯工厂、无人工厂等全面流程改造模式，也已开始在多个制造行业出现。

（3）知识挖掘与发现的洞察型应用。将人工智能应用到数据分析中，实现对生产运营的动态预测和优化。通过对制造业大数据的建模和分析，人工智能可以发现被忽视的问题并获得领域内的知识。和静态推理的专家系统不同，基于动态数据的知识洞察可以随时自我修正和自我完善，进一步提升制造业生产的安全性并提高产品质量，降低由于突发异常事件所带来的额外成本投入，如预测性维护。

3. 未来：人机融合协同制造

未来在制造业数字化和网络化完成的基础上，人工智能将成为有效连接物理世界与数字世界的核心，也很可能成为制造业的主要生产力。但这并不意味着人工智能会全面替代人，包括在制造业这种传统上拥有大量体力劳动者的行业。单一重复的体力劳动、琐碎耗时的初级脑力劳动都将交由智能机器承担，同时也会出现新的工作，以释放人的自主性和创造力。机器和人将重新磨合成新的相互配合、补充、协同工作的平衡关系，正如汽车替代了马车，但同时创造了驾驶员的工作一样。

为了更好实现人机融合，不仅需要人工智能技术本身的不断精进，更需要在人工智能的处理逻辑中放入人的因素，以达到机器自主配合人类工作的目的。如日本FANUC公司的机器人，就为未来的人机共融做出了成功的尝试。其有两种工作模式，一种是高速工作模式，另一种是协作工作模式。协作工作模式就是人机共融的体现，不需要专门设置围栏让机器人单独工作，当发现有人在安全区域之内出现时就会自动切换模式。据此进一步设想未来的制造业车间中人和机器各司其职、灵活补充和相互协作的场景。周济等人也提出，未来智能制造将以人为中心，统筹协调人、信息系统和物理系统的综合集成大系统，即“人—物理系统”（Human - Physical Systems，简称HPS）。①

（三）人工智能如何“+”制造

“人工智能+制造”的框架可以从技术范式、价值形态、生产组织三个维度构建“人工智能+制造”的魔方体系，如图1所示。

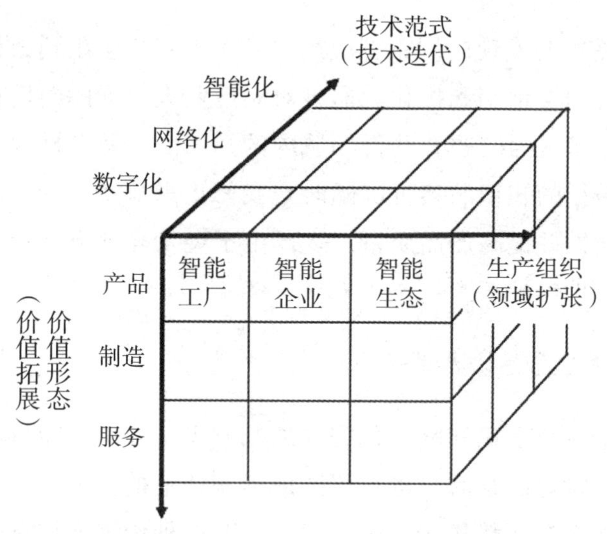

图1 “人工智能+制造”魔方体系模型②

① 周济、李培根、周艳红、王柏村、臧冀原、孟柳：《走向新一代智能制造》，*Engineering* 2018年4月第1期，第11-20页。

② 参考中国工程院2017年《中国智能制造发展战略研究报告》及《三体智能革命》等内容，具体细节有所调整。

1. 技术范式

技术范式维度包括数字化、网络化、智能化三个基本范式。三个范式既递进升级，又相互交叉融合。数字化为机器提供“语言”能力，让单个机器能与外部交换信息；网络化将机器相连，使机器间能够沟通协作；智能化则基于大数据分析，使机器能够自主决策和行动。

（1）数字化制造。数字化制造是指以计算机数字控制为代表的数字化技术广泛应用于制造业，形成了“数字一代”创新产品、覆盖全生命周期的制造系统和以计算机集成制造系统（CIMS）为标志的制造模式[①]。随着数据正在成为这个时代最宝贵的资源，制造业企业有可能转型为数据企业或者“数商”。

数字化制造的关键技术主要包括两个方面：一是产品设计开发方面的数字化建模、数字仿真技术；二是机器人和数控机床、增材制造装备、传感与控制装备等自动化技术，实现生产制造数字化。数字化制造的典型应用在研发和生产环节，不断提高企业产品设计和制造质量，缩短新产品研发周期等，例如高度数字化的汽车设计模式、高度自动化汽车生产线等。

（2）网络化制造。网络化制造是指制造业和互联网融合发展，利用互联网技术将人、流程、数据和事物连接，通过企业内外的协同和各种社会资源的共享与集成，重塑制造业的生产流程甚至价值链。

网络化制造的关键在于全流程链条的整体优化，能够实现装备之间、装备与物之间、装备与管理系统之间的互联互通，制造信息可以实现交互和共享。网络化制造的典型应用在于将数字化场景通过网络连接起来，例如基于产品全生命周期的服务型制造，包括远程运维服务、网络协同制造等新模式都是网络化制造的典型应用。

（3）智能化制造。智能化制造的主要特征表现在制造系统具备了自我“学习”能力。借助深度学习、增强学习等人工智能技术，制造领域的知识产生、获取、应用和传承效率将发生革命性变化，显著提高创新与服务能力。

智能化制造的核心在于人工智能算法的普遍应用，能够从历史数据的分

---

① 《中国智能制造发展战略研究报告》，中国工程院 2017 年发布。

析中挖掘潜在规律，并根据实时的生产运营环境变化情况进行自主决策。最终的目标是实现人与智能机器协同工作，常规的生产执行甚至管理由机器自主完成，人工只需介入必要的监测、检查和调整维护。

2. 价值形态

价值形态维度主要包括产品、制造和服务三个方面，体现了生产价值创造的外延拓展。

（1）终端产品智能化。新一代智能产品是指由人工智能技术驱动、具有智能化特征的产品。其具有更加友好的人机交互界面，同时也具有“自主优化”的功能（如根据用户习惯和使用特征自动做出调整），从而能与用户自然交互，提供人类等级的服务。

（2）制造过程智能化。人工智能技术在制造领域的渗透使得知识与技能的产生、获取、应用和传承将从以人为主体变为以人机协同，以至于最终以智能机器为主体。在新一代智能制造范式下，制造过程与研发、供应链、用户等各个环节能够实现高度协同，改变过去价值链各环节的“孤岛”状态，从而更高效地组织生产，更精准地适应用户需求。研发设计系统可以根据用户的定制信息或用户习惯进行快捷且低成本的定制设计、产品设计，发送到生产系统快速地组织物料、排产，并在高度柔性化的产线上生产。例如，“数字孪生”（Digital Twin）帮助企业在实际投入生产之前就能在虚拟环境中优化、仿真和测试，在生产过程中也可同步优化整个企业流程，最终实现高效的柔性生产，实现快速创新上市，锻造企业持久竞争力。

（3）增值服务智能化。人工智能在制造业的深入嵌入必然促进制造业基于数据的产品全生命周期管控向着制造环节的上下游延伸，以需求为导向的产品研发和生产将会成为未来制造业的发展趋势。结合以租代售、按时间计费、按里程计费、远程诊断、故障预测、远程维修、一体化解决方案等新的商业模式，将会使制造企业从提供产品向提供“产品＋服务”转变。

3. 生产组织

从应用范围来看，人工智能技术不仅应用于工厂之中，而且会渗透在整个企业价值链环节以及以企业为核心的商业生态之中，包括智能工厂、智能企业和智能生态三个层次。

（1）智能工厂。智能工厂由智能单元和智能车间构成，是智能制造的载体。智能单元是指构建智能车间的最小智能化单位，是发展智能工厂和智能制造必须具备的核心要素，包括 3D 打印机、智能机床、智能机器人等。智能车间通过各个智能单元不断进行制造过程中的信息获取与交互、智能分析决策和功能执行，优化最终产品和服务提供的模式。

（2）智能企业。智能企业是集成相关关键技术、智能工厂和领域知识等要素，整合企业内部各个价值链环节，服务于价值创造目标，形成满足具体行业需求的智能制造方案。智能企业是智能工厂的网络化聚集，因互联互通而增强，因自主决策而精确。通过机器学习（数据智能）、群体智能等方式有效获取制造系统的各种知识，不断循环训练神经网络的学习能力并反复纠正，使人工智能系统预测决策的出错率大大降低，企业的生产效率极大提升。例如通过 COSMOPlat 平台，用户可直接向海尔工厂下单，工厂直接发货给用户，用户可以直接参与产品交互和设计。

（3）智能生态。人工智能技术不仅应用在一个企业之内，而且可以实现企业与其上下游企业之间、企业与出售产品之间的横向集成，形成由企业及其外部供应商、经销商、用户构成的智能生态系统。在人工智能系统的驱动下，智能生态系统中各环节、各企业之间数据实时传递，各企业的生产部门、生产单元能够高效协同地为外部环境变化做出及时、准确的响应。例如，根据零售端库存变化，整个系统中的企业可以智能化地完成进货、排产、制造、配送等工作。

二、“人工智能＋制造”的现状

“人工智能＋制造”是一个前沿新兴产业，尚未形成标准清晰的边界定义，而其中包含的技术应用也多属于初创或迭代早期并不成熟。因此目前很难对整个产业市场规模进行准确的评估测算，故选择其中业界普遍关注、发展中占据主流且有市场数据统计基础的典型技术应用领域进行分析，以期能够大致勾勒出产业的体量、组成和未来发展变化趋势。

（一）市场规模

1. 产业结构变化

传统的制造业价值链呈单一线性，构成主要以单个企业为主，主要从物质（原料）出发，经过一系列线性生产过程，到物质（产品）结束，如图2所示。人工智能等新信息技术的介入则将两者的价值链重合重组为多层次、嵌套式的复杂价值网。正如德勤2017年《工业4.0与制造业生态圈》报告中的描述：信息技术重塑了制造业所固有的流程，使工业4.0的生产过程完成从物理到数字再到物理的循环。

图2　传统的制造业价值链基本构成

具体来说，支撑“人工智能+制造”的信息技术基础设施和服务可以划分为基础层、平台层和应用层三个主要圈层，如图3所示。

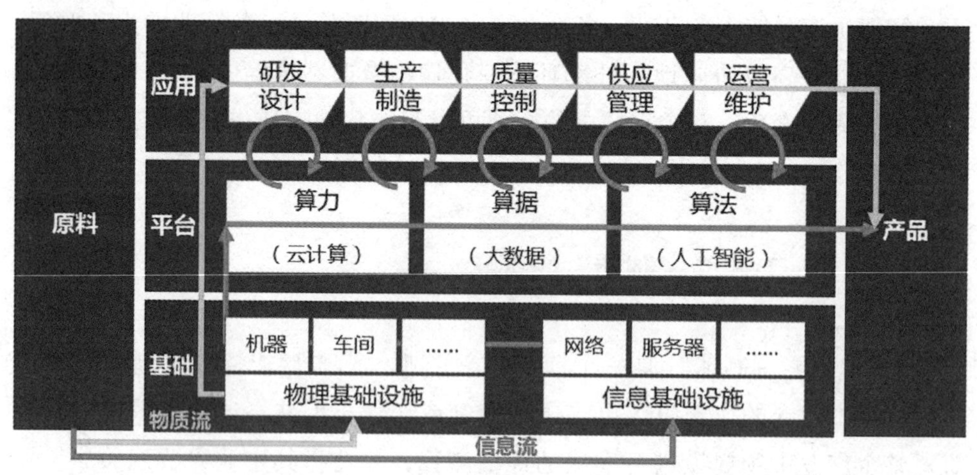

图3　广义“人工智能+制造”价值链基本构成

（1）基础层分为物理基础设施和信息基础设施。物理基础设施指用以进行物质的加工处理的基本资源和工具，包括机器、车间等；信息基础设施指用以进行数据加工处理的基本资源和工具，包括网络、服务器等。

（2）平台层主要分为算力平台、算据平台和算法平台。算力平台是计算能力的提供与获取平台，主要是工业云；算据平台是数据资源的提供与获取平台，主要是工业大数据；算法平台是人工智能专业算法和技术的提供与获取平台，主要包括在生产制造中广泛使用的机器视觉、生物特征识别等技术。

（3）应用层主要是人工智能等相关数字技术在制造业各生产过程环节的具体应用，主要包括研发设计、生产制造、质量控制、供应管理和运营维护五大环节。

2. 整体规模组成

在“基础—平台—应用”三层架构中，“人工智能+制造”相关的典型技术应用可以划分为六大类：工业机器人、制造业物联网、制造云、制造业大数据及商业分析、制造业人工智能和智能工厂应用及解决方案，如图4所示。

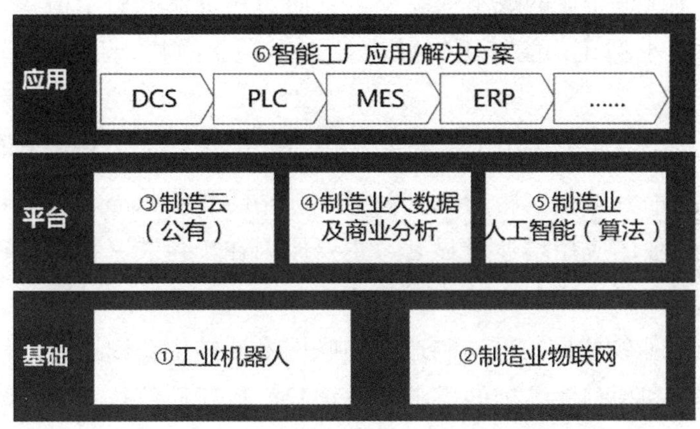

图4　广义“人工智能+制造”典型技术应用类别

基于Marketsand Markets和IDC等专业机构的评估和预测数据，以上六大类技术应用全球整体市场规模2016年约为1200亿美元，而到2025年将超过7200亿美元，复合年均增长率预计可超过25%[①]。这一增速远高于全球制造业增加值的年增长率（2.26%，2015年）和工业增加值的年增长率

① 根据MarketsandMarkets的Industrial Robotics，IIoT，Artificial Intelligence in Manufacturing，Smart Factory以及IDC的Public Cloud Services，Big Data and Business Analytics等研究报告数据整合分析。

（3.29%，2016 年），显示出人工智能及相关技术有望为制造业和工业注入新动力。

从发展趋势上来看，“平台型产业”将成为“人工智能 + 制造”未来主要的增长点。2016—2025 年，包括制造云、大数据和人工智能等平台层技术应用的市场规模，将从占整体产业的 24% 上升到 36% 以上。由此可见，在互联网领域发展成熟的平台生态模式，也将成为制造业智能化转型升级的重要选择。

3. 六大细分领域

（1）工业机器人。技术或产品类型上，主要有两大类：传统工业机器人（Traditional Robots，主要有 Articulated、SCARA、Parallel、Cartesian 等类型）、协作机器人（Collaborative Robots）。目前传统机器人仍然占据市场主体，但协作机器人将会呈现高速增长。原因在于传统机器人灵活性差、成本高，难以满足广大中小制造企业的成本效益要求。而协作机器人由于植入了更多的智能技术且日趋小型化，能够更有效满足中小企业的复杂环境和个性化生产需求。

行业类型上，主要应用于：汽车、电气和电子、塑料/橡胶和化学品、金属和机械、食品和饮料、精密工程和光学、制药和化妆品等垂直行业，其中金属和机械行业的应用增速最显著，主要原因在于包装、物料处理和自动化机械工具等对工业机器人的需求较为旺盛。

（2）制造业物联网。推动制造业物联网发展的主要因素是对制造基础设施的集中监控和预测性维护的需求日益增长、最新通信技术的出现以及对敏捷生产和运营效率的追求。此外，越来越多的云化应用、运营技术（OT）和 IT 融合以及越来越多成本下降的智能连接设备，也是支持此市场整体增长的原因。

技术和产品类型上，物联网其实远不仅是基础设施，广义上包含了“基础—平台—应用—解决方案”整个体系。具体到制造业，则主要分为托管服务和专业服务。托管服务主要是制造业企业将物联网开发、建设和运营等外包给第三方；而专业服务则是制造业企业主导物联网自建和运营，由第三方提供咨询、基础设施、系统设计和集成、支持和维护、教育和培训等服务。

随着第三方物联网平台的发展成熟，出于成本和专业性等因素，托管服务将成为制造业物联网未来的主要增长领域。

行业类型上，在各子行业都将广泛应用，主要包括汽车、食品和饮料、航空和国防、化学和材料、高科技产品、医疗保健和其他（农业、纺织和皮革）。物联网在工厂自动化、流程优化、供应链优化、安全性提高、业务流程整合以及企业社会责任等方面都能够提供有效支持。

（3）制造云。技术和产品类型上，云不仅仅是基础设施，广义上包括基础设施即服务（IaaS）、平台（PaaS）、软件即服务（SaaS）三大类。具体到制造业，云基础设施和云平台是未来主要的增长领域。其中规模化、标准化的制造业云平台，是未来各方的主要发力和竞争的领域。而在制造业上云的同时，云安全则是另一个角度上产业关注的焦点。

行业类型上，云计算在制造业的应用主要可分为两大类行业：离散型制造和流程型制造。其中离散型制造由于制造环境分散、过程复杂，更需要云计算技术的承载以便于制造环节的对接。如美国就将离散型制造作为其未来公有云发展的重点投入领域之一。

（4）制造业大数据及商业分析。技术和产品类型上，主要包括非关系型数据存储、认知软件平台、内容分析、搜索系统、IT 和商业服务等。其中由于制造业海量数据的持续产生，IT 和商业服务的市场占比超过整体的一半。未来制造企业将不断扩大数据分析范围和活动，使非关系型数据存储和认知软件平台实现最为强劲的增长。

行业类型上，大数据在制造业的应用主要可分为三大类行业：资产型制造（如机器装备）、品牌型制造（如快消品）和技术型制造（如电子产品）。不同类型的企业，未来对大数据的应用各有侧重。资产型制造主要用于资产的跟踪和管理，品牌型制造主要用于实时精准营销，技术型制造主要用于供应链监测和管理。

（5）制造业人工智能。技术和产品类型上，主要技术包括：深度学习、计算机视觉、情境感知和自然语言处理等，其中计算机视觉目前的占比最大；主要的产品包括：物料移动、预测性维护和机械检查、生产计划、现场服务、回收、质量控制，其中预测性维护和机械检查目前的占比最大，因其最能有效利用计算机视觉识别的能力优化现有生产环节。

行业类型上，人工智能主要应用于半导体和电子、能源和电力、制药、汽车、重金属和机械制造、食品和饮料以及其他（纺织和航空航天）。由于工业物联网和机器人在汽车工厂中的广泛使用，目前在汽车行业人工智能技术应用得最多。

（6）智能工厂应用及解决方案。技术和产品类型上，主要包括 DCS、PLC、MES、ERP、SCADA、PAM、HMI、PLM 等①。其中分布式控制系统（DCS）目前占最大比例，而制造执行系统（MES）预计未来增速最快。前者能够为制造环节提供监管控制，结合大数据和人工智能可有效实现预测性防护和优化；后者则主要进行生产执行的操作和管理，能够有效缩短生产时间、提高生产力。

行业类型上，伴随新一代电动和智能汽车的规模发展，汽车行业的市场预计将占据全球智能工厂市场的最高份额。此外，由于石油天然气工厂对安全性和可靠性的需求日益增加，因此在其中采用智能工厂相关技术和组件的情况预计会最高。

（二）典型案例

人工智能技术在制造业的应用，目前虽然还属于市场早期，但已呈现出覆盖制造业全流程的趋势，归纳起来看主要有五大环节的应用场景。

1. 研发设计：基于卷积神经网络的新药研发案例

（1）行业痛点。

开发新药是一项漫长而低效率的工作。药物研发人员需要对各种不同的化合物以及化学物质进行测试，这个试验过程中的错误尝试耗费了太多的时间和金钱。国际上有一种“双 10”说法：10 年时间、10 亿美元，即制药公司需要花费 5 亿～10 亿美元，经过 10～15 年时间，才能成功研发出一款新药。

---

① DCS：分布式控制系统。PLC：可编程逻辑控制器。MES：制造企业生产过程执行管理系统。ERP：企业资源计划。SCADA：数据采集与监视控制系统。PAM：工厂资产管理。HMI：人机界面。PLM：产品生命周期管理。

(2) 解决方案。

Atomwise 是药物挖掘与人工智能结合领域比较有代表性的初创公司，旨在减少研究人员花在寻找药物化合物方面的资金和时间。它利用超级计算机分析已有数据库，并用独家算法 AtomNet 数字化模拟药品研发的过程，分析化合物的构效关系，于研发早期评估新药结构组成和风险，从而大幅降低研发成本。

AtomNet 是第一个使用深度卷积神经网络的药物发掘算法，其最大的特性是擅长将复杂的概念分解为小信息的组合。类似图像识别中通过对鼻子、耳朵、眼睛等不同部分的学习和组合实现人脸识别，AtomNet 通过对基本的化学基团（如氢键、单键碳等）学习和组合实现新的有机化合物发掘。在此基础上借助 IBM 蓝色基因超级计算强大的计算能力，可以快速完成新药发现、测试和评估工作。

自 2012 年创立以来，AtomNet 已筹集超过 5100 万美元的资金。目前合作客户包括美国十大制药公司中的 4 家（默克、孟山都等）、40 多家研究型大学（哈佛大学、杜克大学、斯坦福大学和贝勒医学院等）以及多家生物技术公司，并有 50 多个正在进行的研发项目，涉及致命病毒和细菌、癌症、神经退行性疾病、代谢性疾病、地方性寄生虫和农作物枯萎病等多个领域。

(3) 效果评估。

Atomwise 将其 AtomNet 系统与传统技术（DOCK 和 AutoDock）进行了 100 万次的基准预测实验对比，结果显示其人工智能方案可以节省大约一半的早期药物筛选实验的数量，并大大提高结果的成功率。具体如针对埃博拉病毒的新药预测评估，传统方式通常需要数月甚至数年，而 AtomNet 只用了不到一星期就发现了新药，并且成本不超过 1000 美元。①

(4) 案例启示。

在制造业研发设计环节，人工智能的主要作用在于通过对海量数据建模分析，以低成本、高效率的数字化手段探索可行的产品原型。对于制药、化工、材料等研发周期长、成本高、潜在数据丰富的行业，作用尤其明显。

① 来自 Atomwise 主页论文 AtomNet 介绍中的卷积神经网络药物设计。

2. 生产制造：基于个人数据分析的批量定制案例

（1）行业痛点。

服饰类商品面临最大的挑战是市场竞争。随着全球工业化的发展成熟，生产力的持续提升造成了产品的极大丰富。传统标准化产品间的竞争日趋激烈，利润持续走低，消费者的个性化需求与体验成为厂商竞争胜出的关键。然而满足消费者个性化的定制又面临高成本的问题。如何实现低成本的定制，成为服饰为代表的快消品制造企业努力的重要方向。

（2）解决方案。

Adidas 于 2015 年年底在德国安斯巴赫（Ansbach）开设了一家高度自动化的制造工厂迅捷工厂（Speed Factory），以满足顾客快速、个性化的定制生产。为实现这一目标，2015 年 10 月，Adidas 与德国工程企业 Manz 签约，共同开发数字化、自动化的生产线，还与包括江森自控（Johnson Controls）、机器人企业 KSL Keilmann、慕尼黑科技大学及亚琛大学等开展项目合作。2016 年 2 月，Adidas 还与 Alexander Taylor 工作室共同合作开发了结合人工智能和 3D 打印的运动鞋编织工艺，完全更新了自动化生产的流程，并于 2016 年 9 月生产出第一双跑鞋。

Adidas 迅捷工厂的智能制造主要运用"3D 打印、机器人手臂和电脑针织"等技术混合，依靠云端数据收集顾客的足型和运动数据，按照顾客的喜好选择配料和设计，并在库卡机器人手臂、电脑针织和人工辅助的共同协作下完成定制。

（3）效果评估。

Adidas 预测，迅捷工厂的模式可以大大提高供应链速度。过去一双鞋从研发到上架大概需要 18 个月，现在一旦鞋子设计完成，有望在不到 1 周即可上架，快速的生产流程有助于更快地对市场的需求做出反应，在成本稳定的情况下实现小规模、个性化定制。

（4）案例启示。

在制造业生产制造环节，人工智能的一个重要作用在于降低成本的同时提高生产的柔性。生产制造系统越柔性，越能快速响应市场需求等关键因素的变化，尤其适合服饰、工艺品等与消费者体征或品味相关性强的行业。

3. 质量控制：基于视觉识别的质量检测案例

（1）行业痛点。

质检是工业制造非常重要的一环，合格产品的高效生产是生产企业追求的重要目标。然而传统依靠人工质检的方式存在各种不足：速度慢、误差多、成本高，尤其对于产量规模大、部件复杂、工艺质量要求高的行业尤其如此。

（2）解决方案。

针对制造业质检环节的问题，IBM 在融合其物联网和人工智能平台（Watson）能力的基础上，推出了智能视觉检测应用方案 Visual Insights，旨在替代或增强质检员的能力，从而提高整个质检环节的效率。

智能视觉检测包括两个主要工具：前台捕捉图像的高清摄像头和后台的 Watson 人工智能算法。首先，合格产品和异常产品的图像被输入 Watson 的中央学习服务器中，通过训练不断识别两者差异从而建立数据模型。其次，摄像头捕捉产品组件在生产和组装过程中的图像，提供给 Watson 进行分析。通过将它们与模型进行比较，实现对部件和整件颜色、质量、位置等的合格性判断。最后 Watson 将潜在的质量问题分类自动发送给人工检查员，由人工检查员进行第二次检查和确认。

（3）效果评估。

经 IBM 的实验和早期客户的应用验证，借助人工智能视觉的质量检测能够为制造企业带来三方面好处：质检时间缩短 80%，产品质量缺陷减少 7% ~ 10%，节约重复性人工成本。

（4）案例启示。

在制造业的质量管控环节，目前由人工智能结合物联网和大数据技术，能够实现对产品质量的自动检测扩展到生产的全流程。尤其适合材料、零配件、精密仪器等质检成本高的行业。

4. 供应管理：基于需求感知的库存动态调整案例

（1）行业痛点。

在制造业的供应链管理环节，需求的有效预测是最困难的部分之一。而在当今动荡不定的复杂商业世界中，需求相关的数据越来越复杂，不准确的需求预测将严重影响整个供应链的流动效率。这样不仅会导致库存管理成本提高，还会影响用户的体验。

（2）解决方案。

针对供应链管理问题，Tools Group 基于机器学习技术，开发了端到端的供应链管理优化方案组件“SO99 +”，以帮助企业客户实现对需求信号的有效监测与深入理解，并依次进行供应链管理，尤其是库存的动态调整，最终实现采购和补货的半自动甚至全自动化。

“SO99 +”的组件主要可归纳为三方面应用：需求、计划和库存。其中需求方面的应用最重要，其准确与否决定了后续计划、库存等应用的效果。因此 Tools Group 在需求方面也进行了大量的研发和创新，形成了通过机器学习改善需求预测的五种方法。

一是基于贸易促销和媒体活动预测，借助产品、市场和社交媒体等多维数据，预测由促销活动等驱动的非线性需求。

二是基于新产品介绍预测，基于历史发布行为等数据抽象产品性能，依次作为参考进行新产品配置和发布，并在发布期间持续学习优化。

三是基于社交聆听预测，建立社交情绪与需求信号的关联，适用于作为促销评价或新需求的早期监测指标；基于极端或复杂的季节性预测，有时候季节性会比较极端或复杂，不适合简单的正态回归预测，而需要通过机器学习按季节时间等进行细分聚类。

四是基于气候数据预测，通过机器学习探索天气变化和需求的相关性，适合发现特定环境下特定产品的最佳需求。

五是基于有效的需求预测，“SO99 +”就能提供有效的多级库存优化、计划生产等其他应用和服务。

（3）效果评估。

Tools Group 基于多年的经验统计，认为人工智能在供应链的应用，能够有效减少 50% 的预测误差，提高 20% 的库存性能，并能有效优化库存分布。目前“SO99 +”已经应用在多个行业客户供应链中，其中不乏阿斯顿马丁、达能等知名企业。

（4）案例启示。

在制造业的供应管理环节，人工智能的重要意义在于掌握和预测需求动态以匹配合适的供给，因此更适合快消、零配件等市场需求变动较大的行业。

5. 运营维护：基于运营数据分析的预测性维护案例

（1）行业痛点。

在制造业的运营维护环节，设备或产品故障，尤其是突发故障导致的损失是最大问题。过去由于缺乏预警手段，大部分故障都只能在事后处理，故障损失很难获得有效缩减。

（2）解决方案。

针对运营维护问题，Microsoft 在物联网和云计算平台基础上，融合机器学习算法能力，为企业客户提供预测性维护服务。通过实现对设备或产品运营状态的实时监测和健康预警，以达到在故障出现前排除风险的目的。

Microsoft 的预测性维护方案实施主要包括六个步骤：①确定预测目标和结果，包括故障预警的时间、概率、原因、风险级别和维护建议等；②明确数据源，包括操作条件、故障详情、修复历史等；③获取及整合数据，通过大数据工具将不同数据进行汇总和规范化；④建模、测试和迭代，通过机器学习工具不断开发和测试，确定不同时机及条件下的最佳模型；⑤现场操作验证，包括监视连接设备、试点规划、现场应用和改进；⑥融入运营，正式应用并通过对维护流程、系统和资源的持续调整，探索更好的维护方案。

（3）效果评估。

目前 Microsoft 的预测性维护搭载在其物联网平台上，已经为多类制造企业客户采纳并取得了良好效果。比如电梯制造服务商 thyssenkrupp，借此减少了 50% 的电梯停运时间、节约了 15% 的维护费用。

（4）案例启示。

在制造业的运营维护环节，人工智能的重要意义在于预防故障的发生，因此对于设备或产品故障成本高的行业意义重大，比如装备、精密仪器等。

（三）面临挑战

当前，无论是在我国政府的战略、政策层面，还是在企业的实践层面，“人工智能 + 制造”都在被加快推进，但在实施过程中仍面临一系列困难和挑战。

1. 理论体系标准难落地

智能制造基础理论和技术体系建设滞后。智能制造的发展侧重技术追踪和技术引进，而目前我国基础研究能力相对不足，对引进技术的消化吸收力度不够，原始创新匮乏。控制系统、系统软件等关键技术环节薄弱，技术体系不够完整。

缺乏人工智能与制造业融合发展的顶层设计与基础布局。工业企业熟悉工业流程，但缺乏大数据、软件、人工智能方面的知识；互联网企业有软件、大数据优势，但不懂工业技术，双方对接困难。同时，鉴于我国大部分企业处在工业 3.0 以下，目前各地实施智能制造的主要方式是集成应用国内外先进技术，推进工厂的智能化改造，建设智能生产线、智能车间、智能工厂，建设工业云平台。这些设备系统具有“临时组装、厂内使用”的特点，企业与企业之间、上下游产业之间软硬件系统互不兼容、各成标准，给下一步建设工业互联网、推进智能制造的深度发展带来障碍，不利于基于互联网的产业生态形成。

2. 关键自主技术有缺口

我国“人工智能 + 制造”的关键元部件主要依赖进口，如工业机器人领域的高性能交流伺服电机和高精密减速器、数控机床领域的功能性部件和 3D 打印机的核心部件激光器，在智能制造诸多基础技术方面仍然停留在仿制层面，创新能力不足，关键技术难以突破，造成国产智能制造企业成本居高不下。

“人工智能 + 制造”领域技术门槛较高，仅仅依靠单个企业探索全新领域显然很困难。工业级产品对数字技术、智能技术、网络技术和新材料技术等方面要求很高，整体研发耗时较长。我国现有智能制造技术大多掌握在部分科研机构手中，而多数研究机构过于独立封闭，技术研发分散，未能形成合力，同一技术重复研究，浪费大量的研发经费和研发时间。而我国多数企业又热衷于大而全，一些具有较好关键部件研发基础的企业纷纷转入整机生产，难以形成研制、生产、制造、销售、集成、服务等有序、细化的产业链。

3. 旧工业管理模式不适用

工业化时代体制机制及管理模式，与“人工智能＋制造”不相适应。第一是传统生产关系与新兴生产关系的不适应。新生事物的蓬勃发展会对既有规则带来冲击。现行制造业政策仍是旧有工业化思路的承袭，可能会在监管尺度、行政审批等方面对“人工智能＋制造”发展产生阻碍。第二是产业加速跨界融合与条块分割的行业管理体制的不适应。“人工智能＋制造”并不只是一个部门的工作，而是政府所有部门高度协同、统筹规划的一篇大文章。目前政府信息化推进部门在整个政府系统仍处于技术与工具层面的从属地位，缺乏跨部门、跨行业、统领全局的能力，这会导致相关部门间信息孤岛的形成。第三是不断增长的基础信息资源共享与业务协同需求和监管方式不适应。制造业产业链上下游各环节的高度协同对企业征信数据库、行业数据库、法人数据库等基础信息资源的建立、开放和共享提出了更高的要求。我国尚未建立起能够应对行业基础信息资源共享的业务协同保障机制和监管方式，严重制约了产业链上下游信息资源的开放共享。

4. 产业资本支持力度不足

近几年，由于世界经济持续低迷、我国经济增速下降、产能过剩问题凸显，制造业整体经济效益下降，导致企业研发与技术改造投入不足。尽管已经有“人工智能＋制造”较为成功的探索，但是许多企业资金困难，人工智能相关人才工资高，一些技术升级和改造项目可能也难以短期见效，因此不能或不愿对“人工智能＋制造”进行软硬件、系统和人力等方面的投入。“人工智能＋制造”涉及技术领域多、开发难度大，对配套支撑产业要求高，与某项单一技术或产品研发创新相比，其投入强度都大大提高，国内的系统集成企业也存在研发投入不足的情况，缺乏与世界智能制造巨头媲美的集成商、服务商。

三、“人工智能＋制造”的影响

人工智能及相关技术的发展已经体现出了巨大的潜力，其对未来制造业发展的影响也日益凸显。从宏观产业角度来看，“人工智能＋制造”将有效提高制造业产能效率，促成产业结构的调整，可能造成国际分工的大幅变化，并全面冲击人类就业市场；从具体的制造业行业分类来看，不同的行业类型所受的影响、融合人工智能的侧重点等存在差异，需要根据行业企业特点把握。

（一）整体产业影响

人工智能在发展初期主要的应用场景是在非制造环节的研发、营销和售后服务环节。但随着技术的不断成熟以及制造业自身转型发展，突破瓶颈的需求越来越紧迫，人工智能将在制造业领域有更多的应用场景，从而对制造业产生巨大影响，并最终成为改造制造业的重要手段。具体地看，人工智能将对制造业的产业结构、生产效率、国际分工格局和就业产生深远影响，如表 2 所示。

表 2　　人工智能对制造业的影响

对制造业产业结构的影响	淘汰部分传统电子信息制造业 改造升级几乎全部的制造业部门 孕育形成具有支柱地位的人工智能产业
对制造业生产效率的影响	延长作业时间 降低人为错误，减少成本 提高资本效率
对制造业国际分工格局的影响	一些行业劳动力成本比较优势减弱，对发展中国家造成冲击 （中国）可以利用人工智能缓解要素成本上涨的压力 人工智能自身发展形成新的全球分工体系
对制造业就业的影响	造成结构性失业的同时，产生新的工作岗位 降低制造业就业总人口

1. 优化产业结构

通常情况下，新技术的出现对产业结构的影响有三个方面：一是淘汰一批行业，二是改造一批行业，三是孕育一批新行业。

作为一项通用技术和使能技术，人工智能会促进几乎所有制造业部门的转型升级。首先某些行业可能消失，新的行业会孕育和发展。其次人工智能本身也将逐渐形成一个规模大、领域广的产业，包括人工智能芯片、智能机器人、人工智能系统和增值服务等，成为未来全球制造业新的支柱产业之一。最后人工智能还将促进三次产业间的融合发展，最终传统的三次产业结构将演变为更加体现数字化、网络化和智能化的现代产业体系。

（1）人工智能将逐步淘汰某些行业。人工智能技术的不断成熟、成本的不断降低，将逐渐替代某些产品的功能，其所属的行业会不断萎缩甚至消失。例如，制造业中一些传统机械装备及与之配套的零部件制造有可能面临市场萎缩的风险。

（2）人工智能将彻底改造某些行业。人工智能与传统制造产品的融合，最初是一些新的功能辅助，但最终会彻底颠覆产品和产业形态。例如，人工智能驱动的无人驾驶，未来将逐步从嵌入到完全取代传统汽车。随着人类司机的解放，汽车的产品服务、道路系统的构成乃至交通的法律法规等都将发生革命性变化。

（3）人工智能及相关行业孕育发展为新的支柱产业。人工智能本身也将形成新的产业链，大到智能机器人，小到智能芯片，都在蓬勃发展。2017 年 7 月由国务院印发的《新一代人工智能发展规划》就提出，到 2030 年，人工智能核心产业规模将超过 1 万亿元，带动相关产业规模超过 10 万亿元。

2. 提高生产效率

国际金融危机后，世界经济持续低迷，很重要的原因是缺乏具有广泛影响的新技术，中国工业更是面临全要素生产率下降甚至负增长的局面。2002—2012 年，中国工业边际资本产出率从 0.61 下降到 0.28；全要素生产率（TFP）对中国工业经济增长的贡献率从年均高达 47.34% 骤降至年均 -4.08%；全要素生产率的增长率由年均 4.60% 下降至年均 -0.05%。[①] 而人工智能技术的发展与扩散有望改变生产率增长乏力的局面。据埃森哲（2017）的报告预测，到 2035 年人工智能可将中国的劳动生产率提高 35%。

① 江飞涛、武鹏、李晓萍：《中国工业经济增长动力机制转换》，《中国工业经济》2014 年第 5 期。

（1）人工智能提高制造业自动化程度，延长工厂运营。

传统的自动化只是把人类从部分繁重与危险的工作中解脱出来，而人工智能的最重要特征是可以执行那些需要敏捷性与适应性的复杂工作，实现全无人自主工作。例如，宝马和特斯拉等公司已经建成并开始运营各自的无人工厂。根据本田公司的测算，一个中等规模汽车制造厂商每分钟的停产成本高达2万美元，在订单保证的情况下，人工智能能够帮助汽车企业大幅降低停产成本。

（2）人工智能促进生产与需求的匹配，提高生产线柔性。

一方面，人工智能能够根据市场供需信息以及对未来一段时间市场的预测，在整个产业链上科学安排生产计划，使得各个环节在满足需求的前提下库存最低，甚至做到“零库存”。另一方面，人工智能促进生产线更加柔性化，提高需求与产品的匹配效率。例如，美国几大电力企业则通过人工智能系统分配各种发电来源的比重，在光伏电站、水电站和风力电站发电充足时减少火电利用小时数，反之则增加，既保持整个电力供应的稳定，同时更有效地利用清洁能源。

（3）人工智能提升质检水平，提高产品良品率。

人工智能在生产线各个环节全面和实时监控生产过程，与传统生产后抽检方式相比，能大幅度提高产品质量管控效果。例如在保利协鑫智能化工厂，车间所有端口的数据标准化上云，随后通过人工智能算法，对所有关联参数进行深度学习计算，精准分析出与良品率最相关的60个关键参数，并搭建参数曲线，在生产过程中实时监测和控制变量，实现切片良品率1个百分点提升，相当于每年可节省上亿元的生产成本。

3. 重构国际分工

人工智能将重塑全球制造业价值链，从而对制造业的国际分工产生影响。一方面，在传统价值链上增加新的环节，这一环节成为价值链新的制高点，发达国家正在努力抢占这一新的制高点以强化其制造业对全球分工的主导；另一方面，人工智能也会改变传统价值链形态，发展中国家的劳动力成本优势继续减弱。换句话说，我们将面临人与机器、人与人的双重竞争。

（1）人工智能将加速削弱传统劳动力比较优势。

历史形成的发达国家与发展中国家劳动力成本的差距，使得发达国家跨国公司将劳动密集型产业离岸外包到劳动力充裕的低成本发展中国家，从而形成目前的国际分工格局。但随着工业机器人在线协作制造成本的下降，以机器换人越来越经济，发达国家与发展中国家的制造业成本差距将大幅缩小。由此造成制造业向发达国家“回流”，对发展中国家造成冲击。

（2）人工智能产业形成新的国际分工格局。

人工智能及相关新技术将逐渐发展成为一个规模巨大的产业，并成为很多国家新兴的支柱产业，自然也会形成一套国际分工体系。美国等在基础理论和技术研发上存在优势的国家，有望成为智能技术和装备输出的重要地区；中国等人口基数大、工业体系完善的发展中大国，则可能成为智能应用本地开发和产品制造的重要地区。

4. 改变就业市场

近几年来，今日头条的写稿机器人、IBM 沃森提供医疗咨询服务、高盛用人工智能取代交易员等新闻频现。人工智能对人类工作岗位的冲击从过去的体力劳动扩大到了脑力劳动。

（1）人工智能造成结构性失业。

人工智能与历史上其他技术一样，虽然会提高整个社会的福利水平，但很难平均惠及每一个人。受人工智能技术发展影响最大的是那些程式化且容易数字化的工作。对制造业而言，不仅体力劳动为主的工人将被进一步替代，而且简单脑力劳动为主的人员（如制图、质检、监测等）也会被大面积替代。这些中低层劳动者再培训就业的难度较大，可能面临永久失业风险，需要产业、政府和社会的有效扶持。

（2）人工智能创造新的工作岗位。

人工智能也会进一步创造和深化新的社会分工。在与制造业的融合上，一方面，作为新兴技术，人工智能还需持续进行理论和软硬件的研发，需要大量的智能制造科学家、智能制造工程师等新岗位人力；另一方面，随着新型智能设备和产品的兴起，制造业整体向服务化发展，也会产生新的商业型、服务型岗位，例如智能制造解决方案专家、智能产品运营经理等。

（3）人与机器赛跑的拐点可能将来临。

在过去的经济发展过程中，机器在替代一些就业岗位的同时，随着分工的细化、经济规模的扩大，总能创造出更多的就业岗位。根据美国信息技术与创新基金会（ITIF）的研究报告，美国从1850年到2015年的劳动力市场发展趋势，任何一个10年期里，技术直接创造的就业机会都不比它所消除的就业机会更多，从1850年开始到现在的大部分时间里，整个美国经济都以强劲的速度创造了大量的就业机会，失业率一直很低。[①] 然而由于人工智能比过去的机器更聪明，能自主学习和执行任务，未来可能迎来与历史不同的情景。《与机器赛跑》作者埃里克·布林约尔松等人就认为，随着以人工智能为代表的新一代技术发展，人与机器的赛跑可能已经进入“棋盘的下一半”，即就业数量绝对减少的拐点可能就要来临。

（二）分类行业影响

制造业包含一系列子行业，不同子行业产业链和生产模式各有特点，优势和短板不同，所受人工智能影响的机制和程度也会有所差异。从制造要素区别的角度，制造业主要可以分为四种类型：劳动密集型、资本密集型、技术引领型和市场变动型。人工智能对其影响差异主要如表3所示。

表3　人工智能对典型制造业的影响

	特征	典型行业	发展瓶颈	人工智能需求
劳动密集型	低劳动力成本为核心竞争力	加工组装（家电、个人电子信息产品）	人工成本不断提高；人工的不稳定性影响品质	减少人工；降低人工造成的品质不稳定
资本密集型	固定成本占比高	材料（冶金、化工）	柔性化程度低，不能满足定制需求	实现低成本的定制化生产
技术引领型	依靠技术进步获得竞争力	高新（生物医药、航空航天）	技术研发的风险、不可控制周期	提高技术研发成功率，缩短研发周期
市场变动型	产品生命周期短	快消品（服装、食品）	难以准确预测市场走向	准确预测和快速响应市场

① 乔若静：《决策者指南：技术进步与就业市场》，《世界科学》2017年第6期。

1. 劳动密集型

劳动密集型制造业，典型如装备、电子等，产业的国际竞争力主要来源于大规模供给的低成本劳动力。随着我国人口红利消失、工资水平上涨，竞争力下滑压力增大。

智能机器人则能替代人类劳力，一方面可以缓解目前用工紧张的局面，同时提高劳动生产率降低工资过快上涨的影响；另一方面还可以显著提高良品率、改善产品质量。例如：美的用工人数的高峰期——2011 年有 5 万名工人，而机器人为 50 台，自动化率仅为 3%；到 2015 年，其工人缩减为 2.8 万人，同时机器人扩展到 562 台，自动化率达到了 16.9%。由此实现交货周期由 20 天缩短为 9 天、一次组装合格率更达到 99.9%，大大提高了生产效率和生产质量。

2. 资本密集型

资本密集型制造业，典型如冶金、化工等，产业国际竞争力主要来源于资本投入额及与之相应的生产规模。由于投入高，需要产品产生规模经济效益才能满足成本要求，因此传统上生产产品大多标准化，而难有个性化。

人工智能则能为这类制造业生产系统注入柔性，为低成本且个性化生产提供可能。尤其能够打通制造企业与客户之间的信息流，通过大数据的采集、分析和预测，帮助制造企业在合理的成本范围内为客户提供定制化的制造。例如：南京钢铁在智能系统的帮助下打造定制化业务平台，重构客户关系模式，通过先期接入客户需求，实现了低成本的小规模、定制化生产和配送。通过这一平台，南京钢铁实现了准时制生产，定制钢材的准时配送率高达 100%。

3. 技术引领型

技术引领型制造业，典型如生物医药、航空航天等，主要竞争力要素是技术创新能力，企业需要持续对技术研发进行高强度投入。但传统技术下研发周期长、风险高，很难适应当今日趋快速和剧烈的市场变化。

对这类行业企业，人工智能最重要的价值在于提高产品研发的效率和质量。例如：在制药行业，新药研发风险大、周期长、成本高，是药企最大的痛点之一。而人工智能可以从海量论文、病例、基因库等数据中快速摄取信息，并通过自主学习建立其中关联，最终有效形成新药研发的思路。人工智能可将新药研发过程中的风险减半，预计到 2025 年全球制药行业每年可节省约 260 亿美元。①

4. 市场变动型

市场变动型制造业，典型如服饰鞋帽、食品饮料等快消品，主要竞争力表现为品牌口碑和产品换新能力。然而随着市场的不断发展，消费者的需求和口味越发细分和多变，企业越来越难以准确响应市场变化从而错失机会。

借助人工智能技术，可动态掌握市场需求，甚至预测市场需求走向，指导生产并为消费者提供精准的产品推荐。例如，2017 年腾讯联合唯品会，从 QQ 空间公开的照片中抽取人像类照片，通过腾讯优图人工智能算法将人体和衣服从背景中分割出来，一方面检测并分类服装颜色搭配，另一方面对照片人脸进行识别判断年龄区间，据此洞察中国年轻人对服装颜色搭配的分类偏好。唯品会设计师基于这一分析设计服装，在纽约时装周上发布并获得好评。

---

① 蛋壳研究院：《2017 医疗大数据和人工智能产业报告》。

阿里研究院

数字经济助力兴农扶贫

2017 年，在阿里巴巴中国零售平台上，国家级贫困县的网络销售额超过 370 亿元，是 2013 年的 4.4 倍。

2017 年，在阿里巴巴中国零售平台上，近 400 个贫困县网络销售额超过 1000 万元，60 余个贫困县网络销售额超过 1 亿元。

2017 年，农村淘宝在全国近 700 个县落地，其中包括 178 个国家级贫困县和 147 个省级贫困县，孵化培育出 160 个区域农业品牌。

2015 年 4 月—2017 年 3 月，在淘宝大学网络课堂上，112 万贫困县学员学习了 559 门课程，他们来自 765 个国家级贫困县。

截至 2017 年 9 月底，在全国的贫困县，蚂蚁金服已为 2553 万“三农”用户提供信用贷款服务，累计放款金额 2504 亿元。

2017 年，通过阿里巴巴中国零售平台达成交易，全国贫困县接收和发送的包裹数量超过 15 亿件。

一、前言

2018 年 2 月 4 日，改革开放以来第 20 个指导“三农”工作的中央“一号文件”正式发布，对实施乡村振兴战略进行了全面部署。同时，文件对农村电子商务发展、基于互联网的创新等，也提出了新的要求。

一直以来，如何更好地弥合城乡之间的数字鸿沟，如何更好地利用互联网的理念、技术、电子商务的基础设施等，让数字经济能够惠及农村和农民，尤其是农村贫困人群，一直是各界关注的热点问题。阿里巴巴作为中国数字经济领域一家有代表性的企业，为此也进行了全方位的探索和实践。

本报告基于对阿里巴巴助力脱贫系列实践的梳理，试图以阿里巴巴为个案，分析数字经济助力脱贫的路径与方式，并分享给全社会。我们相信，我们也期待，这些经验能够在伟大的脱贫实践中发挥一定的作用。

近二十年来，阿里巴巴助力脱贫的历程，经历了一系列的探索与升级：从自发到自觉，从单点到全面，从部分参与到全员参与，从国内到国外，从独力推动到社会化协同，扶贫也要扶志、扶智并举。时至今日，阿里巴巴对于贫困地区扶贫的核心思路更加明确，就是要用商业模式去扶持经济发展，不仅要帮助贫困人群致富脱贫，更要通过赋能，使他们具备内生发展的能力。

阿里巴巴助力脱贫的实践，分为以下五个方面：①支持贫困地区销售产品，促进乡村产业兴旺；②创新农村金融服务，助力解决农村信贷基础设施与信用体系瓶颈；③支持乡村教育，让扶贫、扶志、扶智相结合；④探索国际交流与合作；⑤更多领域的探索。

阿里巴巴在助力脱贫领域的诸多探索，涵盖了电商、金融、旅游、教育、健康、公益等多个领域，初步形成了从帮扶到发展、从就业到创业的生态闭环，走出了一条充分利用数字技术、积极探索模式创新的助力脱贫之路。而今，阿里巴巴已经成为一家把脱贫作为战略业务的互联网公司。我们要做的不是少数几个“盆景”，而是要协同各界，扎扎实实建设可持续发展的“风景”。

阿里巴巴助力脱贫的经验，可以概括为四个方面：①以普惠化的技术和服务，让最大多数人受益；②以创新的方式助力解决多年的难题；③以多方协同实现社会合力；④以“公益心态、商业手法”实现可持续发展。正是基于这些经验，阿里巴巴助力脱贫，为贫困地区带去了多方面的价值，如帮助贫困地区连接城市资源，改善生活品质；帮助贫困地区获得参与市场的机会，脱贫致富；帮助贫困地区提升服务和基础设施，增强自我发展能力。

展望未来，我们认为，数字经济助力脱贫大有可为。数字经济对于农业供给侧结构性改革、新型职业农民队伍建设、提高脱贫质量等，可以发挥更大作用。

二、助力脱贫的三大理念

（一）助力脱贫的探索之路

自 1999 年诞生之日起，阿里巴巴就开始探索发挥互联网的普惠精神，依托普惠的商业平台、金融平台、智慧物流、创新技术等，助力农村及贫困地区的发展。

阿里巴巴帮助农村贫困地区发展的实践，最早始于 2008 年“5·12 汶川地震”后对四川省青川县的震后援建。2009 年 12 月 18 日，阿里巴巴与青川县政府签署“七年合作”备忘录，共同推进青川电子商务发展。

经过一系列类似支持青川等的自发行为，阿里巴巴助力脱贫逐步从自发升级为自觉的行动。自 2010 年开始，阿里巴巴决定，将集团年收入的千分之三作为公益基金，用于对公益组织和公益项目的支持。阿里巴巴所有员工也都把包括扶贫在内的公益实践日常化、生活化。2015 年 9 月 10 日，阿里巴巴集团董事局主席马云向全体员工发出“每人每年公益 3 小时”的倡议。2017 年，阿里巴巴员工志愿者服务达 9.6 万人次，共计 14.1 万小时。

阿里巴巴的扶贫努力得到了国际机构的高度认可。2016 年 10 月，世界银行集团与阿里巴巴集团正式签署协议，双方将以淘宝村、农村淘宝为重点，围绕中国农村电商发展与电商减贫开展联合研究。

2017 年 12 月，“阿里巴巴脱贫基金”启动，阿里巴巴将脱贫作为战略性业务，全员参与助力脱贫和乡村振兴。在接下来的 5 年里，阿里巴巴将持续投入 100 亿元，致力于贫困地区的脱贫工作，特别是从电商、教育、女性、健康、生态五个方面，努力探索适合中国国情、具有中国特色的“互联网 + 脱贫”新模式。

（二）阿里巴巴的脱贫理念

阿里巴巴对于贫困地区扶贫的核心思路，是用商业模式扶持经济发展，不仅要帮助贫困人群致富脱贫，更要通过赋能，使他们具备内生发展的能力。进一步，还可以细分为以下几个方面。

1. 核心信念：不只是责任，更是热爱

实施乡村振兴战略，是解决人民日益增长的美好生活需要和不平衡、不充分的发展之间矛盾的必然要求，是实现全体人民共同富裕的必然要求。乡村振兴，摆脱贫困是前提。2018 年中央一号文件《中共中央 国务院关于实施乡村振兴战略的意见》指出，实施乡村振兴战略的目标任务的第一步，就是“到 2020 年，乡村振兴取得重要进展，……现行标准下农村贫困人口实现脱贫，贫困县全部摘帽，解决区域性整体贫困”。

阿里巴巴深深感恩于我国的改革开放和经济社会发展的伟大实践，助力脱贫，阿里巴巴责无旁贷。2017 年 12 月，马云在阿里巴巴脱贫基金的启动会议上提出，“阿里合伙人要站好最后一班岗，离开这家公司之前，要有一个战略性的产品出现，那就是全面进入公益领域。我们一直在参与脱贫，但今天要把这个承诺放到战略目标里。我们不是因为责任才做，是因为热爱”。

在新时代里，我国的乡村是一个可以大有作为的广阔天地，拥有着难得的发展机遇。为协力推动这一伟大的事业，马云呼吁所有人都加入其中：“贫困地区可能不会因为你捐了 5 块钱、10 块钱发生变化，但你会因此发生变化。你变化了，这个社会才变化，参与脱贫的福报是你自己。”确实，助力脱贫，既是阿里巴巴的家国情怀和责任担当，更是一种巨大的荣幸和福报。

2. 方式：公益的心态，商业的手法

早在《阿里巴巴集团 2008 年度社会责任报告》中，阿里巴巴就对公益与商业的关系进行了系统表达。企业的社会责任应内生于商业模式，并与企业发展战略融为一体。只有使社会责任成为企业内在的核心基因，才能具备恒久性和可持续性。脱离商业模式、发展战略与核心价值体系等企业立身之本去架构社会责任，将很难获得持续推进的内在动力，很难行之久远。因此，阿里巴巴助力脱贫等的公益行为，也内生和根植于阿里巴巴的商业模式和业务模式。正因如此，社会责任才能有越来越广阔的空间和持续发展的可能性。

正如马云所认为的，“扶贫、脱贫、致富其实是三个不同阶段，扶贫是给人送鱼，脱贫是教人捕鱼，致富则是建造鱼塘”。大量淘宝村的涌现，正是平台赋能农民创业创富的典型体现。2009 年，全国只有 3 个淘宝村，到 2017 年

已经有 2118 个。展望未来，2020 年中国淘宝村有望超过 5500 个，网店超过 100 万个，带动 300 多万个就业机会。

3. 人与自然：既要绿水青山，也要金山银山

2018 年中央一号文件指出，“乡村振兴，生态宜居是关键。良好生态环境是农村最大优势和宝贵财富。必须尊重自然、顺应自然、保护自然，推动乡村自然资本加快增值，实现百姓富、生态美的统一”。

阿里巴巴也深刻地体认到，脱贫攻坚必须与环境保护相结合，过去一些贫穷山区“靠山吃山、靠水吃水”，靠牺牲环境去发展的方式难以持续。阿里巴巴将把普惠的技术和资源引入贫困地区，并帮助当地把绿色、优质的农产品卖出去。2016 年，阿里巴巴零售平台“绿色消费者”人数已超过 8000 万人，在平台活跃用户数中占比超过 18%。相比传统商务，2016 年网络零售因节省能耗与物耗而减少排放约 3800 万吨二氧化碳，约相当于 709 万亩森林、近 2 个太湖水域产生的绿色效应。阿里巴巴将进一步探索，让更多农村贫困地区和贫困人口，能够更有效地对接到这一欣欣向荣的绿色消费的大市场。

三、行动：全方位探索与实践

2018 年中央一号文件对实施乡村振兴战略做出了全面部署。阿里巴巴从自身特色和能力做起，积极响应号召，全方位地开展了一系列的探索和实践。

（一）支持贫困地区销售产品，促进乡村产业兴旺

2018 年中央一号文件指出，“乡村振兴，产业兴旺是重点”。多年来，阿里巴巴在此方向上积极探索兴农之路。

1. “直供直销新链路”助力农产品销售

2014 年 10 月，阿里巴巴发布农村战略，推出农村淘宝，提出了“服务农民，创新农业，让农村变美好”的目标。通过“平台＋政府”的合作模式，农村淘宝探索建设县村两级电商服务体系，打通“农产品上行”和“消费品下行”双向通道。其中，农村淘宝探索“直供直销新链路”模式，将帮助贫

困地区销售农产品作为工作的重中之重。同时，农村淘宝积极响应商务部号召，于2017年8月开通了“兴农扶贫”频道。到2018年1月，农村淘宝累计对接全国13个省、120个国家级贫困县，销售额超过8000万元，位居全国各电商平台前列。

截至2017年，农村淘宝在全国近700个县落地，其中包括178个国家级贫困县和147个省级贫困县，孵化培育出了160个区域农业品牌，上线了300多个兴农扶贫产品。

阿克苏苹果享有“苹果之王”的美誉，阿克苏昼夜温差大、光照充足、土壤肥沃，苹果含糖量高。但是因交通不便，阿克苏苹果运输成本高昂。再加上产品标准和品质不统一，供应链标准落后等，阿克苏苹果一直没有成规模地走出新疆。

农村淘宝和阿克苏政府合作，在当地共建产业基地，通过自动分选线，确保每颗苹果的甜度统一，单果重量统一。通过产业基地的分选，不仅保证上市果品的着色度，甚至还能把糖心率更高的苹果挑选出来。

在物流和仓储上，改变了以往“分批、不固定、零散发货”的模式。阿里巴巴跟阿克苏企业合作，同时在政府支持下，在上海、广州、成都等城市建立仓库。根据阿里平台大数据，让苹果批量运出新疆，到仓后通过菜鸟合作伙伴快速送到消费者手中，减少物流时间和苹果破损。

截至2017年，农村淘宝累计销售阿克苏苹果超过137吨，该项目覆盖阿克苏市200户贫困户，预估苹果园每亩产量2.5吨，根据每户收购价高于市场价0.3元，平均帮助每户每亩地增收750元。

2. 广泛支持贫困县电商创业和产品销售

除农村淘宝外，阿里巴巴中国零售平台（淘宝、天猫、聚划算）也支持着贫困县的创业者，将特色产品销往全国各地甚至海外，比如贵州湄潭的茶叶、云南文山的三七、新疆和田的玉器、河南光山的羽绒服、吉林靖宇的人参等。

2017年，在阿里巴巴中国零售平台上，国家级贫困县的网络销售额超过370亿元，是2013年的4.4倍。在部分贫困县，电子商务初步显现出规模效应。2017年，在阿里巴巴中国零售平台上，近400个贫困县网络销售额超过

1000万元，超过60个贫困县网络销售额超过1亿元。贫困县通过阿里巴巴平台规模化地销售特色产品，为实现产业兴旺奠定了一定基础。

2017年3月，兰考成为河南省首个退出国家级贫困县的县。近年，电子商务是兰考的亮点之一。从2013年到2016年，兰考在阿里巴巴中国零售平台上网络销售额从约3000万元快速增长到1.4亿元。兰考县是全国有名的“泡桐之乡”，盛产古筝、古琴等民族乐器，这成为兰考电商销售的支柱产品。2016年，在阿里巴巴中国零售平台上，兰考古筝、古琴销售额超过1.1亿元，在全县网络销售额占比超过80%。

（二）创新农村金融服务

1. 助力解决农村信贷基础设施与信用体系瓶颈

多年来，农户融资难主要受制于两个基本条件，一是农村金融基础设施发展不足，二是农村信用基础薄弱。蚂蚁金服网商银行从数字技术的角度，推动解决农村金融信贷受制于实体基础设施的瓶颈，只需要一部手机、一台电脑，即可获得信贷服务。此外，蚂蚁金服基于用户行为大数据，建立了涉农贷款风控体系，使农村用户不再受限于财务报表与担保。2017年，蚂蚁金服农村金融业务已为全国816个国家级贫困县及特殊连片贫困区提供服务。截至2017年9月底，在全国的贫困县内（包含国家级及省级），蚂蚁金服已为2553万“三农”用户提供信用贷款服务，累计放款金额2504亿元。

2. 针对因病返贫，助力农村保障体系

在农村贫困人群中，因病返贫的现象十分突出，2015年年底，全国建档立卡贫困户中，因病致贫占到44.1%，成为贫困户“摘帽难”最大的障碍之一。此外，一个家庭如果主要劳动力“倒下”，家庭就会很快陷入困境。2017年7月，“顶梁柱健康扶贫公益保险项目”启动，该项目由中国扶贫基金会、阿里巴巴、蚂蚁金服三方共同发起，以“互联网+精准扶贫”的模式为农村家庭中的“顶梁柱”提供保障，助力解决因病致贫、返贫的难题，为国家级贫困县20岁至60岁的建档立卡户免费投保，预期到2020年，累计覆盖贫困

人口1000万。自2017年7月上线至2018年5月，在不到一年时间里，共有109万人从中受益，缓解了几十万个家庭因病致贫、返贫的问题。

另外，针对农村物流业态，菜鸟网络正式启动了一项“一路无忧”计划，这是首个面向菜鸟乡村物流从业人员的公益型、普惠型保险产品。“一路无忧”将帮助物流从业人员提升对工伤、疾病、意外事故的抵御能力，从而降低因病、因伤致贫返贫的风险，保障脱贫成果。

（三）支持乡村教育，让扶贫、扶志、扶智相结合

2018年中央一号文件指出，要“激发贫困人口内生动力。把扶贫同扶志、扶智结合起来”。近年来，阿里巴巴在此方向上也进行了探索和努力。

1. 支持乡村教师、乡村校长发展

乡村教育是中国教育的重要组成部分。为树立乡村教师阳光活力的榜样典范，弘扬乡村教师无私奉献的高尚师德，2015年9月16日，马云公益基金会发起“马云乡村教师计划”公益项目，每年一届寻找100位优秀乡村教师，给予每人总计10万元持续三年的现金资助与专业发展机会。同时，通过协调对接社会资源等方法，鼓励和支持教师进行乡村教育创新实践。截至2017年12月，“马云乡村教师计划”的范围已从最初的西部六省区，扩展至除港、澳、台以外的全国31个省、市、自治区，累计评选出300位优秀乡村教师，影响到了7672位乡村教师和120597名学生。

2016年7月4日，马云公益基金会正式对外发布首届“马云乡村校长计划”。马云公益基金会每年在全国范围内评选出20位优秀的“乡村教育家”代表，为他们每人提供总计50万元的支持。截至2017年12月，这一计划覆盖全国18个省、市、区的39个县，通过评选影响了40位乡村校长、1530位乡村教师和2.13万名乡村学生。

2. 支持电商人才成长与培养

扶贫必扶智，淘宝大学借助电子商务培训领域的优势课程与讲师资源，开展了一系列针对贫困地区政府领导干部的培训工作，为贫困地区量身定制符合当地政府领导干部需要的课程体系，包括县长电商研修班（扶贫定制

班）、县域电商干部培训班（扶贫定制班）等，帮助政府领导干部掌握县域电商的前沿思想与解决方案，共同促进当地的电子商务发展。

2014 年 12 月—2018 年 1 月，淘宝大学县长电商研修班总计 70 期，覆盖 28 个省、820 个县，学员 2800 余名，副县长以上 1173 人，占比 52%。其中包括了 170 个贫困县领导干部。2016 年 4 月以来，淘宝大学县域干部培训班总计 31 期，覆盖 19 个县、17 个地级市，走进 19 个县做落地开班，共计培训人数 13367 人。这些培训，很多都是针对贫困县的县级以及县域领导干部开展。

淘宝大学还探索了创新的培训方式。2015 年 4 月—2017 年 3 月，在淘宝大学网络课堂上，112 万贫困县学员学习了 559 门课程，他们来自 765 个国家级贫困县。这意味着网络课程覆盖约 92% 的国家级贫困县。其中一门《如何创建一家网店》的单门课程学员数超过 25 万人。此外，截至 2017 年 12 月 31 日，淘宝大学在全国建立 11 个培训基地，共开展 133 期培训，覆盖 13817 人。

农村淘宝在探索推进过程中，也开展了一系列培训工作。截至 2017 年，通过近 700 场县级启动会培训各县干部群众 20 万人；通过“百万英才”培训班，覆盖 25 个省的 31 个县，总计开设 45 期，线下培训电商人才近 40000 人。

（四）更多领域的扶贫实践与探索

1. 与医疗机构合作助力健康乡村

阿里健康与爱尔眼科合作，探索对农村进行医疗扶助，为贫困地区居民提供眼部健康咨询和治疗服务。2017 年，依托阿里健康与农村淘宝合作建设的健康生态服务中心，阿里健康与农村淘宝、爱尔眼科三方共同发起的“关爱村民眼健康”公益活动在湖南省江华县大石桥乡井头湾村举行，对上百名村民进行了眼科医生的测视力、裂隙灯检查、现场筛查白内障等专业眼科项目检查。此后陆续在江华县 8 个村举行，共筛查 610 人，其中筛查出白内障患者 50 人，胬肉患者 35 人，共计 85 人，他们均接受了爱尔眼科提供的免费手术治疗。这些患者在手术治疗后，恢复了劳动能力，也改善了家庭生活水平。

2. 政企合作推动旅游扶贫

阿里旗下综合旅游平台飞猪探索与地方政府合作，以旅游带动脱贫。2018 年 1 月，飞猪与国家级贫困县平江县签署旅游扶贫战略合作协议，双方商定，充分挖掘平江县在旅游资源、产业、政策等方面的优势，发挥飞猪在在线旅游领域的立体化产业发展优势，围绕“绿水青山就是金山银山”这一宗旨，推动平江县旅游资源、旅游产业全面提升吸引力和竞争力，实现旅游脱贫和可持续发展能力的提升。阿里负责在旅游产业思维引入、旅游产品开发设计、商家扶植等方面开展工作，并进行资源倾斜，飞猪管理层和平江政府也建立了双方开展旅游脱贫的正式合作机制，成立专门工作组，共同推进平江县旅游脱贫工作。

3. 提升扶贫工作协同效率

阿里通过钉钉软件，与政府合作提升扶贫工作效率。比如在海南省委组织部牵头下，覆盖全省 5000 个村点，第一书记实现信息互通、即时签到、夜校讨论日志、数据报表等。通过合作，利用互联网和大数据实现扶贫夜校知识下乡，同时，首创了“夜校节目 + 钉钉 + 热线”监督管理模式，利用钉钉签到管理系统，及时掌握对全省 2783 个教学点的 5600 多名站点管理员组织群众收看节目的情况，确保培训落地有声。使用“钉钉管理群”让帮扶干部、贫困群众参学率达到 95%。

（五）探索国际交流与合作

1. 与世界银行合作研究电商减贫

2016 年 10 月，世界银行集团与阿里巴巴集团正式签署协议，双方将以淘宝村、农村淘宝为重点，围绕中国农村电商发展与电商减贫开展联合研究。2017 年 4 月，阿里巴巴与世界银行联合研究团队在美国华盛顿发布了阶段性的研究成果。近百人参加会议，包括来自世界银行、华盛顿大学、宾夕法尼亚州立大学、华盛顿商会等的经济学家、政策研究专家等。

世界银行主管东亚与太平洋地区的副行长 Victoria Kwakwa 称，“世界银行的主要目标是消除极度贫困，很多极度贫困在农村地区。阿里巴巴在用创新的方式解决贫困问题，农村淘宝项目非常重要”。世界银行全球贫困与公平局首席经济学家 Carlos Silva - Jauregui 认为，“世界银行与阿里巴巴的联合研究成果非常重要，证明了电子商务对改善农村人口生活的重要性”。

2. 与世界粮食计划署合作保证农产品品质

2018 年中央一号文件强调积极参与全球粮食安全治理和农业贸易规则制定，将粮食安全问题上升到了全球化的高度。阿里巴巴以农产品溯源为切入点，在农产品安全与扶贫国际交流领域开启了探索。

2017 年 10 月，联合国世界粮食计划署中国办公室、阿里巴巴集团农村淘宝与安徽省金寨县签署合作协议，三方将发挥各自的资源、技术优势，通过品牌重塑和全链路升级，推进国家地标产品“金寨猕猴桃”网上销售、互联网品牌传播，进一步增加农民收入，实现电商精准扶贫。

农村淘宝通过对“农品生产者”的溯源，从源头规范金寨猕猴桃种植、采收标准，推进对高品质金寨猕猴桃的“保鲜直供”。并在政府指导下，设计金寨猕猴桃的品质标准，规范在线流通通路，打造“统一入仓、集中质检、统一仓配服务”的供应链服务体系。这是首次由地方政府、国际组织、互联网企业三方共同合作的农村电商扶贫合作，也是首次以扶贫为目的，多方合作的创新实践。

四、数字经济助力脱贫的特征与价值

阿里巴巴在助力脱贫领域的诸多探索，涵盖了电商、金融、旅游、教育、健康、公益等多个领域，初步形成了从帮扶到发展、从就业到创业的生态闭环，走出了一条充分利用数字技术、积极探索模式创新的助力脱贫之路。而今，阿里巴巴已经成为一家把脱贫作为战略业务的互联网公司。我们要做的不是少数几个“盆景”，而是要协同各界，扎扎实实建设可持续发展的“风景”。

（一）阿里巴巴助力脱贫的四个特征

1. 以普惠的技术和服务，让最大多数人受益

阿里巴巴借助数字技术，跨越区域覆盖所有贫困地区，让贫困地区在连接新市场、新技术、新服务、新知识等方面，获得更加均等的机会，突破本地市场、人才、服务体系的限制，探寻新的发展模式。

以电子商务交易服务为例，2017 年，淘宝、天猫等电商交易平台向 5 亿消费者展示来自贫困地区的优质产品，支持贫困县展示和销售的商品超过 1 亿件。普惠化的交易服务支持贫困县可以低成本、大范围开展网络交易。

2. 以创新的方式助力解决多年的难题

阿里巴巴通过技术创新和数据驱动，向贫困地区提供创新的服务，努力探索适合贫困地区实情的脱贫路径。以金融服务为例，蚂蚁金服旗下的网商银行基于大数据和云计算，向贫困县用户提供多样的金融服务。这些来自贫困县的创业者和小微企业仅通过信用，不需要抵押就可以获得贷款，正是因为有创新技术和金融服务的强力支撑。

3. 以多方协同实现社会合力

阿里巴巴通过开放合作，与网商、服务商、高校、公益组织等，共同助力脱贫。以物流服务为例，2017 年，与阿里巴巴、菜鸟网络合作的各大物流服务商开通超过 20 万条快递路线连通贫困县与全国城市。社会化、网络化的物流服务让贫困县实现“快递县县通”。又如，2017 年，阿里巴巴公益平台推动了全社会近 47 亿人次参与，其中，累计有超过 3.1 亿买家、177.8 万卖家通过阿里巴巴平台投身公益，其中包括助力脱贫。

4. 以“公益心态、商业手法”实现可持续发展

阿里巴巴助力脱贫的实践与自身的业务和商业模式紧密融合，因而天然具有可持续发展的基因。在展望下一步脱贫工作时，阿里云总裁胡晓明提出，将利用云计算技术赋能扶贫机构，让每一分钱都可以被追溯。菜鸟网络董事

长童文红也提出，菜鸟要为扶贫打通“最后一公里”基础设施，创造更多就业机会。

（二）为贫困地区带去三大价值

1. 帮助贫困地区连接城市资源，改善生活品质

通过互联网，阿里巴巴帮助贫困地区共享到大城市在医疗、教育、金融等方面的丰富资源和服务，改善生活品质，缩小地区差距。比如，通过远程医疗服务，村民们不用奔波数百里到城市排队挂号，而是通过阿里健康网络医院获得优质医生的远程健康咨询服务，形成在线“零距离”对接。再如，通过村淘“超级课堂”在线教育平台，数百个贫困村的孩子们可以获得多样的教育资源，包括英语、美术、体育、音乐、科学等。

2. 帮助贫困地区获得参与市场的机会，脱贫致富

通过互联网，阿里巴巴帮助贫困地区获得低成本开拓市场的机会，将本地产品销往全国甚至海外。贫困人群由此可以方便地参与经济活动、通过自身努力脱贫致富。比如，在山东省级贫困县曹县，村民们跟随电商带头人，纷纷在淘宝、天猫平台开通网店销售演出服。2017 年，曹县全县共有约 45000 个网店，电商从业人员约 147000 人，带动约 20000 名贫困群众脱贫。

3. 帮助贫困地区提升服务和基础设施，增强自我发展能力

通过互联网，阿里巴巴帮助贫困地区连接到新的服务体系和基础设施，包括交易、物流、支付、金融、云计算、大数据等，增强自我发展能力。比如，2017 年，通过阿里巴巴中国零售平台达成交易，全国贫困县接收和发送的包裹数量超过 15 亿件。其中，480 多个国家级贫困县的电商包裹数超过 100 万件，2013 年仅 44 个。

在部分贫困县的县城到村庄之间，物流服务仍然面临困难，比如配送时间长、物流成本高等。从 2014 年开始，菜鸟网络与各地伙伴广泛合作，通过“两段物流”模式，逐步探索有效的解决方案——将包裹运送过程分为两段：

在第一段，从仓库运到县级物流中心，使用现有的物流网络，其中县级物流中心由菜鸟网络与地方政府合作建立；第二段物流，从县级物流中心到村庄，由本地物流服务商运送。在合作初期，由于物流成本偏高，菜鸟网络对本地物流合作伙伴给予一定的补贴。

2016 年 9 月，西藏定日县扎西宗乡开通名为“菜鸟驿站”的快递服务站，海拔 4119 米，是世界上海拔最高的快递服务站。以前在这个贫困县，包裹只送到定日县县城，村民需自己或托人取包裹，在“菜鸟驿站”开通后，村民取包裹的时间和成本明显减少。

2017 年，菜鸟网络已覆盖超过 40000 个村，并且，在降低农村物流成本方面有初步成效：在集单模式下，第一段物流成本下降约 25%，第二段物流下降约 20%。

五、未来展望

“三农”问题一直是党中央、国务院的重中之重，自 1982 年以来，有 20 个中央一号文件都是针对“三农”工作做出具体部署。2018 年中央一号文件明确了乡村振兴战略，并明确提出我国在乡村发展不平衡不充分方面存在的几个关键问题。

通过前面梳理阿里巴巴在电商、教育、金融、科技、健康等领域的实践，我们看到，未来数字经济助力乡村振兴呈现出以下几个发展趋势。

（一）数字经济助力农业供给侧结构性改革

在农业供给侧结构性改革方面，围绕着农产品阶段性供过于求和供给不足并存以及农业供给质量亟待提高的问题，以电子商务为代表的数字经济为解决这个问题提供一种新的思路和途径。

大量来自农村地区尤其是贫困地区的好产品，通过电商平台销往全国甚至全球各地。同时，来自全国的需求数据通过电商平台，促进农产品生产、加工、销售、包装有的放矢，提供有效、高质量的供给，促进农业生产的规模化、标准化和农产品的优质化，推动农村第一、第二、第三产业的融合发展。数字经济在农产品的完整链条中发挥重要作用，带动相关产业发展、电商人才成长等，这是乡村经济通过互联网实现可持续、跨越式发展的关键。

（二）数字技术助力新型职业农民队伍建设

关于新型职业农民队伍建设方面，可以利用先进的数字技术与互联网平台改善和加强乡村教育，同时加大力度推广成为新农民的实践。比如，在阿里平台上就涌现出众多利用互联网平台发展壮大的新农民，他们不仅自己成功创业，还吸引更多村民返乡创业，带动全村全乡致富，这种带动效果的实践的推广，将会作为榜样呈现出无穷的力量。

（三）利用数字技术提高脱贫质量

乡村振兴，摆脱贫困是前提，利用数字技术和互联网平台，在帮助实现精准扶贫、精准脱贫、提高脱贫质量方面大有可为。

一方面，通过互联网平台降低就业创业的门槛，为贫困地区的农民解决实际问题，也可以让偏远贫困地区的用户享受到和大城市一样的普惠服务，包括电商、金融、教育等。另一方面，扶贫工作人员使用创新软件，高效地开展扶贫工作，比如实时沟通扶贫工作、快速响应扶贫需求、低成本共享扶贫信息等。

展望未来，我们相信，在党和政府的领导下，“2020 年消灭绝对贫困”的目标一定可以实现。这既是中国历史上前无古人的伟大事业，也是人类历史上从未有过的创举。在此过程中，阿里巴巴将以“责任、感恩”的家国情怀与责任担当，基于自身积累的数字技术、平台优势、人才和资金等，全方位地投身这一伟大事业，贡献出自己的力量！

后　记

人类正在迈入一个潜力巨大的时代——信息社会的新时代。“在这个新兴社会中，信息和知识可以通过世界上所有的网络存在、交流、共享和传播。”中国《2006—2020年国家信息化发展战略》也提出了“为迈向信息社会奠定坚实基础”的战略目标。今天，我们相聚在这里，共同表达对这个时代的认知与期待。

我们看到，一个新的时代已经来临。正如农业革命诞生了农业社会、工业革命缔造了工业社会一样，信息革命正在推动人类进入信息社会。在信息社会建设的过程中，经济与社会发展的模式发生了重大变化，信息技术的广泛普及与深化应用不仅让城市生活更美好，也大大改变了农村居民的生存与发展环境，使人民生活品质得到全面提升。

我们看到，信息社会不是工业社会的简单延伸。以通信、计算机、互联网等为代表的现代信息技术飞速发展、广泛渗透，不仅改变了人类社会原有的生产力结构，还深刻改变着人们的生产生活方式；知识型经济、网络化社会、服务型政府、数字化生活是信息社会的基本特征；以人为本、开放包容、全面协调与可持续发展是信息社会的基本要求。

我们看到，世界各国都在努力为信息社会做准备。发达国家希望保持领先优势，新兴经济体力争寻求新的突破，发展中国家致力于发挥后发优势实现跨越式发展，世界各国纷纷制定了一系列信息化发展战略，都希望在信息革命中成为最大受益者。

我们认为，信息社会是人类需求变化与信息革命发展相耦合的必然结果。工业社会后期，在生产极度扩张的同时，出现了环境破坏、生态恶化、资源紧张、贫富分化等一系列问题，迫使人类转而寻求新的发展方式，信息革命适应了这种需求，成为引领变革的世界性潮流。

我们认为，信息社会建设对所有国家来讲都既是机遇又是挑战。信息革命为打造新产业、培育新业态、重塑动力机制、转变发展方式提供了难得的历史机遇，尤其对于经济发展相对落后的国家和地区而言，如能抓住机遇，应对得当，完全有可能发挥后发优势实现跨越式发展。但世界各国都会面临全球性生产力布局调整、信息安全隐患凸显、数字鸿沟扩大等方面的挑战，丧失发展机遇将成为其中最大的风险。

我们认为，从工业社会到信息社会必然经历“转型期阵痛”。在转型过程中，三类基本矛盾不可回避：一是经济增长内在冲动与资源环境支撑能力不足之间的矛盾；二是经济快速增长与社会发展滞后之间的矛盾；三是传统生产关系不适应信息生产力发展的矛盾。工业社会的经济基础、体制机制、手段方法、思维惯性与信息社会发展要求不相适应。

我们认为，信息化是化解各类现实矛盾、推动社会转型的关键。必须充分发挥信息化在助力经济增长、转变发展方式、解决现实问题、促进社会和谐、创新竞争优势方面的作用，在信息基础设施建设、信息产业发展、信息技术深化应用、信息资源开发利用、信息人才培养、信息化环境完善和社会转型等方面不断取得新的突破。

我们希望，人人成为信息社会建设的实践者、受益者。

我们希望，诚信、负责、合作、共赢成为信息社会企业生存与发展的基本守则。

我们希望，科学决策、公开透明、高效治理、广泛参与的服务型政府在信息社会建设中发挥更好的作用。

我们希望，一个“以人为本、开放包容、全面协调与可持续发展”的信息社会的来临，能够促进智慧中国的崛起，为人类创造更美好的未来。

我们希望，我们的后代将因我们现在的选择而受益，为我们现在的行动而自豪。

历年书籍概览

1.《重新定义一切——如何看待信息革命的影响》

信息社会 50 人论坛编著，中国财富出版社 2017 年 12 月出版。

本书从信息社会与理念创新、分享经济与模式创新、科技进步与实践创新、互联网治理与制度创新 4 个维度研判了信息革命对经济社会发展理念、模式、技术与制度创新的深远影响。

信息社会发展重要的是理念创新先行，新的时代需要新的发展理念、新的理论体系。本书收录了杨培芳、梁春晓、段永朝、邱泽奇、胡泳、陈德人、张国华等论坛成员的文章，介绍了信息革命带来的"观念市场""意义互联网"等新理念，提出了信息生产力时代需要协同市场的新经济理论，研判了信息技术创新应用将重塑经济体系、知识体系与治理体系。

信息社会发展活跃的是模式创新催化，其中如火如荼的中国分享经济是典型的案例。本书收录了张新红、姜奇平、卢希鹏、高红冰、陈禹、马旗戟等论坛成员的文章，论证了共享经济是法国大革命以来伟大的产权革命，解释了"中国分享经济为什么这么火"，同时也分析了新旧经济比较、财富创造的源泉等。

信息社会发展核心的是技术创新引领，其中互联网、人工智能等表现尤为突出。本书收录了安筱鹏、王俊秀、余晓晖、何霞、方美琪、杨冰云、胡延平等论坛成员的文章，介绍了工业互联网、智能制造、新型智慧城市、天空互联网等的发展实践。

信息社会发展紧迫的是制度创新突破，其中互联网治理是制度创新集中的领域。本书收录了鲁春丛、汪向东、师曾志、朱巍、薛兆丰、阿拉木斯等论坛成员的文章，分析了网络赋权、电商立法、商业制度等重点问题。

本书还收录了国家信息中心团队完成的全球和中国信息社会发展报告，报告显示，2017 年全球信息社会指数为 0. 5748，57 个国家先行进入信息社会；中国信息社会指数为 0. 4749，全国共有 38 个地级以上城市已经进入信息社会。

2.《拥抱未来——新经济的成长与烦恼》

信息社会 50 人论坛编著，中国财富出版社 2017 年 1 月出版。

自 2016 年 3 月，“新经济”首次被写入《政府工作报告》之后，新经济焕发出勃勃生机，也越来越释放经济发展的新动能，越来越朝着经济主旋律的道路前行。因此，一定意义上说新经济代表着未来经济，而《拥抱未来——新经济的成长与烦恼》一书选择的主题正是新经济。

但迅速成长的同时诸多烦恼也接踵而来。面对新经济，大众从理论到实践也都还处在混沌之中。“信息社会 50 人论坛”的老师们对此开始了深入思考，从理论认识、经济测量、平台治理、互联网发展等多个维度进行阐述，试图为新经济很好地成长指明方向。

《拥抱未来——新经济的成长与烦恼》与此前出版的《未来已来——“互联网 +”的重构与创新》《读懂未来——信息社会北大讲堂》一同构成了“信息社会 50 人论坛”奉献给读者的“未来三部曲”，希望能成为通向未来之路上的一盏指路灯。

3.《未来已来——“互联网＋”的重构与创新》

信息社会50人论坛编著，上海远东出版社2016年1月出版。

当“互联网＋”这个热词以一种崭新的高度，摧枯拉朽般地进入社会各个层面，我们的生活将会面临何种变革？中国信息社会的发展将会遇见何种契机？来自政府、企业以及学界等信息社会研究前沿的专家们对此又有何高见？

《未来已来——“互联网＋”的重构与创新》集中反映了“信息社会50人论坛”的专家们关于信息社会的新思考。他们就信息社会发展过程中涌现出来的表层和深层问题，做了深入而有创新的分析与研究，对“就在身边，就在当下”的未来，分别展示了自己描绘的图景。

4.《读懂未来——信息社会北大讲堂》

张新红、邱泽奇主编，上海远东出版社2016年7月出版。

信息社会近在眼前，我们需要如何了解并融入这美丽新世界？

未来学家说，遥远的未来世界并不神秘，它就在当下——因为未来里要长成参天大树的种子，现在已经生根、发芽。而我们需要做的就是，“望向窗外，看看那已经发生的未来”。

“信息社会·北大讲堂”所做的，正是打开这一扇窗。2015年，“信息社会50人论坛”

与北京大学合作，联合主办“信息社会·北大讲堂”，并邀请了位于信息社会发展最前沿的8位信息领域著名专家、学者以及实践者们，以最凝练的主题，用最细腻的感知，将各自领域中最纤细的变化、最宏大的前景带给听众，使听者及早感受到了未来席卷世界的风潮。

本书则原汁原味地呈现了“信息社会·北大讲堂”的全部内容。

5.《信息经济——中国转型新思维》

信息社会50人论坛编著，上海远东出版社2015年1月出版。

一群有思想、有活力、敢于担当的人，一本有思想、有活力、敢于担当的书。《信息经济——中国转型新思维》汇集了来自政府、学术界以及行业内信息社会研究前沿的专家，从不同角度审视信息社会发展的现状与未来，为读者提供了一套关于我国发展信息社会的立体思考。

收录在本书中的每一篇文章都像是一盏聚光灯，从不同视角照亮着我国从工业社会向信息社会转型过程中的机遇与挑战。而这正是作者——信息社会50人论坛——所希望的：在大变革的历史机遇中，提供适应这种需要的大思路、新思维。

6. 《边缘革命2.0——中国信息社会发展报告》

信息社会50人论坛著，上海远东出版社2013年12月1日出版。

如果说20世纪80年代由边缘力量发起的经济改革可以称为“边缘革命1.0”，那么新千年之后，由草根网民们推动的社会全面变革就可以称为“边缘革命2.0”当“边缘革命1.0”成就了中国的市场经济，“边缘革命2.0”成就的则是中国的信息社会。与前一级次的革命相比，“边缘革命2.0”在行为主体、行为方式、变革对象、影响的范围广度、深度等多个方面都有着非常不同的特点。

而集中了中国信息专家们的“信息社会50人论坛”则以自己的智慧与探索，凝结成《边缘革命2.0——中国信息社会发展报告》，期待为读者提供一个关于信息社会的新思维魔方，书中的每一篇文章都可以看作从不同侧面对这些变革及演变趋势的诠释，揭示了中国信息社会大变革时期的大思路与新思维。